USムービー・ホットサンド

2010年代アメリカ映画ガイド

グッチーズ・フリースクール＝編

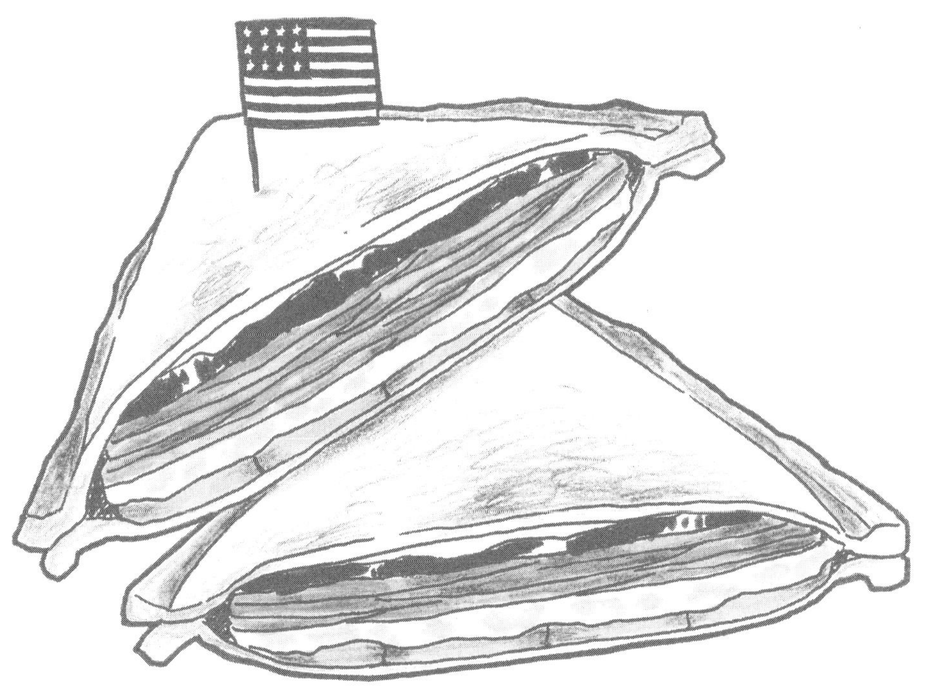

はじめに

本書を手に取ってくれた皆様、どうもありがとうございます。

この本は、日本で未公開の洋画（とくにアメリカ映画）の上映会を開いたり、ときにソフト化したり、配給をやってみたり、「ムービーマヨネーズ」という小さな映画雑誌を作る活動をしているグッチーズ・フリースクールが編者となって制作した、2010年代のアメリカ映画について書かれた本です。

まずはグッチーズの活動について、少しだけ詳しく書きたいと思います。というのも、私たちの活動スタイルが本書を制作するきっかけになったと思うからです。

未公開映画の上映や配給と聞くと、とても敷居の高いもの、個人レベルではどうしようもないもの、と思われるかもしれません。私も数年前までは漠然と、洋画の権利取得などは手の届かないことに思えていました。しかし、いざ動いてみると難しいことなどほとんどありません（権利元にメールを送って返事をするだけです）。会社でもなんでもない個人のメールに対して、監督自身から「上映頑張ってね」なんてメッセージが来たりもします。

映画に限らず様々な業界で、良くも悪くも既存のシステムは強固に存在していますが、そこに参入せずともできることはたくさんある。そしてそこから離れた自由な活動は、とても楽しいものでもあります。本書の出版元であるフィルムアート社さんは、そんなグッチーズ・フリースクールの校風を気に入ってくれたのだと思っています。

さて、本書を制作するにあたって出された課題は「2010年代のアメリカ映画について」です。現代はあらゆる種類の映像が氾濫しており、何が面白いものなのか、そしてそれはなぜ面白いのか、という基準や指標のようなものが無くなっているのではないか。そのような問題意識がまずはあったと感じています。ある時期までは存在していた（?）既存の価値観、評価軸が変容し続けているということでもあるのかもしれません。

その課題に対しグッチーズが出した答えは「自由で楽しいアメリカ映画本」ということになります。基準を新しく構築するのではなく、既存の価値観、評価軸から積極的に自由になって、まずは目の前のものを楽しむこと。グッチーズの活動が今回の書籍に繋がっているとすれば、この「自由に楽しむ」という姿勢にこそ関わっているはずです。何かを楽しむこと、その上でそれまで繋がっていなかった何かと何かを繋げることこそ、映画を豊かにする決定的に有効な手段のひとつでしょう。それは何も大勢で一緒に映画を楽しむことに限った話ではありません。孤独に映画を楽しむことを突き詰めることにもそんなブレイクスルーの芽が潜んでいることは、映画の歴史では何度も証明されてきたことです。もしこの本が、自由で面白い映画の楽しみ方の一例として形になっていたとしたらうれしく思います。そして読者の皆様にとって、この本が映画の新たな楽しみ方を次々と編み出す手助けとなる参考書になってくれたら、これ以上ない喜びです。

しかし、実際の道のりはなかなか険しいものでした。まず、年間何百本と作られるアメリカ映画の10年間を一冊の本で網羅するなど到底無理なお話です。そして現在では配信ドラマやバラエティ・ショーなど、アメリカ産の様々な映像コンテンツを世界中の誰もがほぼリアルタイムで体感できる環境が整ったこともあり、映画という伝統的なジャンル観がどれほど意味を持つものなのか……等々、議論は幾度となく平行線を辿りました。

やがて時間が経ち、明確な解決策が浮かばないまま、とにかく本を作ることを始めることになりました。アメリカ映画というものの定義（基準）を明確にして綿密な計算のもとで中身を充実させる方法ではなく、気になったもの、目に入ったものを片っ端から寄せ集め、見て、書いて、合わせてみるという工程を、私たちは選んだということです。

この「はじめに」を書いているいま、2020年代最初のアカデミー賞の作品賞を『パラサイト 半地下の家族』（19）が受賞しました。非英語作品が作品賞を受賞するのは史上初の出来事であり、これは明らかにアメリカ映画界の変革を象徴するニュースです。製作体制から視聴システムまでが激しく変化し、そしてこれからもますます変化していくだろうアメリカ映画のかたちをどうにか捕獲するには、寄せ集めた結果がたとえ不格好で過不足あるものになろうとも、やっぱり具体的な個々の作品から出発することが最善だったのだと今にして思います。

その評価については読者の皆様に委ねたいと思うのですが、できればそうした本書の不格好さ――ボトックス過剰で顔が膨れ上がったトム・クルーズのような（本書Chapter 05の俳優を巡る座談会「キャメロンの引退、アダムの登場」を参照のこと）――にこそ、アメリカ映画の“今”と“これから”を感じ取ってもらえたらと願います。

とはいえ、以上のようなアプローチを選択してしまったがゆえに、アイデアを少し加えることですでに決まっていたプランに大きな変更が加わったり、ちょっとした思いつきにしては度を越した仕様の変更が続出したり……というふうに、本書の制作にあたっては多くの方々に本当に多大なるご苦労をおかけしました。

まずは、まとまらない、いやまとめることを半ば放棄した各ページを、大量に作品を見続けながら、執筆から編集作業までほぼ全てにおいてご協力いただいた、あんころもちさん、稲垣晴夏さん、香川優子さん、関澤朗さん、そして改訂につぐ改訂で、殺意を抱かれても致し方ないお願いを、驚異的なスピードと素敵な紙面で叶えてくれたデザイナーの佐川まりのさんに感謝申し上げる。みな、本書を作るきっかけとなったリトルプレスの映画雑誌「ムービーマヨネーズ」とグッチーズの自主上映活動などで協力し合う仲間たちです。こうしたインディペンデント活動から新しい何かを創作するというあり方に、個人的には希望を持っていますし、そうした自分たちの活動を誇りに思っています。

さらに主に第2章以降のテキストページを、読みやすく、見事にまとめてくださった宮一紀さんにも感謝申し上げる。これまで宮さんがデザインした雑誌の読者であり、宮さんのデザインしたチラシ片手に映画を見に行っていた身からすると、今回ご一緒できてとても光栄でした。

そして、本書に素晴らしい文章を寄せてくださった寄稿者と様々な取材、作品画像等のご提供に協力いただいた皆様にも感謝申し上げる。映画について書かれたものを読むことの楽しさが、映画を見ることの楽しさと同等に素晴らしいものであることを、本書の編集中に何度も確認させていただきました。

最後に、『ムービーマヨネーズ』を気に入ってくださり、編集のへの字もしらないど素人の私をサポートし続けてくれた、フィルムアート社の田中竜輔さんに深く感謝申し上げる。私がときおり出すフザけたアイデアを練り上げ、私以上にフザけたアイデアで返してくれた田中さんとのやり取りは、率直に爆笑という意味でも非常に面白かったです。本当にありがとうございました。

それでは、授業を始めます！

2020年2月

グッチーズ・フリースクール教頭　**降矢聡**

CHAPTER 01
ライフ／エンタメ／ヒストリー
——テーマから見る2010年代アメリカ映画

American Life

American Entertainment

American History

CHAPTER 02
アメリカン・フィルムメイカーズ
――2010年代の映画監督たち

2010年代の開拓者たち

2010年代の新星たち

2010年代の巨匠たち

CHAPTER 03
シチュエーション／プロダクション
――アメリカ映画のバックグラウンド

CHAPTER 04
カルチャーズ＆ムービーズ
――アメリカ文化とアメリカ映画

CHAPTER 05
トーク・アバウト・ムービーズ
——2010年代アメリカ映画について語ろう

CHAPTER 06
ムービーズ・ディテール
——より深くアメリカ映画を知るための雑学

CHAPTER 01

ライフ／エンタメ／ヒストリー——テーマから見る2010年代アメリカ映画

これから2010年代アメリカ映画の膨大な豊かさを味わい尽くすにあたって、最初にしなければならないことはなんだろうか？ もちろん個々の作品＝食材選びも大切だけれど、それ以上に食べ合わせ＝グルーピングを考えることが重要だ。そこでまずアメリカ映画を「American Life」、「American Entertainment」、「American History」と3つのカテゴリーに分類してみた。アメリカ映画がアメリカの何をそこで映し出しているのかについて、みんなも一緒に考えてみよう。

American Life
映画で見るアメリカの生活

タウン映画／ファミリー映画／ティーン映画／職業映画
"ほぼ"U25注目俳優相関図

American Entertainment
映画で知る　アメリカン・エンタメの光と影

ギャンブル映画／スポーツ映画／ショービジネス映画

American History
映画で学ぶアメリカの歴史

金融・IT映画／犯罪・陰謀映画／戦争映画／フロンティア映画

補論

2010年代アメリカ映画と人種、ジェンダー、政治

本章でのグルーピングはもちろんほんの一例だ。テーマによって区切られた映画たちを順番に味わってみるのもよし、好物のジャンルを最後まで取っておくのもよし。食べ合わせの妙によって、映画たちは複雑に味わいを変えていく。それぞれの視点から新しいアレンジや食べ合わせを生み出して、アメリカ映画をもっともっと楽しんでみよう！

Town Movies 2010-19

2010年代アメリカ大陸はどのように横断されたのかを検証。

a.『はじまりへの旅』(16)
監督：マット・ロス
ワシントン州〜ニューメキシコ州アルバカーキ
旅の目的：母の葬式に行く
北西部の森の中で父親にスパルタ式に鍛えられ、アスリート並みの体力をもって6ヶ国語を操ることができる6人の子供たちと父との家族旅行。コーラもアディダスも知らないが、古典文学や哲学書は読破している彼らにとって、本の感想に「興味深い」は絶対禁句。

b.『わたしに会うまでの1600キロ』(14)
監督：ジャン=マルク・ヴァレ
パシフィック・クレスト・トレイル
旅の目的：自分を取り戻す
離婚や母親の死など立て続けに不幸が重なった女性が心の傷を癒すため、1600キロにもわたるパシフィック・クレスト・トレイルを3ヶ月間一人きりで歩き通したという実話。連日冷えたおかゆというご飯シーンはとても哀しい。

c.『ネブラスカ ふたつの心をつなぐ旅』(13)
監督：アレクサンダー・ペイン
モンタナ州ビリングス〜ネブラスカ州リンカーン
旅の目的：懸賞賞金 の100万ドルを受け取る
モンタナ州に住む老父が「100万ドル当選」というインチキ広告を信じて1500キロ離れたネブラスカまで歩いて賞金を取りに行くと言ったのを見かねて、息子は父を車に乗せて旅へ出る。大酒飲みの老父は途中「ビールは酒じゃない」と豪語。

d.『HICK-ルリ13歳の旅』(11)
監督：デリック・マルティーニ
ネブラスカ州〜ネバダ州ラスベガス
旅の目的：ラスベガスに行きたい
ネブラスカ州の田舎町に住む13歳のルリが誕生日にもらった拳銃を手に退屈な町を出てあこがれのラスベガスへ向かう。道中で会う人物もみな田舎者(HICK)で、田舎者同士の揉め合いにひたすら巻き込まれ続ける旅路だ。

e.『ジャッカス クソジジイのアメリカ横断チン道中』(13)
監督：ジェフ・トレメイン
ネブラスカ州リンカーン〜ノースカロライナ州ローリー
旅の目的：孫を父親に預ける
86歳のジジイと8歳の孫とのアメリカ横断ロードムービーと、彼らが街中で仕掛けるドッキリ企画を合体させた作品。知らないジジイに店の看板のペンギンのオブジェをわざと壊されたりするので結構本気で街の人々がキレる。

f.『アメリカン・ハニー』(16)
監督：アンドレア・アーノルド
オクラホマ州マスコーギー〜サウスダコタ州ラピッドシティ
旅の目的：いまの環境から抜け出す/雑誌を売る
貧しい家庭で幼い弟妹の面倒をみる主人公が、お金を稼ぐためバンで移動しながらモーテルで生活し、雑誌の訪問販売で生計を立てるティーンエイジャーたちのグループに入る。移動中に毎回盛り上がりを見せる曲はリアーナの「We Found Love」。

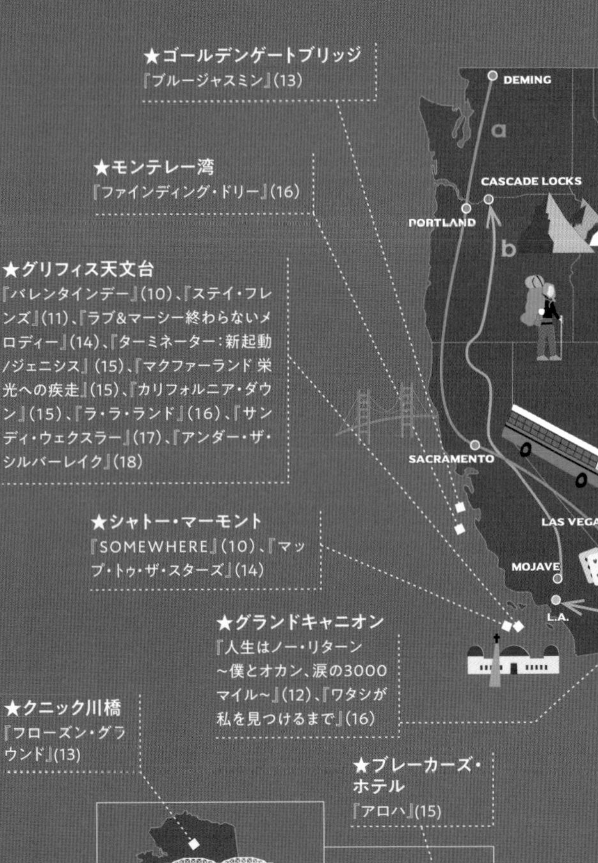

ILLUSTRATION & TEXT BY HARUKA INAGAKI

映画トリビア	『ワイルド・ギャンブル』(15) **「アイオワ(IOWA)は母音2つで始まる唯一の州だ」**	カーティス(R・レイノルズ)がカジノのコンパニオン、シモーヌ(シエナ・ミラー)に披露した豆知識。だから何なんだ。なお「チャーゴグガゴグマンチャウグガゴグチャウバナガンガマウグ」はアメリカ最長の地名。

g.『シェフ 三ツ星フードトラック始めました』(14)

監督：ジョン・ファヴロー

フロリダ州マイアミ〜カリフォルニア州ロサンゼルス

旅の目的：キューバサンドイッチを売る

元一流レストランのシェフが、店を辞めて偶然キューバサンドイッチと出会い、フードトラックでサンドイッチを売りながら人生を取り戻していく道程を映す。大量のチーズやベーコン、卵などが焼かれていくので空腹時には注意。

h.『ゾンビランド：ダブルタップ』(19)

監督：ルーベン・フライシャー

コロンビア特別区ワシントンD.C.〜バビロン

旅の目的：妹探し

ゾンビに覆われた世界でゾンビと戦いながら家族のように暮らす4人が10年ぶりに結集したゾンビ・ロードムービー。ボブ・ディランの名曲「Like A Rolling Stone」を自作と主張して歌うヒッピー風ミュージシャンが浅くて良い。

i.『グリーンブック』(18)

監督：ピーター・ファレリー

ニューヨーク州ニューヨーク〜ニューヨーク州ニューヨーク

旅の目的：コンサート・ツアーへ繰り出す

ジャマイカ系ピアニストと粗野なイタリア系運転手兼ボディガードが、黒人専用ガイドブック「グリーンブック」を頼りに差別の色濃い南部へコンサート・ツアーへ繰り出す。ピザをまるごと半分に折って食べる豪快なピザ食いシーンがある。

★ウィリス・タワー

『トランスフォーマー／ダークサイド・ムーン』(11)、『マン・オブ・スティール』(13)、『ジュピター』(15)、『囚われた国家』(19)

★セントラルパーク

『リミットレス』(11)、「glee/グリー」(09-15)、『カフェ・ソサエティ』(16)、『マイ・プレシャス・リスト』(16)

★コニーアイランド

『女と男の観覧車』(17)

★ロッキー像

『ブリタニー・ランズ・ア・マラソン』(19)

★ホワイトハウス

『エンド・オブ・ホワイトハウス』(13)、『ホワイトハウス・ダウン』(13)、『バイス』(18)、『ゾンビランド：ダブルタップ』(19)

★メキシコ湾

『バーニング・オーシャン』(16)

『マリッジ・ストーリー』(19) **「LAの人間は歩かないからな」**	車でハロウィンに出掛けたチャーリー（A・ドライバー）が息子にボソッと呟く。LAは公共交通機関の整備がイマイチで、バスだって勝手に路線変更してしまい、そしてとにかく広い。だから自家用車が住人の主な交通手段になる。	映画トリビア

California カリフォルニア州

19世紀半ばのゴールドラッシュ以来カリフォルニア・ドリームの幻想が宿るこの土地は、全米最大の人口数を抱えながら今なお移住者を増やし続けている。高い自動車普及率によって可能となった移動の自由さは、この州での住み方の多様性をひろげている。

TEXT BY HARUKA INAGAKI　ILLUSTRATION BY IKUHIRO YAMAGATA

01.『20センチュリー・ウーマン』(16)

監督:マイク・ミルズ

カリフォルニア州サンタバーバラ

1979年の混沌とした時代に自分を保つため、母親役の一人は自分の身の回りのモノを一つずつ写真に記録する。この作品自体も同じ手つきで「Talking Heads」のTシャツや、髪型、本やスケートボードなど時に自己の外見的な意味を与えるアイテムを事細かに描写することで、それらを特定の時間と場所で共有していた小さな集団の肖像を浮き上がらせている。

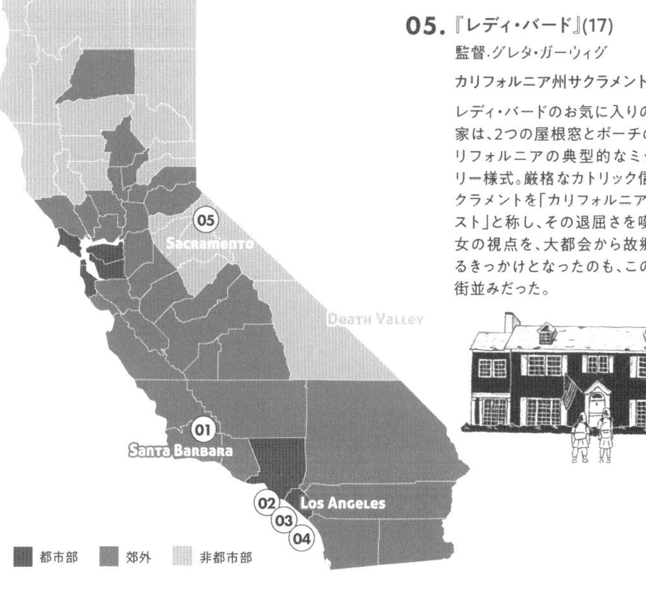

05.『レディ・バード』(17)

監督:グレタ・ガーウィグ

カリフォルニア州サクラメント

レディ・バードのお気に入りの青色の壁の家は、2つの屋根窓とポーチのついたのカリフォルニアの典型的なミッドセンチュリー様式。厳格なカトリック信者の多いサクラメントを「カリフォルニアのミッドウェスト」と称し、その退屈さを嘆いていた彼女の視点を、大都会から故郷へ向けさせるきっかけとなったのも、この昔ながらの街並みだった。

02.『ドライヴ』(11)

監督:ニコラス・ウィンディング・レフン

カリフォルニア州ロサンゼルス

全米一交通網が発達したロサンゼルスで逃走するため、熟練した運転手は「カリフォルニアでよく見かける、実に目立たない地味な車」のシルバーのシボレー車で、街から静かに存在を消すために道を選びぬく。隣室の母子を連れてコンクリートの舗装道の連続から行き着いた、むき出しになった野生のロサンゼルス川はこの街の究極の逃走先だった。

03.『アンダー・ザ・シルバーレイク』(18)

監督:デヴィッド・ロバート・ミッチェル

カリフォルニア州ロサンゼルス

主人公は、シルバーレイクにうごめく陰謀論を追って都市の迷宮をぐるぐるとさまよう。街の中心に位置する貯水池や三角形のレイアウトのアパートに取り囲まれたプールといった要素は物語の中心部に立ち入らせない構造を補完しているかのようだ。

04.『聖杯たちの騎士』(15)

監督:テレンス・マリック

カリフォルニア州ロサンゼルス

本作に登場するケース・スタディ・ハウス#22「スタール・ハウス」は、建物の3面がガラスで覆われ、高台から市街を一望する宙に浮くような居間の写真で有名になった60年代アメリカの理想を体現する住宅。しかし本作ではそのアングルは描かれず、この住宅のもつLAの快楽主義的なステレオタイプを打ち壊すかのように老朽化した内部が映されてゆく。

カリフォルニア州年表

参考文献:Stephen S. Birdsall, John Florin「California」https://americancenterjapan.com/aboutusa/translations/3563/#enlis(t 2019年9月16日時点),
黒川 直樹, 楠原 生雄, 田中 厚子『世界の建築・街並みガイド6 アメリカ・カナダ・メキシコ』(X-Knowledge)

- **1767** ミッション(伝道協会)　スペイン国王よりメキシコのカトリック信者たちに太平洋沿岸にミッション(カトリックの宗教・文化・農業活動の拠点)と砦の建設が命じられる。信者たちは先住民に布教しながら、乾燥した土地を畑に変えていく
- **1835** 二階建てのアドビ(日干しレンガ、Adobe社の社名にも関連)造に二層の木製ベランダをつけたラーキン邸が竣工。「モンタレースタイル」と呼ばれ、19世紀のカリフォルニア住宅の原型となる
- **1848** ゴールドラッシュ　サクラメントの約40マイル東のシエラネバダ山脈の山麓で金が発掘される。ゴールドラッシュでカリフォルニアへの移住者が急増。採掘者のビタミン源としてオレンジ栽培が盛んに
- **1850** アメリカ合衆国31番目の州となる(自由州)
- **1890** ロサンゼルス市油田が見つかる
- **1920年頃** ハリウッド勃興　映画産業とともに急成長を遂げたハリウッド近辺は、急激な人口増加によりスパニッシュ・コロニアルやバンガローなどの建売住宅の並ぶ新興住宅地に
- **1930** フリーウェイ構想　ロサンゼルス全土にフリーウェイシステムの建設が計画される。35年に現在のフリーウェイ10号線が完成
- **1945** ケース・スタディ・ハウス　45〜66年にわたりLAの雑誌『Arts&Architecture』の企画で行われた実験住宅プロジェクト。ノイトラやイームズなど当時を代表する建築家が参画し、モダンでありながら経済的・効率的なデザインを模索。ガラス引き戸などを一般化し全米の住宅に影響を与えた
- **1962** カリフォルニア州の人口がニューヨーク州を抜き全米一を記録
- **1975** 住宅・建築物に対する省エネルギー基準への適合が義務化。住宅のガラス面積も規制され、次第に閉鎖的に
- **1980年頃** ゲーリー自邸など既存の住宅を安価な素材を用いて改築したポストモダンの個性的な住宅が建ち始める
- **2002** ロサンゼルス市によりハリウッド地区の再開発事業が完成
- **2017** カリフォルニア州のGDPがイギリスを上回り世界で5番目になる

DETROIT デトロイト

2013年に財政破綻したデトロイト市は、貧しい黒人層と裕福な白人層の棲み分けによって市街地と郊外が分断されてきた。荒廃した市街地から湧き上がる差別の歴史や死や亡霊のイメージは、映画のなかでも色濃く浮き上がってくる。

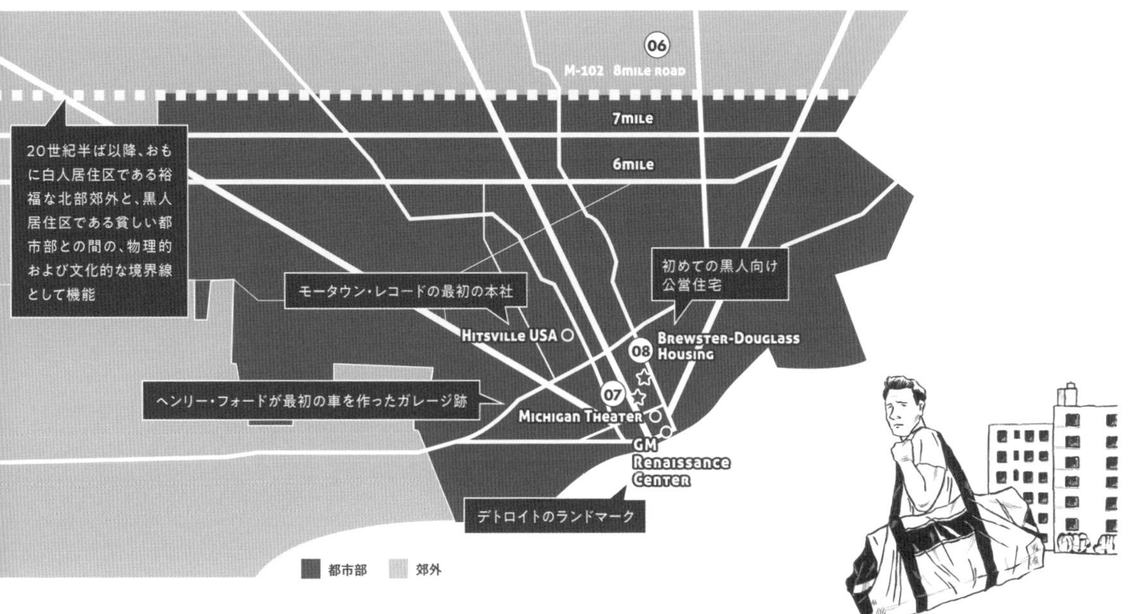

06. 『イット・フォローズ』(14)

監督:デヴィッド・ロバート・ミッチェル

ミシガン州デトロイト

「昔 親から8マイル通りを越えるのを禁じられてた」という白人の若者たち。人種と貧富の境界線となってきたデトロイトの8マイル通りの向こう側はすでに正体不明の「それ」に襲われた後のように廃墟化していた。町の死にゆく中心部が郊外の住宅地へと伸ばす触手は、若者たちの怖れる老いと死のイメージに重なってゆき、ひたひたと若者たちを追い詰める。

07. 『オンリー・ラヴァーズ・レフト・アライヴ』(15)

監督:ジム・ジャームッシュ

ミシガン州デトロイト

主人公アダム(トム・ヒドルストン)が住むのは市街地の荒廃したブラシパーク地区に残る築135年のクイーンアン様式の家。現代世界が彼らの周りで崩壊する中で、退屈で、目的もない毎日を埋める吸血鬼の恋人達は、市街の壊れた窓や落書きのレンガの壁をゆっくりと車窓から眺めて、かつての栄華を象徴するデトロイトのランドマークを観光していく。

08. 『ロスト・リバー』(14)

監督:ライアン・ゴズリング

ミシガン州デトロイト

米国初の黒人のための公営住宅であるブリュースター・ダグラス・ハウジング・プロジェクトが解体されると聞いた監督が、取り壊し前に建物を記録し始めたことが本作の制作の発端となっている(住宅は2014年に完全に撤去)。街の荒廃の秘密が沈んでいるという貯水池が本作の中心に据えられており、物語自体も深層に到達し得ないイメージの連続で構成される。

デトロイト市年表

参考文献:David Maraniss『Once in a Great City: A Detroit Story』(Simon & Schuster, Inc.), デイヴィッド・ハルバースタム『ザ・フィフティーズ1: 1950年代アメリカの光と影』(ちくま文庫)

1865 南北戦争が終結し奴隷制が廃止。解放された黒人たちの多くが職を求めて南部から北部地域へ移動

1899 デトロイトに自動車工業が興る

1903 **自動車産業の発展** ヘンリー・フォードがデトロイトに量産型の自動車工場を建設。「T型フォード」のヒットとともに全米一の自動車工業都市として発展する契機に

1909 全米初のコンクリート舗装道路の敷設

1920 世界で初めて赤・黄・緑の三色の電気信号機が設置。三色信号は当時デトロイトの警察官だったウィリアム・ポッツが考案したとされている

1935 **初の黒人のための公営住宅** 当時ファーストレディであったエレノア・ルーズベルトが、デトロイトに米国初となる黒人のための公営住宅「ブリュースター・ダグラス・ハウジング・プロジェクト」の建設を開始。1938年に701戸が完成。初期にはダイアナ・ロスらも住んでいた

1959 **モータウン設立** 黒人で元自動車製造工だったベリー・ゴーディ・ジュニアが設立した独立系レコードレーベルであり、ポピュラー音楽における人種の垣根を破るうえで重要な役割を担った。レーベル名はデトロイトの通称「Motor Town」の略

1964 公民権法成立。法のうえで人種や宗教、性別などでの差別が禁じられる。しかし現実的な黒人差別は解消されず

1967 **デトロイト反乱** デトロイトで警察や白人社会による黒人への横暴や差別に対する反乱が起きる。7231人の市民が逮捕、43人が殺害された。ホワイト・フライト(白人の郊外への脱出)が盛んになる

1970年代 コストパフォーマンスの良い日本車が台頭。デトロイトでは自動車産業が深刻な打撃を受け、大量解雇や倒産が相次いだ。市街地の人口流出と治安悪化も進行

1976 ヘンリー・フォード二世が、デトロイト経済の再活性化のためにダウンタウンの再開発を計画。高層ビル群「ルネサンス・センター」が建設される

1990 ルネサンス・センターをシンボルに都市再生を目指すも、周囲の荒廃した地域に及ぼす波及効果が低く振るわず

2013 **デトロイト市が破産申請**

SOUTH 南部 ※南部の区分についてはアメリカ合衆国統計局の分類による。

かねてより保守的な政治観が多勢を占める南部地域だが、2016年の大統領選ではこの地域における白人貧困層の怒りが大規模なドナルド・トランプ支持につながり、以後の白人至上主義者たちの活動を後押しすることになった。今では南北戦争時代の南軍旗は黒人差別の象徴となっている。

TEXT BY HARUKA INAGAKI　ILLUSTRATION BY IKUHIRO YAMAGATA

09.『MUD マッド』(12)

監督:ジェフ・ニコルズ

アーカンソー州ユドーラ

マッド(マシュー・マコノヒー)の暮らす木の上のハウスボートは、かつて恐慌で職を失った何千もの人々が漂流し暮らしていた南部ミシシッピ川流域の特殊な生活様式。現在ハウスボートは居住者の転出とともに破棄され、その姿は消えつつある。土地との拘束を解かれたボートは、マッドと共に自由な大海へと繰り出していく。

※1ヶ月の平均収入(アメリカ合衆国国勢調査局/2018年調べ)

$60,000 or more　$45,000 or more　$50,000 or more　Less than $45,000

West Virginia　Virginia　Kentucky　North Carolina　Tennessee　Oklahoma　Arkansas　South Carolina　Alabama　Georgia　Mississippi　Texas　Louisiana　Florida

10.『セルフィッシュ・サマー』(13)

監督:デヴィッド・ゴードン・グリーン

テキサス州バストロップ

舞台となっているのは1987年のテキサスの大火災の翌年だが、実際に2011年に起きたテキサス史上最悪と言われたバストロップでの山火事が背景となっている。山火事で荒廃したテキサス州立公園の果てしなく続く道路の真ん中に、2人の労働者がひたすら黄色い線を描くなかで展開される穏やかな物語は南部の肉体労働者への賛辞にも見える。

11.『ブルー・リベンジ』(17)

監督:ジェレミー・ソルニエ

バージニア州アレクサンドリア

遊園地で漁った古いハンバーガーのゴミを食べ、入浴するために家に侵入し、ビーチに泊めたボロボロの青い車で眠り、顔を見せることを恐れてひげで顔を隠している浮浪者の男。シンプルな復讐劇というジャンルを取りつつも、明らかに適任ではない主人公像によって形に縛られることなく、超現実的な南部の光景の中に虚無感だけが産み落とされてゆく。

12.「アトランタ」(16-)

制作総指揮:ドナルド・グローヴァー

ジョージア州アトランタ

「This Is America」で現在の人種差別問題を痛烈に描き出したD・グローヴァーによって、黒人の目を通して見た黒人の姿を白人に見てほしいという意図で製作されたコメディ。ジョークは強調されず、カメラは中立的な観察者として距離を保ち続ける。南北戦争で大きな被害を受けた都市には今もその跡が残っており、プロットに度々南部ゴシックの異様な要素が挿入される。

13.『フロリダ・プロジェクト 真夏の魔法』(17)

監督:ショーン・ベイカー

フロリダ州キシミー

「ウォルト・ディズニー・ワールド・リゾート」の周りを取り囲む安モーテル群に住まう貧困層の人々の日常を描写した作品。これらモーテルに暮らす人々は2008年のリーマンショックの引き金となったサブプライム住宅ローン危機の余波に覆われている。しかしその背景が特に描写はされず、ただ空気のように漂っているために、物語自体は透明度の高い母娘の日常の細部をいきいきと映し出す。

南部地方年表

参考文献:Stephen S. Birdsall, John Florin「The Deep South」https://americancenterjapan.com/aboutusa/translations/3522/#enlist(2019年9月16日時点)、黒川 直樹, 楠原 生雄, 田中 厚子『世界の建築・街並みガイド6 アメリカ・カナダ・メキシコ』(X-Knowledge) デイヴィッド・ハルバースタム『ザ・フィフティーズ2: 1950年代アメリカの光と影』(ちくま文庫)

1607 イギリスがヴァージニアにジェームズタウン建設。1619年に同州内で最初のアフリカ人奴隷が売買されたとされる

1793 **綿繰り機の発明** 綿生産の大規模な成長をもたらしたが、綿花労働者の需要が急速に増加したことで南部における奴隷制の促進の間接的な要因に

1811 **ミシシッピ川の蒸気船航行が始まる** 初の蒸気船であるニューオーリンズ号がオハイオ川からミシシッピ川へと就航。南部と西部との直接交易のほかアメリカ全体の交易ルートの一部となる

1861 **南北戦争開戦** 商工業中心の北部と奴隷制に依存した農業を中心とした南部が政治的・経済的に対立。南部諸州はアメリカから独立を宣言しアメリカ連合国へ

1863 リンカーンが奴隷解放宣言

1865 北部の勝利で南北戦争が終結し奴隷制が廃止。テネシー州でクー=クラックス=クラン(KKK)結成される

1869 東部と西部を結ぶ大陸横断鉄道が開通。南北戦争後のアメリカの政治・経済的統合へ寄与

1876 人種差別を合法とするジム・クロウ法が創設

1935 **FSAプロジェクト** アメリカ農業安定局(FSA)が、世界恐慌下の農村の惨状およびその復興を写真によって記録するために行ったプロジェクト。主として南部の貧困層へレンズが向けられ、農民救済の必要性を訴えてニューディール政策への肯定的な世論を形づくった

1964 公民権法が成立。ジム・クロウ法が撤廃される

2005 ハリケーン・カトリーナが南部を直撃。特にルイジアナ、ミシシッピ州が甚大な被害を受ける

2008 サブプライム住宅ローンの崩壊に伴いリーマンショックが起こる

オバマが黒人として初めて大統領に選出

2015 サウスカロライナ州で黒人信徒が集まる教会を白人至上主義者の男が襲撃し、銃によって9人を殺害。犯人は事件前から差別的な主張をおこない、南軍旗とともに自らを撮った写真をウェブサイトにアップしていた

NewYork ニューヨーク

ニューヨーク市はかねてより移民が流入してくるアメリカの玄関口であった。あらゆる国の人々によって構成されている多種多様なニューヨークの街角の観察することは、世界的に排除が繰り返されている現在にこそ必要ではないだろうか。

14.『ワンダーストラック』(17)

監督:トッド・ヘインズ

ニューヨーク市マンハッタン、クイーンズ

1977年の大停電の夜を起点に、二つの時代の少年と少女の物語が並行する。彼らがそれぞれ暮らす1927年と77年のニューヨークは黒人が闊歩出来ない世と出来る世、映画の無声時代とトーキー以後として自然史博物館を軸として対比的に描かれる。クイーンズ美術館の細密なニューヨークのパノラマ模型は2人の関係性を明かすうえで重要な役割を果たしている。

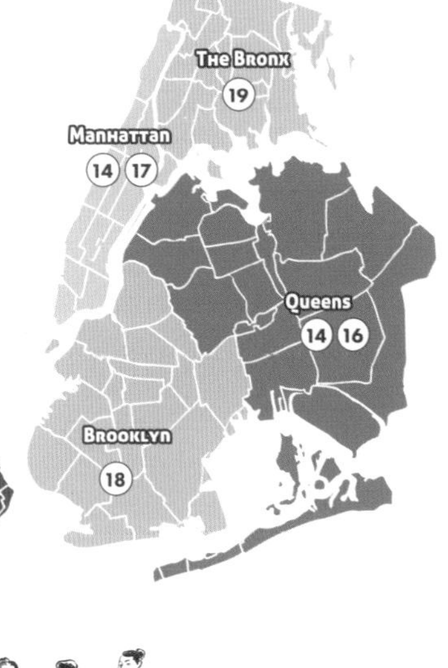

※1か月の平均賃貸家賃
(metropolismoving.com/
2019年5月時点)

$1,575　$1,100
$1,400　$1,250
$1,200

17.『コズモポリス』(12)

監督:デヴィッド・クローネンバーグ

ニューヨーク市マンハッタン

リムジンをオフィス代わりにして、ニューヨーク市街を移動する青年投資家の生活。彼の操る実体不明の巨額な金は、はるか遠くの国で瞬時に動かされ、また失われてゆく。いっそう不確かになりつつある資本主義社会で彼自身もひどくおぼろげな輪郭として都市を漂っている。

18.『ニューヨーク 眺めのいい部屋売ります』(14)

監督:リチャード・ロンクレイン

ニューヨーク市ブルックリン

40年間ブルックリンに住む夫婦が、足腰の衰えと愛犬のヘルニアの為にエレベーター無しアパートの5階の部屋を売りに出す。彼らが住み始めた頃から同地区の地価はけた違いに高騰し、いまや車なみの値段のベビーカーを押す母親やスマホにへばりつく投資家が闊歩する富裕層の街へと変貌。

15.『スタテン・アイランド・サマー』(15)

監督:リス・トーマス

ニューヨーク市スタテン・アイランド

「ブルックリンとニュージャージーの子供」と作中で形容される、ニューヨーク市の最も孤立した自治区スタテン・アイランドで大学進学前最後の夏休みにプール監視員のアルバイトをする高校生たちの物語。イタリア人と警官と消防士の多いこの島で「SNL」の人気作家と出演者は、既存スケッチを映画に組み込むことなく、教訓なしの青春コメディを作りあげた。

16.『ニューヨーク、ジャクソンハイツへようこそ』(15)

監督:フレデリック・ワイズマン

ニューヨーク市クイーンズ

クイーンズ区にあるジャクソンハイツは、100年程前にマンハッタンに通勤する中産階級向けに開発されて以降複雑に発展してきた。現在167もの言語が飛び交うというこの地区は、移民やジェンダー問題、差別に対しての多様な姿勢を誇る。本作が納めている生活の膨大な記録の集積は、彼らの自己を今一度見つめ直すための一助となっている。

19.『ウィ・アンド・アイ』(12)

監督:ミシェル・ゴンドリー

ニューヨーク市ブロンクス

かつて荒廃がひどく犯罪率の高いエリアだったサウス・ブロンクスで、再開発が進んだ街並みを車窓から映し出しながら子供達を乗せたバスが走り抜けてゆく。車内の子どもたちほとんどが十代のヒスパニックと黒人で、ここは今だにニューヨーク最貧の地区のひとつであるが、本作では彼らの生活の悲惨な面ではなく、それぞれのティーンエイジとしての肖像をあるがままに捉えている。

ニューヨーク市年表

参考文献:賀川 洋,桑子 学『図説 ニューヨーク都市物語』(河出書房新社), 黒川 直樹, 楠原 生雄, 田中 厚子「世界の建築・街並みガイド6 アメリカ・カナダ・メキシコ」(X-Knowledge)

1626	オランダ人が先住民からマンハッタン島の土地を購入
1650年頃	入植者達が島の南西先端部分に木の杭を並べて防護用の壁を築く。ウォール街の始まりとも言われている
1792	**ニューヨーク証券取引所の始まり** ウォール街のスズカケノキ(プラタナス)の下で売買手数料を定めた「すずかけ協定」に基づき、24人の仲買人が始めた株式売買が起源とされる
1811	**グリッドプラン** ニューヨーク州議会が委員会を設立し、区画整備が行われる。現在とほぼ同じ格子状の街に
1827	ニューヨーク州の奴隷制度が廃止
1859	**セントラルパーク開園** 市街地の拡大と人口増加により都市部へ自然の必要性が叫ばれる様になり、F・L・オルムステッドらによってアメリカ初の公園として設計される。
1882	**電気事業の始まり** エジソンがニューヨークのパールストリートに発電所を設置。近隣に電気を送り始め、電気を売って対価を得るビジネスモデルが始まる
1883	ブルックリン橋が完成し、マンハッタンとブルックリン市の交流が活発化(1898年に正式にニューヨークへ併合)
1904	**地下鉄運営開始** ボストンに次いで国内2番目となる
1910年代	超高層ビルの建設が始まる。30年代には現在のマンハッタンの景観のほとんどが完成。エンパイアステートビルは31年完成
1920年代	マンハッタン・ハーレム地区でハーレム・ルネサンスに象徴される黒人文化が花開く
1929	ウォール街大暴落
1975	ニューヨーク市市財政危機。ブロンクス地区では荒廃が進むなかヒップホップ文化誕生
1977	ニューヨークで大停電が発生
2001	アメリカ同時多発テロ事件発生
2008	**リーマンショック** サブプライムローンの崩壊に伴ってリーマン・ブラザーズが経営破綻
2014	世界貿易センタービル跡地に、高さ約541mの「1 ワールドトレードセンター」が完成

アメリカの家族のかたち

常に理想の家族像を追求してきたアメリカ映画は、2010年代に入り、ますます多様化する家族のあり方をどう描いてきたのだろうか。ここでは家族構成を具体的な要素に分解して探っていこう。実は「母親じゃなかった」なんてことも、しばしば。ただそれも、新しい時代の家族のかたち。

年	項目／タイトル	血縁なしのメンバー	離婚しているメンバー	LGBTQのメンバー	ペット	赤ちゃん	ごひいきチーム	仕事	冠婚葬祭
2010	インシディアス	―	―	―	―	○	―	―	―
2010	お葬式に乾杯!	―	―	○	―	Coming Soon	レイカーズ△	開店休業	葬
2010	かぞくはじめました	○	―	―	―	○	ホークス△	―	婚葬祭
2010	キッズ・オールライト	異母	―	○	―	―	ドジャース☆	無職	―
2011	アナザー・ハッピー・デイ ふぞろいな家族たち	○	○	―	犬	―	―	―	婚葬
2011	幸せへのキセキ	―	○	―	ほぼ全種類	―	―	失業	―
2011	それでも、愛してる	―	別居	―	ビーバー（人形）	―	―	失業	―
2011	テイク・シェルター	―	―	―	犬	―	―	失業	―
2011	ハッピーニート おちこぼれ兄弟の小さな奇跡	―	―	○	―	―	―	無職	―
2011	ファミリー・ツリー	―	―	―	―	―	―	―	葬
2011	ヘンリー・アンド・ザ・ファミリー	異母	○	○	―	回想	―	―	葬
2011	ホール・パス／帰ってきた夢の独身生活〈一週間限定〉	―	―	―	―	○	―	―	―
2011	ラブ・アゲイン	―	○	―	―	―	―	―	―
2011	我が家のおバカで愛しいアニキ	―	○	○	犬	○	―	無職	―
2012	俺のムスコ	―	○	―	―	―	―	無職	婚
2012	かぞくモメはじめました	―	―	―	カンガルー（想像）	―	ジャイアンツ☆	失業	葬

映画トリビア 『ラストベガス』(13) **「フロリダは高齢者が多いからな」**

フロリダ在住の旧友(M・ダグラス)から「なんで電話するといつも俺が死ぬ話になるんだ」と言われたときのサム(K・クライン)の返事。アメリカではリタイア後はフロリダ移住が定番。特定の地域が高齢化する現象を指す「Floridization(フロリダ化)」という言葉さえある。

表の見方：ごひいきチーム＝☆野球　△バスケットボール　◇アメリカンフットボール　★アイスホッケー
冠婚葬祭＝冠：成人式、祭：ハロウィーン、クリスマスなど。冠・婚・葬・祭の並びは映画の登場順とした。

旅行	ゲーム	家族一緒の食事	子供習い事/関心事	部屋に家族写真	歌	病院	犯罪行為/違法行為	秘密
－	－	○	－	○	○	○	☠	幽体離脱
－	TVゲーム	－	－	○	○	－	殺人未遂etc	♥
－	－	○	－	○	○	○	🌿	－
－	スクラブル	○	－	○	○	－	－	♥
○	ラミーキューブ	○	ドキュメンタリー	○	ラップ	－	🌿	ドラッグ
－	－	○	絵	○	－	－	－	貸金庫
－	－	○	レポート代筆	－	－	○	落書きetc	壁
○	－	○	手話	○	－	○	－	夜尿
－	ゲームセンター（1人）	○	－	○	○	－	強盗etc	♥
○	－	○	－	○	－	○	－	♥
－	射撃ゲーム	○	－	－	○	○	－	LGBTQ
○	カード（友人）	－	－	－	－	○（友人）	公然わいせつ	車の中
－	－	－	－	○	－	－	暴行	♥
－	シャレード	○	アフリカンダンス	○	－	－	🌿	♥
－	－	－	－	－	－	－	淫行	タトゥー
－	缶けり	○	バイオリン/野球	○	○	－	－	失業

『思いやりのススメ』(16)
「"メイク・ア・ウィッシュ"と話してケイティ・ペリーを手配した」

C・ロバーツが以前「ケイティにイイこと（R指定）してほしい」とボヤいた経緯を踏まえ、P・ラッドが呟いたジョーク。「"ファイヤーワーク"を歌うのは拒まれてる」と加えている。「メイク・ア・ウィッシュ」は難病と闘う子供の夢を実現するボランティア団体で、ケイティもP・ラッドも支援者。

年	タイトル＼項目	血縁なしのメンバー	離婚しているメンバー	LGBTQのメンバー	ペット	赤ちゃん	ごひいきチーム	仕事	冠婚葬祭
2012	人生はノー・リターン～僕とオカン、涙の3000マイル～	−	−	−	−	−	−	売れない	−
2012	スマイル、アゲイン	−	○	−	−	−	欧州チーム（サッカー）	−	−
2012	世界にひとつのプレイブック	−	○	−	−	−	イーグルス◇	無職	祭
2012	ティモシーの小さな奇跡	○	−	−	−	−	−	業績悪し	−
2012	ハッピーエンドが書けるまで	−	○	−	−	○	−	開店休業	葬祭
2012	メイジーの瞳	○	○	−	カメ	−	−	−	婚
2012	40歳からの家族ケーカク	−	○	−	−	Coming Soon	−	業績悪し	−
2013	グリフィン家のウエディングノート	○	○	−	犬	Coming Soon	−	−	婚
2013	人生、サイコー！	−	−	○	−	Coming Soon	ニックス△	借金	−
2013	なんちゃって家族	○	−	−	−	草	−	売人	−
2013	ネブラスカ ふたつの心をつなぐ旅	−	−	−	−	○	モンタナ州立大◇	−	−
2013	8月の家族たち	異母	別居	−	−	−	−	−	祭
2013	ファミリー・アゲイン／離婚でハッピー!?なボクの家族	○	○	−	犬	−	−	お金がない	婚
2013	マラヴィータ	−	−	−	犬	−	−	開店休業	−
2014	WISH I WAS HERE／僕らのいる場所	−	−	−	犬	−	−	ほぼ無職	葬
2014	あなたを見送る7日間	−	○	○	−	○	−	失業	葬
2014	アリスのままで	−	−	−	−	○	−	失業	祭
2014	アレクサンダーの、ヒドクて、ヒサンで、サイテー、サイアクの日	−	−	−	ハムスター（預りもの）	○	−	失業	−

映画トリビア　『マーダー・ミステリー』（19）**「ターゲットで買った」**　自分の靴に「マーシャルズ」のシールが付いたままなのをスージー（忽那汐里）に指摘されたオードリー（J・アニストン）の弁明。「マーシャルズ」は有名ブランドの安売りで知られるデパートチェーン、一方の「ターゲット」はアメリカ人御用達の大型スーパー。

旅行	ゲーム	家族一緒の食事	子供習い事/関心事	部屋に家族写真	歌	病院	犯罪行為/違法行為	秘密
○	スロット（1人）	○	－	○	－	－	－	名前
－	エアホッケー	○	サッカー	○	－	－	－	♥
－	カード	○	ダンス	○	－	○	接近禁止	手紙
－	ドッジボール	○	サッカー	－	○	○	－	木
－	TVゲーム	○	小説	○	－	－	👀	♥
○	モノポリー	○	－	○	○	－	－	－
○	スクラブル（1人）	○	「LOST」	○	○	○	窃盗	🧁
－	－	○	－	○	○	○	－	♥
－	バスケ	○	バスケ	○	○	○	🌿	精子提供
○	お絵描きゲーム	－	－	－	○	○	密輸	家族じゃない
○	－	○	－	○	－	○	窃盗未遂	戦争
－	－	○	－	○	○	○	🌿	♥
－	－	○	－	○	－	－	－	♥
逃亡	－	○	数学	○	－	○	💀	マフィア
－	TVゲーム（1人）	○	ホームスクール	○	○	○	🌿	セクハラ
－	－	○	－	○	○	○	🌿	♥
－	スマホでスクラブル	○	－	○	－	○	－	－
－	－	○	ミュージカル	○	ボイパ	－	－	－

『30年後の同窓会』(17)
「(そのビールは)ペンシルバニア産だ」

旧友サルの営むバーでドクがビールを褒めた時のサルの返事。米国最古の醸造所D・G・イングリング&サンビールはペンシルバニアにある。ドグが飲んだのは当時の米国ビール最大生産量を誇ったイングリング。

タイトル＼項目	血縁なしのメンバー	離婚しているメンバー	LGBTQのメンバー	ペット	赤ちゃん	ごひいきチーム	仕事	冠婚葬祭
2014								
ガーディアンズ・オブ・ギャラクシー	○	―	―	アライグマ	木	―	失業	―
子連れじゃダメかしら?	○	○	―	―	―	―	―	―
スケルトン・ツインズ 幸せな人生のはじめ方	―	○	○	金魚	―	―	売れない	祭
6才のボクが、大人になるまで。	○	○	―	―	Coming Soon	アストロズ☆	―	―
2015								
アバウト・レイ 16歳の決断	○	シングルマザー	○	犬	○	―	―	―
アントマン	○	○	―	アリ	―	―	失業	―
愛しのグランマ	―	○	○	―	Coming Soon	―	無職	―
お!バカんす家族	―	―	―	―	―	―	―	―
クーパー家の晩餐会	○	○	○	犬	―	―	失業	祭
パパvs新しいパパ	○	○	―	犬	○	レイカーズ△	―	祭
ファング一家の奇想天外な秘密	○	○	―	―	―	―	開店休業	―
ホーム・スイート・ヘル／キレたわたしの完全犯罪	―	―	―	―	―	―	―	―
2016								
ウェディング・バトル アウトな男たち	―	―	○	犬	―	ライオンズ◇(部下)	業績悪し	―
最高の家族の見つけかた	―	○	―	―	Coming Soon	―	失業	婚葬
ダーティ・グランパ	―	―	―	―	○	―	失業	葬婚
はじまりへの旅	―	―	―	―	―	―	無職	冠葬
バッド・ママ	―	○	○	犬	―	カブス☆	失業	―
母が教えてくれたこと	―	―	○	犬	―	―	ほぼ無職	祭

映画トリビア 『スウィート17モンスター』(16)「Match.comで会った男?」

今は亡き父親のことを愛するネイディーン(H・スタインフェルド)が、母が旅行に同行する相手について尋ねた時のセリフ。Match.comとは、実在する世界最大級の婚活マッチングサイト。

旅行	ゲーム	家族一緒の食事	子供習い事/関心事	部屋に家族写真	歌	病院	犯罪行為/違法行為	秘密
逃亡	ギャンブル	○	–	–	○	○	窃盗 etc	–
○	ボードゲーム	○	野球	○	○	–	–	ベビーシッター
○	–	○	スクーバダイビング	○	口パク	○	–	♥
○	シャレード	○	写真	○	○	–	–	–
–	–	○	映像編集	○	○	○	不法侵入 etc	父親
–	–	○	側転	○	–	–	窃盗 etc	縮む
–	–	–	–	○	–	○	🌿	♥
○	–	○	–	○	○	–	殺人未遂 etc	無敵のデビー
予定	ツイスター	○	–	○	○	○	窃盗	♥
–	–	○	バスケ	○	–	○	–	シナボン
○	–	○	演技	○	–	○	業務妨害	♥
	TVゲーム	○	–	○	○	–	☠	♥
○	TVゲーム	○	–	–	○	–	🌿	業績
–	TVゲーム	○	–	○	○	○	家宅侵入 etc	バイト
○	ゴルフ	○	–	○	○	–	コカイン etc	特殊工作員
○	TVゲーム（いとこ）	○	サバイバルスキル	○	○	○	窃盗	大学
–	単語当て（友人）	○	サッカー	○	○	–	窃盗 etc	♥
○	–	○	–	○	○	○	–	♥

『エイミー・エイミー・エイミー! こじらせシングルライフの抜け出し方』(15)
「俺を見失ったらGrinderで捜せ」

エイミー（E・シューマー）の彼氏が映画館で他の男性客と口論になり、「表に出るから俺を探せ」という意味で発した。Grinderは実在する同性愛者用出会い系アプリ、GPSで近場のユーザーが優先表示される。

年	タイトル＼項目	血縁なしのメンバー	離婚しているメンバー	LGBTQのメンバー	ペット	赤ちゃん	ごひいきチーム	仕事	冠婚葬祭
2016	マザーズ・デイ	ー	○	○	ー	○	ー	ー	婚
2016	マンチェスター・バイ・ザ・シー	ー	○	ー	ー	○	ブルーインズ★	お金がない	ー
2016	ルイの9番目の人生	○	○	○	ハムスター	Coming Soon	ー	ー	ー
2017	gifted/ギフテッド	ー	ー	ー	猫	ー	ー	ほぼ無職	ー
2017	さようなら、コダクローム	ー	○	ー	ー	ー	ー	失業	ー
2017	スパイダーマン：ホームカミング	ー	ー	ー	ー	ー	ー	ー	ー
2017	ファーザー・フィギュア	○	○	ー	猫	Coming Soon	スティーラーズ◇	業績悪し	婚葬
2017	ブリグズビー・ベア	○	ー	ー	犬	ー	ー	ー	ー
2017	マイヤーウィッツ家の人々（改訂版）	○	○	ー	犬	ー	メッツ☆ニックス△	無職	ー
2017	ワンダー　君は太陽	ー	ー	ー	犬	ー	ー	ー	祭
2018	アクアマン	異父	ー	ー	犬	回想	ー	無職	ー
2018	インクレディブル・ファミリー	ー	ー	ー	ー	○	ー	失業	ー
2018	インスタント・ファミリー～本当の家族見つけました～	ー	ー	ー	犬	ー	レイカーズ△	ー	祭
2018	ウィーク・オブ・ウェディング	ー	○	ー	犬	ー	メッツ☆	ー	葬婚
2018	オーバーボード	○	○	ー	犬	ー	シーホークス◇	働きすぎ	葬婚
2018	クリスマス・クロニクル	ー	ー	ー	金魚	回想	ペイトリオッツ◇	ー	祭
2018	クワイエット・プレイス	ー	ー	ー	ー	○	ー	無職	ー
2018	コネチカットにさよならを	ー	○	ー	カメ	ー	ー	無職	祭
2018	タリーと私の秘密の時間	ー	ー	○	ー	○	ー	ー	ー

映画トリビア

『キッズ・オールライト』(10)
「ジョニ・ミッチェルが好きなストレートの男は少ない」

ニック(A・ベニング)が精子提供者ポール(M・ラファロ)もJ・ミッチェルが好きだと知り、放ったひとこと。監督の持論なのかもしれない(自身も精子提供でパートナーとの間に子供をもうけている)。

旅行	ゲーム	家族一緒の食事	子供習い事/関心事	部屋に家族写真	歌	病院	犯罪行為/違法行為	秘密
−	カードゲーム	○	サッカー	○	ラップ	○	−	結婚相手
−	ピンポン	○	バンド/ホッケー	−	−	○	−	−
○	−	○	カウンセリング	○	−	○	💀	犯人
−	−	○	数学	−	○	○	−	遺言
○	−	○	−	○	○	○	−	フイルム
○	−	○	学力大会	○	−	−	器物損壊	はりつく
○	−	○	−	○	−	○	窃盗	母親じゃなかった
−	−	○	映画制作	○	−	○	誘拐	両親じゃなかった
予定	カード	○	アート	−	○	○	器物損壊	父の友人
−	TVゲーム	○	演劇	○	−	○	−	−
○	矛探し	−	水泳	○	−	−	海賊	母親
−	−	○	人助け	−	−	−	ヒーロー活動	ヒーロー活動
−	ゴルフ	○	サッカー	−	−	○	暴行	−
−	パチージ	○	野球	○	○	○	コウモリ	糖尿病
−	−	○	アメフト	○	−	○	書類偽造	夫じゃなかった
○	−	−	−	○	○	−	不法侵入etc	窃盗
−	モノポリー	○	サバイバルスキル	○	−	−	−	−
−	−	○	ギャンブル	○	−	○	ドラッグ	♥
−	TVゲーム	○	−	○	○	○	−	タリー

『バッド・ママ』(16)
「冬が来るわよ」
ママたちのボス的存在でもあるPTA会長グウェンドリン(C・アップルゲイト)が、反抗するエイミー(M・クニス)に怒りを抑えきれず言ったセリフ。ドラマ「ゲーム・オブ・スローンズ」で有名なこのセリフ(「Winter is coming.」)は、これから酷いことが起こるという意味で使われる。

年	項目／タイトル	血縁なしのメンバー	離婚しているメンバー	LGBTQのメンバー	ペット	赤ちゃん	ごひいきチーム	仕事	冠婚葬祭
2018	バード・ボックス	○	ー	ー	鳥	回想	ー	無職	ー
2018	パパと娘のハネムーン	ー	○	ー	ー	ー	ー	働きすぎ	婚葬
2018	ヘレディタリー／継承	ー	ー	ー	犬	ー	ー	進まない	葬
2019	アス	ー	ー	ー	ウサギ	ー	ー	ー	ー
2019	シャザム！	○	○	ー	ー	ー	ー	ー	祭
2019	チャイルド・プレイ	ー	○	ー	猫	ー	ー	ー	ー
2019	ファイティング・ファミリー	ー	ー	ー	犬	○	WWE	お金がない	祭
2019	マリッジ・ストーリー	ー	○	ー	ー	ー	ー	お金がない	祭

●血縁なしのメンバー
アメリカでは養子を迎えることが少なくない。『インスタント・ファミリー』でも描かれていたが、里親制度では新生児ほど人気が高く、成長するにつれて敬遠されがち。再婚によって血のつながりがない、または異母、異父のメンバーができることもある。『キッズ・オールライト』や『人生サイコー!』のように精子提供によって子供を産む母親もいる。

●LGBTQのメンバー
『キッズ・オールライト』ではレズビアンのカップルがそれぞれ精子提供を受けて子供を産んだ。初めからカミングアウトしている場合もあるし、隠していたが実は…と家族に爆弾を落とす場合もある。

●ごひいきチーム
アメリカのファミリーはおおむねスポーツに関心があり、ほとんどが地元のチームを応援している。例えばニューヨークならニックスとメッツ、シカゴならブルズとカブス、ロサンゼルスならレイカーズとドジャースなど。『ネブラスカ～』では主人公がドアの横にモンタナ州立大学のグッズを飾っているので、その大学の卒業生なのかもしれない。観戦だけではなく登場人物自身もスポーツをしていることも多く、『40歳からの～』では自転車、『人生サイコー!』ではバスケットボールをしている。ジョギングをしているシーンも多い。

●仕事
ファミリー映画を観ていると、仕事がうまくいっていない人が圧倒的に多い。またダメな人の典型として、「大人になっても実家などの車庫に住んでいる人」などが挙げられる。

映画トリビア	『40歳からの家族ケーカク』(12) **「セイディーが荒れるのは親でなく思春期と「LOST」のせい?」**	親たちが娘のことを嘆くシーンでの台詞。実際にM・アパトーは「LOST」に夢中だったらしい。

旅行	ゲーム	家族一緒の食事	子供習い事/関心事	部屋に家族写真	歌	病院	犯罪行為/違法行為	秘密
脱出	–	–	サバイバルスキル	–	–	○	窃盗 etc	–
○	チェス/ミニゴルフ	○	–	○	○	–	–	–
–	–	○	–	○	–	○ ミニチュア	☠	♛
○	–	○	–	○	○	○	☠	家族じゃなかった
–	TVゲーム	○	放電	○	–	–	器物損壊 etc	大人じゃない
–	ボードゲーム	–	–	○	○	–	☠	☠
–	–	○	プロレス	○	○	–	暴行	–
–	モノポリー	○	–	○	○	–	–	♥

チェック項目補足

●犯罪
アメリカでは大麻が合法の州もある。

●ゲーム
ラミーキューブ…数字の書かれたタイルを用いるイスラエルのテーブルゲーム
シャレード…ジェスチャーゲーム
パチーシ…インドの国民的なボードゲーム

●家族一緒の食事
ファミリー映画には食事のシーンが多い。朝食の定番はコーンフレーク、パンケーキ、卵、オレンジジュース。アメリカでは食べるとほっとしたり元気が出たりする食べ物をコンフォート・フードと呼んだりするが、くつろいでいるときなどにアイスクリームを食べているシーンも多い。

●習い事/関心事
男の子などは野球やサッカーなどのチームに入っていることが多い。

●部屋に家族写真
アメリカのファミリー映画のインテリアでは、家族の写真を飾っている家がほとんど。壁に飾ったり冷蔵庫に貼ったりしている。またパッチワークキルトをベッドカバーに使っていたりする家庭も多い。

●歌
家族全員で歌ったり、『タリーと私の～』のようにカラオケをしたり、『マイヤーウィッツ家～』のようにピアノで弾き語る、などさまざまな形で歌うシーンは登場する。家族でドライブをする際、車の中で歌うことが多い。

『ネイバーズ』(14)
「昼寝して「GIRLS」のDVDでも観ろ」

フラタニティのリーダーであるテディ(Z・エフロン)が、反抗してきたいじめられっ子に対して急に優しく一言。「GIRLS/ガールズ」(12–17)はNYに住む20代女子の友情や恋愛を描いたドラマで、A・ドライバーの出世作としてあまりにも有名。

これが私の
ハイスクールライフ!

1 DAY SCHEDULE

TIME	TODAY'S EVENT 『MOVIE TITLE』
6:30	起床。深夜には寝ないといけないから、Siriで帰宅のアラームを23:00に設定させる。 『エブリデイ』(18)
6:35	SNSを一通りチェックして起きる。 『#REALITYHIGH/リアリティー・ハイ』(17)
6:40	いつもと同じルーティーンで準備。 『ビフォア・アイ・フォール』(17)
7:00	小さな丸いテーブルを家族で囲んで朝ごはんのベーコンエッグを食べる。 『ヘイト・ユー・ギブ』(17)
7:30	妹と一緒にBFに車で送ってもらう。 ちな、ヤクルトは必須。 『好きだった君へのラブレター』(18)
7:50	学校到着。廊下のロッカーで友達と話をする。 「glee/グリー」(2009~2015)
8:00	詩の授業。成績の10%を占める詩を書かないといけなくなった。 『シエラ・バージェスはルーザー』(18)
12:00	カフェテリアでいつメンとランチ 「リバーデイル」(17~)(ドラマ)
13:00	歴史の授業。映画鑑賞で『緋文字』(34)を観る。 『小悪魔はなぜモテる?!』(10)
14:00	進路相談で志望校を伝えた。目指すはNYU、ボストン、ワンチャンでアイビーリーグ。 『パーフェクト・デート』(19)
15:00	水泳部の壮行会。友達がDJをしてチアリーダーたちがtwerkして体育館爆アゲ。 『#REALITYHIGH /リアリティー・ハイ』(17)

7:00『ヘイト・ユー・ギブ』

7:50「glee/グリー」

15:00『#REALITYHIGH/リアリティ・ハイ』

slang MEMO

- BF……「ボーイフレンド」の略
- ちな(FIY)……「ちなみに」の略
- いつメン(Squad)…「いつものメンツ」の略。いつも一緒にいる友達のグループを指す
- ワンチャン(Prolly)…「ワンチャンス」の略。「もしかしたら」や「あわよくば」、可能性が0ではないことを意味する
- Twerk……トゥワーク。低い姿勢で腰を挑発的に振るダンスのこと
- 爆アゲ(Lit)……爆発的に盛り上がること
- 秒で(ASAP)……「すぐに」の意
- 謎メン(Strangers)…「いつメン」の反意語。一緒にいることが珍しい顔ぶれのこと

ILLUSTRATION & TEXT BY YUKO KAGAWA

座学の授業に部活、宿題に受験勉強。ハードな毎日を送る日本の高校生にとって、映画で観るアメリカの高校生ってまじでうらやますぎ。もしも私がアメリカの高校生だったら……。ティーン映画・ドラマから、理想の一日を妄想してみよう。

16:30	帰宅して秒でパーティーに行く準備。 **『スウィート17モンスター』(16)**
17:30	迎えが来て出発。親に「You look beautiful」って言われる。青春映画の良い親お決まりのやつ。 **『ブロッカーズ 』(18)**
18:00	ダイナーでガールズたちと晩ごはんを食べる。 **『HOT SUMMER NIGHTS /ホット・サマー・ナイツ』(17)**
20:10	会場着。みんな集合し始めて、学校の友達だけかと思えば他校の人も大学生も近所の人もいて謎メンすぎ。 **『プロジェクト X』(12)**
20:45	パーティーも盛り上がり、カラオケやビアポンが始まった。 **『Love, サイモン 17歳の告白』(18)**
20:55	ある男子2人が女子1人を争い喧嘩が勃発。 **『トールガール』(19)**
21:30	渋くなって友達とバーガーとシェイクを買いに行く。 **『キャンディージャー』(18)**
23:00	アラームが鳴り、帰宅の合図。 **『エブリデイ』(18)**
23:30	帰宅。 親にバレないように忍者モードで自分の部屋へ。 **『レディ・バード』(17)**
23:50	寝る前に、インスタでパーティーのストーリーズチェック。写真と動画をグルチャでシェアするのも忘れない。**『ビフォア・アイ・フォール』(17)**

slang MEMO

- **ビアポン**………… チーム対抗の飲みゲー(飲みのゲーム)。テーブルに並べたカップにピンポン玉を入れることができたら、相手陣営はそのカップを一気飲みしなければならない
- **渋い(Lame)**…… 「めんどくさい」「だるい」「あまり好ましくない」の意
- **モード(#Mood)**… そのときの気分の状態を表す。「忍者モード」であれば、忍者のように静かに動く様子を意味する
- **グルチャでシェア**… メッセージアプリ内の複数内でやり取りができるチャットルームで共有すること

18:00『HOT SUMMER NIGHTS／ホット・サマー・ナイツ』

20:45『Love,サイモン 17歳の告白』

23:50『レディ・バード』

MEMO

- **アラームを設定**… 映画の中で霊体Aは日付が変わる瞬間に憑依する人が変わるため、その日憑依していた人が朝起きたときに驚かないように、魂が抜ける1時間前にはアラームを設定してあげるという霊体なりの思いやり
- **ヤクルト必須**… 『好きだった君へのラブレター』の中でピーター役のノア・センティネオがヤクルトを飲んだことでアメリカ中のヤクルトが品薄になった
- **バーガーとシェイク**… おすすめはIn N Out、もしくはShake S hack。シェイクにポテトをつけるか否かの議論は事前にしておくべき

アメリカの高校生は一年をどう過ごす？

ANNUAL SCHEDULE

夏休み

●グリフィン
（K・J・アパ）

『ラスト・サマー　～この夏の先に～』（19）
高校卒業後の最後の夏休みにパーティーで一目惚れしたフィービー（マイア・ミッチェル）の映画製作を手伝っている。個人では曲を制作していて、友達が出場するスケートボードのコンテストに楽曲提供をしている。親に反抗することができずコロンビア大学経済学部に進学予定だが、本当は音楽の道に進みたいと思っている。

フィールド・トリップ／修学旅行

●ネッド・リーズ
（ジェイコブ・バタロン）

『スパイダーマン：ファー・フロム・ホーム』（19）
夏休み中の2週間ヴェネツィア、パリ、ロンドンへフィールド・トリップに行くが、ニック・フュリー（サミュエル・L・ジャクソン）により、パリの予定をプラハ行きに変更される。ピーター・パーカー／スパイダーマン（トム・ホランド）の大親友で、任務のために不在になるピーターの存在を誤魔化すなど良き理解者でもある。

ホームカミング

●シエラ・バージェス
（シエナ・パーサー）

『シエラ・バージェスはルーザー』（18）
ひょんなことからチアリーダーのいじめっ子ヴェロニカ（クリスティン・フローセス）だと誤解されたまま、他校のアメフト選手ジェイミー（ノア・センティネオ）とメールをしている。ホームカミング前の対抗試合でヴェロニカ、ジェイミーと喧嘩をするが、ホームカミングマジックで仲直りできることを密かに願っている。

06 JUNE

●夏休み
州によって異なるが、約3ヶ月間夏休みがあり、宿題もなく、アルバイトや友達との遊び、旅行を楽しむ高校生が多い。

『ラスト・サマー　～この夏の先に～』『いま、輝くときに』『SPF-18』『ラストウィーク・オブ・サマー』『HOT SUMMER NIGHTS／ホット・サマー・ナイツ』『キングス・オブ・サマー』『少女が大人に変わる夏』

07 JULY

★7／4　独立記念日
独立記念を祝い、パトリオットカラーに身を包み、友達とBBQやパーティーなどを楽しむ。

『ラスト・サマー　～この夏の先に～』

●フィールド・トリップ／修学旅行
行き先は国内や海外と様々。

『スパイダーマン：ファー・フロム・ホーム』

08 AUGUST

●夏休み最終日
長い夏休みも終わり憂鬱に。SNSで#backtoschoolを検索して新学期のために文具や服を買い揃える。

『LOL～ローラの青春～』『キスから始まるものがたり』『ラストウィーク・オブ・サマー』『レディ・バード』

09 SEPTEMBER

★第1月曜日　勤労感謝の日
●始業日
3ヶ月の間に顔・体が変わり、彼氏彼女ができ、オシャレになって垢抜けるなど、それぞれの変化が一番わかる日。

『好きだった君へのラブレター』『LOL～ローラの青春～』『キスから始まるものがたり』『レディ・バード』

10 OCTOBER

★第2月曜日　コロンブス・デー
●ホームカミング
卒業生を迎え、ダンスや同窓会、試合などを楽しむイベント。アメリカンフットボールやバスケットボールなどの試合は他校の生徒も来るため、普段関わらない人と知り合える機会でもある。

『シエラ・バージェスはルーザー』『THE DUFF／ダメ・ガールが最高の彼女になる方法』『ウォールフラワー』『パーフェクト・デート』『スパイダーマン：ホームカミング』『キャンディージャー』『レディ・バード』

●10／31　ハロウィン
高校生は近所でお菓子巡りをするTrick or Treatから卒業し、それぞれコスチュームを着てパーティーを楽しむ。

『ペーパータウン』『Love, サイモン 17歳の告白』

11 NOVEMBER

★11／11　ベテランズ・デー
★第4木曜日　感謝祭
★第4木曜日の翌日　ブラック・フライデー
●大学願書提出開始&合否発表
アメリカの大学入試は決まった日にちがなく、SATやACTなどの学力テストの点数やエッセイ、推薦書などの入試必要書類を準備できたらそれぞれが願書を提出している。

・SAT…Scholastic Assessment Testの略。英語力と数学的思考力のテスト。

・ACT…American College Testing Programの略。英語、読解、エッセイ、数学、科学のテスト。

『キャンディージャー』『ウォールフラワー』『レディ・バード』『いま、輝くときに』『アレックス・ストレンジラブ』

ILLUSTRATION & TEXT BY YUKO KAGAWA

長い夏休みにホームカミングやプロムパーティー。ティーン映画の高校生たちは、今を生きて青春を謳歌している。
その一瞬一瞬が大切な、憧れのアメリカン・ハイスクールの一年を観てみよう。

★国民の祝日　●イベント

プロム

『ヘイト・ユー・ギブ』(18)
初恋相手が警察に射殺されて以来、黒人の人種差別を批判するアクティビストになった。プロムの帰りに彼氏のクリス(K・J・アパ)を両親に紹介するが、彼が白人であることから父親から快く歓迎されない。

●スター・カーター
(アマンドラ・ステンバーグ)

『ブロッカーズ』(18)
誰にもレズビアンであることをオープンにしておらず、自己確認のためにも男友達とプロムに行き、親友と"卒業"を計画する。「普通の親と同じように振舞って」と言うほど実の父親ハンター(アイク・バリンホルツ)のことを恥じている。

●サム
(ギデオン・アドラ)

卒業式

『いま、輝くときに』(13)
高校生にしてアルコール中毒者。卒業式にはアカデミックガウンと帽子に、アルコールのマイボトルを持ち込み、バイト先ではファストフードのドリンクカップに移してまで酒を飲んでいる。さすがにお酒臭くて周りの大人も気づくはず……。

●サッター・キーリー
(マイルズ・テラー)

12 DECEMBER

●12／24　クリスマス・イブ

『クリスマスに降る雪は』

★12／25　クリスマス
クリスマス・イブもクリスマス当日も、家族と過ごす人もいれば、友達同士でパーティーやプレゼント交換をする人もいる。

『ウォールフラワー』『好きだった君へのラブレター』『レディ・バード』『Love, サイモン 17歳の告白』

★●12／31　大晦日
クリスマス同様、家族や友達と大人数で盛大に祝う人が多い。0時になった瞬間に大事な人(もしくはたまたま目の前の人)とキスをする習慣がある。

『ウォールフラワー』

01 JANUARY

★1／1　元旦
★第3月曜日　マーティン・ルーサー・キング・ジュニア・デー

02 FEBRUARY

★第3月曜日　プレジデント・デー
●バレンタイン・デー前日の登校日=キューピッド・デー
好きな人に匿名でバラを渡す日。名前とメッセージを書いた紙を係の生徒に渡すと、代わりに授業中にバラを送り届けてくれる。

『ビフォア・アイ・フォール』

●2／14　バレンタイン・デー
●スノーボール
学校で行われる冬のダンスパーティーで、プロムよりもフォーマル。

「ストレンジャー・シングス　未知の世界2」

03 MARCH

★3／17　聖パトリック・デー

04 APRIL

★春分の日の後の最初の満月の次の日曜日　イースター

05 MAY

★最終月曜日　メモリアル・デー

●ジェンダースワップ・デー
男子生徒は女性服を、女子生徒は男性服を着て登校し一日を過ごす日。生徒だけでなく校長先生を始め教師も参加する高校もある。

●授業最終日
学年の最終日は、みんなでカウントダウンをする。卒業1週間前のシニア・ウィークはビーチのコテージで友達と過ごしたり、授業をサボって出かけたり、学校の至る所にドッキリをしかけるなど最後の高校生活を謳歌する。

『エイス・グレード　世界でいちばんクールな私へ』『ウォールフラワー』

●プロム
学年の最後に開催される学校のダンスパーティーで高校最大のイベント。当日までに同伴するパートナーを見つけ、ドレスやタキシード、車を準備しなければならない。パートナーが見つからない人は友達と参加できる。

『ブロッカーズ』『キャリー』『レディー・バード』『好きだった君へのラブレター』『キスから始まるものがたり』『ペーパータウン』『エクリプス／トワイライト・サーガ』『ヘイト・ユー・ギブ』『トールガール』『アレックス・ストレンジラブ』『21ジャンプストリート』『エンド・オブ・ハイスクール』『いま、輝くときに』『ウォールフラワー』『キャンディージャー』

●卒業式
卒業生代表の感動的なスピーチや、卒業証書が一人ずつ手渡しされるなど、卒業生が主役の式。ほとんどの家族が揃って参加する。

『いま、輝くときに』『ウォールフラワー』『エクリプス／トワイライト・サーガ』『ヘイト・ユー・ギブ』『ペーパータウン』『ブロッカーズ』『エンド・オブ・ハイスクール』

HIGH SCHOOL MOVIES' PARTY

ILLUSTRATION & TEXT BY YUKO KAGAWA

ソーシャルの場でもあるパーティーは、思いもよらぬ出会いやおもしろいハプニングなど何かと起きがち。もしもいろんな映画のパーティーが一緒に開催されたなら……。カオスなパーティーを覗いてみよう！

シェルビー・ペース
（カミラ・メンデス）

『パーフェクト・デート』（19）

容姿端麗でセレブで人気者。家で開催されたパーティーには父親もお忍びで参加して娘の友達を口説いている。親がパーティーの場にいる青春映画は後にも先にもないだろう。

ピーター・カヴィンスキー／ララ・ジーン
（ノア・センティネオ／ラナ・コンドル）

『好きだった君へのラブレター』（18）

このパーティーが初（フェイク）デート。ピーターは車の運転をするためコンブチャを飲んでいる。

フラッシュ・トンプソン
（トニー・レヴォレリ）

『スパイダーマン：ホームカミング』（17）

パーティーでDJをしている。なぜか一方的にライバル心を燃やしているピーター・パーカー（トム・ホランド）にDJブースからヤジを飛ばしている。自分はクールだと虚勢を張っているが、案外しんどそう。

サイモン
（ニック・ロビンソン）

『Love, サイモン 17歳の告白』（18）

酔っ払って「As Long As You Love Me」（ジャスティン・ビーバー feat. ビッグ・ショーン）と「Add It Up」（ヴァイオレント・ファムズ）をカラオケで熱唱する。

エル・エヴァンズ
（ジョーイ・キング）
『ペーパータウン』(15)
ウェイ系の女子に気に入られるために初めてアルコールをショットで飲む。その後の彼女は見ていられない。
クエンティン・ヤコブセン／レイシー・ペムバートン
（ナット・ウルフ／ハルストン・ペイジ）
『ペーパータウン』(15)
容姿だけで判断され中身を見てもらえないとバスタブで嘆いているが、きっとこれを女子が聞いたら大惨事になっていた。
オリーブ・ペンダーガスト
（エマ・ストーン）
『小悪魔はなぜモテる?!』(10)
カミングアウトできずにいる友達のため、ベッドでジャンプして叫んで“卒業”工作をサポートする。友達思いの優しさと後先考えない若さが、後に自分の首を締めることになる。
ネイディーン・バード
（ヘイリー・スタインフェルド）
『スウィート17モンスター』(17)
一番の親友と兄が付き合い、イヤイヤ二人とパーティーに参加するが、疎外感を感じて、拗ねてベランダで全然仲良くない人に話しかけるが、話すんじゃなかったとすぐに後悔している。

求人番号

映画とファッションでみる
職業求人票（架空も含む）

就業地住所：United States of America
職業分類：A-eiga

IT
2010年代、GAFAを始めとした米IT企業は、世界のIT業界とアメリカの経済をリードした。

どこへ行っても需要アリ、なりたい職業No.1。

職業／エンジニア

仕事内容／システムの提案、設計、開発、テスト

平均年収／約$107,698
出典：https://www.indeed.com/career/software-engineer/salaries Indeedより（2020年1月14日時点）

in movies......（作品での描かれ方）

10年代前半は『ソーシャル・ネットワーク』や『スティーブ・ジョブズ』、『インターンシップ』など、実在するIT企業やパイオニアたちを、後半は『マイ・インターン』や『ザ・サークル』など、IT業界やSNSの世界をテーマにしたフィクションが描かれた。映画の社内は最先端の設備やサービスが整っており、公開時の最先端テクノロジーを反映している。登場人物は、サイバー犯罪や、加速するインターネット社会の変化と自分のモラルとの間で格闘している。20年代はAIを駆使するエンジニアの映画が出てくるのかも？

reference movies......（参考作品）

『ソーシャル・ネットワーク』(10)
『スティーブ・ジョブズ』(13)
『マイ・インターン』(15)
『スティーブ・ジョブズ』(15)
『ザ・サークル 』(17)

映画内の職業・業務
「Google」インターン

基本何でもOK。リラックスできる服装。
インターン用の帽子を支給します。

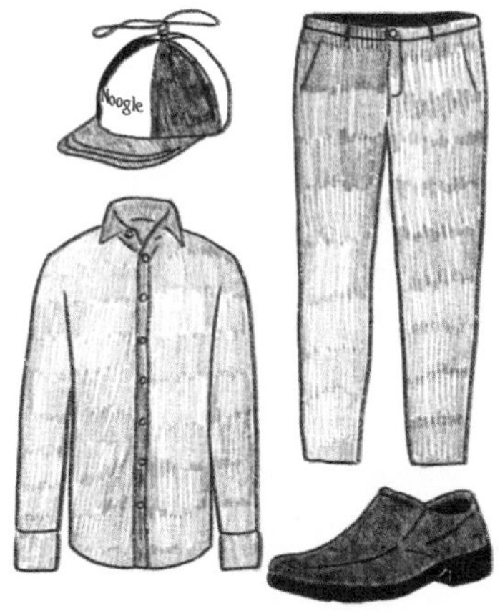

『インターンシップ』(13)

大学生に混ざりGoogleの雇用試験インターンに参加。プログラムはチームでバグの原因の考察、アプリの開発、顧客対応、広告の営業など、社員と同じ業務をする。フリーフード・ドリンクや睡眠スペースなど、福利厚生の恩恵は受けられるだけ受けておくスタンス。

ニック・キャンベル（オーウェン・ウィルソン）　ビリー・マクマホン（ヴィンス・ヴォーン）

実在／Google ──► シリコンバレーのIT企業、GAFAのG。会社名が動詞になるほどの知名度がある。

ILLUSTRATION & TEXT BY YUKO KAGAWA

映画トリビア　『ギャンブラー』(17)「ブルース・ブラザーズか！」
気合いの入ったエディ(J・ジョンソン)のギャンブル用勝負服を見て、見知らぬギャンブラーたちが「いいね！」と声をかける場面のセリフ。ちなみに本人は「メン・イン・ブラック」コーディネイトのつもりだったようだ。黒スーツ映画の金字塔はこの2本で決まり。

学生から社会人デビューするあなたへ、2010年代に多様化した職種・働き方をご紹介！

雑誌 ペーパーからデジタルの時代に。SNS内限定メディアも生まれ、情報発信・受信が多様に。

世の流れには敏感にされど流されすぎず。

職業 編集者

仕事内容 企画、取材、執筆、キャスティング、撮影、編集、PR、パーティー・イベント主催・参加

平均年収 約$50,639

出典：https://www.indeed.com/salaries/editor-Salaries Indeedより（2020年1月14日時点）

in movies......（作品での描かれ方）

「セックス・アンド・ザ・シティ」(98-08)や『プラダを着た悪魔』(06)以降、ライターや雑誌編集者がフィーチャーされた。これまでは編集部や編集者、ライターとしてのサクセスストーリーが描かれてきた。10年代に入ってからは、『食べて、祈って、恋をして』で自分探しの旅を、『フィフティ・シェイズ・フリード』で家庭に入るよりも仕事をしたいバリキャリを、『サムワン・グレート ~輝く人に~』で恋人との失恋と友情を描き、サクセスストーリーに加えて恋愛や家族、個人の幸せなど、プライベートに焦点を当てた作品が多かった。

reference movies......（参考作品）

『食べて、祈って、恋をして』(10)
『フィフティ・シェイズ・フリード』(18)
『セットアップ：ウソつきは恋のはじまり』(18)
『サムワン・グレート ~輝く人に~』(19)

映画内の職業・業務

「スナッフ」編集者

オフィスカジュアル。
清潔感がありつつも個性を出しましょう。

『エイミー、エイミー、エイミー！こじらせシングルライフの抜け出し方』(15)

プロスポーツ選手から指名の多いスポーツ医師アーロン・コナーズ（ビル・ヘイダー）の特集の担当。取材時は録音しない自由さ、皮肉のこもった物の見方、仕事だろうと関係なくふざける憎めない性格が、記者・インタビュワーの垣根を超えていく。編集長を目指し、他媒体に記事を持ち込むなど、バイタリティのある一面も。

エイミー・タウンゼント（エイミー・シューマー）

架空 「スナッフ」→ 衣・食・性の提案がコンセプトの男性雑誌。読者層は男性全員。

『世界にひとつのプレイブック』(12)
「セクシーな下着を買いに彼はヴィクトリアズ・シークレットへ」

ティファニー（J・ローレンス）が自分の夫の死の間際の行動を回想して呟いたセリフ。痩身でセクシーなモデルを起用することで世界的に有名な下着ブランド。そうした姿勢が時代遅れとされ、最近では売却の噂も。

映画トリビア

求人番号

映画とファッションでみる

職業求人票(架空も含む)

就業地住所 United States of America

職業分類 A-eiga

ファッション・コスメ

ファストの波を越え
エシカルにシフトチェンジ。

品質だけじゃない、地球を考えたものづくりを。

職業 商品企画

仕事内容 商品開発、企画、マーケティング

平均年収 約$106,473

出典:
https://www.indeed.com/career/product-manager/salaries Indeedより
(2020年1月14日時点)

in movies......(作品での描かれ方)

10年代までのファッション映画は、モデルやデザイナーなど華やかなキャラクターが主役だったが、10年代以降は、『アイ・フィール・プリティ! 人生最高のハプニング』のコスメ企業の受付係/広報や、『シンプル・フェイバー』のアパレル会社のPRディレクターなど、ビジネスパーソンなキャラクターにスポットライトが当てられた。美しさを仕事にしているからか、どのキャラクターも自己肯定感が高く自信に満ち溢れているところは他の業界の映画と違うところである。

reference movies......(参考作品)

『ズーランダー NO.2』(16)
『アイ・フィール・プリティ! 人生最高のハプニング』(2018)
『シンプル・フェイバー』(18)
『オーシャンズ8』(18)

映画内の職業・業務

「F&C」商品企画コンサルタント

信頼感を重視し、
高見えでモードなファッションが好ましいです。

『セカンド・アクト』(18)

15年のスーパー販売員経験を活かしたユーザー目線の具体的な商品批評をし、商品企画コンサルタントに大抜擢。100%オーガニックにこだわり、街頭アンケートやスーパーに集まった友達に質問をするなど、世の女性の声を反映するために試行錯誤を繰り返している。

マヤ(ジェニファー・ロペス)

架空 F&C(フランクリン&クラーク) ——▶ 大手消費財メーカー

ILLUSTRATION & TEXT BY YUKO KAGAWA

映画トリビア 『最後の追跡』(16)
「ステーキとポテト以外頼んだ客はいない」
客の意向も取り合わず勝手に注文を決めるテキサスのステーキ屋のお婆ちゃんのセリフ。本作の脚本家テイラー・シェリダンはテキサス出身。テキサスの場末ステーキ屋のリアルがここにある。

食 レストラン選びも まずはSNSで検索する時代に。

型にはまらない、おいしくバズる料理を。

in movies……（作品での描かれ方）

10年代映画の料理人はただ料理を作るだけでなく、自分のオリジナリティとオーナーの要望や経営の間で葛藤する職人の背中を見ているようである。特に料理のシーンでは手元のカットを多く映すことで職業としての料理人のプライドがスクリーンから伝わってくる。SNSでは映画ファンが映画に登場した料理を投稿しており、『グランド・ブダペスト・ホテル』でシアーシャ・ローナンの作る"インスタ映え"なコーテ・ザン・オ・ショコラは、世界中のウェス・アンダーソンファンが写真やレシピ動画を投稿した。

職業／シェフ

仕事内容／メニュー開発、買い出し、調理

平均年収／約$48,709
出典：https://www.indeed.com/career/sous-chef/salaries Indeedより（2020年1月14日時点）

reference movies……（参考作品）

『ブライズメイズ　史上最悪のウェディングプラン』(11)
『恋愛だけじゃダメかしら?』(12)
『グランド・ブダペスト・ホテル』(13)
『二ツ星の料理人』(15)
『スイッチング・プリンセス』(18)

映画内の職業・業務
「El Jefe」オーナーシェフ

動きやすさが一番！
靴は滑りにくく強度のあるものをご用意してください。

『シェフ　三ツ星フードトラック始めました』(14)

元一流レストラン総料理長。独立後、マイアミ～LAを移動するキューバサンドイッチのフードトラックを始める。各地のマーケットで調達した食材を使ったサンドはすぐにSNSでバズり、開店前から大行列の大人気店に。おいしさの秘訣は踊りながら細かいことは気にせず楽しんで作ること。

カール・キャスパー（ジョン・ファブロー）

架空／El Jefe（エル・ヘフェ）→ キューバサンドのフードトラック。14年には実際にLAのショッピングモール「the Glove」でポップアップストアを開いた。

『アイ,トーニャ 史上最大のスキャンダル』(17)
「私はビル・クリントンに次いで、世界で2番目に有名だった」

トーニャ（M・ロビー）がインタビューに答えて自分のことを説明するセリフ。さすがに言い過ぎである。しかし彼女の発言の過剰さ、それ自体が「アメリカ」なるものの病理を表しているのかもしれない。

映画トリビア

＼ほぼ／ U25注目 俳優相関図

フレッシュかつチャーミングな若手俳優は映画にとって欠かせない存在だ。2010年代も様々な若手俳優たちの活躍が映画界を彩った。ここでは今後のアメリカ映画を担っていくにちがいない、“ほぼ”25歳以下の俳優たちの相関図を掲載。すでにベテランと呼ぶにふさわしい出演数を誇る子役上がりのスターから、大ヒットドラマをきっかけに一躍人気者になった新人まで。お好みの俳優のことだけじゃなく、彼らを取り巻く人間関係まで目をのばしてみれば、ますます映画は面白くなる。みんなもオリジナルの俳優相関図を描いてみてはいかが？

チャーリー・ヒートン('94)

ソフィー・リリス('02)

『IT』

フィン・ヴォルフハルト('02)

ひとりの美しい少年が大人へと成長していく様子を、我々はリアルタイムで目撃しているのだ。すごいことだ。

ミリー・ボビー・ブラウン('04)

ノア・シュナップ('04)

デイカー・モンゴメリ('94)

セイディー・シンク('02)

「ストレンジャー・シングス」

『ザ・ゴールドフィンチ』

『パワーレンジャー』

ナオミ・スコット('93)

クロエ・グレース・モレッツ('97)

アンセル・エルゴート('94)

『ベイビー・ドライバー』を超える名作は現れるか。突然の半裸セルフィー大量投稿はなんだったのだろう。

『キャリー』『クリミナル・タウン』

同級生

『アラジン』

父

ウィル・スミス('68)

オリヴィア・クック('93)

『ステイ・コネクテッド～つながりたい僕らの世界』

『モダン・ラブ』

『キング』

息子

ジェイデン・スミス('98)

脇役でも見せつけるぜ存在感。ミランダ・ジュライとマーガレット・クアリーによる謎のウェブ・コントにも登場。

ジュリア・ガーナー('94)

ブロンドのカーリーヘア、大きな鼻と薄い唇。今風の何を考えているかわからない若者をやらせたらハマる。

ティモシー・シャラメ('94)

キザすぎるほどの美形にして、知性と才能に裏打ちされた好感度の高さよ。しかもスタイリッシュ。完璧か。

リリー=ローズ・デップ('99)

「ゲットダウン」

ILLUSTRATION & TEXT BY aggiiiiiii

映画トリビア	『俺たちポップスター』(16) 「(彼は)イエスの次さ。あとモーガン・フリーマン」	新進気鋭のラッパーによる、主人公コナー(A・サムバーグ)へのリスペクトを示した一言。神様、もしくはそれに準ずる役柄といえばM・フリーマンであるが、最近は「ストーリー・オブ・ゴッド」シリーズにおいて神を超越した存在を探求している。

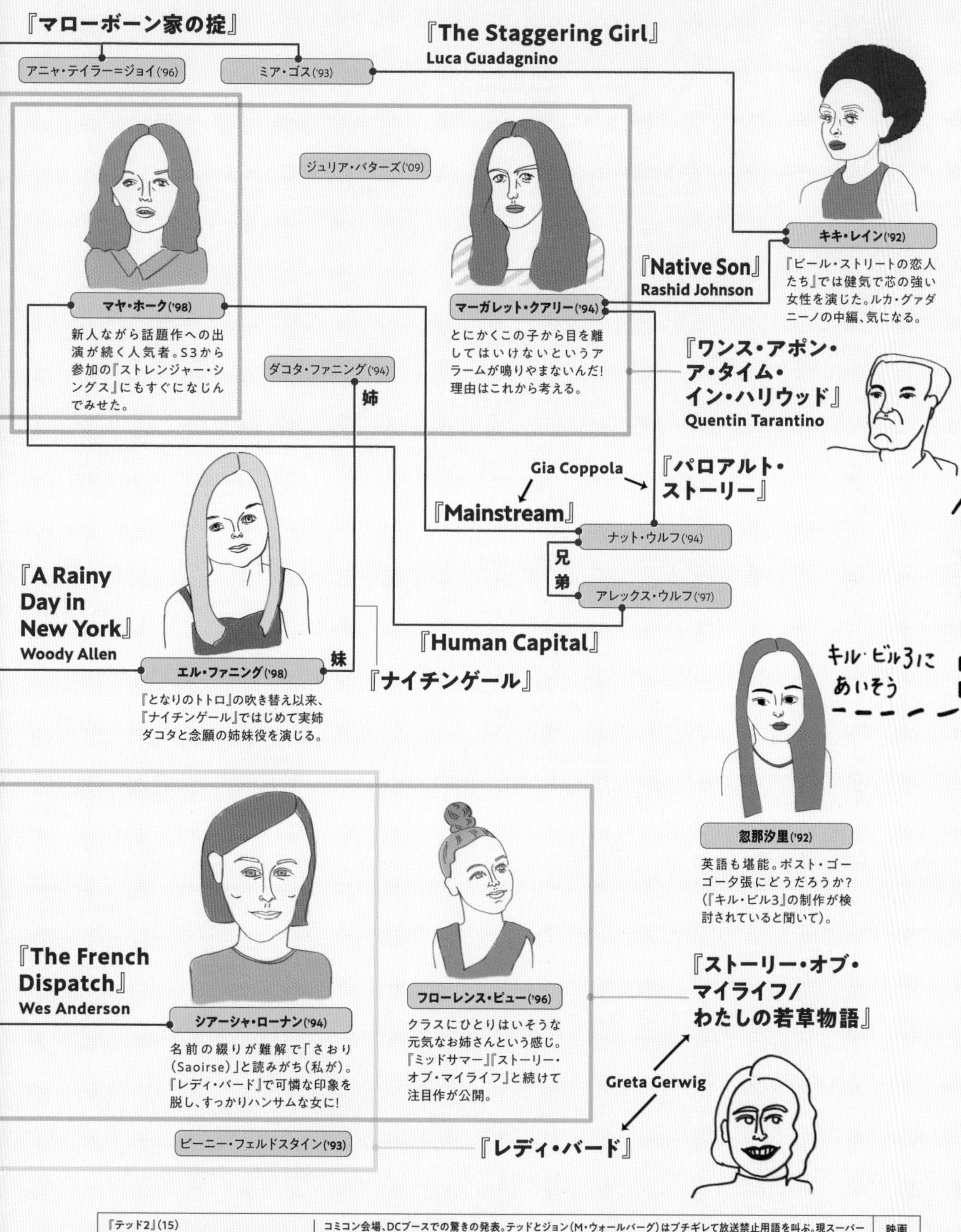

『テッド2』(15) **「新スーパーマンは……ジョナ・ヒル！」**	コミコン会場、DCブースでの驚きの発表。テッドとジョン(M・ウォールバーグ)はブチギレて放送禁止用語を叫ぶ。現スーパーマンはもちろんH・カヴィルで、J・ヒルは実写スーパーヒーロー映画に出演したことがない。	映画トリビア

ほぼU25注目俳優相関図

ティモシー・シャラメの下まつげにやられたい

by aggiiiiiii

まず最初に浮かんだのはエル・ファニング、シアーシャ・ローナン、ティモシー・シャラメ、アンセル・エルゴートの４人。経歴を考えるとエル・ファニングを若手の枠に収めるのはふさわしくない（22歳を前にしてすでにキャリアは20年近く、単純計算するとすでに60本ほどの作品に出演している）のだけれど、驚くのは彼女が湖に浮かぶ白鳥のような透明感をいっこうに失わないことで、グレるでもませるでもなくごくごく自然に年齢を重ね、今後もひきつづきスクリーンに愛される存在となるだろうから外せないのだ。ソフィア・コッポラ（『SOMEWHERE』〔10〕『The Beguiled/ビガイルド 欲望のめざめ』〔17〕）のみならず、ソフィアの父親フランシス（『Virginia/ヴァージニア』〔12〕）、姪のジア（『ティーンスピリット』〔18〕の関連ミュージックビデオ）とも仕事をしているあたり、やっぱり相当性格がいい子なのだろうなという気がする（わがまま女優を家族間で推しあったりはしないだろうから）。

シアーシャ、ティモシー、アンセルにかんしても、その大活躍ぶりはもはや説明不要で、とくにシアーシャとティモシーは愛しさ全開の『レディ・バード』（17）に続いてふたたびグレタ・ガーウィグと組んだ『ストーリー・オブ・マイライフ/わたしの若草物語』（19）、ウェス・アンダーソン『The French Dispatch』（20）など楽しみにせずにはいられない共演作の公開が控えている。ティモシーとアンセルが高校のリアル同級生だったという話にはびっくりで、自分ならどちらに夢中だっただろう、ティモシーは美しすぎて直視できなさそうだからやっぱりアンセル派だったろうか、などと考えていたところで当時のティモシーの写真を見つけ、まだ今ほどの色気もなく普通のかわいらしいティーンネイジャーだったことがわかって拍子抜けしたのだった（なんの話だ）。ちなみに当時のガールフレンドはマドンナの娘である。

しかし、上記の４人はいわば鉄板のメンツ。もっとこう、ほら、フレッシュな驚きがほしい。先ほどコッポラ家の３人の名前をあげたけれど、その他だとグレタ・ガーウィグ、ウェス・アンダーソン、マイク・ミルズ、レナ・ダナムなどの監督とかかわりのある俳優が自分は好きである。それで行くと『ストーリー・オブ・マイライフ』で末っ子エイミーを演じるフローレンス・ピューは注目株だ。これまで世界で一番かわいい名前はルピタ・ニョンゴだと思っていたが、ついに対抗馬が現れてしまった。ピのつく名前はよい。トニ・コレットの変顔炸裂ホラー『ヘレディタリー/継承』（18）で話題を集めたアリ・アスターによる新作、『ミッドサマー』（19）の主役を数百の候補者から勝ち取ったフローレンスは、別作品で役づくりのための減量を命じられても「自然な体型を見てほ

映画トリビア	『トップ・ファイブ』（14）**「大統領夫人には悪いが俺はフライドポテト派」**	アンドレ・アレン（C・ロック）がポテトを食べながら呟くセリフ。アメリカの子供の肥満問題に熱心に取り組んでいたミシェル・オバマは、フライドポテトなど高カロリーメニューを学校給食から減らす法案を計画していた。

しい」と拒否したという、現代っ子らしくたのもしいエピソードもある。

まだまだ記憶に新しいタランティーノ『ワンス・アポン・ア・タイム・イン・ハリウッド』(19) でブラッド・ピット（彼もピがつく）を誘惑するヒッピーを演じたマーガレット・クアリーは、二重丸では足りずに花丸をつけたい存在感。どこかで見たことがあると思えば、16年にスパイク・ジョーンズが監督したKENZOのCMで変なダンスをしていたあの子であった。削ったシーンだけで連続ドラマができるほどのボリュームがあるという『ワンハリ』においても、マーガレットの登場したシーンだけは一切削られなかったらしい。マヤ・ホークも同作に出演しているけれど、彼女のことを知るなら登場人物全員最高＆今後『グーニーズ』(85) のように永遠に語り継がれてゆくだろうわたしたちの名作クラシック、「ストレンジャー・シングス 未知の世界 (16-)」がおすすめだ。まだキャリアをスタートさせたばかりのマヤだが、『Mainstream』(20)『Human Capital』(19) ではそれぞれナット・ウォルフ、アレックス・ウォルフという今もっとも旬な俳優兄弟と共演している。くるくるのブロンドヘアと赤リップで往年の女優のような風格を漂わせるジュリア・ガーナーと、『ビール・ストリートの恋人たち』(18) で確かな演技力を見せたキキ・レインは「ストレンジャー・シングス」のセイディー・シンクと揃ってケイト・スペードの広告に登場するなど、早耳のファッション業界からも注目を集める。

さて、アジア系はというと、『フェアウェル』(19) のオークワフィナや『クレイジー・リッチ』(18) のコンスタンス・ウー、「ロシアン・ドール」(19-) のグレタ・リーはちょっと年齢が上なんである。やはり白人や黒人の俳優と比べるとブレイクまでの道のりが長かったりするのだろうか…などと考えていたら、忽那汐里が、14歳までオーストラリアで暮らしていた日系オーストラリア人３世であったと知った（現在は日本国籍を選択)。評判のよい『デッドプール2』(18) は未見なのだが、Netflixの『マーダー・ミステリー』(19) では堪能な英語を活かして主役のアダム・サンドラーやジェニファー・アニストンにも引けをとらぬコケティッシュな爪跡を残しており、たちまち好きになった。とはいえ今は、話題作は字幕付きで世界各国へ同時配信される時代。たとえ英語が得意でなくても、『パラサイト 半地下の家族』(19) で瞬時に国際的スターとなったパク・ソダムのように、母国で、かつ母国語の作品で大きな存在感を示すことが結局は世界への近道にもつながるのかもしれない。余談だが最近、インドの超人気俳優、ディーピカー・パードゥコーンが気になる。もちろん彼女もピがついている。

『ブリタニー・ランズ・ア・マラソン』(19) **「どの体型も美しい。ダヴのCM見たことないの?」**	医者に肥満と診断され傷ついたブリタニー(J・ベル)がクレーム。パーソナル・ケアブランドのダヴは、かつて黒人女性が服を脱ぐと白人(色白)になるCMを作り、黒人差別的だと非難されたことがある。	映画 トリビア

ギャンブリング・ムービー・チャート

2008年に訪れた世界金融危機によって勢いは衰えたものの、いまだに重要な経済活動であるギャンブルは、ネバダ州や先住民保護区など一部の地域を下支えており、莫大な金を生み続けている。2010年代はオンラインカジノの合法化の流れや「連邦プロ・アマスポーツ保護法」によるスポーツ賭博禁止の違憲判決などに象徴されるようにギャンブル業界の大きな転換点でもある。

TEXT BY SATOSHI FURUYA

金銭を賭けたギャンブルをしたことがあるアメリカ人の割合

補足事項:
カジノを禁止している州=
ハワイ州、ユタ州

アメリカン・エンタメ産業興行収入比較
(2016年11月時点)

(https://gigazine.net/news/20161118-casino-enable-gambling-addicts/ より参照)

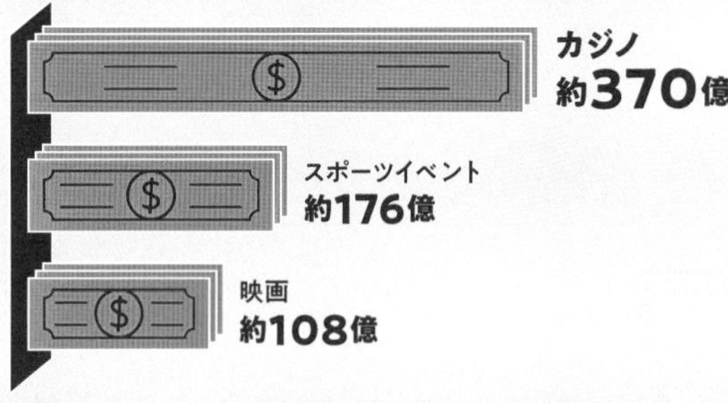

HISTORY OF GAMBLING IN THE USA アメリカギャンブル史

1930

1931年:ネバダ州がアメリカ初のギャンブル合法化に踏みきる。

1940

1946年:マフィアのバグジーことベンジャミン・シーゲルがラスベガスに「フラミンゴ・ラスベガス」を建設。ギャンブルリゾートとしてのラスベガスのはじまり。＊1

1950

1959年:カジノのライセンスを管理するゲーミング・コミッションとゲーミング管理委員会が設立。
これによって「犯罪に関わりのある人物の排除」や「マネーロンダリングに対する厳しい取締り」が行われる。

1980

1988年:先住民自治区内におけるカジノ乱立と無法化を恐れた連邦政府により、インディアン賭博規制法が成立。連邦政府によって認定された部族が各州と交渉し、部族・州間協定と呼ばれるカジノに関する協定を結んだ上でカジノ設営を行うことに。

＊先住民カジノが描かれる映画
『ガンズ・アンド・ギャンブラー』(11):先住民カジノで大負けしたうえに命まで狙われる。
『最後の追跡』(16):ニューメキシコの「ルート66カジノ&ホテル」がオクラホマの「コマンチ66」として登場。資金洗浄の場として使われる。

1990

1992年:「連邦プロ・アマスポーツ保護法」によってスポーツ・ベッティングが違法になる(ネバダ州、デラウエア州、オレゴン州およびモンタナ州は除く。ハイアライ、競馬、ドッグ・レースは例外)

1994年:イギリス連邦加盟国アンティグアがオンラインカジノへの運営者に正式にライセンスを発行する法律を可決。

1996年:カナダのウェイジャーロジック社が世界初のオンラインカジノ「インターカジノ」を設立(現在はインターテイングループ)＊2

2000

2003年:クリス・マネーメーカー氏がオンラインポーカーの大会「World Series of Poker」で優勝。ギャンブルがスポーツと見なされるようになる。

2006年:オンラインギャンブル禁止法案にブッシュ大統領がサイン。

リーマンショック(2008)

2010

2018年:アメリカ司法省が条件付きでオンラインカジノ合法化の方針を示す。

同年、アメリカの連邦最高裁判所が「連邦プロ・アマスポーツ保護法」によってスポーツ賭博を禁ずることに対して違憲判決を下す。＊3

<<<<

＊1
ラスベガスのカジノリゾートが描かれる映画

『ラスト・ベガス』(13):アリア・リゾート、ビニオンズ
『モール・コップ ラスベガスも俺が守る!』(15):ウィンラスベガス

＊2
オンラインカジノが描かれる映画

『ランナーランナー』(13):リーマンショックで失業した主人公が、オンラインカジノの大負けするも不正を見抜き、サイトのオーナーであるカジノ王に直訴しにいく。

＊3
ブックメーカー(スポーツ賭博)が描かれる映画

『噂のギャンブラー』(12):ブックメーカー
『世界にひとつのプレイブック』(12):ベースボール賭博
『ファーナス/訣別の朝』(13):ボクシング賭博
『ザ・ギャンブラー/熱い賭け』(14):バスケット賭博
『カジノ・ハウス』(17):ボクシング賭博
『ラスベガス・イリュージョン カジノから2000万ドル奪う方法』(12):地下格闘技賭博
『アンカット・ダイヤモンド』(19):バスケット賭博

カジノの州別割合

(American Gaming Association資料より参照)

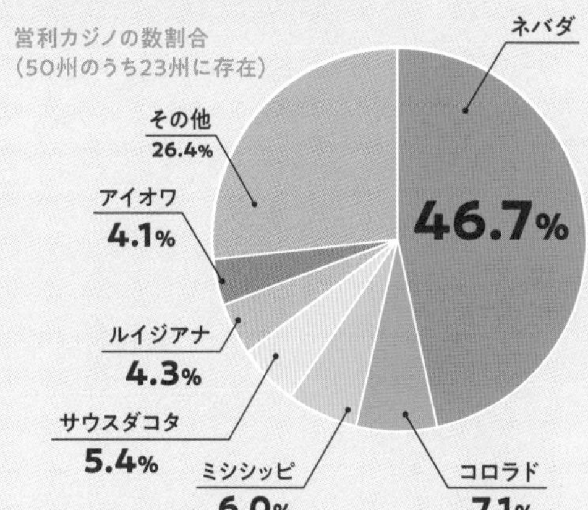

＊
カジノ(賭場)が新設される映画

『カジノ・ハウス』(17):ニューアーク(デラウェア州)
『モリーズ・ゲーム』(17):ロサンゼルス、ニューヨーク

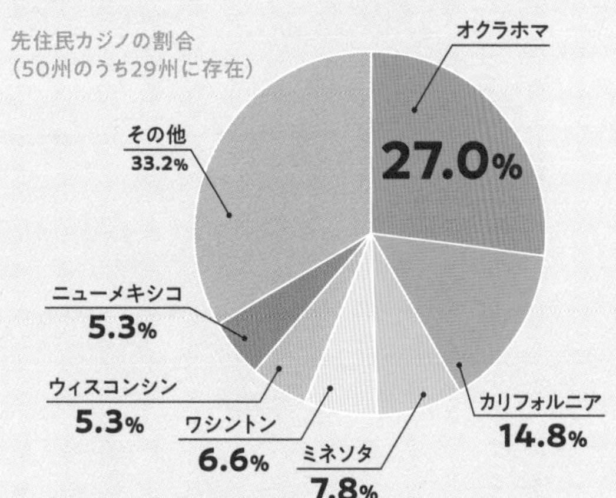

営利カジノと先住民カジノの収益

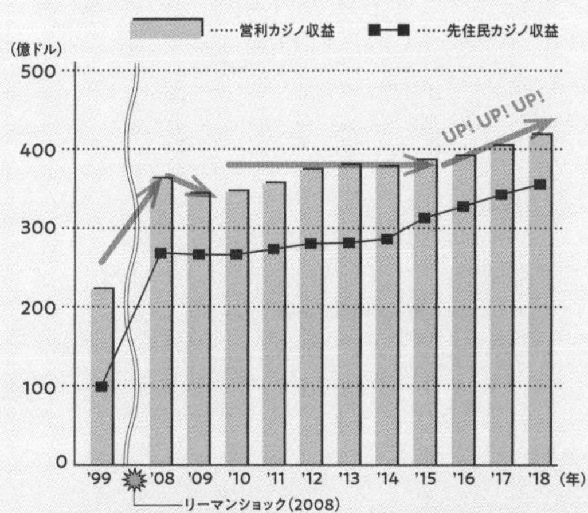

(Christiansen Capital Advisors、American Gaming Association、National Indian Gaming Commissionなど参照)

＊ 大勝ちギャンブル映画

『ラスベガス・イリュージョン カジノから2000万ドルを奪う方法』(12)
ポーカー大会の賞金2000万ドル。ただし、ギャンブルではなく強盗。

依存症の人口割合・ワースト州ランキング

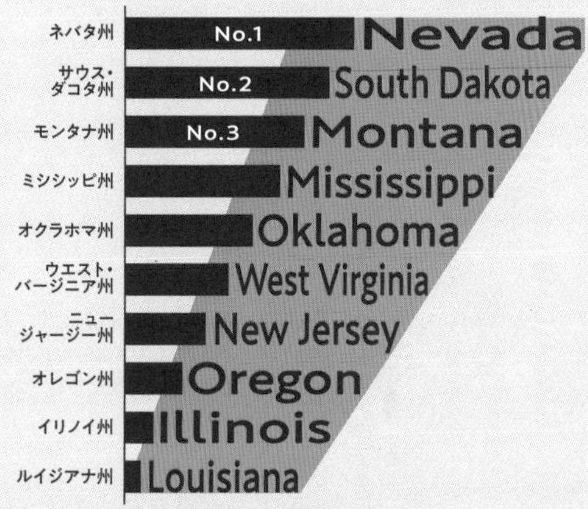

アメリカのギャンブル依存症の疑い:2~3%未満
50人に1人以上はギャンブル依存症の疑い。※2016年時点
(https://wallethub.com/edu/states-most-addicted-to-gambling/20846/より参照)

＊ 依存症が描かれる映画

『ギャンブラー』(17)口説き文句に「確率」の話をしちゃう / 『ザ・ギャンブラー/熱い賭け』(14)マフィアから金借りちゃう / 『ワイルド・ギャンブル』(15)元妻から金を盗もうとしちゃう / 『カジノ・ハウス』(17)学費の工面にギャンブルを勧めちゃうし、勧められた方もノッちゃってハマっちゃう / 『フォーカス』(15)依存症のフリ

映画に描かれるギャンブル「クラップス」のルール紹介

サイコロを2つ投げて一喜一憂するゲーム。一体あれはなにをやっているのか、ルールがわからない人のために映画的ポイントを交えて解説していこう!

- ルール:反対側の壁にぶつかるように2つのサイコロを振り、出目合計数が「7」か「11」がでれば勝ち。「2」、「3」、「12」であると負け。そのほかの数字が出た場合には、再度サイコロを振り、1投目で出た数を出せば勝利。しかしその前に「7」を出してしまうと負けになる(周囲の人はどちらが勝つかを賭ける)。
- 難易度:EASY。
- 出目の確率:「7」=16.67%、「2」=2.78%、「3」=5.56%、「12」=2.78%
- 特徴:控除率(胴元の取り分)が低い。大変人気でカジノでも中央の目立つ場所に位置していることが多い。
- 映画ポイント:聴衆もプレイヤーが勝つか負けるかに対してベットするため、自然と彼らがプレイヤーを応援するという構図が生まれる。聴衆までもが盛り上がっているシーンをよく見かけるのはこのためだ。楕円形のテーブルでサイコロを振るプレイヤーが中心となるため、プレイヤーの対面にカメラが据えられ、パースが効いた特徴的な構図で映し出される。そして運命を一投に賭けるわかりやすい投擲というアクションが、イチかバチかのシチュエーションで大いに用いられる。

クラップスが描かれる映画
『ワイルド・ギャンブル』、『カジノ・ハウス』、『ランナーランナー』

Lay the Favorite

Title：『噂のギャンブラー』(2012)

Director：スティーヴン・フリアーズ
Cast：ブルース・ウィルス｜レベッカ・ホール｜キャサリン・ゼタ=ジョーンズ

種類 Games	クラップス ポーカー ルーレット ブラックジャック ブックメーカー(スポーツ賭博) その他
精神的成長 Level	虫ケラ→メスライオン

フロリダで出張ストリップをして日銭を稼いでいるベスだが、仕事中に身の危険を感じ辞める事を決意。一流カジノのウエイトレスになる夢(?)を持って、愛犬オーティスと共に向かったのはラスベガス。そこで紹介された元ブックメーカー・現ギャンブラーのディンクの下で働き始めることで人生が大きく変わるという実話ベースの物語。頭が悪そうなベスがなぜか数字や文字に強かったり、調子の浮き沈みはあるも最終的には勝っているディンクのギャンブルの強さだったり、物語上で説明がつかない事が多いのだが、あくまでも本作はベスの成長譚。とはいえ、その成長の仕方も全くロジカルではないので、「本作=ギャンブル」と言えるような不確定要素が満載の作品。ただ「いい人間ほど負けやすい」という台詞は真理。(ツイシネ #twcn 主宰&シネマクティフ：ペップ)

Last Vegas

Title：『ラストベガス』(2013)

Director：ジョン・タートルトーブ
Cast：マイケル・ダグラス｜ロバート・デ・ニーロ｜モーガン・フリーマン

種類 Games	クラップス ポーカー ルーレット ブラックジャック ブックメーカー(スポーツ賭博) その他
所持金 Money	1万5000ドル→10万ドル

58年来の親友であるアラセブの4人がラスベガスで巻き起こす大騒ぎ。派手なバチェラー・パーティーが描かれることもあり、おじいちゃん版『ハングオーバー!』ともいえる内容だが、4人を演じるのがマイケル・ダグラス、ロバート・デ・ニーロ、モーガン・フリーマン、ケヴィン・クラインとまぁ豪華。久しぶりの再会により、お互いのわだかまりや、息子や妻との関係にドラマが。バーのクラブ歌手ダイアナ役として登場するメアリー・スティーンバージェンも魅力的。しっかりとギャンブルの描写があるのはモーガン・フリーマン演じるアーチーが挑むブラック・ジャック。結果的には大勝ちするが、勝っているか負けているのかを本人がよくわかっていないという、老人のギャンブルならではの描写が楽しい。(シネマクティフ東京支部：ronpe)

『ランナーランナー』
DVD&Blu-ray好評発売中
ブルーレイ ¥4,800+税／DVD ¥3900+税
発売元：プレシディオ 販売元：ハピネット

Title：『ランナーランナー』(2013)

Director：ブラッド・ファーマン
Cast：ジャスティン・ティンバーレイク｜ジェマ・アータートン｜アンソニー・マッキー

種類 Games	クラップス ポーカー ルーレット ブラックジャック ブックメーカー(スポーツ賭博) その他
所持金 Money	1万7000ドル→5万ドル→0

プリンストン大学に通う学生のリッチーは学費を稼ぐためにオンラインポーカーに全財産を賭ける。しかしあと一歩のところで負けてしまう。その負け方に不審な部分を感じたリッチーは学内の友人とオンラインカジノの勝敗結果を解析し、不正を見つける。このデータを持ち、コスタリカのカジノ王の元へ乗り込むが……。映画の後半はカジノ王からもFBIからも追われるサスペンスに。映画冒頭の展開はアメリカの大手オンラインポーカーサイトで2008年に起きた詐欺トラブルが元になっているよう。ギャンブル法案上、オンラインギャンブルを合法化する権利は各州にある状態だが、今後オンラインカジノを扱った映画がまた出てくるかもしれない。(シネマクティフ東京支部：ronpe)

『ザ・ギャンブラー/熱い賭け』
パラマウント・ホーム・エンターテインメント・ジャパン
価格：ブルーレイ ¥2,381+税 発売中

Title：『ザ・ギャンブラー／熱い賭け』(2014)

Director：ルパート・ワイアット
Cast：マーク・ウォールバーグ｜ブリー・ラーソン｜ジョン・グッドマン

種類 Games	クラップス ポーカー ルーレット ブラックジャック ブックメーカー(スポーツ賭博) その他
所持金 Money	約-30万ドル → 0ドル

裕福な家庭に生まれ育ち、大学の准教授として英文科で教鞭を執るジム。誰の目にも"勝ち組"の彼だが、実はギャンブル依存症。韓国マフィアの賭場で大きく負けた彼は多額の借金を背負う。返済期日は7日間。はたしてジムは期日までに大金を返せるのか否か?マーク・ウォールバーグが大幅な減量で、神経質なギャンブル依存症のジムを熱演。今やオスカー女優であるブリー・ラーソンの演技も、既にその片鱗を見せている。依存症にとってのギャンブルは、決して"快楽"などではなく"呪い"。それを正面からここまで描いた作品は、ギャンブル映画多しといえどあまり例を見ない。その描写は物語序盤と終盤の朝陽の対比にも表れている。序盤の朝陽を見る罪深さに対し、終盤の朝陽のなんと美しくなんと清々しいことか!(ツイシネ #twcn 主宰&シネマクティフ：ペップ)

映画トリビア
『ステイ・フレンズ』(11)
「仕事とセックス。ジョージ・クルーニーだ」
ケイラ(E・ストーン)に振られたディラン(J・ティンバーレイク)の負け惜しみ発言より。ちなみにモテ男G・クルーニーは彼女から結婚の話題が出たら別れることで有名だったが、2014年に弁護士アマル・アラムディンと結婚した。

Title:『ワイルド・ギャンブル』(2015)

Director：ライアン・フレック、アンナ・ボーデン
Cast：ライアン・レイノルズ｜ベン・メンデルソーン｜シエナ・ミラー

種類 Games	クラップス ポーカー ルーレット ブラックジャック ブックメーカー（スポーツ賭博） その他
所持金 Money	ほぼ無一文→57万ドル

ギャンブルの借金をギャンブルで返そうとするクズ男ジェリー（ベン・メンデルソーン）。ある日、地元カジノで出会ったのは旅をしながらカジノを巡っているカーティス（ライアン・レイノルズ）。2人は意気投合。カーティスと出会ってギャンブルのツキが回ってきたと感じたジェリーはカーティスの旅に同行する。アイオワ州ダビューク、テネシー州メンフィス、ミシシッピ州チュニカ、そしてルイジアンナ州ニューオーリンズと、アメリカ中央部南へ向かうギャンブル・ロードムービー。賭け事の引き際を誤りまくるジェリーが破滅的で、それに対する映画の結末はちょっと意外。原題のミシシッピ・グラインドは映画内で登場する競走馬の名前。はたして二人はこの馬の馬券を買うのかにも注目。（シネマクティフ東京支部：ronpe）

『ワイルド・ギャンブル』
DVD販売：アメイジングD.C.

Title:『ギャンブラー』(2017)

Director：ジョー・スワンバーグ
Cast：ジェイク・ジョンソン｜アイスリン・デルベス｜ジョー・ロー・トゥルリオ

種類 Games	クラップス ポーカー ルーレット ブラックジャック ブックメーカー（スポーツ賭博） その他
所持金 Money	0→-57,300ドル→+400ドル

エディはギャンブル依存症。その日も駐車場係で日銭を稼ぐも、帰り道でカードに興じ無一文に。家に帰ると自分の部屋にマイケルが。マイケル曰く、6〜9ヶ月ほど刑務所に入るから、その間カバンを預かって欲しい。中を見ず他言もせず預かってくれたら10,000ドルを支払うと。承諾するも中身が気になり、開けてみたら工具に混じって大量の現金が。それを見たエディはギャンブルへの衝動が抑えられず…。原題は"WIN IT ALL"。タイトル通りの物語に意外性はないが、多くの人がイメージする「ギャンブル依存症」が描かれていて、映画好きなら一度は参加してみたい(?)「〇〇依存症の会」の描写があるのもお約束。ジョー・スワンバーグ監督の妻クリスも、クリス・レイ名義で役者として参加している。（ツイシネ #twcn 主宰&シネマクティフ：ペップ）

Win It All

Title:『モリーズ・ゲーム』(2017)

Director：アーロン・ソーキン
Cast：ジェシカ・チャステイン｜イドリス・エルバ｜ケヴィン・コスナー

種類 Games	クラップス ポーカー ルーレット ブラックジャック ブックメーカー（スポーツ賭博） その他
所持金 Money	1700ドル→約500万ドル→約-250万ドル

モリー・ブルームは全米期待の女子モーグル選手であったが、オリンピック代表を決める予選で、スキーのビンディングが外れ大怪我を負い選手生命が断たれてしまう。怪我から回復後の人生を考える為に向かったロサンゼルスでたまたま出会ったポーカーゲームが、これまでの人生とは180度違う方向に彼女を導き出す。『ソーシャルネットワーク』等の脚本家アーロン・ソーキンの初監督作品は、その圧倒的な台詞量とスピードで通常の映画の1.5倍の密度でモリーの人生を濃密に描く。それに早口演技で応えるジェシカ・チャステインも素晴らしいが、イドリス・エルバの理知的な演技も素晴らしく、名脚本家の監督デビューとして申し分の無い作品となった。電光掲示板の"DNF"はアーロンからモリーへのエールだ！（ツイシネ #twcn 主宰&シネマクティフ：ペップ）

『モリーズ・ゲーム』
DVD&Blu-ray好評発売中
ブルーレイ ¥4,800+税／DVD ¥3900+税
発売元：キノフィルムズ／木下グループ 販売元：ハピネット

Title:『カジノ・ハウス』(2017)

Director：アンドリュー・ジェイ・コーエン
Cast：ウィル・フェレル｜エイミー・ポーラー｜ジェイソン・マンツォーカス

種類 Games	クラップス ポーカー ルーレット ブラックジャック ブックメーカー（スポーツ賭博） その他
所持金 Money	30万ドル以上→奪われる

スコット（ウィル・フェレル）とケイト（エイミー・ポーラー）夫妻の娘アレックスは希望大学に合格するが、町の奨学金制度が経費削減により中止されてしまう。夫妻は学費を手に入れるために友人のフランクと共にラスベガスへ。ダイスで連勝をするが、あと一歩のところで持ち金を全て失ってしまう。ギャンブルは常に「胴元が勝つ」の常套句が真実と気づいた3人はフランクの家の地下で闇カジノをはじめるが……。ギャンブルものなのに極度に数字に弱いという設定のウィル・フィレル、アドリブ多めのエイミー・ポーラーの怪演が楽しいコメディ。本作ほど大きな規模ではないが、他のアメリカ映画でも無許可と思われるカジノの描写を見たりする。やはりハウス（胴元側）が儲かるからだろうか？（シネマクティフ東京支部：ronpe）

『カジノ・ハウス』
DVD TSUTAYAレンタル中
ワーナー・ブラザース ホームエンターテイメント

『ゾンビランド：ダブルタップ』(19) **「リノ、世界最大の小都市よ」**	ネバダ（R・ドーソン）が出身地を告白したときのセリフ。ネバダ州リノは小さな街だがカジノリゾート地として賑わい、また双方の合意なしで離婚できる「離婚の町」としても有名。	映画トリビア

THE FIGHT AGAINST DISCRIMINATION

アメリカン・スポーツヒストリー

差別撤廃、民主主義の精神、資本主義の繁栄、格差の是正等々、アメリカが辿る理想の国家への道のりはスポーツ史にも当てはまる。例えばその能力主義的な側面には、人種・性差別を目に見える形で跳ねのける力があるだろう。またスポーツは地域と密着することで各都市にとって公共財にもなりえる。もちろんその裏にはナショナリズムの道具として利用される恐れもあれば、金銭的な癒着が日常的に横行しているなど、様々な問題が潜んでいる。2010年代アメリカのスポーツ映画は、いわゆるスポ根もの以上に、そのようなスポーツをめぐる規則やシステムに着目した作品が多く、そこではアメリカの光と影がその制度的な観点から見つめ直されている。ここではそんな悩めるアメリカの一進一退をスポーツを通して見つめていこう。

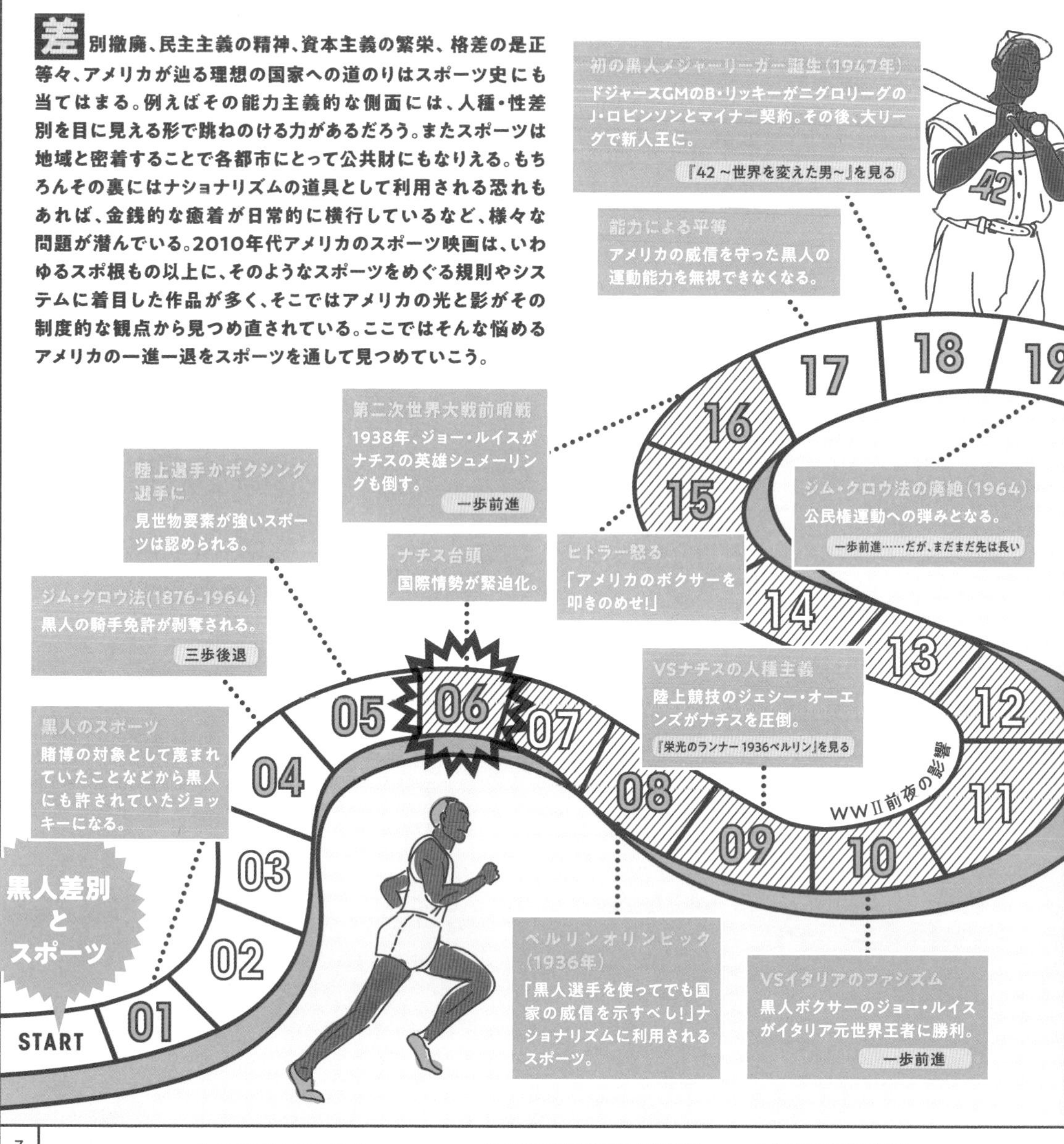

スポーツ関連キーワード

利益追求的
公共的

世界で一番高額なCM

CM30秒の金額は平均560万ドルにまでのぼっている。2002年、アメフトによる脳症の危険性についてベネット・オマル医師が告発するも、巨大ビジネスとなっているNFL側は誠実な対応を欠いた。
『コンカッション』(15)

セレモニーとしてのスポーツ

ボストンマラソン爆弾テロ事件後の市民による犠牲者への対応やNFL国歌斉唱起立問題に見られるように、セレモニーの側面も。
『ボストン ストロング~ダメな僕だから英雄になれた~』(17)

フランチャイズ制度

アメリカのスポーツは地方公共財の性格が強く、特定の都市にチームが集中することを避けるため、ひと地域にひとチームに限定し、分散させる制度。また、地元住民に愛着を持たせるため、チーム名にスポンサー企業の名前が入らないことが特徴。

TEXT BY SATOSHI FURUYA　ILLUSTRATION BY MARINO SAGAWA

映画トリビア
『サポート・ザ・ガールズ』(18)
「ステフィン・カリー、バスケの天才」
肌を露出したスポーツバーの女性店員が新しく入れたタトゥーを上司に見せて一言。カリーは歴代最高のシューターとも評されるNBA選手のこと。リスペクトたっぷりの彼女のタトゥーだが、よりによって脇腹にがっつり入れてしまったことが原因で仕事をクビになる。

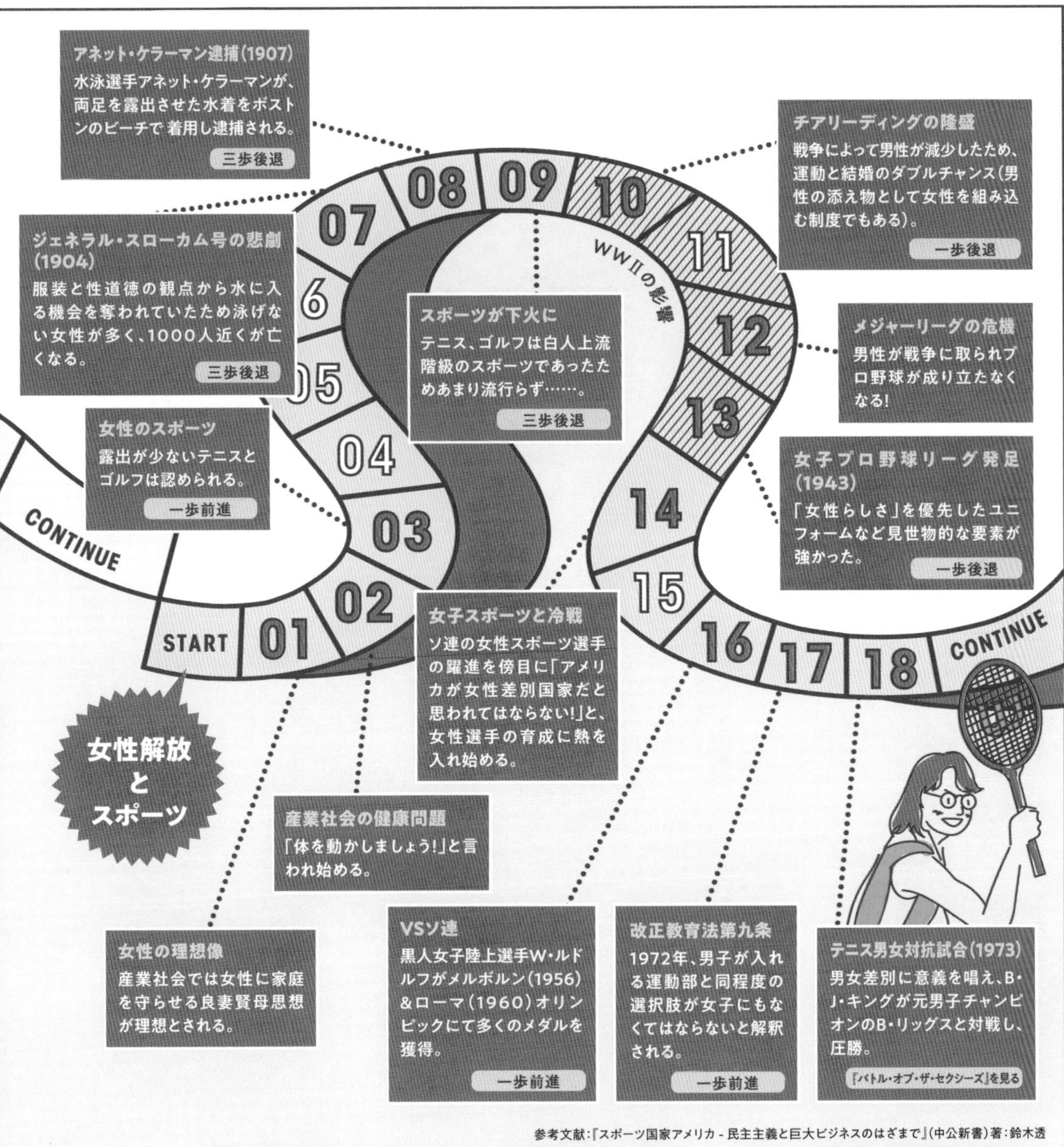

参考文献:『スポーツ国家アメリカ - 民主主義と巨大ビジネスのはざまで』(中公新書)著:鈴木透

大学スポーツ

大学スポーツが盛況になり利権が発生。教育の場が資本主義に汚染されていく。

フリーエージェント制

1950年後半から導入。チームへの交渉役としてスポーツ・エージェントを雇うことで年俸が高騰、しばしばストライキ、ロックアウトに。

『ハイ・フライング・バード ー目指せバスケの頂点ー 』(19)

サラリー・キャップ制

チームの資金力で戦力に差が出過ぎないために、選手に支払う年俸総額の上限を定める制度。またNFLではリーグ収入を各チームへ均等に振り分けたり、放映権を一括で販売するなどし、チームの資金格差なくす努力をしている。

ドラフト制・ウェーバー方式

入団契約の交渉権にまつわる制度。ウェーバー方式では下位のチームから順に選手を示していく。NFL、MLBでは完全実施されている。

『マネーボール』(11)
『ドラフト・デイ』(14)

『アウトロー』(12) **「1925年のヤンキースの二塁手はあんたじゃなかったぞ」**	ジャック・リーチャー(T・クルーズ)が名乗った偽名"アーロン・ワード"の由来を看破した老人(R・デュバル)の皮肉。ワードは1920年代に活躍したが、R・デュバルは1931年生まれ。微妙に辻褄が合わないのはご愛嬌だ。	映画トリビア

『マネーボール』
発売中
Blu-ray:2,381円(税別)
発売・販売元:ソニー・ピクチャーズ エンタテインメント
(2020年1月時点の情報)

Title:『マネーボール』(2011)

Director:ベネット・ミラー
Cast:ブラッド・ピット|ジョナ・ヒル|フィリップ・シーモア・ホフマン
Sport:野球

対戦相手 Opponent 金満球団。あるいは理論に反対する者
勝敗 Victory/Defeat 微妙

実話をもとに制作されている本作は、チームの主力が抜けている状態でチームを再建するところから始まる。主人公である、アスレチックスGMのビーンは、統計データで選手を評価するピーターと共に、低予算でのチーム改革を試みる。大幅な改革には批判や苦悩が待ち受けており、それらに立ち向かう二人に心を打たれる。更にはビーンを演じるブラットピットの演技に引き寄せられ、仕草や会話の間、全てがリアルに感じられる。実際の映像も一部使われているため、もはやドキュメンタリーであり、野球を愛する全ての人に向けた作品である。(映画チア部京都支部　田渕璃久)

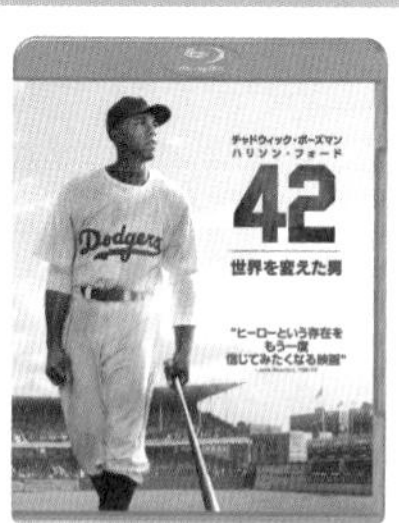

『42～世界を変えた男～』
ブルーレイ¥2,381+税/DVD ¥1,429+税
ワーナー・ブラザース ホームエンターテイメント

Title:『42 ~世界を変えた男~』(2013)

Director:ブライアン・ヘルゲランド
Cast:チャドウィック・ボーズマン|ハリソン・フォード|ニコール・ベハーリー
Sport:野球

対戦相手 Opponent 黒人差別。批判する人々全て
勝敗 Victory/Defeat 自分自身にも、世間にも勝利

アメリカとカナダの野球界において、背番号42は永久欠番になっている。太平洋戦争終戦後の黒人差別に立ち向かう、黒人のジャッキー・ロビンソンは、ドジャースに入団後、世間やチームメイトから差別を受けながらも、必死に野球で戦い続ける。全てを我慢し、野球で戦い続けるその姿に必ず涙する。物語が進むごとに、少しずつ好転していく様は、これは創作されたドラマなのではと思ってしまうほどである。特に、ラストシーンはありきたりなものの、GMであるブランチ・リッキーとの関係性や、映画の展開からも、素晴らしいラストを味わうことができる。(映画チア部京都支部　田渕璃久)

『ラッシュ/プライドと友情』
発売元:ギャガ
販売元:ポニーキャニオン
価格:【おトク値!】DVD ¥1,800(本体)+税、Blu-ray ¥2,500(本体)+税

Title:『ラッシュ/プライドと友情』(2013)

Director:ロン・ハワード
Cast:クリス・ヘムズワース、ダニエル・ブリュール、オリヴィア・ワイルド
Sport:カーレーシング

対戦相手 Opponent 死の恐怖
勝敗 Victory/Defeat J・ハント:勝ち/N・ラウダ:負け。

F1が大いに盛り上がっていた1976年。短気で女たらし、情熱で動くジェームス・ハントと、冷静で頭脳明晰、論理で動くニキ・ラウダのライバル関係と絆を描く実話を元にした物語。1度のレースで死ぬ確率は20%とも言われている死と隣り合わせのレースで、身を削り戦う姿は正気の沙汰ではない。体育会系のノリが苦手な人からしてみれば完全に狂気である。ハントとラウダの、生と死に関する考え方の違い、最終的にそれらとどう向き合っていくのかという決断の違いにも注目してみていくと、とても興味深く考えさせられるものがある。(映画チア部京都支部　藤原萌)

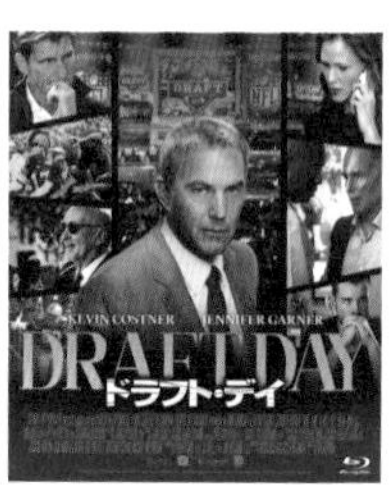

『ドラフト・デイ』
Blu-ray&DVD　発売中
発売元:キノフィルムズ
販売元:バップ

Title:『ドラフト・デイ』(2014)

Director:アイヴァン・ライトマン
Cast:ケビン・コスナー|ジェニファー・ガーナー|デニス・リアリー
Sport:アメリカン・フットボール

対戦相手 Opponent 周囲の意見
勝敗 Victory/Defeat 自分の信念を貫いて勝利

舞台は2014年、NFL(プロアメリカンフットボールリーグ)のドラフト会議が残り12時間と迫る中で、クリーブランド・ブラウンズのGM・サニーが新人選手を獲得するまでを描いた物語。選手候補への入念なリサーチや相手チームとの駆け引き、そして、恋人や上司といった人間関係の中で、主人公がいかに正しい判断を下すのかが見どころである。また、分割画面を使った演出が効果的で、異なった場所にいる二者間のスムーズな会話シーンや分割画面を横切る登場人物など斬新な映像が臨場感を際立たせている。(映画チア部神戸本部　大矢哲紀)

『コンカッション』
発売中
Blu-ray:1,800円(税別)
発売・販売元:ソニー・ピクチャーズ エンタテインメント
(2020年1月時点の情報)

Title:『コンカッション』(2015)

Director:ピーター・ランデズマン
Cast:ウィル・スミス|アレック・ボールドウィン|ググ・ンバータ=ロー
Sport:アメリカン・フットボール

対戦相手 Opponent 理不尽な社会
勝敗 Victory/Defeat あることを転機に勝利の兆しが……

死者と会話をする風変わりな監察医ベネット・オマルが検死作業によってNFLの闇を発見し、理不尽な事態に巻き込まれていく衝撃のドラマ。自分の身に限らず、少しずつ大切な家族にまで襲い掛かる巨大な権力が恐ろしい。また、人種問題に触れられている部分もある。タイトルのConcussionは脳震盪という意味で、NFL選手が試合中に相手と衝突することから生じる病状を指している。物語自体は一旦の解決を迎えるが、その後に映し出される実際の映像に、現実の問題は未だ終わっていないことを考えさせられる。(映画チア部神戸本部　大矢哲紀)

Title：『サウスポー』(2015)

Director：アントワン・フークア
Cast：ジェイク・ギレンホール｜フォレスト・ウィテカー｜レイチェル・マクアダムス
Sport：ボクシング

対戦相手 Opponent	身を賭した孤独と見落とした自分
勝敗 Victory/Defeat	一本道に惑い続けるが、「革命」を経て勝利

栄光のチャンピオンの喪失と再生、王道のストーリーが胸を打つ。しかし、実は試合という動的な闘いの裏に興業側の静的な闘いも表れているのではないだろうか。本場アメリカのボクシング界で動くお金は、日本のそれとは文字通り桁が違う。だがその眩く華やかな世界とは裏腹に、審判の買収などお金による闇の存在も事実であり、それは劇中でも描かれているのだ。そのためホープの激闘の結果は、映画としてのドラマだけでなく、アメリカのボクシング、ひいてはスポーツ界の闇に向けた"希望"であり、本来あるべき姿を示す道標なのかもしれない。（映画チア部大阪支部　玉城海人）

『サウスポー』
発売・販売元：ポニーキャニオン

Title：『アイ,トーニャ　史上最大のスキャンダル』(2017)

Director：クレイグ・ギレスピー
Cast：マーゴット・ロビー｜セバスチャン・スタン｜ジュリアンヌ・ニコルソン
Sport：フィギュアスケート

対戦相手 Opponent	"あんたたちよ"
勝敗 Victory/Defeat	戦いは続いている

1991年アメリカで初めてトリプルアクセルを飛んだ女性トーニャ・ハーディングの波乱万丈の半生を皮肉たっぷりに描く物語。インタビューと回想ドラマが交差しいわゆる第四の壁を越えてくるメタ的な演出に気づけば惹き込まれ、いつの間にか当事者たちと映画の鑑賞会をしているような不思議な気分になってくる。スポーツなの?コメディなの?サスペンスなの?人間ドラマなの?アトラクションなの?描かれるクソみたいな真実の多層性。とは言え彼女と演目を並走しているかのようなスケートシーンの臨場感はスケートそのもののアツさを感じさせてくれる。（映画チア部京都支部　水並美嶋）

『アイ,トーニャ 史上最大のスキャンダル』
発売元：ショウゲート
販売元：ポニーキャニオン
価格：DVD¥3,800（本体）+税、Blu-ray¥4,700（本体）+税

Title：『バトル・オブ・ザ・セクシーズ』(2017)

Director：ヴァレリー・ファリス、ジョナサン・デイトン
Cast：エマ・ストーン｜スティーヴ・カレル｜アンドレア・ライズブロー
Sport：テニス

対戦相手 Opponent	男女格差
勝敗 Victory/Defeat	勝ち

1973年の全世界をくぎづけにしたテニス男女対抗試合を描いた作品。当時のアメリカテニス界での女子の優勝賞金は男子の1/8だったというから驚きだ。スティーブ・カレル演じるボビー・リッグスがお調子者すぎてとにかくうざい…が何故か最後は切なく見える。テニスの試合だけでなく、私生活や男女格差の問題に対して戦うビリー・ジーン・キングにはとにかく心が打たれる。主演のエマ・ストーンはなんと本作のために特訓を受け7キロもの筋肉をつけたのだそう……!（映画チア部大阪支部　ちこ）

『バトル・オブ・ザ・セクシーズ』
ブルーレイ発売中
20世紀フォックス ホーム エンターテイメント ジャパン

Title：『ハイ・フライング・バード –目指せバスケの頂点–』(2019)

Director：スティーヴン・ソダーバーグ
Cast：アンドレ・ホランド｜ザジー・ビーツ｜メルヴィン・グレッグ
Sport：バスケットボール

対戦相手 Opponent	スポーツビジネスの現実
勝敗 Victory/Defeat	勝ち

NBA選手がロックアウトに苦しむ姿からスポーツビジネスの現実が見えてくるNetflix映画。そのビジネスの構造を覆すために主人公の選手代理人が考えついたアイデアが爽快かつ現代的である。ソダーバーグの作品はストーリーに特別な躍動感があるわけではないのに展開が面白く最初から最後までがあっという間だ。登場する本『黒人アスリートの反乱』は重要な意味を持つ。本作は全編iPhone7で撮影されているが、信じられないほど映像は洗練されている。（映画チア部大阪支部　ちこ）

High Flying Bird

Title：『ブリタニー・ランズ・ア・マラソン』(2019)

Director：ポール・ダウンズ・コレイゾ
Cast：ジリアン・ベル｜ミカエラ・ワトキンス｜ウトカルシュ・ワトキンス
Sport：マラソン

対戦相手 Opponent	自分の人生の責任
勝敗 Victory/Defeat	勝ち

絶妙に性格が良くも悪くもない陽気だけど卑屈なぽっちゃりの女性、ブリタニー。駆け込み乗車は間に合わず仕事は遅刻、夜は悪友と遊び歩く無責任な毎日。そんな彼女がマラソンをきっかけに、おもしろおかしく自分の人生と身体をだんだんと自分のものにしていく物語。彼女のモチベーションの起伏や些細な状況展開も含め、地に足ついた人間ドラマが丁寧に描かれている。彼女の根本的な性格が変わることはなく、人生へのアプローチの変化があるだけ、ということに感心させられる。明日から自分の人生をもうすこしだけ愛せそうな内省的なコメディ。（映画チア部京都支部　水並美嶋）

Brittany Runs a Marathon

ショービズ マッピング

誰もに受け容れられ、楽しまれ、理想を抱かせることを前提としてきたアメリカショービズ界の2010年代の夢(幻)模様。

'Cause this fine old world, it keeps spinnin' around.
だってこの古き良き世界は いつも回り続けるのだから
——フランク・シナトラ「That's Life」

いまも昔もアメリカのショー・ビジネスが鼓舞してきたのは、大小問わず自分の理想を持って、それを成就させること。しかしその探求の道のりは往々にして険しく、抱いた夢を見事に実現する者たちがいる中で、実態のない幻のような世界へと堕ちていく者たちもいる。夢の成就についての映画は実話ものが多い。サクセスストーリーは私たちを駆り立てる意味でショービズ映画の王道テーマと言えるだろう。特に10年代では、これまで社会の常識に傷つけられてきた「ル・ポールのドラァグレース」のクィアたちや『ビッグ・シック』の移民コメディアンが自分だけのアメリカ人像を得てゆく様が、不自由な時代で自己実現を目指すことへの勇気を与えてくれた。一方、同じく社会で虐げられてきたジョーカーにとって「いつも笑って幸せそうな顔でいなさい」という古きアメリカン・ドリームを形づくってきた人生の教えは、彼をその意味の反転した幻想の世界へ引きずり込んでしまう。ジョーカーが度々口ずさむシナトラの歌詞によると、ショービズの世界は夢と幻の時期が不安定に訪れ、そして回り続けるものらしい。夢を追う途中で幻のほうに飲み込まれてしまう物語には映画業界にまつわるものが目立ち、特にハリウッドの作り出す幻覚に惑わされた人々が多く描かれていた。また、回り続けるショービズ界を代表する作品「スター誕生」の10年代版『アリー/スター誕生』での台詞「君をもう一度見たかったんだ」は、映画公開前にネット・ミーム化し、GIFや加工画像でSNS上に拡散されて映画を大ヒットに導いた。ジャクソン(ブラッドリー・クーパー)がアリー(レディ・ガガ)を車の窓から呼び止める際のこの台詞は、1937年から4度のリメイクを重ねている「スター誕生」全作において繰り返し用いられてきたものだ。夢に向かってまっすぐな人を見ていたいという欲望は、いつの時代もショービズ映画を支え続けている。

TEXT BY HARUKA INAGAKI
ILLUSTRATION BY IKUHIRO YAMAGATA

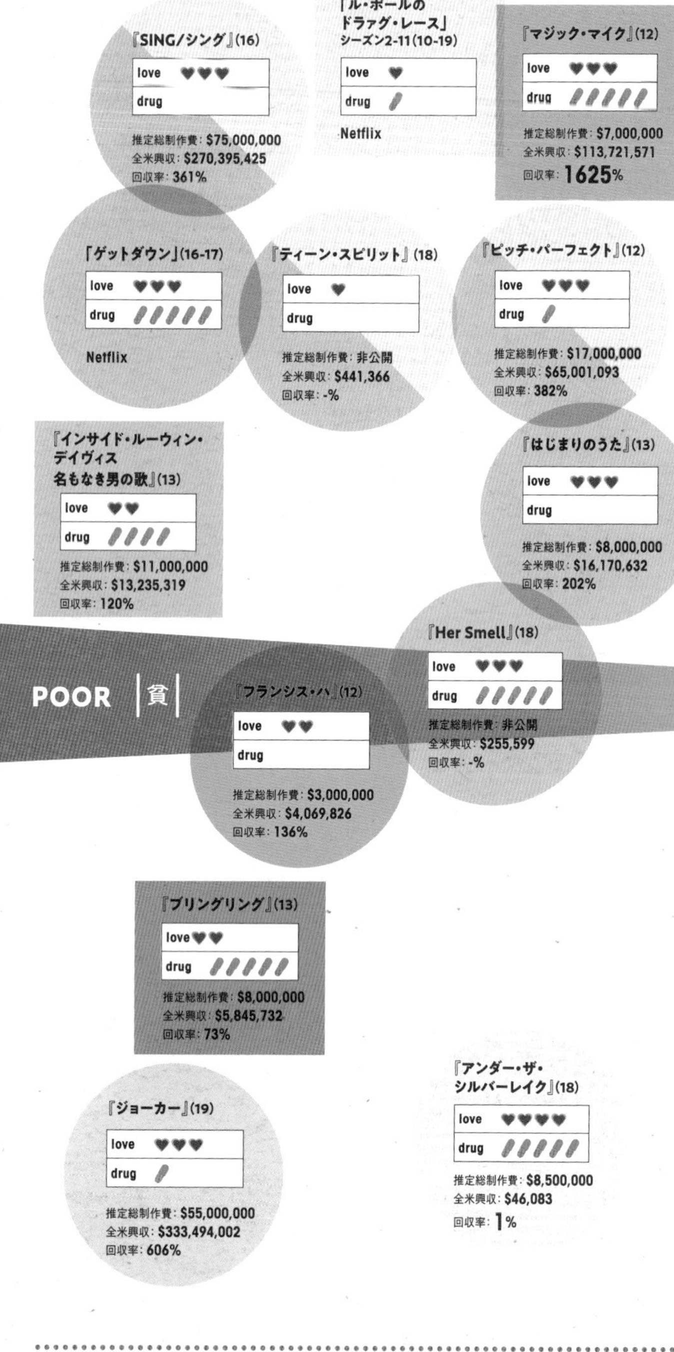

出典:IMDb Pro(2020年1月9日時点)※全米興収として米国・カナダの興収合算値を使用

DREAM 夢

『ザ・ダート：モトリー・クルー自伝』(19)
love ♥♥
drug 💊💊💊💊💊
Netflix

『ルディ・レイ・ムーア』(19)
love ♥
drug 💊
Netflix

『ストレイト・アウタ・コンプトン』(15)
love ♥
drug 💊💊💊💊💊
推定総制作費：$28,000,000
全米興収：$161,197,785
回収率：576%

『ロック・オブ・エイジズ』(12)
love ♥♥♥♥♥
drug
推定総制作費：$75,000,000
全米興収：$38,518,613
回収率：51%

『ロケットマン』(19)
love ♥♥♥
drug 💊💊💊💊💊
推定総制作費：$40,000,000
全米興収：$96,368,160
回収率：241%

『ジュディ 虹の彼方に』(19)
love ♥♥♥
drug 💊💊💊💊💊
推定総制作費：非公開
全米興収：$24,026,781
回収率：-%

『ジャージー・ボーイズ』(14)
love ♥♥♥♥
drug 💊💊💊💊
推定総制作費：$40,000,000
全米興収：$47,047,013
回収率：118%

『ビッグ・シック ぼくたちの大いなる目ざめ』(17)
love ♥♥♥♥♥
drug 💊💊
推定総制作費：$5,000,000
全米興収：$42,873,127
回収率：**857**%

『アリー／スター誕生』(18)
love ♥♥♥♥♥
drug 💊💊💊💊💊
推定総制作費：$36,000,000
全米興収：$215,288,866
回収率：598%

『グレイテスト・ショーマン』(17)
love ♥♥♥♥
drug
推定総制作費：$84,000,000
全米興収：$174,340,174
回収率：208%

『ラブ&マーシー 終わらないメロディー』(14)
love ♥♥♥♥
drug 💊💊💊💊💊
推定総制作費：$10,000,000
全米興収：$12,551,031
回収率：126%

『ボヘミアン・ラプソディ』(18)
love ♥♥♥
drug 💊💊
推定総制作費：$52,000,000
全米興収：$216,428,042
回収率：416%

『バーレスク』(10)
love ♥♥♥♥♥
drug
推定総制作費：$55,000,000
全米興収：$39,440,655
回収率：72%

『アーティスト』(11)
love ♥♥♥♥
drug
推定総制作費：$15,000,000
全米興収：$44,671,682
回収率：298%

『ワンス・アポン・ア・タイム・イン・ハリウッド』(19)
love ♥♥♥
drug 💊💊💊💊
推定総制作費：$90,000,000
全米興収：$141,082,429
回収率：157%

『ヘイル・シーザー！』(16)
love ♥♥
drug 💊
推定総制作費：$22,000,000
全米興収：$30,498,085
回収率：139%

『マリッジ・ストーリー』(19)
love ♥♥♥♥
drug 💊
Netflix

富 RICH

『バードマン あるいは(無知がもたらす予期せぬ奇跡)』(17)
love ♥♥♥
drug 💊💊💊
推定総制作費：$18,000,000
全米興収：$42,340,598
回収率：235%

『マスター・オブ・ゼロ』(15)
love ♥♥♥
drug 💊💊💊
Netflix

『ディス・イズ・ジ・エンド 俺たちハリウッドスターの最凶最期の日』(13)
love ♥♥
drug 💊💊💊💊💊
推定総制作費：$32,000,000
全米興収：$101,470,202
回収率：317%

『俺たちポップスター』(16)
love ♥
drug 💊💊💊💊
推定総制作費：$20,000,000
全米興収：$9,639,125
回収率：48%

『ボージャック・ホースマン』(14)
love ♥♥♥
drug 💊💊💊💊💊
Netflix

『ラ・ラ・ランド』(16)
love ♥♥♥♥♥
drug
推定総制作費：$30,000,000
全米興収：$151,101,803
回収率：504%

『ブラック・スワン』(10)
love ♥♥
drug 💊💊💊💊💊
推定総制作費：$13,000,000
全米興収：$106,954,678
回収率：**823**%

『マップ・トゥ・ザ・スターズ』(14)
love ♥
drug 💊💊💊💊💊
推定総制作費：$15,000,000
全米興収：$350,741
回収率：**2**%

『SOMEWHERE』(10)
love ♥♥
drug
推定総制作費：$7,000,000
全米興収：$1,785,645
回収率：**26**%

幻 FANTASY

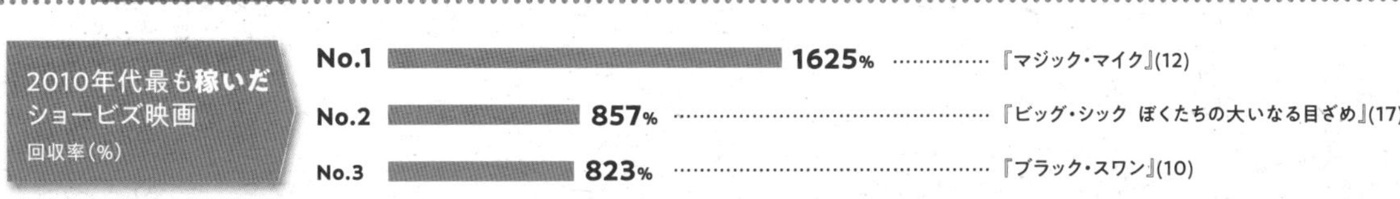

2010年代アメリカ映画にみる劇場

01 フォックス・ブルーイン・シアター
『ワンス・アポン・ア・タイム・イン・ハリウッド』

シャロン・テートがカルト集団マンソン・ファミリーに殺害される前に自身の出演作『サイレンサー第4弾／破壊部隊』(68)を観るという幸福なシーンが描かれた場所。建物正面の装飾に使われている青とゴールドは近所にあるカリフォルニア大学ロサンゼルス校のカラーで、館名も大学公式マスコットであるクマのBruinに由来する。1937年に建てられた躯体は健在で、現在は大手映画館チェーンが経営。Fatboy Slimの「Praise You」MVでスパイク・ジョーンズ自ら踊りながらゲリラ撮影をした場所としても知られる。＊本作には同じロサンゼルス内の、シネラマ・ドーム、パラマウント・ドライブイン・シアターズも登場する

Fox Bruin Theater●住所：948 Broxton Ave., Los Angeles, CA●席数：670席●チケット売り場の営業時間：最初の上映の開始の15分前から最後の上映開始の15分後まで

02 ミシガン劇場
『オンリー・ラヴァーズ・レフト・アライヴ』

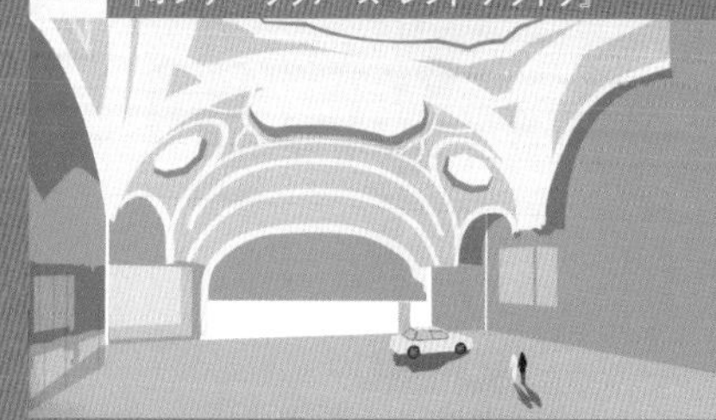

ヘンリー・フォードが最初の自動車を製造したデトロイトのガレージ跡地に1926年に開館したミシガン州最大級の劇場複合施設。優雅なルネサンス・リヴァイバル様式の13階建の建物は、タイムズスクエアのパラマウント・ビルなど映画関係の建物を多数手がけたRapp&Rapp事務所の設計によるもの。70年代には「ミシガン宮殿」としてD・ボウイらのコンサート会場に使用されていたが、76年に閉鎖。現在は本作に描かれるように内部を破壊して駐車場として転用されている。『8mile』(02)のサイファーシーンにも登場。

Michigan Theatre Building●住所：220 Bagley St, Detroit, MI●劇場時代の席数：約4000席●現在の駐車スペース：160台

03 トリプル・ドア
『ビッグ・シック ぼくたちの大いなる目ざめ』

クメイル・ナンジアニが後に妻となるエミリー・V・ゴードンに初めて客席から野次を飛ばされる架空のコメディ・クラブ。コメディの土壌が築かれてきたシカゴ市内にはさまざまな劇場があり、代表格の名門コメディ劇団The Second City(ニューヨークに比べて何事でも二番手のシカゴの意)はビル・マーレイやスティーヴ・カレルなどアメリカのテレビ・映画界に多くの人材を輩出してきた。実際にナンジアニがゴードンに出会ったというリンカーン・ロッジ(アメリカで最も長く継続運営されているインディークラブ)は価格も市内の他処に比べてかなりお手頃だ。

Lincoln Lodge●住所：2040 N. Milwaukee Ave., Chicago, IL●開催日時：毎週金曜と土曜の20時開始●価格：$10

04 セント・ジェームス劇場
『バードマン あるいは(無知がもたらす予期せぬ奇跡)』

主人公が主演するレイモンド・カーヴァー原作の芝居が上演される舞台として登場。『マンハッタン』(79)の冒頭モンタージュにも登場するブロードウェイで最も権威ある劇場の一つで、1927年のオープン以来「プロデューサー」など数多くの有名な劇を生み出してきた。正面に3つのアーチがあるバルコニーのような意匠(ロッジア)が特徴。現実とフィクションのズレを浮かび上がらせるために舞台上と舞台裏をワンカットで映し出しているように見えるが、舞台裏のシーンはクイーンズのカウフマン・アストリア・スタジオで撮影されている。

St. James Theatre●住所：246 W 44th St, NY●収容人数：1,710●チケット売り場の営業時間：月曜〜土曜：10時から20時、日曜：12時から18時

ADMIT ONE | G.F.S THEATER | ADMIT ONE

TEXT & ILLUSTRATION BY HARUKA INAGAKI

映画トリビア	『アンカット・ダイヤモンド』(19) **「ザ・ウィークエンド、(彼は)有名になる」**	ジュリア(J・フォックス)が愛人(A・サンドラー)に彼の写真を見せて呟く。本作の舞台設定は2012年。いまや大スターであるザ・ウィークエンドがようやく脚光を浴び始め、一躍スターダムにのしあがろうとしていた直前の時期である。

アメリカのコメディ文化に根付くスタンダップの世界。風刺を織りまぜネタで切り込む彼らの言葉はその時代の鏡でもある。配信で気軽に楽しめるようになったいま、取っ掛かりにおすすめの4作品をレビュー。

『アダム・サンドラーの100%フレッシュ』(18)

対象年齢：全年齢

風刺 ★★☆ リスニング難易度 ★☆☆ 人種＞政治＝ジェンダー

90年代にサタデー・ナイト・ライブでブレイク。その後自ら設立したハッピー・マディソン・プロダクションで、アダム・サンドラーは俳優のみならずプロデューサーとしても活躍し、ヒットを連発してきた。彼の作品群は中学生みたいな下ネタにあふれたおバカコメディだが、その核にあるのは常に、人生を慈しむ優しい眼差しだ。全米を回った単独ライブをつなぎ合わせたこの番組でも、サンドラーは映画と同じ調子で照れ臭そうにはにかみ、時には歌に乗せてネタを披露する。確かに下ネタが多い。それでも、ふいに、昔の家族アルバムを見ているような感覚に襲われるのだ。切なく、愛おしい、懐かしいのにどこか新鮮な気持ち。ラストに、彼は愛するふたりの人に捧げた二つの曲を弾き語る。それを聴けば、誰もが気づくはずだ。「ネタ」だけではすくい取れない彼の人間味こそが、サンドラーが現在まで愛されてきた理由であると。

『アリ・ウォンの人妻って大変!』(18)

対象年齢：大人向け

風刺 ★★☆ リスニング難易度 ★★★ ジェンダー＞人種＞政治

16年、妊娠7カ月のお腹を抱えて行ったコメディライブ「アリ・ウォンのオメデタ人生?!」で一躍有名になったコメディアンのアリ・ウォンが、第二子妊娠中にパワーアップしてステージに戻って来た。過去に付き合った(寝た)男たちのこと、出産や子育てのこと、夫婦の性生活のこと。大っぴらには語り辛いプライベートのあれこれを、大胆な下ネタ(ジェスチャー付き)をマシンガンのごとく連発しながら豪快に語りつくす。どういうわけか、今でも性にオープンな女性は「尻軽」「ビッチ」と中傷されることが多い。そうした男女をとりまく性の不均衡をウォンは痛快に攻撃する。女が性的な欲望を持つことは、何も悪くないんだと。「親になったからって成長するわけじゃない。私は母親になる前と同じクソ女よ!」と胸を張って宣言するウォンは美しい。ジェンダー、フェミニズムへの意識が広がった現代だからこそ生まれた、新時代のコメディショーだ。

『エレン・デジェネレス：それ、わかる!』(18)

対象年齢：全年齢

風刺 ★★☆ リスニング難易度 ★★★ ジェンダー＞政治＞人種

好きな俳優や監督の動画を探していて、エレン・デジェネレスが司会を務める『エレンの部屋』にたどり着いた経験のある人は多いだろう。90年代からコメディアンとして第一線で活躍するデジェネレスは、二度のアカデミー賞司会経験(06年、14年)もあり、10年代も映画ファンに馴染み深い存在だった。本番組は、彼女が15年ぶりに行ったトークライブだ。「"君の境遇は15年ですっかり変わったから、昔のようにショーはできないよ"って友人に言われた。"私は何も変わってない"って答えた。その時、執事のパトゥが朝食を持って入ってきて……」と冒頭からブランクを微塵も感じさせないキレの良さ。デジェネレスは、日常の小ネタの数々に加え、自身のセクシュアリティが原因で経験した辛い過去をも果敢に取り上げていく。ユーモアたっぷりなのに常に真摯な彼女のトークは、笑いだけでなく、自分自身を肯定して生きようというメッセージを届けてくれるだろう。

『アジズ・アンサリの"今"をブッタ斬り!』(19)

対象年齢：全年齢

風刺 ★★★ リスニング難易度 ★★☆ 人種＞ジェンダー＝政治

アジズ・アンサリにとって、10年代はコメディアンとして不動の人気を確立する時だった。原作・制作・主演の「マスター・オブ・ゼロ」は高い評価を受け、数々の賞に輝いた。ブルックリンでのトークライブを収めた「アジズ・アンサリの"今"をブッタ斬り!」は、彼の笑いのエッセンスが凝縮された番組だ。何とスパイク・ジョーンズが監督し、16mmフィルムで撮られている。ポップカルチャーや日常の出来事を例に挙げながら、アンサリはポリティカルコレクトネスをめぐる論争に次々切り込み、爆笑を生んでいく。客席を巻き込むトークスタイルは秀逸で、中でも光るのが、とあるピザ屋の炎上事件の話だ。過度な情報化社会で「正しさ」を見極めることがいかに難しいかを、アンサリは観客を居心地悪くさせることも恐れずあっさり暴く。メタリカのTシャツとジーンズというラフな出で立ちながら、繊細な笑いの領域を突き進むアンサリの強さに感嘆する1時間だ。

TEXT BY YOSHIDA NATSUMI　ILLUSTRATION BY HARUKA INAGAKI

『ホワイト・ボイス』(18) 「ビヨンセ夫婦も招待されないパーティーだ」	自身の務める会社の経営者に招待されたパーティーへの参加を渋る主人公キャッシュ(L・スタンフィールド)を煽る一言。「ヒップホップ史上最強の夫婦さえ招待されない、最上級のパーティにお前は招かれてるんだぜ」という意味。	映画トリビア

金融・IT映画人名／用語試験

TEXT BY GUCCHI'S FREE SCHOOL

ここではAtoZの形式で、金融映画・IT映画にまつわる様々な用語を簡単に説明している。文中の空白には、金融・ITに関わる様々な単語や名称、あるいは映画に関わる人名・作品名などが入る。それぞれの用語の映画に関わる理解を深めつつ、空白を埋めよ。

制限時間：なし　解答：右ページ下部

(S)：金融系　(IC)：IT系

A AI(人工知能)

本来は人間にしか出来ないと考えられていた認識や推論、創造的行為などをコンピューターによって実現させる技術。1956年、計算機科学者・認知科学者の[1.　　　　]によって命名された。21世紀以降、この分野は加速度的な進化を遂げている。2010年代には『her/世界でひとつの彼女』(13)や『エクス・マキナ』(15)、『ブレードランナー 2049』(17)など、人間がAIに恋愛感情を抱く作品が続いた。いずれも人間側が男性でAIが女性という構図なのは、これらが男性監督による作品だからか？

B Big Date(ビッグデータ)

天候やオンラインでの検索、ショッピングの利用履歴、位置情報サービスの利用等々といった、生活・社会・環境に関わる様々な情報を集約し生成されたデータ。このデータを統計学や人工知能を用いた情報処理技術で解析することによって、ビジネス、政治、経済等、膨大な分野の動向を把握することをビッグデータ解析と呼ぶ。[2.　　　]はこの解析をもとに制作の方向性を選定しているという。

C CEO/COO(最高経営責任者/最高執行責任者)

アメリカ型の企業では会社の所有者と経営者が明確に分離している。経営全体を統括し社の方向性を担うのがCEO、それに沿って実務においてその方針を達成しようとするのがCOO。かつてのアップル社ではスティーブ・ジョブスがCEO、[3.　　　]がCOOを務めていたが、2011年に体調を崩したジョブズの後任として[3.　　　]がCEOに就任した。

D DEFAULT(デフォルト/債務不履行)

契約関係に基づいた債務の本旨に基づく給付(借用した金銭の返済、利息の支払いなど)を行わないことで宣告される、事実上の破産。アメリカではデトロイト市が2013年にデフォルト。これは1950年代以降の人種間の闘争(貧困層の市内への集中、富裕層の市街への流出)以来の、市政の継続的な財政危機に端を発する。映画『デトロイト』(16)で描かれた[4.　　　]事件はまさにこの1967年の2度目の闘争の最中に起きた事件。

E Employment Situation Summary((米国)雇用統計)

米国労働省が月に一度公表し、市場に最も大きな影響を及ぼす指標の一つ。文字通りアメリカにおける雇用状況を示し、失業率、週労働時間、平均時給など16項目に分かれている。近年の大作アメリカ映画では、一本の作品がどれほどの雇用を創出したかについて、その総人数と[5.　　　]が記録されていることが多い。

F INTEC

金融(Finance)と技術(Technology)による造語(正確にはfinancial technology)。情報通信技術の発展に伴う金融商品やサービスの新しい潮流を指す。電子決済や仮想通貨技術といった直接的に金融に関わるものから、クラウドサービス、あるいは[6.　　　]のような新しい資金調達手段もこの枠で説明されることがある。もちろんNetflixのような動画配信サービスもこれに含まれる。

G Gardian ,The(「ガーディアン」紙)

中道左派・リベラルのイギリスの新聞(1821年の創刊時は「マンチェスター・ガーディアン」という名称だった)。2013年より元CIA職員である[7.　　　]によって持ち込まれた機密情報に基づく記事を多数発表した。

参考作品：『スノーデン』(16)

H Hacker(ハッカー)

そもそもはコンピューターや電気回路、プログラミングなどについて深い知識と技術を持つ人々の通称だったが、いつしか他者のネットワークに不正接続し犯罪行為を行う人々を指す言葉と化した。そのため1985年には、本来の意味と区別すべくクラッカー(Cracker)という言葉が生まれている。2016年の映画『ブラックハット』はハッカー(クラッカー)を題材にした映画かと匂わせつつ、実態は巨匠[8.　　　]監督らしい硬質なガン・アクション映画であった。劇中ではハッキング(クラッキング)について、LANケーブル内を走る電流をCGで示すという驚愕の描写がある。

I Insider trading(インサイダー取引)

市場において、未公開とされている情報を特定の人物や集団で共有し市場取引を優位に行い、他の投資家に損害を与える行為。違法。

関連作品：『ウォール・ストリート』(10)
金融映画の金字塔たる『[9.　　　]』(87)では、まさにこの犯罪行為に作品の焦点が当てられていたが、2010年に作られた続編は金融市場それ自体の欺瞞を問うものとなった。20年の時を経て金融映画のスケールは大きく変化した。

J Jobs, Steve(スティーブ・ジョブス)

アップル社の共同設立者であり、コンピュータ事業において「Macintosh」「iPod」「iPhone」など、世界を変える革新的な商品を次々と世に送り出した。これらが単なる機械を超えるイメージを帯びているのは、ヒッピー的で禅やボブ・ディランを愛するパーソナリティによるところも大きい。2011年、癌により死去。

参考作品A：『スティーブ・ジョブズ』(13)…[10.　　　]主演。1974年の大学時代からアップルに復帰する1996年までを時系列順に描いた伝記映画。

参考作品B：『スティーブ・ジョブズ』(15)…[11.　　　]主演。1984年、1988年、1998年という3つの時代の"40分間"を大胆に切り取った野心作。

K Krugman, Paul(ポール・クルーグマン)

2008年にノーベル経済学賞を受賞した経済学者、コラムニスト。『寝取られ男のラブ♂バカンス』(08)のスピンオフ、『[12.　　　]』(10)に本人役でカメオ出演。ジョナ・ヒルに「俺の親父はあんたのたわ言が大好きだよ」と言われる。

L Lehman Brothers(リーマン・ブラザーズ)

2008年9月15日、この会社が経営破綻したことに端を発する未曾有の金融危機は、その後の世界経済に甚大な影響をもたらした。主たる原因の一つが、低所得者向けの低金利住宅ローン、すなわち[13.　　　]問題である。

M Margin Call(マージン・コール/追加証拠金)

信用取引やオプション取引などで委託証拠金(いわゆる担保)にしている総額が、相場の変動などによる損失で一定額よりも下回った際に通知する仕組み(あるいはその際に追加しなければならない証拠金、いわゆる「追い証」)のこと。映画『[14.　　　]』(11)では、舞台となる投資銀行の保有するMBS(不動産担保証券)に伴う損失額が、会社の資産を上回る事態に陥り、その回避策について重役たちが夜を徹して議論を交わす。

N NASDAQ(ナスダック)

National Association of Securities Dealers Automated Quotations, 直訳すると全米証券協会による取引業者のための自動価格表の意。アメリカの株式市場のひとつで、ハイテク産業の株式を中心に扱っている。

参考作品:『ウィザード・オブ・ライズ』(17)
本作では、元ナスダック会長のバーナード・ローレンス・マドフが起こしたポンジ・スキーム詐欺事件が題材になっている。被害総額は650億ドルともされ、被害者には 15.　　 やケヴィン・ベーコンなどの名前が上がる。詐欺はマドフ単独の行動なのか、あるいは会社や家族ぐるみだったのか真相は明らかにされていない。映画では世間からの疑惑が晴れず、マドフ家族が破滅していく様が丹念に描かれる。

O OSI(オープン・ソース・イニシアティブ)

オープンソース運動を牽引するアメリカの非営利団体。16.　　 を中心に1998年に設立された。オープンソースは、1998年に業界シェアが著しく後退していたネットスケープコミュニケーションズ社が状況を打開すべく、誰もが開発や供給に参加できる理念としてソースコードの公開を提案した際に、ネガティブな印象を抱かれていた「フリーソフトウェア」に対する対抗概念として生まれた。オープンソースでは商用・非商用問わず修正や頒布が許されるが、その所有権を放棄しているわけではない。同団体のプレミアムスポンサーにはGoogle、IBM、HP、Facebook、マイクロソフトなどがある。

P Page, Lally(ラリー・ペイジ)

Googleの共同創業者にして元最高経営責任者(CEO/2019年12月に退陣)。声帯麻痺を患い、2014年のTEDトークに出演以降は公の場で話をしていない。なお、Facebookを題材にした『17.　　』(10)の大ヒットを受け、2010年にロンドンの製作会社がケン・オーレッタのルポルタージュ『完全なる破壊 グーグル秘録』(文藝春秋)の映画化権を獲得したとされるが、その後、続報はない。

Q Quantum computer (量子コンピュータ)

量子学における「重ね合わせ」の性質を利用して情報処理を行う次世代のコンピュータ。従来のコンピュータの性能を遥かに凌駕するとされ、実用化に向けて開発が急がれている。2019年にはGoogle社の研究チームが「世界最速のスパコンが1万年かかる問題を、量子コンピュータを用いて3分20秒で解いた」とする論文を発表。これに対しIBMが反論するなど議論を呼んでいる。

参考作品:『トランセンデンス』(14)
死に瀕した科学者ウィル(18.　　)が、量子コンピュータに自身の脳の全情報をアップロード。人工知能として蘇るが、やがて人智を超えた暴走を始める。

R Rating Farm(格付け機関)

金融商品などの信用状態に対して与えられる等級(「AAA」「B-」などと表記される)を決定する専門民間企業。格付けは債権の優良性(利息等の支払い能力の有無等)に基づいて決定される。アメリカにおけるトップ2企業としてS&P(スタンダード・アンド・プアーズ)、19.　　 がある。

S Short(ショート)

投資において「売り」を示し、対義語のLong(ロング)は「買い」を示す。通常の取引ではのちに価格が上昇すると見込まれる銘柄を値段の安い時に買い、高くなった時に売ることでその差分を利益とするが、対象を所有しないまま先立って売りに出し、将来的にそれを買い戻す差分で利益を得る手法を空売り(Short Selling)と呼ぶ。『20.　　』(16)でマイケル・バーリはMBS(不動産担保証券)が再証券化されたCDO(債務担保証券)に対し、CDS(クレジット・デフォルト・スワップ)という債権が無価値化した際への保険をかけ続けることで、実質的な空売りを仕掛ける。このアイディアは多くの身内や顧客に理解されず、ひたすらに孤立するバーリの姿が映画では延々と映し出される。

T TED

ニューヨーク市に本部を有し、毎年大規模な世界的講演会「TED Conference」を開催する非営利団体。1980年代からサロン的な集まりとして活動していたが、2006年よりその講演内容を 21.　　 するようになり、爆発的な知名度を持つようになった。講演者の選定には一切の制限がない。世界中のビジネスマン、イノベーターのプレゼン作法に大きな影響を与えた、と思われる。

U Universal design (ユニバーサル・デザイン)

製品や環境、建物などを、障がいの有無や年齢、個々の体格、性別、国籍などにかかわらず、あらゆる人が利用できるようにデザインするという思想。現在190カ国以上に展開しているNetflixで用いられている字幕システム、22.　　(CC/映像内に使われているあらゆる音声情報を聴覚障害者に伝えるために文字情報として表示する技術)もその一つである。

V VR(仮想現実)

仮想の世界を現実のように体験させる技術。コンピュータ上で仮想空間を作り出し、ゴーグルを用いて体験するスタイルが一般的。近年ではVRを題材にしたスティーブン・スピルバーグ監督の『レディ・プレイヤー1』(18)、実際にVR作品として制作された 23.　　 監督の『Carne y Arena』(17)などが話題になった。

W Wikileaks(ウィキリークス)

匿名で政府や企業、宗教団体等の機密情報を公開するウェブサイトの一つ。創始者は 24.　　。2010年以降、アフガニスタン紛争に関連する米軍機密文書や、CIAの内部情報などが相次いで投稿され、世界中で注目を集めた。24.　　 を題材にした映画『フィフス・エステート/世界から狙われた男』(13)の脚本もウィキリークスにリークされている。

X Xelox(ゼロックス)

印刷機器の製造・販売で知られるアメリカ合衆国の会社。1970年に研究開発企業としてパロアルト研究所(PARC)を開設、そこで開発されたAltoは世界初のマウスを用いてGUI(グラフィカル・ユーザ・インターフェイス)での操作を行えるコンピューターとして知られている。有名な逸話として、25.　　 はパロアルトを訪問した際に本機の設計に衝撃を受け、正式にそのアイディアを採用したいと交渉したと言われるが、ゼロックス側との認識の齟齬から訴訟にまで至っている(ゼロックスはその経緯を否定、アイディアの盗用を主張したが最終的に敗訴)。

Y YouTube

2005年開始されたオンライン動画配信サービスの先駆であり、世界最大の動画共有サービス。Youは「あなた」、Tubeは「ブラウン管」という意味で、視聴者自身がテレビに参加し、個人の番組を作り配信して欲しいといった狙いから作られた。自作の歌の動画配信によって一躍有名人となった一人が 26.　　 だが、YouTuber出身の映画監督は今後どのように現れるのだろうか。

Z generation Z(ジェネレーションZ)

1990年代後半から2000年代に生まれたデジタル・ネイティブ世代のこと。物心つく前からインターネット環境が普及していた世代である。この世代の集中力持続連続時間は平均8秒だという統計があるそうだが、その直前のミレニアル世代(1980年代前半~90年代中頃年生まれの世代)は 27.　　 秒。たいした違いはない。

参考資料(一部):石原敬子著『図解ポケット 株・証券用語がよくわかる本』(秀和システム)、大谷和利・三橋ゆか里・江口晋太朗著『ICTことば辞典』(三省堂)

解答一覧 1. ジョン・マッカーシー 2. Netflix 3. ティム・クック 4. アルジェ・モーテル 5. 総労働時間 6. クラウドファンディング 7. エドワード・スノーデン 8. マイケル・マン 9. ウォール街 10. アシュトン・カッチャー 11. マイケル・ファスベンダー 12. 伝説のロックスター再生計画! 13. サブプライム・ローン 14. マージン・コール 15. スティーブン・スピルバーグ 16. エリック・レイモンド 17. ソーシャル・ネットワーク 18. ジョニー・デップ 19. Moody's Corporation(ムーディーズ・コーポレーション) 20. マネー・ショート 華麗なる大逆転 21. インターネット配信 22. クローズドキャプション 23. アレハンドロ・ゴンザレス・イニャリトゥ 24. ジュリアン・アサンジ 25. スティーブ・ジョブズ 26. ボー・バーナム 27. 12

犯罪者目録

「事実は小説より奇なり」という言葉を引くのも野暮になるほど、ハリウッドでは“実話に基づいた”映画が多く作られてきた。とりわけ近年では、史実を忠実に再現する傾向が強くなってきているようだ。そして犯罪映画ほど、このトレンドと相性の良いジャンルはないだろう。ここでは2010年代に実在の犯罪者を演じた俳優たちを紹介しよう。せっかくなので彼らにはマグショット（逮捕後に撮影される人物写真）で登場してもらった。犯人そっくりに仕上げてきた努力家から、ハナから寄せる気のないマイペースタイプまで、役作りの仕方は十人十色。

調査係 関澤 2020.01

犯罪者（を演じた）俳優名鑑

役名	ジョーダン・ベルフォート
俳優	レオナルド・ディカプリオ
作品名	『ウルフ・オブ・ウォールストリート』(13)
罪状	詐欺
判決	懲役4年 賠償金1億1000万ドル

□容姿を似せている	□身体能力が高い	☑IQが高い
☑計画的	□猟奇性	☑機転が利く
☑複数犯	□巻き込まれ型	☑成り上がり

1962年生まれ。ウォール街でブローカーとして働き始めるも、就職先が倒産。その後自身の証券会社「ストラットン・オークモント」社を創業し、価値の低いペニー株を口八丁で売りさばいた。26歳で4900万ドルを稼ぎ出し、酒・ドラッグ・セックス何でもありの乱痴気騒ぎに明け暮れたが、1998年に証券詐欺と資金洗浄の容疑で起訴された。出所後は回想録を執筆したほか、講演会でも活躍中。

捜査メモ：担当刑事が捜査中に会いに行くとロブスターを投げつけてくる。

役名	トーニャ・ハーディング
俳優	マーゴット・ロビー
作品名	『アイ,トーニャ 史上最大のスキャンダル』(17)
罪状	ライバル選手の襲撃
判決	3年の執行猶予 フィギュアスケート界からの追放

☑容姿を似せている	☑身体能力が高い	□IQが高い
□計画的	□猟奇性	□機転が利く
☑複数犯	☑巻き込まれ型	☑トリプルアクセル

1970年生まれ。アメリカ人女性として初めてトリプルアクセルを成功させた、国を代表するフィギュアスケート選手だった。しかし1994年のリレハンメルオリンピックの選考会で、ライバル選手のナンシー・ケリガンが膝を殴打される事件が発生。元夫らが逮捕され、ハーディング自身も関与が疑われた。五輪後に受けた判決は執行猶予つきだったが、アマチュア選手としてはスケートリンクから永久に追放された。

捜査メモ：2000年にはボーイフレンドを殴ったとして逮捕されている。

TEXT BY AKIRA SEKIZAWA　ILLUSTRATION BY AMKOROMOCHI(AKIKO TAKAHASHI)

映画トリビア 『カジノ・ハウス』(17) **「ビル・マーレイはつまらん！」**
目当ての女性にフラれて「What About Bob?!」と嘆き叫んだボブ（N・ロール）が、周囲の人間に「まるで映画のタイトルじゃん」と笑われて言い返したセリフ。「What~」は『おつむ・て・ん・て・ん・クリニック』(91)の原題。主演のビル・マーレイはもちろんめちゃくちゃに面白い。

役名	エド・ケンパー
俳優	キャメロン・ブリットン
作品名	「マインドハンター」(17-)
罪状	殺人
判決	終身刑

☑容姿を似せている	☑身体能力が高い	☑IQが高い
☑計画的	☑猟奇性	☑機転が利く
☐複数犯	☐巻き込まれ型	☐更生の余地

1948年生まれ。2mを超す巨漢。幼少期は母親によって自宅監禁されていた。1964年に15歳で祖父母を銃殺。精神病院に入院するも1年で退院。1972年には女性ヒッチハイカーなど6人を殺害している。その翌年、母親を殺害すると警察に出頭し逮捕された。本人は死刑を望むも終身刑となった。劇中ではFBIの行動科学課に協力。殺人者の心理を鋭く分析し、プロファイリング捜査の発展に寄与している。

捜査メモ：ある捜査員はケンパーにハグされただけでパニック障害を発症した。

役名	ダニエル・ルーゴ&ポール・ドイル（※ドイルは架空の人物）
俳優	マーク・ウォルバーグ&ドウェイン・ジョンソン
作品名	『ペイン&ゲイン 史上最低の一攫千金』(13)
罪状	誘拐、恐喝、殺人ほか
判決	死刑（ルーゴ） 懲役15年（ドイル）

☐容姿を似せている	☑身体能力が高い	☐IQが高い
☐計画的	☐猟奇性	☐機転が利く
☑複数犯	☐巻き込まれ型	☑すごく身体能力が高い

1994年、マイアミのジムでトレーナーとして勤務していたダニエル・ルーゴは、金持ちの客を誘拐して資産を奪い取る計画を思いつき、ジム仲間を誘い入れ、通称"サン・ジム・ギャング"を結成。最初の標的マーク・シラー（劇中ではヴィクター・ペペ・カーショウ）を誘拐、次の標的フランク・グリーガとその愛人を殺害した。私立探偵エド・デュ・ボアの調査がきっかけとなり逮捕。

捜査メモ：ルーゴは自身をCIAエージェントと偽って彼女を計画に引き入れた。

役名	ニッキー・ムーア (based on アレクシス・ナイヤーズ)
俳優	エマ・ワトソン
作品名	『ブリングリング』(13)
罪状	住居侵入窃盗
判決	懲役180日 保護観察3年、賠償金30万ドル

☐容姿を似せている	☐身体能力が高い	☐IQが高い
☐計画的	☐猟奇性	☐機転が利く
☑複数犯	☐巻き込まれ型	☑セレブ気取り

1991年生まれ。2009年、ハリウッドの"ブリングリング"強盗に関与した容疑での裁判で一躍有名に。この強盗団はオーランド・ブルーム、リンジー・ローハン、パリス・ヒルトンらの豪邸に不法侵入・窃盗を行い、被害総額は3億円とも言われている。事件のユニークさもさることながら、訴訟中の積極的なメディア露出も耳目を集めた。なお、モデルとなったナイヤーズの賠償金は60万ドルで、劇中の判決と開きがある。

捜査メモ：刑務所に収監中、リンジー・ローハンの隣の房だった時期がある。

役名	フィリップ・プティ
俳優	ジョゼフ・ゴードン=レヴィット
作品名	『ザ・ウォーク』(15)
罪状	ワールドトレードセンタービル二棟間の綱渡り
判決	告訴取り下げ

☐容姿を似せている	☑身体能力が高い	☐IQが高い
☑計画的	☐猟奇性	☐機転が利く
☑複数犯	☐巻き込まれ型	☑芸術家肌

1949年、フランス生まれ。幼い頃より大道芸に魅せられ、16歳で綱渡りを習得。1971年にノートルダム大聖堂の上部を綱渡りして喝采を浴びた。アメリカに世界貿易センターが建設されることを知ると「クーデター」を発案、仲間を集めて6年がかりで周到な計画を立てた。1974年8月7日の朝7時、プティはツインタワーの間に張られたロープの上で45分間の芸術的犯罪を達成した。

捜査メモ：告訴取り下げの条件は、セントラルパークで子供達のための無料ショーを行うこと。

映画トリビア

『なんちゃって家族』(13)
「スヌープ・ドッグの冷蔵庫？」

ケイシー（E・ロバーツ）がドラッグでぱんぱんの冷蔵庫を見て言った台詞。スヌープ・ドッグは自分のために大麻を巻くだけの人間を雇ったこともあるほど大麻好き。19年には大麻を題材にしたドキュメンタリー『Grass is Greener』にも出演している。

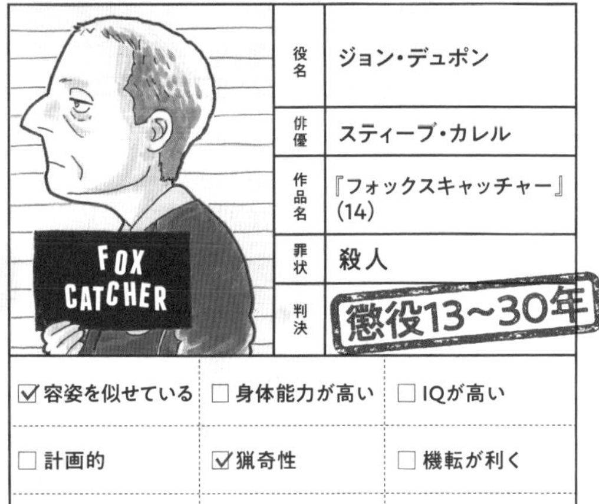

役名	ジョン・デュポン
俳優	スティーブ・カレル
作品名	『フォックスキャッチャー』(14)
罪状	殺人
判決	懲役13〜30年

☑容姿を似せている	☐身体能力が高い	☐IQが高い
☐計画的	☑猟奇性	☐機転が利く
☐複数犯	☐巻き込まれ型	☑大富豪

1938年生まれ。デュポン財閥の相続人であり、50代になってからレスリングを始める。その財力でレスリング・チーム「フォックスキャッチャー」を結成し、有名選手だったデイヴ・シュルツとマーク・シュルツの兄弟を招聘。劇中ではマークとのホモセクシュアルな関係性も示唆されているが遺族は否定している。1996年、デイヴを銃殺。精神疾患が考慮され、警備の緩い刑務所に収監された。2010年に獄中死。

捜査メモ：遺言通り、「フォックスキャッチャー」のジャージを纏って埋葬された。

役名	アーヴィン・ローゼンフェルド (based on メル・ワインバーグ) シドニー・プロッサー (based on イヴリン・ナイト)
俳優	クリスチャン・ベイル&エイミー・アダムス
作品名	『アメリカン・ハッスル』(13)
罪状	詐欺
判決	司法取引により無罪

☑容姿を似せている	☐身体能力が高い	☐IQが高い
☑計画的	☐猟奇性	☑機転が利く
☑複数犯	☑巻き込まれ型	☑派手なファッション

モデルとなったメル・ワインバーグは1924年生まれの詐欺師。1978年、愛人がFBIに拘束されたことから司法取引に応じて囮捜査に協力することになった。秘密捜査官がアラブの大富豪に扮して捜査に当たったことからAbscam(=アラブの悪業)事件と呼ばれたこの事件では米上院議員と5人の下院議員が有罪となった。ワインバーグは司法取引後に足を洗い、2018年に93歳で亡くなるまで平穏に過ごした。

捜査メモ：クリスチャン・ベイルは役作りのためワインバーグと3日間ともに過ごしている。

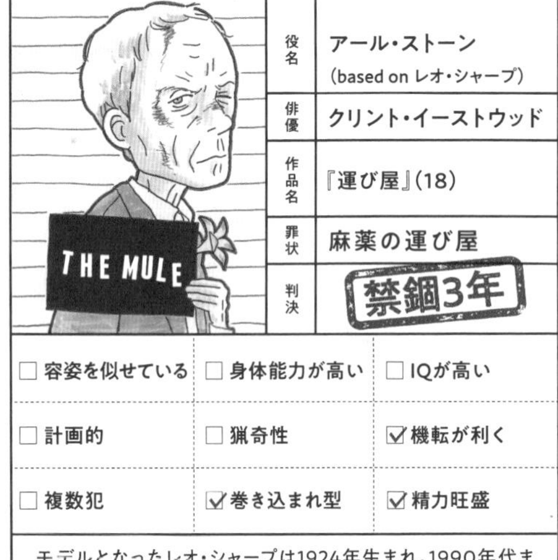

役名	アール・ストーン (based on レオ・シャープ)
俳優	クリント・イーストウッド
作品名	『運び屋』(18)
罪状	麻薬の運び屋
判決	禁錮3年

☐容姿を似せている	☐身体能力が高い	☐IQが高い
☐計画的	☐猟奇性	☑機転が利く
☐複数犯	☑巻き込まれ型	☑精力旺盛

モデルとなったレオ・シャープは1924年生まれ。1990年代までは園芸家として活躍していたが、インターネット販売に適応できず低迷した。2009年、メキシコの麻薬カルテルの運び屋稼業に転職。コードネームはスペイン語で「おじいさん」を意味する“エル・タタ”。劇中ではFBI捜査官に人生観を説く好々爺ぶりを見せた。逮捕される2011年までに累計1400ポンド以上の麻薬を運んだといわれる。2016年、92歳で死去。

捜査メモ：命の危険が迫っても平然とリップクリームを塗る豪胆さを持つ。

THE OLD MAN & THE GUN

役名	フォレスト・タッカー
俳優	ロバート・レッドフォード
作品名	『さらば、愛しきアウトロー』(18)
罪状	銀行強盗
判決	医療刑務所に13年 (最後の犯罪に対して)

☐容姿を似せている	☐身体能力が高い	☐IQが高い
☑計画的	☐猟奇性	☐機転が利く
☑複数犯	☐巻き込まれ型	☑ジェントルマン

フォレスト・タッカーは1920年生まれ。15歳で初めて収監されて以来、逮捕されては脱獄を繰り返し“18回の成功と12回の失敗”という驚異的な記録を誇った。タッカーは専ら銀行強盗を稼業としており、その生涯を通して400万ドル以上を奪ったとみられている。劇中では強盗に何事にも変えられぬ生きがいを見出しており、他人を傷つけないことを信条として犯行を楽しむ様子が描かれた。2004年、83歳で獄中死。

捜査メモ：犯人は笑顔の老紳士だったという目撃証言が多数寄せられている。

TEXT BY AKIRA SEKIZAWA ILLUSTRATION BY AMKOROMOCHI(AKIKO TAKAHASHI)

映画トリビア 『リム・オブ・ザ・ワールド』(19) **「熊だって？ ディカプリオみたいになっちまう」**

熊が出るから早くキャンプ場に戻ろうと言われたときの生意気な少年の一言。もちろん『レヴェナント：蘇えりし者』(15)のレオナルド・ディカプリオのこと。小さい子にまで野生の熊のヤバさを十全に知らしめるレオ様は偉大だ。

2010年代のケイパー・ムービー

ケイパー・ムービーとは、主に犯罪者が様々な分野で腕の立つメンバーを集めてチームを結成し、綿密かつ大胆不敵な計画でデカいヤマに挑む映画のジャンルを指す。古くは『現金に体を張れ』(56)や『華麗なる賭け』(68)などがあり、近年では『オーシャンズ11』(01)が人気シリーズになった。犯罪映画の伝統的ジャンルとも言えるケイパー・ムービーだが、2010年代を振り返るとトレンドが見えてくる。ここでは現代ならではの個性的な3チームを紹介しよう。

プロ集団

『オーシャンズ8』(2018)

女の、女による、女のための完全犯罪。

男子校的なじゃれ合いが魅力だった「オーシャンズ」シリーズの完結から11年後にリブートされた本作は、メンバーが全員女性という点で前シリーズと好対照をなすチームになった。出所したてのデビー・オーシャンがNYの高級デパートで化粧品を盗み出す冒頭から、子育て中の仲間を口説き落とすプロセスまで、女泥棒ならではの描写が頻出。狙うはカルティエのダイヤモンド・ネックレス“トゥーサン” だ。1930年代に同社のクリエイティブディレクターを務めたジャンヌ・トゥーサンがその名の由来だが、彼女もまた男性中心の世界に風穴を開けた最初の女性の一人だったのは、決して偶然ではないだろう。

標的の金額 150,000,000ドル

ファミリー

「ワイルド・スピード」シリーズ

昨日の敵は今日の友。
今なお増殖を続けるニトロ噴射家族。

思い返せば第1作の『ワイルド・スピード』(01)は、ロサンゼルスの多民族社会と日本車によるストリート・レース文化をフィーチャーした潜入捜査ものだった。それがいつしか視点が犯罪者側へと移行し、かつての潜入捜査官は車強盗の仲間になった。そして2010年代を通じて、このケイパー・ムービーはさながら家族映画の様相を呈してきた。ある犯罪を遂行する手段としてのチームアップと違い、車好きで繋がる彼らはシリーズを重ねるたびに絆を深め、かつての敵すら受け入れて、本当のファミリーになっていった。世界の平和を救った後、皆でランチテーブルを囲むというお決まりのエピローグがその象徴だ。元潜入捜査官=ブライアンを演じたポール・ウォーカーの急逝(13年)をも乗り越えて、ファミリーは今日もアクセルを踏み続けている。

最新作までの家族人数 6人 < 18人(※数え方による)

『ワイルド・スピード』(01) 『ワイルド・スピード ICE BREAK』(17)

素人集団

『アメリカン・アニマルズ』(2018)

オリジナルなき時代を借りパクのアイデアで駆け抜けた。

時価1200万ドルともいわれるジョン・ジェームズ・オーデュボンの博物画集『アメリカの鳥類』(1827-1838)初版本。アメリカで最も高価なこの稀少本を大学生が盗み出したという、2004年にケンタッキー州で起きた事件を映画化した本作。退屈な日常から逃げ出すように野放図な計画を思いつき、レンタルビデオ店で借りた犯罪映画で予習する。そんな彼らのアマチュアリズムあふれる犯行を衝き動かしていたのは他ならぬ青春であったと証言するのは、出演している実際の犯人たち自身だ。過去のケイパー・ムービーを相対化し、本作自身も“実話に基づいた” 一面性から逃れて重層的な物語を織りなす、脱構築的な手腕が鮮やかだ。

参考にした映画 17本

『アントマン』(15) **「クラウンヴィクトリアだ、潜入捜査官がよく乗る車だ」**	アントマンの昔の泥棒仲間の一人が、見張りをしているときにクラウンヴィクトリアを見つけて言った台詞。潜入捜査官に関しては不明だが、アメリカではパトカーやタクシーなどにも使われる車種である。	映画トリビア

戦争にまつわる人・もの図解

独立戦争から世界大戦、そして対テロ戦争まで、アメリカはほとんど絶え間なく戦争を繰り広げてきた。だからというべきか、アメリカ映画においても戦争というテーマは一大ジャンルであり、裾野も広い。描かれる時代も違えば登場人物の関わり方も様々な、アメリカ戦争映画を色々な視点から覗いてみよう。

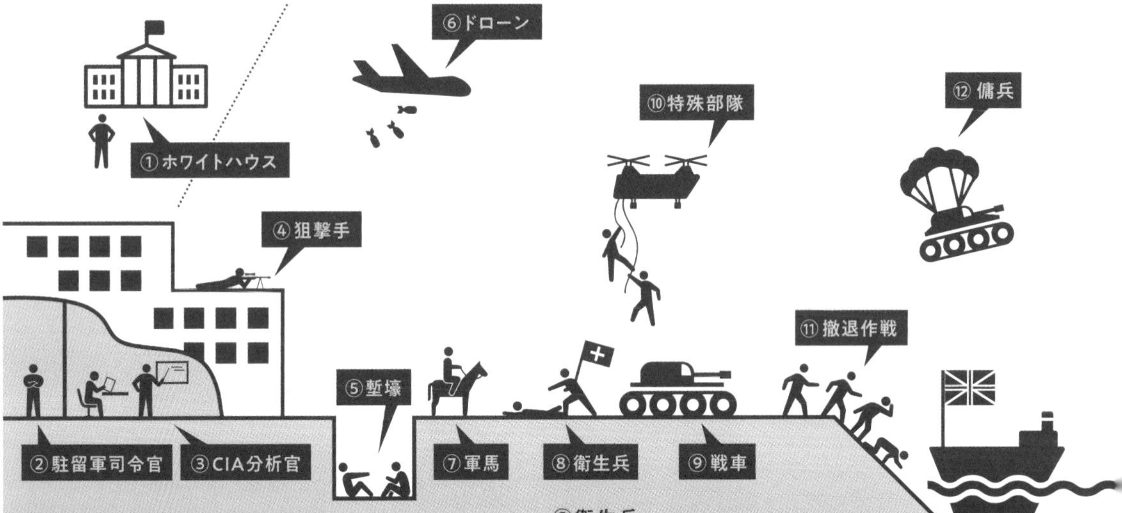

⑥ドローン
⑩特殊部隊
⑫傭兵
①ホワイトハウス
④狙撃手
⑪撤退作戦
⑤塹壕
②駐留軍司令官
③CIA分析官
⑦軍馬
⑧衛生兵
⑨戦車

①ホワイトハウス

2001年のアメリカ同時多発テロ後、ホワイトハウスでは副大統領が実権を握り、権謀術数をめぐらせて大義なき戦争に邁進していった。

この一本：『**バイス**』(18)

②駐留軍司令官

現場レベルの最高責任者。現地の軍事作戦から働き方改革、政治家との折衝まで、こなすべき仕事は数多い。見方によっては中間管理職的と言えなくもない。

この一本：『**ウォー・マシーン：戦争は話術だ！**』(17)

③CIA分析官

膨大な情報を分析して標的に近づいていく。情報収集のためなら捕虜の拷問も厭わぬ一方、彼ら自身もテロリストの脅威に晒されている。

この一本：『**ゼロ・ダーク・サーティ**』(12)

④狙撃手

遠くの敵を狙い撃つ技術に特化した兵士。その射程距離は時に1000mを超える。遠距離攻撃とはいえ、狙撃手はゴーグル越しに標的の死と直面することになる。

この一本：『**アメリカン・スナイパー**』(14)

⑤塹壕

敵の銃火から身を隠すために掘られる溝状の戦闘陣地。両軍とも塹壕戦になると睨み合いが続くことになる。また一歩外へ出ると格好の標的になってしまう。

この一本：『**1917 命をかけた伝令**』(19)

⑥ドローン

家族と過ごす自宅から国内の基地に通勤し、モニター越しに標的を爆撃する。ドローンの登場によって、戦争は日常と地続きのものになりつつある。

この一本：『**ドローン・オブ・ウォー**』(15)

⑦軍馬

戦争には人間だけでなく動物も駆り出される。馬は機動性の高さゆえ重宝されてきた。21世紀以降も山岳地帯での作戦で軍馬が用いられた例がある。

この一本：『**戦火の馬**』(11)

⑧衛生兵

戦場で負傷した仲間の救護を行う兵士。前線での救護活動では、しばしば衛生兵自身も生命の危険に晒される。良心的兵役拒否者が任務にあたることもある。

この一本：『**ハクソー・リッジ**』(16)

⑨戦車

頑強な装甲と高い火力、キャタピラによる機動性を兼ね備えた戦闘車両。敵歩兵にとっては大きな脅威になる。乗員同士に家族以上の絆が生まれることも。

この一本：『**フューリー**』(14)

⑩特殊部隊

軍隊の中でも最も過酷なトレーニングを耐え抜いた精鋭だけが入隊を許される特殊部隊。彼らは最前線に投入され、危険きわまる作戦を遂行する。

この一本：『**ローン・サバイバー**』(13)

⑪撤退作戦

時には敵に背を向けることが正しいこともある。第二次世界大戦の「ダンケルクの戦い」では30万人以上が撤退に成功し、"一つの勝利"とも評された。

この一本：『**ダンケルク**』(17)

TEXT BY AKIRA SEKIZAWA　ILLUSTRATION BY MARINO SAGAWA

映画トリビア
『ボーダーライン』(15)
「CIAは単独での国内活動を禁じられているからだ」

FBIのケイト(E・ブラント)が自分が現場にいる必要性をCIAのマット(J・ブローリン)に尋ねたときの返事。CIAは国外諜報活動専門のため、国内ではFBIとの連携が必須。要するにマットは「FBIは不要だ、いるだけでいい」と彼女をナメてかかっている。

⑫傭兵

軍隊に所属せず、依頼人に雇われ戦う傭兵チーム。怖いもの知らずの特攻野郎たちは、戦車ごとパラシュート降下する無茶も厭わない。

この一本:『**特攻野郎Aチーム THE MOVIE**』(10)

⑬一般市民

戦地から遠く離れても、戦争は市民の暮らしに影を落とす。戦場に憧れる無邪気な少年もいれば、隠し部屋で息を潜めつつ平和を待つ少女もいる。

この一本:『**ジョジョ・ラビット**』(19)

⑭スパイ

秘密裏に活動するスパイたち。彼らは不可能なミッションを可能にするためなら、離陸する飛行機にしがみつくことも厭わないだろう。

この一本:『**ミッション:インポッシブル/ローグ・ネイション**』(15)

⑮スパイ交換

スパイが潜入先で捕まると、政治的駆け引きの材料になることもある。敵国同士のスパイ交換は一触即発の緊張感を伴う。粘り強い交渉人が必要だ。

この一本:『**ブリッジ・オブ・スパイ**』(15)

第一次世界大戦

1914年　オーストリア=ハンガリー帝国がセルビアに最後通牒

1916年　ソンムの戦い(フランス北部で展開されたWWⅠ最大の会戦)
イギリス軍騎兵部隊所属の軍馬「ジョーイ」がドイツ軍に鹵獲されたのち、塹壕戦を経てイギリス軍に帰還。元の飼い主アルバートと再会する　『**戦火の馬**』(11)

『指輪物語』の作者J・R・R・トールキンがイギリス陸軍少尉として従軍　『**トールキン 旅のはじまり**』(19)

1917年　第一次世界大戦にアメリカが参戦
イギリス軍兵士2名が伝令任務で最前線へ　『**1917 命をかけた伝令**』(19)

1918年　ダイアナ(ワンダーウーマン)がアメリカ外征軍スティーブ・トレバー大尉とベルギーの前線で共闘　『**ワンダーウーマン**』(17)

連合国とドイツの間で休戦協定が締結(WWⅠ終結)

ナチス・ドイツの台頭

1938年　ドイツ人少女がナチスの焚書から一冊の本を救い出す　『**やさしい本泥棒**』(13)

第二次世界大戦

1939年　ドイツ軍がポーランドに侵攻(WWⅡ開戦)
イギリスの数学者アラン・チューリングがドイツの暗号機「エニグマ」を解読。『**イミテーション・ゲーム/エニグマと天才数学者の秘密**』(14)

1940年　ウィンストン・チャーチルがイギリス首相に就任。フランスのダンケルクで孤立する英仏軍を撤退させる「ダイナモ作戦」を計画　『**ウィンストン・チャーチル/ヒトラーから世界を救った男**』(19)

「ダイナモ作戦」の決行。ダンケルクから脱出した連合国軍がイギリスに到着『**ダンケルク**』(17)

1941年
太平洋戦争

1942年　カサブランカでカナダ人工作員マックスとフランス人工作員マリアンヌが出会う偽の夫婦として共同作戦を遂行するうち本当の恋仲に　『**マリアンヌ**』(16)

1943年　オーストリアで良心的兵役拒否を貫いたフランツ・ヤゲルシタッターがナチス・ドイツにより処刑される　『**名もなき生涯**』(19)

元オリンピック選手のアメリカ陸軍航空隊員ルイス・ザンペリーニが搭乗するB24が洋上に不時着。47日間の漂流を経て日本軍捕虜に　『**不屈の男 アンブロークン**』(14)

1944年　ベルリンで母と暮らす少年ジョジョが自宅に匿われた少女と出会う　『**ジョジョ・ラビット**』(19)

アメリカ軍のドン・"ウォーダディー"・コリアー軍曹が車長を務めるシャーマン戦車"フューリー"が圧倒的優勢のドイツ軍と交戦　『**フューリー**』(14)

1945年　アドルフ・ヒトラーが自殺
ドイツが連合国側に降伏

沖縄戦で、アメリカ陸軍の衛生兵デズモンド・ドスが大勢の負傷した兵士達を救助する　『**ハクソー・リッジ**』(16)

アメリカ海軍の巡洋艦インディアナ・ポリスが原子爆弾をテニアン島に輸送。その後、日本海軍の伊号第五十八潜水艦の魚雷攻撃を受け沈没する。『**パシフィック・ウォー**』(16)
8月15日　日本がポツダム宣言を受諾して無条件降伏

GHQ最高司令官ダグラス・マッカーサーが来日。昭和天皇の戦争責任について調査を行う。『**終戦のエンペラー**』(12)

1949年　ドイツが東西に分裂
北大西洋条約機構(NATO)設立

1950-1953年
朝鮮戦争

1962年　アメリカ人弁護士ジェームズ・ドノヴァンが、東西ベルリンの境界であるグリーニッケ橋でスパイ交換に立ち会う。『**ブリッジ・オブ・スパイ**』(15)

キューバ危機

チャールズ・エグゼビア率いるX-メンがキューバ危機による米ソ開戦を水際で回避『**X-MEN:ファースト・ジェネレーション**』(11)

1971年　ワシントン・ポスト紙のジャーナリストがアメリカ国防総省の最高機密文書、「ペンタゴン・ペーパーズ」の内情をスクープする。『**ペンタゴン・ペーパーズ/最高機密文書**』(17)

1973年　パリ和平協定の調印によりアメリカがベトナム戦争から撤退。米軍帰還兵らによる調査隊が髑髏島でキングコングと遭遇　『**キングコング:髑髏島の巨神**』(17)

1989年　ベルリンの壁崩壊。マルタ会談により東西冷戦が終結。

1990-1991年　湾岸戦争

2001年
対テロ戦争

9月11日 アメリカ同時多発テロ事件
10月7日 アフガニスタン紛争の開戦

アメリカ陸軍特殊部隊ODA595が馬に乗ってアルカイダの拠点マザーリシャリーフを制圧 **『ホース・ソルジャー』(18)**

2002年

同時多発テロで父を失った少年が、生前父が遺した謎を解くためNYを探検する **『ものすごくうるさくて、ありえないほど近い』(11)**

2003年
イラク戦争開戦

アメリカ政府がイラク戦争の根拠とした「大量破壊兵器の保持」に疑いを持ったナイト・リッダー社ワシントン支局の記者が批判記事を掲載 **『記者たち 衝撃と畏怖の真実』(17)**

学費目当てに志願したマット・オークル二等兵が、イラクの村の給水ポンプの復旧に挑む **『砂の城』(17)**

アメリカ海軍特殊部隊ネイビー・シールズの狙撃手クリス・カイルが派遣。「ラマーディーの悪魔」の異名で恐れられる **『アメリカン・スナイパー』(14)**

ロイ・ミラー率いるMET隊(移動捜索班)が、イラクの大量破壊兵器に関する情報の信憑性に疑いを持ち調査を始める **『グリーン・ゾーン』(10)**

アメリカのテレビレポーター、キム・ベイカーが特ダネ探しにアフガニスタンを奔走 **『アメリカン・レポーター』(16)**

サダム・フセイン逮捕

2004年

ファルージャの戦い

19歳の青年兵ビリー・リンが、イラク戦争での活躍をメディアに取り上げられヒーローとして祭り上げられる **『ビリー・リンの永遠の一日』(16)**

2005年

アフガニスタン山岳地帯で「レッド・ウィング作戦」を遂行中のネイビー・シールズがターリバーン兵に包囲され、退却を図る **『ローン・サバイバー』(13)**

マイアミの素人が戦争ビジネスに手を染め、米国防総省からアフガニスタン軍まで武器を売りまくる **『ウォー・ドッグス』(16)**

2006年

イラク当局によるサダム・フセイン死刑執行

2009年

第44代アメリカ合衆国大統領にバラク・オバマが就任
アフガン駐留軍司令官にグレン・マクマーン大将が任命される **『ウォー・マシーン: 戦争は話術だ!』(17)**

2011年

アラブの春
ウサーマ・ビン・ラーディンの殺害。CIAの情報分析によって特定されたパキスタンの潜伏先を海軍特殊戦開発グループ(DEVGRU)が急襲した **『ゼロ・ダーク・サーティ』(12)**

2012年

シリア内戦を取材中だったジャーナリスト、メリー・コルヴィンが戦闘に巻き込まれ死去 **『プライベート・ウォー』(18)**

2013年

除隊後に退役軍人社会復帰プログラムに携わっていたクリス・カイルが、PTSDを患う元海兵隊員によって射殺される **『アメリカン・スナイパー』(14)**

2014年

対ISIL戦争 (生来の決意作戦)開始

2015年

アムステルダム発パリ行きの高速鉄道タリスで銃を乱射したイスラーム過激派のテロリストを乗客のアメリカ軍人が取り押さえる **『15時17分、パリ行き』(18)**

2017年

ドナルド・トランプが第45代アメリカ合衆国大統領に就任

2019年

トランプ大統領がシリアからの米軍の撤退を発表

2020年

米軍がイランのソレイマニ司令官を爆殺

キャプテン・アメリカの戦争

マーベル・シネマティック・ユニバース(MCU)のヒーローたちは常にある種の戦争に参加していると言えるが、なかでもキャプテン・アメリカほど「アメリカの戦争」に運命を翻弄されてきたヒーローはいないだろう。

一作目『キャプテン・アメリカ／ザ・ファースト・アベンジャー』(11)は、第二次世界大戦下のアメリカで貧弱な志願兵だったスティーブ・ロジャースが超人血清と強靭な意志によってキャプテン・アメリカになるまでを描く、いわゆるオリジンのエピソードだ。星条旗をモチーフとした滑稽にも思えるコスチュームに身を包みながらも、単なる偶像であることを拒んで自ら戦場に飛び込むキャップの姿からは、愛国心を超えて個人の信念に従うヒーローの尊厳が強く感じられる。

続く『キャプテン・アメリカ:ウィンターソルジャー』(14)では舞台を現代に移し、かつての戦友バッキー・バーンズとの死闘が描かれる。彼のコードネーム "ウィンター・ソルジャー" は、ベトナム帰還兵による残虐行為が告白された「ウィンター・ソルジャー公聴会」が語源でもある。本作のキャップは政府の都合で現代に蘇生させられたことに戸惑いつつも、国家が市民を監視するシステム「インサイト計画」の陰謀と戦っている。

さらに二年後の『シビル・ウォー/キャプテン・アメリカ』(16)に至っては、"civil war"=南北戦争を副題に冠して、ヒーロー達が彼ら自身の在り方を巡って分断される。ヒーローは国家によって管理されるべきとするアイアンマン=トニー・スタークに対して、スティーブは自らの決断と行動に責任を持つべきと主張する。そして決闘の末、キャプテン・アメリカの象徴たる盾を捨てて去ってしまうのだ。

この三部作を振り返ると、キャップは常にアメリカのヒーロー像を体現しながらも、国家の束縛からは自由でいたいという葛藤を抱えていることが窺える。自由の名の下に戦争の種子を蒔くアメリカという国家の鏡像として、アメリカ人が本来理想とする精神を守ることにこそ、キャップが戦う理由があるのではないだろうか。

── 現代戦争映画のさまざまな戦場 ──

『グランド・ブダペスト・ホテル』
ブルーレイ発売中
20世紀フォックス ホーム エンターテイメント ジャパン

Title：『グランド・ブダペスト・ホテル』(2013)

Director：ウェス・アンダーソン
Cast：レイフ・ファインズ | F・マーレイ・エイブラハム | エドワード・ノートン

戦場 Battlefield　戦争によって奪われる文化

ヨーロッパ大陸東端にある架空の国を舞台に、ホテルの伝説的コンシェルジュとその弟子であるロビー・ボーイのバタバタミステリーコメディを中心としてストーリーが語られる。物語に登場する「メンドル」のお菓子のように甘い世界観がウェス・アンダーソン監督の他作品同様に表現されているが、今作ではその美しい世界が戦争により奪われていく様が描かれ、戦争前後のコントラストをより強調している。(CINEMA CLUB：Yuki Niitani)

『ボーダーライン』
DVD&Blu-ray好評発売中
ブルーレイ ¥1,800+税／
DVD ¥1,200+税
発売元・販売元：ハピネット

Title：『ボーダーライン』(2015)

Director：ドゥニ・ヴィルヌーヴ
Cast：エミリー・ブラント | ベニチオ・デル・トロ | ジョシュ・ブローリン

戦場 Battlefield　メキシコの麻薬カクテルとの戦い

国務省指揮の麻薬捜査チームに引き抜かれた女性FBI捜査官ケイトの視点で麻薬戦争の真実が描かれる。悪と正義の境目が見えない世界に、ケイトの思い描く正義は存在するのか。またFBI(連邦捜査局)に国防総省、ひいてはCIA(中央情報局)に地元警察、国境警備隊といった組織間の軋轢や温度差のリアルな描写からは、アメリカの治安維持における組織の在り方の厄介さが窺える。故ヨハン・ヨハンソンの音楽による怪しい雲行きを思わせる演出も相まって、国境地帯と麻薬を巡るアメリカの国防の在り方に闇を感じる一作。(CINEMA CLUB：長澤一生)

『30年後の同窓会』
DVD&Blu-ray好評発売中
ブルーレイ ¥4,800+税／
DVD ¥3,900+税
発売元：ショウゲート
販売元：ハピネット

Title：『30年後の同窓会』(2017)

Director：リチャード・リンクレイター
Cast：スティーヴ・カレル | ブライアン・クランストン | ローレンス・フィッシュバーン

戦場 Battlefield　時代を経ても癒えることのない戦争の傷跡

イラク戦争で息子を亡くした男が、ベトナム戦争をともに戦った旧友たちと再開し、息子の遺体を運び帰るまでの旅路を描いたロードムービー。戦争の悲劇を背後に描きながらも、三人の会話はどこかユーモラスで、時に哀愁を感じさせる。彼らが青春を懐かしみ楽しげに語らう姿を見る度に、戦死した友や亡くなった息子の姿など、そこに居るはずのない(居たかもしれない)人のことを思い浮かべてしまう。大義なき戦争は若い人間の未来を奪い、残された人々はいつまでもその喪失に苦しむ。その姿を正面から描いた本作は、紛れもなく反戦映画だ。(CINEMA CLUB：相川直希)

『スノーデン』
発売元：ショウゲート
販売元：ポニーキャニオン
価格：DVD ¥3,800(本体)+税、Blu-ray ¥4,700(本体)+税

Title：『スノーデン』(2016)

Director：オリヴァー・ストーン
Cast：ジョセフ・ゴードン=レヴィット | シェイリーン・ウッドリー | メリッサ・レオ

戦場 Battlefield　サイバー戦争

2013年に世界中を揺るがせた「スノーデン事件」の首謀者として、アメリカ政府を敵に回した元CIA職員のエドワード・スノーデン。彼はただ幸せを求め自由を愛する一人の愛国者であった。テクノロジーが発展した現代では、銃を持って闘う戦争はもはや過去のものとなり、主戦場はインターネット空間へと移行している。過剰な情報戦争のその先に、彼の信じた「アメリカ」は何を示したのか。便利になればなんだっていいというわけじゃない――この時代を生き抜くためには知っておかなければならない一作。(CINEMA CLUB：長澤一生)

『15時17分、パリ行き』
ブルーレイ ¥2,381+税／
DVD ¥1,429+税
ワーナー・ブラザース ホームエンターテイメント

Title：『15時17分、パリ行き』(2018)

Director：クリント・イーストウッド
Cast：アンソニー・サドラー | アレク・スカラトス | スペンサー・ストーン

戦場 Battlefield　日常の生活と地続きに起こりうるテロの驚異

クリント・イーストウッドが監督した本作は、2015年8月に起きたヨーロッパでの銃撃テロ事件を題材としている。実際にテロを防いだ3人のアメリカ人の若者が本人役で主演を務めたことも公開時に話題となった。映画は事件へと至るまでの過程を、3人の生い立ちから始め、彼らの日常を物語的な起伏もなく、あくまで淡々と映し出していく。テロはそうした日常と地続きに起こりうるものとして描かれ、この不条理な暴力に対して、迷いなく正しい行動がとれるのかというシンプルな問いを観客に投げかけてくる。(CINEMA CLUB：相川直希)

『トリプル・フロンティア』(19) **「父親がよく"雨でも教会はある"と言っていた」**	麻薬王の一家が豪雨のなか礼拝に向かう様子を見て元軍人の強盗が呟くセリフ。犯罪者集団に属する者のセリフというのがポイント。伝統的なアメリカ人たちの信心深さを実感できる。	映画トリビア

宇宙は最後のフロンティア？

映像技術や表現方法など常に革新を求め続けるアメリカ映画の腕の見せ所が宇宙だ。そこにはアメリカのフロンティア・スピリットが息づいてもいる。宇宙を舞台に多くの作品が作られ続けてきたし、今後も作られ続けていくだろう。そこで描かれるのは、生命の探求という永遠の謎、植民という近未来おこりうる現実的問題、そして今も地球上でかわらず起こり続けている親子ゲンカだったりする。

※距離は地球との接近時で表記（縮尺は均一ではありません）。

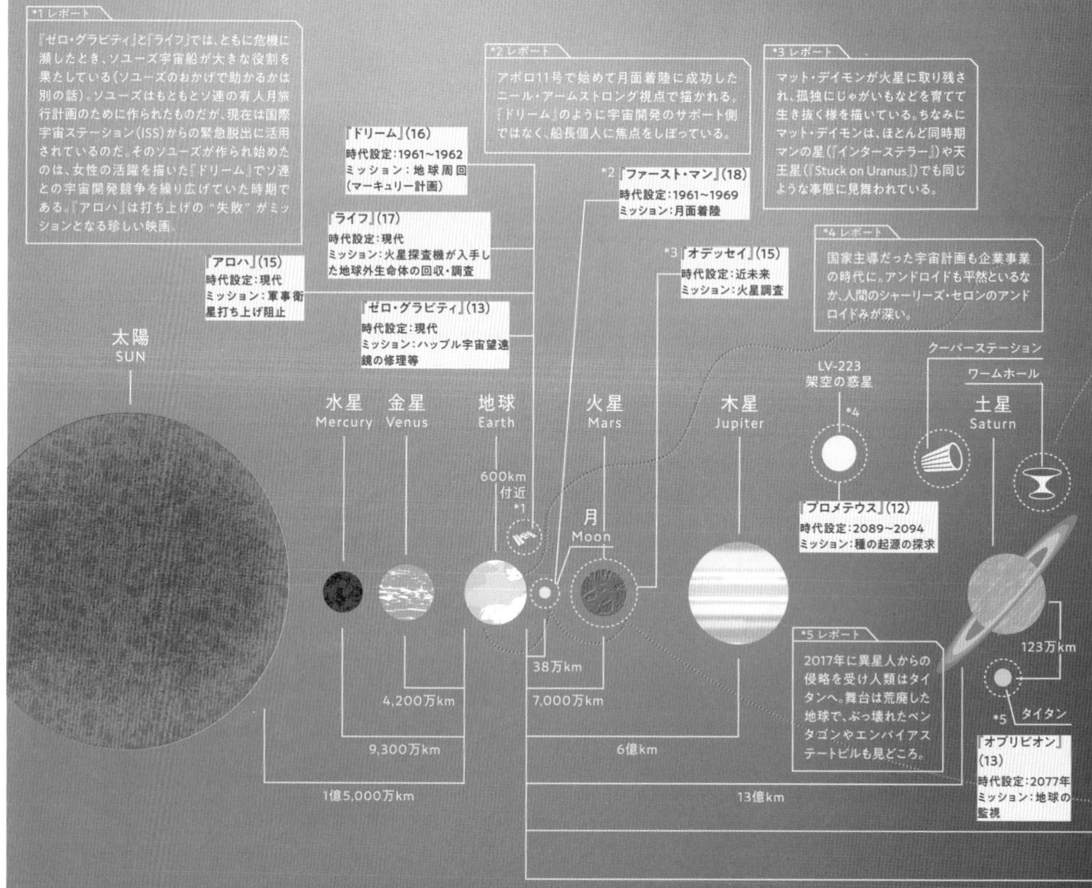

宇宙で生き残るための4か条-01

地球外生命体には気をつけろ!

『ライフ』や『エイリアン』シリーズなど、生命のフロンティアを探求する映画ではついつい、謎の生命体を可愛がってしまいます。あまつさえ『ライフ』では"カルビン"と名前まで付けてしまいます。もちろんカルビンに乗組員はめちゃくちゃに殺されます。

宇宙で生き残るための4か条-02

植物の知識は必須!

大地とは偉大なもので、宇宙に行っても植物の知識は大変役に立ちます。じゃがいもの育て方を知らなかったら『オデッセイ』の世界ではすぐに死んでしまっていたでしょう。また『パッセンジャー』では閉じ込められた宇宙船内を癒しのために緑化します。精神がやられないためにも、生命を育む術は身につけておきましょう。

TEXT BY SATOSHI FURUYA & AKIRA SEKIZAWA　ILLUSTRATION BY MARINO SAGAWA

映画トリビア	『ペンタゴン・ペーパーズ／最高機密文書』(17) **「ニクソンはクソだ!」**	第8代アメリカ合衆国国防長官マクナマラ（B・グリーンウッド）が放った衝撃の一言。アメリカ映画で最も嫌われ者の大統領がニクソンである。ただし、実際のマクナマラが同じ発言をしたかどうかは不明。

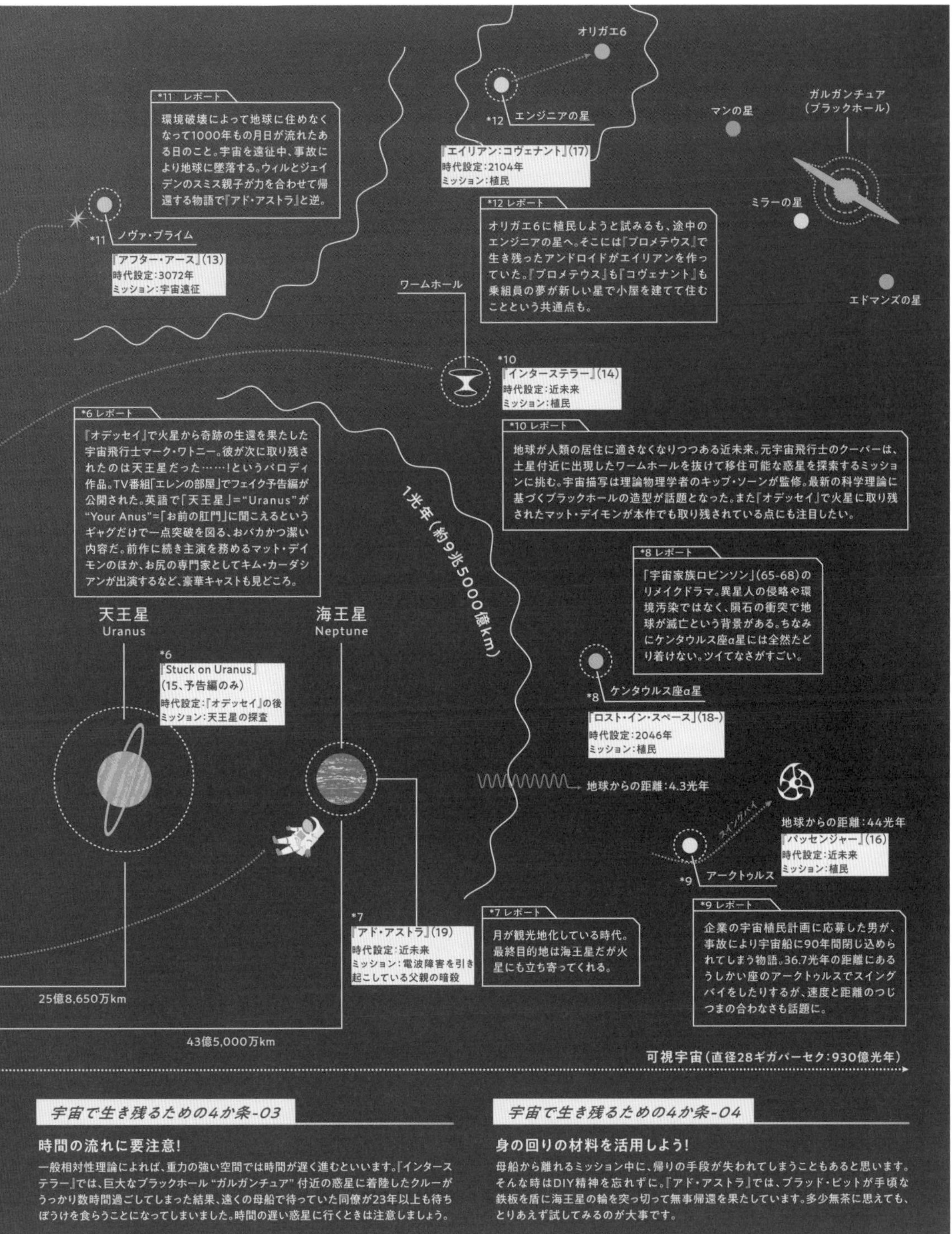

宇宙で生き残るための4か条-03

時間の流れに要注意!

一般相対性理論によれば、重力の強い空間では時間が遅く進むといいます。『インターステラー』では、巨大なブラックホール "ガルガンチュア" 付近の惑星に着陸したクルーがうっかり数時間過ごしてしまった結果、遠くの母船で待っていた同僚が23年以上も待ちぼうけを食らうことになってしまいました。時間の遅い惑星に行くときは注意しましょう。

宇宙で生き残るための4か条-04

身の回りの材料を活用しよう!

母船から離れるミッション中に、帰りの手段が失われてしまうこともあると思います。そんな時はDIY精神を忘れずに。『アド・アストラ』では、ブラッド・ピットが手頃な鉄板を盾に海王星の輪を突っ切って無事帰還を果たしています。多少無茶に思えても、とりあえず試してみるのが大事です。

『アメリカン・ハッスル』(13) **「ニクソンと戦争のせいだけどね」**	詐欺師集団の一人シドニー（A・アダムス）が金利が高騰している真の理由に言及。嫌われ者大統領ニクソンをめぐる台詞その2。庶民が生きづらいのも全てニクソンのせい。国防長官にも嫌われ、庶民にも嫌われているのに、なぜ大統領になれたのか。	映画トリビア

ぼくのかんがえた フロンティア・ワールド・スクウェア

アメリカの建国神話を謳い上げる西部劇というジャンルがあった。しかし輝かしい“歴史”の背後では多くの血と涙が流されてきた。したがって現代の西部劇(なるもの)は、少なからずアンチ西部劇の様相を呈することになるだろう。法と自警、男性性と暴力、開拓と迫害といった問題をどうアメリカは捉えてきているか。西部劇にこそアメリカの“今”が映し出されている。

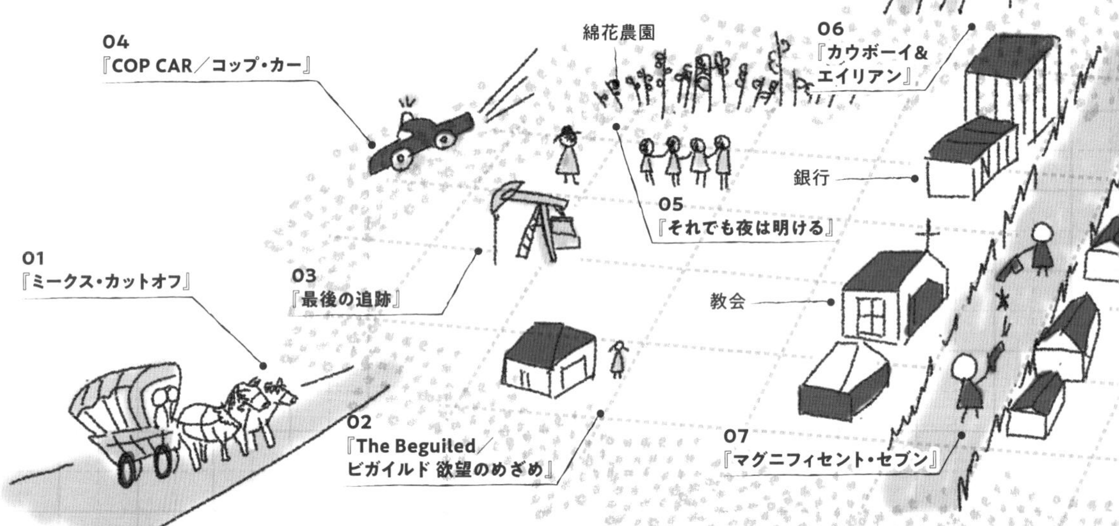

01『ミークス・カットオフ』(10)

時代設定：1845年
場所：オレゴン州
背景：オレゴン条約(1846年)前夜
実在の毛皮猟師スティーブン・ミークになんで名付けられた「ミークの近道」を通ってウィラメットバレーへ入植しようと、ミークをガイドに進むとある一行。西部劇ではあまり描かれることのなかった女性に焦点を当てている。

02『The Beguiled／ビガイルド 欲望のめざめ』(17)

時代設定：1864年
場所：バージニア州
背景：南北戦争(1861~1865年)
南北戦争末期、南部郊外に佇む寄宿学校には女性教師と女子生徒が戦火を避けて平穏に暮らしていた。手負いの北軍兵士がそこに辿り着くまでは……家を守ろうとすると必ず現れる“招かれざる客”も、西部劇には欠かせない登場人物だ。

そのほかの戦う女性映画：『ジェーン』(16)

03『最後の追跡』(16)

時代設定：現代
場所：テキサス州─オクラホマ州
背景：テキサス石油ブーム(20世紀初頭~)
先住民から土地を奪い、石油の街として発展したテキサス。しかし石油の恩恵に与れぬ者たちは、いまや銀行に土地を奪われる立場となった。自警団も活躍する現代のテキサス物語。

04『COP CAR／コップ・カー』(15)

時代設定：現代
場所：コロラド州
背景：権力の腐敗
現代アメリカの荒野に放置された一台のパトカーを盗んで走り出した二人の家出少年。パトカーを盗まれた悪徳警官は恐るべき執念で彼らを追跡する。西部の広大さは悪徳を胚胎し、法の番人をも悪党に変えてしまうのだ。

05『それでも夜は明ける』(13)

時代設定：1841年~1853年
場所：ニューヨーク州→南部
背景：南北戦争(1861~1865年)前夜
北部に住む自由黒人だったソロモン・ノーサップが突如誘拐され、南部で奴隷として過ごした過酷な12年を描く。暴力的に虐げられる黒人奴隷の描写はあまりにも痛々しい。実話に基づいており、ノーサップ自身が記した回想記が原作。

そのほかの黒人奴隷映画：『ジャンゴ 繋がれざる者』(12)

06『カウボーイ&エイリアン』(11)

時代設定：1873年
場所：アリゾナ準州
背景：金ぴか時代(1865~1893年)
金が取り尽くされたとある鉱山町は、権力者のダラーハイド大佐のおかげで、寂れつつもなんとか成り立っていた。そこに突如、地球の金を求めてエイリアンが来襲! エイリアンの武器を持つ流れ者と大佐、そして“山の戦士”アパッチの支族であるチリカワ族が組んでエイリアンをやっつける。

07『マグニフィセント・セブン』(16)

時代設定：1879年
場所：ミネソタ州
背景：金ぴか時代(1865~1893年)
資本主義が急速に発展した金ぴか時代。西部も鉱山開発を先陣に開拓が進み、フロンティアの消滅が宣言される頃。金にモノを言わせる資本家に支配された町を救うべく、黒人委任執行官をリーダーに、メキシカンや先住民、さらには東洋人など多様な顔ぶれが立ち上がる。教会が焼かれるところから始まり、教会で終わるのもポイント。

そのほかの鉱山町作品：「ゴッドレス -神の消えた町」(17-)

08『ゴールデン・リバー』(18)

時代設定：1851年
場所：オレゴン州
背景：ゴールドラッシュ(1848年頃~)
砂金を光らせて効率的に採集することのできる化学者ウォーム。彼を追う仕事を任された殺し屋のシスターズ兄弟と連絡係のモリス。彼ら4人の運命が、黄金をめぐって交錯する──。

09『トゥルー・グリット』(10)

時代設定：1878年~1903年
場所：アーカンソー州境
背景：インディアン移住法(1830年)
法に詳しい14歳の少女が、連邦保安官とテキサスレンジャーを引き連れて喧嘩しつつも、“文明化された”社会の最西端にある町フォートスミスからチョクトー族の先住民居留地に逃げた父親の仇を追う。本作と同じくコーエン兄弟が撮った『バスターのバラード』(2018)では西部劇のエッセンスを皮肉交じりに描いている。

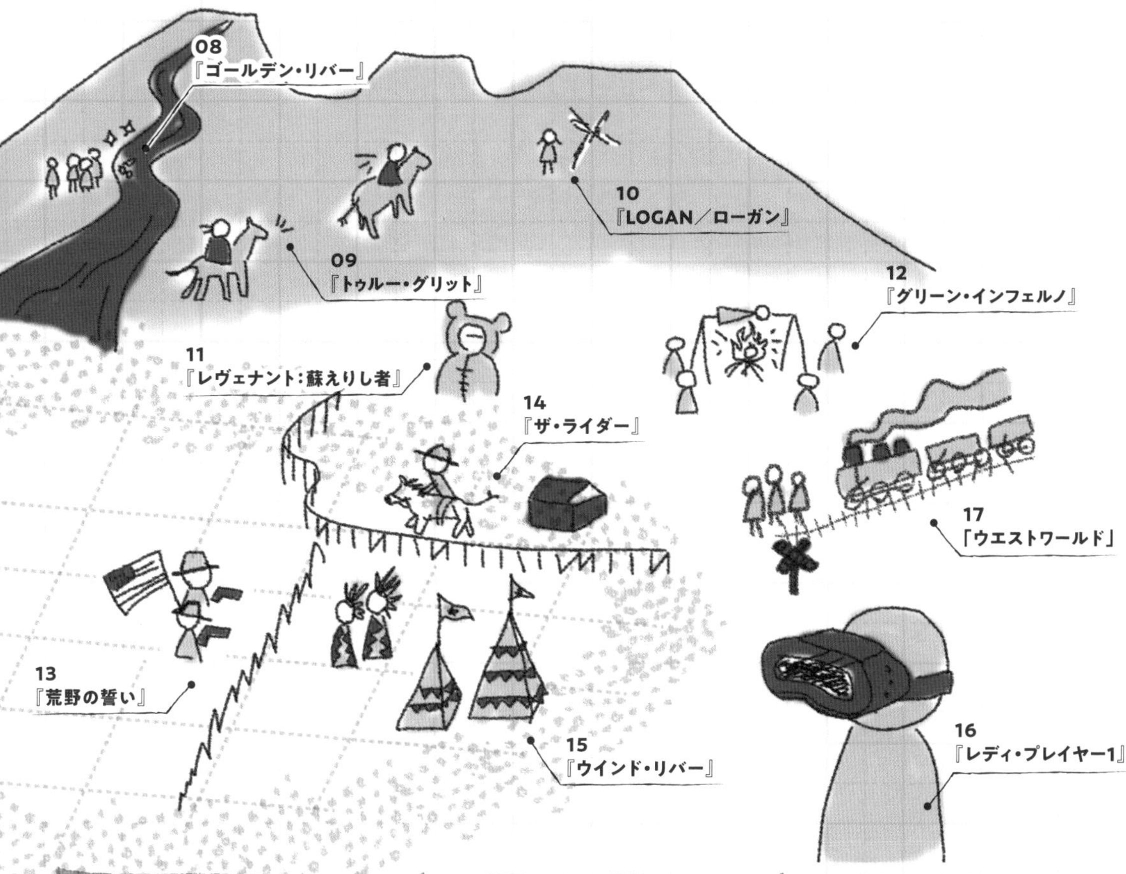

10『LOGAN／ローガン』(17)

時代設定：2029年
場所：テキサス州→ノースダコタ州
背景：多様性なき社会
ミュータントが死に絶えつつあるアメリカ。Xメンの生き残りであるウルヴァリン＝ローガンは、自身の遺伝子を受け継ぐ少女ローラを連れてミュータントたちの楽園"エデン"を目指す。ヒーロー映画が西部劇と交差した記念碑的作品。

11『レヴェナント：蘇えりし者』(15)

時代設定：1823年
場所：アメリカ北西部
背景：西部開拓時代（1860~1890年）前夜
毛皮貿易も営む実在の罠猟師ヒュー・グラスの実体験を映画化したサバイバル映画。ハイイログマに致命傷を負わされ、先住民にも追われながら、息子殺しの裏切り者を追う。熊の毛皮をかぶって寒さをしのぐサバイバル術は『トゥルー・グリット』と同じ。

12『グリーン・インフェルノ』(13)

時代設定：現代
場所：ペルーのジャングル
背景：熱帯雨林開発
大企業の森林伐採から先住民族を守るため、アメリカの学生グループがペルーで抗議活動を行った。しかし彼らの乗る飛行機がジャングルに不時着。彼らを待っていたのは食人習慣を持つ先住民、ヤハ族だった……！

そのほか食人族が描かれる映画：『**マッドタウン**』(16)、『**トマホーク　ガンマンvs食人族**』(15)

13『荒野の誓い』(19)

時代設定：1892年
場所：ニューメキシコ準州（1912年にニューメキシコ州として承認）→モンタナ州　背景：インディアン戦争終結（1890年）
西部開拓時代は終焉のときを迎え、産業革命による新たな時代の幕が開けた。先住民に対して迫害から融和へと舵を切るアメリカ軍。シャイアン族がアメリカ軍に居留地まで護送される一方で、"草原の支配者"コマンチ族の一部は、部族の土地への侵入者へ武力による抵抗を続けていた。二つの先住民部族の描写も興味深い、フロンティア消滅直後の西部劇。

14『ザ・ライダー』(17)

時代設定：現代
場所：サウスダコタ州
背景：男らしさの黄昏
怪我を負い、ロデオスターの夢を断たれた青年の生き様を描く。フロンティア精神の象徴たるカウボーイ＝強き男性への憧憬と諦念が現代のアメリカの姿に重なる。

そのほかの馬映画：『**荒野にて**』(17)

15『ウインド・リバー』(17)

時代設定：現代
場所：ワイオミング州
背景：インディアン移住法（1830年）
先住民の居留地ウインド・リバーの雪に覆われた真っ白な大地の過酷さはまさにフロンティア。そしてどんなに雪に隠されても殺人事件の手がかりが消えないように、先住民迫害という負の歴史もまたいつまでも消え去らない。

そのほかの現代の居留地が描かれる映画：『**ガンズ・アンド・ギャンブラー**』(11)

16『レディ・プレイヤー1』(18)

時代設定：2045年
場所：オハイオ州―VR空間
背景：環境汚染と気候変動
フロンティア消滅から155年。いまや地球から迫害されている人類が見出したのが、VR世界の"オアシス"だ。宇宙に飛び出すのは金がかかるが、VR世界なら金がかからず、ゴールドラッシュのように一攫千金も狙える。

17「ウエストワールド」(16-)

時代設定：近未来
場所：ウエストワールド
背景：揺らぐ生命倫理
未来の最先端技術で西部劇の世界観を再現したテーマパーク"ウエストワールド"。そこには"ホスト"と呼ばれるアンドロイドが暮らし、来場者のために様々な"プロット"が用意されている。来場者はホストの生殺与奪の権を握っているが、ホストの中には自分たちが住む世界に疑問を抱く者も。

TEXT BY SATOSHI FURUYA & AKIRA SEKIZAWA
ILLUSTRATION BY MARINO SAGAWA

〈補論〉

物語は、まだ途中

2010年代アメリカ映画と人種、ジェンダー、政治

鈴木透（アメリカ文化研究／現代アメリカ論）

2010年代とアメリカ映画

初の黒人大統領の再選に続いて、初の女性大統領候補の登場を経験した2010年代のアメリカ。それは、背景の異なる集団を人為的に統合していく営みを宿命づけられたこの国が、差別されてきたマイノリティや女性の地位をめぐって新たな頁を切り開いた瞬間には違いなかった。だが、それを打ち消すかのように、移民排斥と性差別が露骨なドナルド・トランプが大統領に当選したことは、人種、性、政治をめぐる不協和音がこの国から決して一掃されてはいないことをも如実に示す結果となった。

独立時には一部の人々しか享受していなかった自由と平等の理想を掲げ、現実を何とかそれに近づける試行錯誤を重ねてきたアメリカは、理念先行国家であると同時に実験国家でもある。そして、このように未完成な状態から出発したからこそ、自分たちは果たして目標に近づいているのかを検証しようとするイマジネーションが、いつの時代にも枯渇することはなかった。

その意味からすれば、人為的集団統合の強度が改めて問われた2010年代、政治の混乱に呼応するかのように、人種や性をめぐる差別／平等に焦点を当てた作品が相次いで登場したことは、何ら不思議ではない。それらは、この国の未完成さを克服せんとする、いわば行動する映画としての性格を根底に持っている。アメリカ映画史の中の2010年代は、自国の未完成さへの眼差しと問題解決のためのアクティヴィズムへの志向が、映画というメディアにいっそうの存在感を示した瞬間でもあった。

人種／ジェンダーと歴史もの／伝記もの

2010年代のアメリカ映画で興味深い点の一つは、人種やジェンダーを問題化する際、現代の状況を直接描くというよりは、史実に取材した、伝記映画的手法が盛んに見られたことだ。

例えば、『それでも夜は明ける』（13／スティーブ・マックイーン監督）は、奴隷制時代に北部の自由黒人が密かに南部に売り飛ばされ、12年もの月日を奴隷として働

『バトル・オブ・ザ・セクシーズ』
ブルーレイ発売中／20世紀フォックス ホーム エンターテイメント ジャパン

かされた実話に基づいているし、『栄光のランナー／1936ベルリン』（16／スティーブン・ホプキンス監督、2016年）は、ナチスの人種差別とは一線を画す存在として自らをアピールしようとしたアメリカがあえてオリンピックに送り込んだ黒人の陸上選手、ジェシー・オーエンズの活躍を描いたものだ。また、『42 ～世界を変えた男～』（13／ブライアン・ヘルゲランド監督）は、1947年に黒人初の大リーガーとなったジャッキー・ロビンソンの差別との戦いを描いた作品だし、『グローリー／明日への行進』（14／エヴァ・デュヴァネイ監督）は、1964年の公民権法の制定以後も南部で横行した黒人の投票権剥奪をめぐる抵抗運動の物語だ。さらに、『ラビング 愛という名前のふたり』（16／ジェフ・ニコルズ監督）は、白人と黒人の結婚がいまだに一部の州で禁止されていた1960年代に、法廷闘争で異人種間結婚禁止に対する違憲判決を連邦最高裁で勝ち取ったラビング夫妻の物語だし、アカデミーの作品賞を受賞した『グリーンブック』（18／ピーター・ファレリー監督）も、同じく60年代の実話に題材をとり、黒人音楽家の運転手をすることになった白人男性が人種差別の愚かさに目覚める話だ。『ブラック・クランズマン』（18／スパイク・リー監督）も、1970年代にKKKに潜入捜査をした実在の黒人刑事ロン・ストールワースを描いている。

同様の傾向は、ジェンダーの問題を取り上げた作品にも見られる。パトリシア・ハイスミスが当初偽名で発表した自伝的小説が原作の『キャロル』（15／トッド・ヘインズ監督）は、レズビアンが現在よりもはるかに異端視されていた1950年代の状況を扱っているし、『ドリーム』（16／セオドア・メルフィ監督）は、1960年代にNASAで働いていた黒人女性たちが人種差別や性差別にもめげず、その才能を開花させる物語、『バトル・オブ・ザ・セクシーズ』（ヴァレリー・ファリス＆ジョナサン・デイトン監督／17）も、引退した男子選手ボビー・リッグスの挑戦を1973年に退け、女性解放運動のシンボルとしてプロテニスを舞台に女性差別と闘ったビリー・ジーン・キングの物語である。

人種やジェンダーをめぐる話題作が、同時になぜこのようにしばしば半世紀あるいはそれ以上前の事件や実在の人物に取材した歴史もの／伝記ものでもあるのか。2010年代が、公民権運動や女性解放運動が勢いを増した1960年代から半世紀の節目に当たるという話題性ももちろん無関係ではあるまい。だが、そこには、厳然たる差別の歴史を風化させてはならないという危機感も作用しているといえる。先人たちの経験を映画を通じて共有財産化することは、それを防ぐ手立てとなる。これらの作品は、あえて過去の差別の実態へと人々を連れ戻すことで、現代アメリカは果たして本当に前進しているのだろうかという問いに向き合わせようとしているのだ。

弱者の包摂とイノセンスの前景化

人種／ジェンダーというテーマと歴史／伝記という要素の融合と並んで、2010年代映画にしばしば登場するのは、弱者の包摂やイノセンスへの志向である。とりわけ、それはジェンダーを扱った作品に顕著だ。

『セッションズ』(12／ベン・リューイン監督)は、実在の詩人マーク・オブライエンが、ポリオによる全身麻痺にもかかわらず性体験を望み、性行為のレッスンを受けることで性愛の平等に挑戦する物語、『マーウェン』(18／ロバート・ゼメキス監督)は、女性の靴を履くことで女性との一体感を求め続ける実在の写真家マーク・ホーガンキャンプの半生、『ある少年の告白』(18／ジョエル・エドガートン監督)は、父親によって同性愛の矯正施設に入れられた男性が同性愛を貫く自伝的物語だが、いずれも社会的弱者や性的少数者の性的趣向を社会はどう受け入れるべきかを考えさせる。

と同時にこれらの作品が強調しているのは、こうした人々の性に対する純粋さや一途さである。『セッションズ』のマークは、残り僅かな人生の中で何とか初体験を実現したいという、人間としてごく自然な欲求を満たしたいのであり、『マーウェン』のマークもただ女性をいつくしみたいだけだし、『ある少年の告白』のジャレッドも、自分の心に嘘をつきたくないだけである。

ジェンダーをめぐるデリケートな問題が、映像表現の中にこれほど堂々と登場してきたのは、裏を返せば、ジェンダー規範の解体にブレーキがかかりつつあることに対する危機感がそれだけ大きくなりつつあるからともいえよう。それは、2017年のトランプ政権発足直後に全米で繰り広げられた抗議活動、ウイメンズ・マーチの問題意識とも通底する。

平等はすべての人にはまだ届いていないという感覚に加え、後戻りさせてはならないという切迫感が、人種やジェンダーをめぐる争点を取り巻いている。これらの映画は、平等の恩恵に与っていない人々の実像に迫ることで、善良な人々の純粋な愛への渇望を社会的規範が抑圧することに警鐘を鳴らしているのである。

権力に対する告発

人種差別やジェンダー規範が、弱者の包摂を阻むだけでなく、人々の純粋な心も傷つけているのだとしたら、人為的集団統合の完成はおぼつかない。とすれば、こうした危機感が、弱者を翻弄し、イノセンスを破壊するような権力全般に対する異議申し立てへと拡大していくとしても決して不思議ではない。実際、2010年代のアメリカ映画には、人々を裏切っておきながら、隠蔽や自己正当化に走ろうとする権力側の腐敗を告発するタイプの作品も少なくない。

例えば、『スノーデン』(16／オリバー・ストーン監督6)は、同時多発テロ事件以後、監視社会の様相が深まる中、政府機関が個人のプライバシー監視網を密かに構築していたことを元CIA職員がマスメディアにリークした実話だし、『スポットライト――世紀のスクープ』(15／トム・マッカーシー監督)は、ボストンで大きな社会的影響力を持っているカトリック教会が隠蔽してきた性的虐待をボストン・グローブ紙が告発した経緯を描いた物語、『ペンタゴン・ペーパーズ／最高機密文書』(17／スティーブン・スピルバーグ監督)も、ベトナム戦争の最中、政府に不利な内容の機密文書の存在を暴いたワシントン・ポスト紙の話である。また、『バイス』(18／アダム・マッケイ監督)は、同時多発テロ事件当時の副大統領ディック・チェイニーを戯画化し、大統領を操ってイラク戦争で私服を肥やした、いわば国民の裏切り者に仕立てている。

これらの作品からは、権力に対する監視の目を緩めてはならず、メディアはその先頭に立つべきだというメッセージを読み取れるだろう。折しもトランプ大統領が自分への批判をフェイク扱いして受け入れず、マ

『ビール・ストリートの恋人たち』
Blu-ray&DVD発売中／
発売元・販売元：バップ

スコミを敵視する姿勢を強めていった点を考えれば、権力と戦うメディアの姿勢がにじんだ作品の相次ぐ登場は、直接的にはトランプ時代を描いていなくとも、トランプ政権に対する挑戦状として位置づけることもできよう。

こうした権力への不信は、警察が黒人に対して安易に銃を使用し、黒人の命を軽視する事件が、暴動にまで発展した2014年のミズーリ州ファーガソンでのマイケル・ブラウン射殺事件をはじめとして相次いだことでも増幅されたといえよう。『デトロイト』（17／キャサリン・ビゲロー監督）や『ビール・ストリートの恋人たち』（18／バリー・ジェンキンス監督）は、60年代や70年代に、警察が無実の黒人に罪を着せ、一生を台無しにする暴挙を平然と行っていたことを告発する物語だ。これらの作品は、歴史的題材の活用とイノセンスを破壊する権力への告発を結びつけることで、アメリカは過去の差別を未だに繰り返してはいないかという視点のみならず、人々は権力の横暴を未だに許してはいないかという問題提起をも投げかけているのである。

劇薬としてのドキュメンタリー

だが、差別の実態や権力の横暴を告発する姿勢は、これまでのアメリカ映画にもなかったわけではない。むしろ、それをもってしても、いまだに現実は理想から程遠いというべきなのだ。とすれば、現実を変え、独立時に掲げた理想に近づくために、人々をもっと実際の行動へと駆り立てる映画表現はできないものか、という欲求が頭をもたげてきたとしても決して不思議ではない。その答えの一つが、映画とアクティヴィズムの接着剤として、ドキュメタリーという形式を応用するというアイデアだ。一昔前なら、ドキュメンタリーの作品が映画館を一杯にするという事態は考えにくいことであったが、ドキュメンタリー映画の存在感は明らかに高まっているといえるだろう。でもそれは、裏を返せば、映画人たちの現実に対する危機感を反映しているのだ。

この路線は、マイケル・ムーア抜きには語れない。実際には彼の作品は、自らが案内役として登場し、自分の主張をストレートに展開する点では、伝統的な、客観的記録という意味でのドキュメンタリーからは程遠い。しかし、銃の氾濫や公的医療保険制度の不備など、怒りを通り越して笑ってしまうような、とても先進国とは思えないアメリカの狂気じみた現実に体当たり取材する自分をあえて露出することで、彼は人々に行動を促そうとしてきた。そこには、ドキュメンタリーをいわば国民のショック療法のための劇薬として使おうとする発想を見ることができよう。

とはいえ、劇薬も、使い続ければ次第に効果が薄れかねない。いかにコミカルに資本主義や政治を風刺したとしても、またかと思われかねない。その点、『マイケル・ムーアの世界侵略のススメ』(15)は、新たな境地を開こうとした作品だといえよう。これまでも彼は、アメリカの現実の異常さを際立たせるために海外の事例に取材した部分を作品に盛り込んではきたが、ここでは海外の事例をメインに据え、労働環境や教育制度、女性の社会進出など諸外国の事例にアメリカは学ぼうと呼びかけている。

直接的なアメリカ批判というよりは、諸外国の事例を通じて間接的にアメリカの問題点に向き合わせようとするソフトな手法は、ポスト冷戦時代の幕開けとともに強まっていったアメリカの独断専行や一国行動主義に潜む内向き志向に風穴を開け、自国を絶対化するのではなく、世界に目を開く可能性を広げる。国境の外の世界を知ること、それは、狂気じみたアメリカの現実と向き合うためのもう一つの方法を提示する。

実際、昨今のドキュメンタリー作品には、国境の外の世界の動向を国内の人々に知らせようとする姿勢が少なからず見られる。例えば、『不都合な真実2――放置された地球』(2017／ボニー・コーエン＆ジョン・シェンク監督)は、元副大統領で地球環境問題の活動家となったアル・ゴアが世界各地を飛び回り、パリ協定の調印に尽力する経緯を描いたものだし、『カルテル・ランド』(15／マシュー・ハイネマン監督)は、アメリカとメキシコの国境地帯での麻薬戦争をめぐって、国境沿いの双方の地域で何が起きているかを取り上げている。

自国を笑いの対象として客体化することや、国境の外の世界の現実を知ることは、自己相対化の契機になる。それは、アメリカ国内の政治をめぐる膠着状態や格差社会に対する閉塞感ばかりにのめり込みがちな人々が、より広い視野から自分たちの社会を見つめ直す必要性に気づかせてくれる。こうした自己相対化や国境の外の世界の現実へと接近しようとする姿勢は、一般のアメリカ映画ではまだ不十分かもしれない。ドキュメンタリー作品の隆盛は、現代アメリカの閉塞状況にはたらきかけようとする、もう一つの創造性の発露と考えるべきなのだ。

行動する映画の未来

人種／ジェンダーの問題と歴史もの／伝記ものの融合や権力の告発、ドキュメンタリー作品の隆盛は、アメリカという国の未完成さを改めて浮き彫りにし、その解決に向けて人々に行動を促そうとする発想を根底に宿している。その意味では、社会を変えることを強烈に意識しているといえる。

映画作品がこのような傾向を帯びることに対しては、賛否両論あるかもしれない。プロパガンダではないのかという批判もありうるだろう。実際、映画というメディアがそれに利用された歴史が存在する事実も忘れてはならない。だが、一連の作品の根底に流れているものが、自国の未完成さへの眼差しであり、それと格闘し続けようとする精神にある点も、見落としてはなるまい。

そもそもアメリカという国は、背景の異なる人々から成る人為的集団統合を自らに課し、理念先行国家、実験国家として歩んできた国である。理想が道半ばだとすれば、完成へと近づくための試行錯誤をやめるわけにはいかない。これを放棄すれば、アメリカはアメリカではなくなるのだ。

アメリカで一大産業となった映画が、商業主義に飲み込まれそうになりながらも、教育的メッセージを発信する機能を決して失っていないのは、この国が背負っている運命の追求の一翼を映画人たちが担おうとしている証拠である。その意味でアメリカ映画の持つ社会性のようなものは、簡単にはなくならないだろう。そして、それを作品から読み解くことは、アメリカ社会がどこへ向かおうとしているかを見極める、重要な情報源であり続けるに違いない。物語は、まだ途中なのだ。

CHAPTER 02

アメリカン・フィルムメイカーズ——2010年代の映画監督たち

さて、続いては2010年代のアメリカ映画監督たちに注目してみよう。この章で扱う監督たちは、現在のアメリカ映画を"代表"する人々というわけでは必ずしもないかもしれない。しかし彼らは2010年代という時代に、ある種の"爪痕"を残した人々であることは確かだ。本章ではそれら"爪痕"が本当に確かなものなのかどうかについて考える。

2010年代の開拓者たち

デヴィッド・ロバート・ミッチェル／デヴィッド・ロウリー／
フィル・ロード＆クリス・ミラー／デイミアン・チャゼル／
アレックス・ロス・ペリー ／ケリー・ライヒャルト

以前にも既に仕事を重ねつつ、2010年代を契機にそのスタイルが確固たるものとして見事に結実したと思われる監督たちを選んだ。彼らの映画の何が同時代のアメリカと共鳴していたのかについて、ぜひ各テキストをガイドにそれぞれの作品を見直してみてほしい。

2010年代の新星たち

アリ・アスター／ロバート・エガース／グレタ・ガーウィグ／ジョナ・ヒル／
バリー・ジェンキンス ／ジョーダン・ピール ／ ブーツ・ライリー／
ジェレミー・ソルニエ ／トレイ・エドワード・シュルツ ／オリヴィア・ワイルド ／
S・クレイグ・ザラー／ ボー・バーナム

（およそ）2010年代に入ってからデビューを果たし、そこから独自の世界観を推し進めることに成功していると思われる監督たちを選んだ。いまだその全貌が明らかではない彼らについて、ここに記した調査報告書を参考に、各自それぞれの可能性について検証していただきたい。

2010年代の巨匠たち

ロバート・ゼメキス／クエンティン・タランティーノ／デヴィッド・O・ラッセル／
デヴィッド・フィンチャー／M・ナイト・シャマラン／フレデリック・ワイズマン／
クリストファー・ノーラン

既に偉大なキャリアを積み重ねている監督たちの中から、飛躍と変化を2010年代に見せつけていた巨匠たちを選んだ。彼らはほぼ全員が"アラフィフ"超えであるが、そんじょそこらの若者を押し除けるほどに、その作品と創作姿勢はフレッシュだ。負けてなるものかと意気込みながら、テキストとともに彼らの2010年代作品を今一度、再履修していただきたい。

Illustration: YUKO KAGAWA

2010年代の開拓者たち

デヴィッド・ロバート・ミッチェル

David Robert Mitchel

1974年10月19日生まれ。ミシガン州・クローソン出身。
大学卒業後、2002年に初監督短編『Virgin』を制作。2010年に発表した長編処女作『アメリカン・スリープオーバー』が、サウス・バイ・サウスウェスト映画祭にて審査員特別賞を、カンヌ国際映画祭批評家週間部門にて審査員賞を、ドーヴィルアメリカ映画祭にて審査員大賞、ミュンヘン映画祭にてアメリカン・インディーズ新人賞を受賞。2014年の長編第2作『イット・フォローズ』もカンヌ映画祭批評家週間部門で上映され大きな話題を集め、2018年の第3作『アンダー・ザ・シルバーレイク』はオフィシャル・コンペティション部門にノミネートされた。

見えないものがたゆたう世界

長編映画デビューが『アメリカン・スリープオーバー』(10)であるために若手の印象が強いデヴィッド・ロバート・ミッチェルだが、実は1974年生まれ。遅咲きの作家と言っていい。

彼が故郷ミシガンのスモール・タウンを舞台にした『アメリカン・スリープオーバー』は、ミッチェル自身の青春を反映してなのか、携帯電話などの現代を思わせる小道具は一切出てこない。夏休みの最後、町の各所で開かれている様々なタイプのスリープオーバー（お泊まり会）のエピソードが交錯するこの作品で、ミッチェルはジョージ・ルーカスやリチャード・リンクレイターといった同種の映画を出発点とする監督の系譜に名を連ねたと言っていい。

そんな中で、彼自身の特色と言えるのは、風になびく少女の髪や、プールのさざなみなどに感じられる“見えないものの気配”だった。『アメリカン・スリープオーバー』においてそれは、性を知ることや大人になることの予感と結びついていた。しかし、そこには破滅の始まりが内包されていたのである。

続くホラー映画の『イット・フォローズ』(14)では、甘美な期待の表現だったものの全てが恐怖の前触れに暗転する。セックスをすることによって、「それ」が少年と少女を追いかけてくる。オープニング、「それ」に追い詰められた少女の遺体があるのがミシガン湖の岸辺というのが象徴的だ。『アメリカン・スリープオーバー』で少年と少女が性に触れるのは、工場跡の廃墟だった。それはこの町の産業が廃れたことを意味している。ミシガンの郊外都市が舞台だった『ヴァージン・スーサイズ』(99)と同じく、ここで描かれているのはデトロイトの凋落によってもたらされる閉塞感だ。『イット・フォローズ』で、マイカ・モンロー演じるヒロインのジェイが初体験するのも、工場跡だ。初めてのセックスの後、彼女は大人になることに憧れていたと夢見がちにつぶやく。「でも大人になった今、私はどこに行けばいいの」。

大人になって出ていく先の都会を失ったミシガンの子供たちに、未来は訪れない。代わりに「それ」がやってくる。「それ」が象徴するものは見る人によって様々だが、ヒロインたちが「それ」と戦うプールに行くために通り過ぎるのが富裕層と貧困層を隔てる境界線のエイト・マイル・ロードだというのは象徴的だ。エミネムの自伝映画のタイトルともなった場所である。

ミッチェルに言わせると『イット・フォローズ』の「それ」は

『アンダー・ザ・シルバーレイク』
発売中／価格：¥3,800（税抜）／発売・販売元：ギャガ

他人の目には見えないので、取り憑かれた人間が引っ越したり海外に移住したりしても、飛行機に乗ってついてきてしまうそうだ。ミシガンを離れてロサンゼルスに移住しても、ミッチェルの映画からは「それ」の気配は消えない。今度はハリウッド・バビロン的な神話と陰謀論となって、霧のように主人公に付きまとう。それまで抑制していた個性が一気に吹き出したかのような怪作『アンダー・ザ・シルバーレイク』(18)は、“ハリウッドにやって来るきれいで若い女の子たちはみんなどこに行ってしまうのだろう”という疑問に対する、ミッチェルなりの答えである。ロサンゼルスにはモデル未満や女優未満の若く美しいスターレットがそれこそ星の数ほどいるが、彼女たちはいつの間にかいなくなって、別の若い無名の美人にとって代わられる。

アンドリュー・ガーフィールドが演じるサムは、いなくなった隣人のサラ（ライリー・キーオ）の行方を求めてロサンゼルスを奔走するが、謎は深まるばかりだ。チャールズ・マンソンを思わせる男のバンドのレコードに込められた謎や、懐かしのウィルソン・ブライアン・キィの『メディア・セックス』のまんま陰謀論などが散りばめられた、十代の男子の妄想のようなスターの都がここにある。ミッチェル監督が得意な水の表現もあるが、カリフォルニア的なビーチのシーンではなく、それが貯水湖のシルバー・レイクであるところが、いかに彼が思春期とミシガンから逃れられないかを語っているかのようである。

ところで『アンダー・ザ・シルバーレイク』の出演者で、実際に“消滅”してしまった女優がいる。劇中の映画に出演しているインディア・メニュースだ。『アンダー〜』の野外映画祭に出てくるこの“映画内映画”は『アメリカン・スリープオーバー』そっくり。それだけでミッチェル作のファンはクスリとさせられるが、そこに出ている女優はエスコート・サービスもしている設定だった。自分の映画の主演女優に別の映画でそんな末路を用意するなんてミッチェルは残酷だが、これもハリウッドにおける“きれいな女の子”が消える道の一つなのだろう。しかし、赤毛と透き通るような肌が印象的だった実際のメニュースは、もっと違う道を歩んだ。インディアだった女優は現在、ボビー・サルヴァー・メニュースと名前を変え、トランス・ノン・バイナリーのモデル／俳優として「彼」でも「彼女」でもない「彼ら」という領域を生きている。21世紀のハリウッドらしい神話だ。

山崎まどか（コラムニスト）

2010年代フィルモグラフィ	
2010	『アメリカン・スリープオーバー』（監督・脚本）
2014	『イット・フォローズ』（監督・製作・脚本）
2018	『アンダー・ザ・シルバーレイク』（監督・製作・脚本）

Illustration: AMKOROMOCHI

2010年代の開拓者たち

デヴィッド・ロウリー

David Lowery

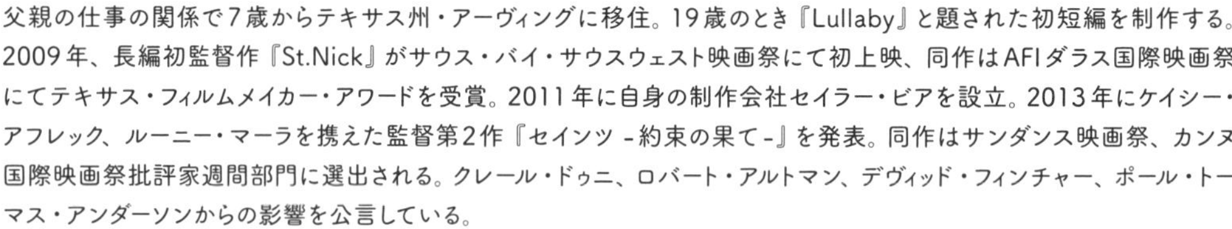

1980年12月26日生まれ。ウィスコンシン州・ミルウォーキー出身。
父親の仕事の関係で7歳からテキサス州・アーヴィングに移住。19歳のとき『Lullaby』と題された初短編を制作する。2009年、長編初監督作『St.Nick』がサウス・バイ・サウスウェスト映画祭にて初上映、同作はAFIダラス国際映画祭にてテキサス・フィルムメイカー・アワードを受賞。2011年に自身の制作会社セイラー・ビアを設立。2013年にケイシー・アフレック、ルーニー・マーラを携えた監督第2作『セインツ -約束の果て-』を発表。同作はサンダンス映画祭、カンヌ国際映画祭批評家週間部門に選出される。クレール・ドゥニ、ロバート・アルトマン、デヴィッド・フィンチャー、ポール・トーマス・アンダーソンからの影響を公言している。

時間をあやつる人

『セインツ -約束の果て-』(13)が日本公開されたとき、いくつもの意味で驚かされた。まず単純に、作品自体のクオリティの高さがある。先行作品への確かな理解と深い敬意を表わしながら、「映画愛」の人というにとどまらず、的確な演出による3度の銃撃シーンを含め、「センスのよさ」としか言いようのないものがここにはあった。デヴィッド・ロウリー自身の言葉によれば「アウトローが登場するアメリカの民衆神話」を語ろうとしたという、1960年代後半から70年代前半に設定されているとおぼしき物語世界は、ヴィルモス・ジグモンドらを意識したブラッドフォード・ヤングの撮影と、ハンドクラッピングを多用した個性的な音楽に彩られ、孤高の美しさをたたえている。

ほかの驚き。この映画が公開された当時、わたしは「キネマ旬報」誌で「REVIEW」欄（いわゆる「星取りレビュー」の欄）を担当していて、『セインツ』と同じ号で星取りをした映画のなかに、ライアン・クーグラーの『フルートベール駅で』(13)があったのだ。ハイクオリティのインディペンデント映画がまさかのそろい踏み。いったい米国のインディーズシーンはどうなっているのか。さらに驚いたのは、これらが日本公開された2014年3月の時点で、クーグラーもロウリーも、次作が超メジャー映画であると発表されていたことだった（前者のプロジェクトは『クリード チャンプを継ぐ男』〔15〕、後者は『ピートと秘密の友達』〔16〕として実現する）。しかし、ロッキーを撮るのが以前からの夢だったというクーグラーとは違い、ロウリーは、『ピートとドラゴン』(77)のリメイクであるこの作品を、監督したいと望んでいたわけではない。彼はこの企画を引き受けたとき、脚本だけを担当するはずだった。かなり固辞したあげくの監督就任だったらしい。

『ピートと秘密の友達』を、よくあるディズニー作品、よくあるSFXファンタジー大作と片付けてしまうのはたやすい。だが、お定まりの作品だからこそ見えてくる作家性というものがある。この映画のなかで、ロバート・レッドフォード演じる人物は、ドラゴンと出会った瞬間のことを「魔法だった」と言う。われわれもまたこの映画のなかで魔法にかけられる。しかしそれはドラゴンが登場するよりも少し前、ピートと両親が事故に遭うシーンでのことだ。事故の瞬間は、車の後部座席に座るピートを真正面にとらえたまま表現される。彼の背後で、たくさんの荷物がふわりと浮き上がっていき、窓の外で緑色の風景がゆっくりと回転する。夢幻性に満ちたこのショットは、事故がまるでピートの夢のなかで

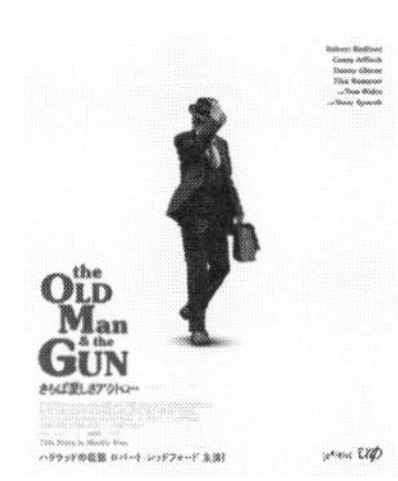

『さらば愛しきアウトロー』
Blu-ray&DVD 発売中／発売元・販売元：バップ

起こったかのような感覚をもたらす。実際、これはピート自身が感じた感覚であったろう。彼の時間はこのとき止まってしまい、6年後、年齢を聞かれたピートは「5歳かな」と答える。

さかのぼって考えると『セインツ』もまた、時が止まってしまった人々の物語だった。ボブの収監後、ルースは保安官助手のパトリックと惹かれ合いながらも、パトリックを撃って重傷を負わせたのは自分だという秘密を抱えているせいもあってか、踏み出すことができない。脱獄したボブが来る前に街を離れようとしても、結局間に合わない――あるいは、無意識にそう望んだのかもしれない。何があろうとボブとルースは、結局はあの黄金の野原へ、子どもを授かった喜びを分かち合ったあの瞬間へと還っていく。

一方で、この映画の序盤のスピード感は相当なものだ。開始4分でドラゴンが登場した『ピート〜』同様、こちらも開始4分あまりで銃撃戦が始まり、そのあとまたたく間に4年が過ぎる。この時間処理を支えているのは、映像と音声とをいったん切り離した上での複雑な編集である。

実際ロウリーは、他の監督が手掛けたものを含め、数多くの作品に「編集」としてクレジットされている――彼は「編集の人」なのだ。それはすなわち「時間をあやつる人」ということである。デヴィッド・ロウリーの映画のなかで、時間はときに鮮やかに飛躍し、ときに内省的にたゆたう。伸縮しながらも停止することなく流れていく時間のなかで、登場人物は逆説的に「とどまる」。

『A GHOST STORY / ア・ゴースト・ストーリー』(17)は、まさにそのような映画だった。この傑作において、「時間」の主題と正面から向き合ったロウリーは、見たこともない驚愕の境地をわれわれに提示する。そして幽霊となった主人公は、時空を自在に行き来しながらも、そのじつある一点に縛りつけられていて、どこへも行くことができない。『さらば愛しきアウトロー』(18)は、ロウリーの超絶編集が頂点に達した作品で、時間はスキップするかのような快活さで駆け抜けていく。さらにこの編集は、長篇デビュー作『St. Nick』(09)以来の名コンビ、ダニエル・ハートの音楽との超絶シンクロさえも実現している。そして時間と歩調を合わせて駆け抜けていくチャーミングな老主人公もまた、最後にはやはり「とどまる」のだ。

篠儀直子（翻訳、映画批評）

2010年代フィルモグラフィ	
2012	『Sun Don't Shine』(編集)
2013	『Upstream Color』(編集)
2013	『Pit Stop』(共同脚本)
	『セインツ -約束の果て-』(監督・脚本)
2014	『Listen Up Philip』(製作)
2016	**『ピートと秘密の友達』(監督・共同脚本)**
2017	**『A GHOST STORY / ア・ゴースト・ストーリー』(監督・脚本・編集)**
	『The Yellow Birds』(脚本)
2018	**『さらば愛しきアウトロー』(監督・脚本)**

Illustration: AMKOROMOCHI

2010年代の開拓者たち

フィル・ロード＆クリス・ミラー

Phil Lord & Chris Miller

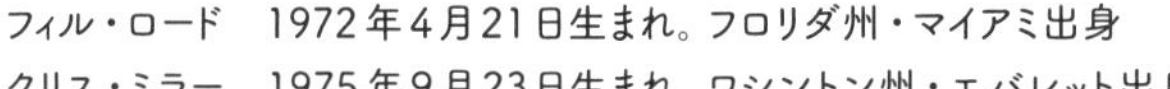
フィル・ロード　1972年4月21日生まれ。フロリダ州・マイアミ出身
クリス・ミラー　1975年9月23日生まれ。ワシントン州・エバレット出身

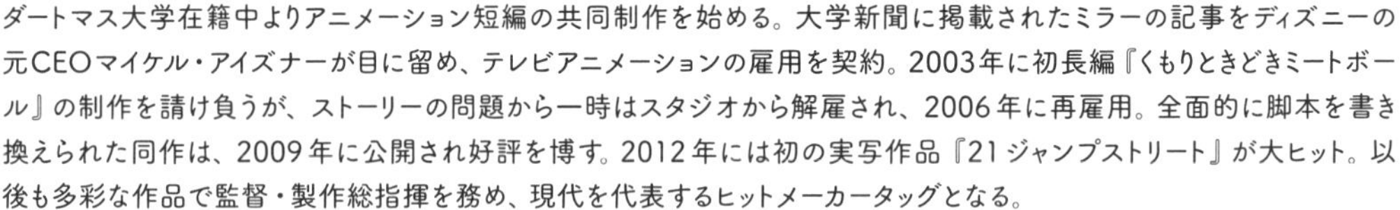
ダートマス大学在籍中よりアニメーション短編の共同制作を始める。大学新聞に掲載されたミラーの記事をディズニーの元CEOマイケル・アイズナーが目に留め、テレビアニメーションの雇用を契約。2003年に初長編『くもりときどきミートボール』の制作を請け負うが、ストーリーの問題から一時はスタジオから解雇され、2006年に再雇用。全面的に脚本を書き換えられた同作は、2009年に公開され好評を博す。2012年には初の実写作品『21ジャンプストリート』が大ヒット。以後も多彩な作品で監督・製作総指揮を務め、現代を代表するヒットメーカータッグとなる。

アクロス・ザ・ユニバース

2010年代の中頃に『LEGO®ムービー』(14)を見る衝撃は、単にこの作品が傑作であることだけに由来するのではない。2000年代のシリーズ化するブロックバスター作品の発展形として、マーベル、DC（そして後にユニバーサル）による「ユニバース」が生まれ、自社商品の囲い込みによって"世界観"を獲得することがスタンダードな商法となったこの時代のど真ん中で、『LEGO®ムービー』はとりあえず「レゴ」という規格さえ通しておけばあとは大丈夫だから、と悪戯っぽく笑う。「レゴ」でありさえすれば、バットマンも指輪物語もスターウォーズも、リンカーンもシャキール・オニールさえも好きに使ったっていい！　第二次大戦後にとんでもなく「いい子」になってしまったミッキーマウスに物足りなさを感じた子供たちの心をつかんだバッグスバニーや、政治の腐敗が明らかになり栄光のアメリカ像が揺らぐ中に登場したダーティハリーといったワーナー・ブラザーズの歴代アンチヒーロー像を現代に継承するかのように、『LEGO®ムービー』のレゴたちは、小さな"世界観"の中でこじんまりとまとまったおもちゃ箱をひっくり返したような混沌を——だからこそ少年少女の夢そのものであるような世界を——見せてくれる。

だが、以上のようなことだけであれば、単にキャラクターの豊富さが異常だというだけで、本質としてはその他の「ユニバース」となにも変わらないのだと言うこともできる。どれだけ多種多様な"世界観"が混在しているように見えても、所詮一企業の商標の中にくくり込まれてしまう。どんなにちぐはぐなキャラクターたちの集合に見えたとしても、足の裏とおしりにあの丸い穴、そして頭にあのでっぱりを持つ限り、彼らは「つながりあう」ことが当然の世界に住んでいるのだから。

だからこそロード＆ミラーは、『LEGO®ムービー』に「上のお方」を登場させる。それはメタ世界というシニカルな解決ではない。決してコミュニケートできない「上のお方」とレゴたちの物語は、なのになぜか干渉しあう。まるでお互いがお互いの、影絵のような投射像であるかのごとく。ロード＆ミラー作品で真に重要なのは、人やものが"世界観"を越えてつながりあうことではない。つながりあうことを欲する世界同士が、本当に過酷なまでに断絶していることを見せることの方である。だからこそ『LEGO®ムービー』では、違いを超えた者たちの連帯は、あの穴とでっぱりによる結合ではなくて、規定のサイズのパーツを持つことしかできないはずのカップホルダー型の手による、決して固く握り締め合うことのできないシェイクハンド、というあまりにも困難なやり方で試みられるのだ。

『スパイダーマン：スパイダーバース　ブルーレイ＆DVD セット』
発売中／¥4,743＋税／発売・販売元：(株) ソニー・ピクチャーズ エンタテインメント (2020年1月時点の情報)

『LEGO®ムービー』を挟むように製作された『21ジャンプストリート』(12)『22ジャンプストリート』(14)においてもまた、予定調和からすり抜けこぼれ落ちていく細部こそが観客を魅了する。そのことは『21～』のトリップシーンを見た者にはわざわざ詳しく説明する必要もあるまい。警察官の高校への(『22～』では大学への)潜入捜査、という筋書きにもかかわらず、半ば義務的に繰り返される「顔が老けてる」イジりを除けば、警官たちが世代の離れた若者たちの間に入りこむことにはさして困難は伴わない。埋められない溝は、世代の間にでも警察官と学生という立場の違いにでもなく、同じ目的を持つ集団の中にこそあるのだ。『22～』で、バッドトリップとグッドトリップをそれぞれ経験するシュミットとジェンコの間の分割線として可視化されるそれは、『21～』の謎のニワトリ大爆発や、『22～』で繰り返されるまるで製作サイドの天の声のような「前回と同じことやればいいから」といったほとんど理解不能なギャグのようなかたちをとって話の筋すらをも寸断していく。年齢や立場やスクールカーストのヒエラルキーすらもやすやすと乗り越えるように見えるシュミットとジェンコは、それでも過去と現在の間のギャップや、こうもあり得たはずの未来の中で、自分自身につまずき続ける。そしてそれは彼らに限らぬあらゆる登場人物にも言えるのかもしれない。だがだからこそ、『21～』のシュミット家でのホームパーティにおける、やべえ壺割っちまった“Oh, shit...”と、その直後の、でも“Yeahhhh!!”、をつなぐあの理解不能な一瞬の間こそが、世代も立場も「同じ世界に属しているからこそ孤独な個」をも越えて、みんなをひとつにつなぐのである。

これらたった3本の映画でロード&ミラーの2010年代の監督作は語り終えてしまうわけだが、もうひとつの監督作となるはずだった『ハン・ソロ／スター・ウォーズ・ストーリー』(18)が「クリエイティヴなヴィジョンの相違」による降板という結果に終わったことは、ここまで書いてきたことからすれば意外でもなんでもない。だが、ただの「ハン」が「ソロ＝ひとり」になるという企画は、彼らにあまりにもマッチしたネタだったと思えることは付け加えておきたい。

見た目も出自も人種も階級も越えて人々はつながりあえる。ただしそれは、個として生きることのどうしようもない孤独を乗り越えた上で。ロード＆ミラーの倫理とすら呼べるこの志向は、彼らの製作作品にすらも浸透している。その決定版とも呼べる『スパイダーマン：スパイダーバース』(18)にのみ触れて、この文章を終わろう。異なる次元からやってきた、見た目も年齢も性別も動物としての種も、描画の仕組みすら異なるはずのスパイダーピープルたちが一堂に会する場面。そもそも同じ画面に同居すること自体が奇跡的なほど異なった彼らは、それでも、うにょうにょと波打つ線を頭の上に生やして、こう言うのだ。「あなたは私に似ている」。その言葉が、この崩壊しかかった世界を救うに足る意味を持つためには、文字通り奈落の底へと落ちていくような孤独な“a leap of faith”が必要なことは、もはや言うまでもない。

結城秀勇(映画批評)

2010年代フィルモグラフィ	
2012	『21ジャンプストリート』(監督)
2013	『くもりときどきミートボール2 フード・アニマル誕生の秘密』(製作総指揮・原案)
2014	『LEGO®ムービー』(監督・脚本)
	『22ジャンプストリート』(監督)
2016	『コウノトリ大作戦！』(製作)
2017	『ブリグズビー・ベア』(製作)
	『レゴバットマン　ザ・ムービー』(製作)
	『レゴ®ニンジャゴー　ザ・ムービー』(製作)
2018	『ハン・ソロ／スター・ウォーズ・ストーリー』(製作総指揮)
	『スモールフット』(製作総指揮)
	『スパイダーマン：スパイダーバース(脚本[ロード]・製作)
2019	『レゴ®ムービー 2』(脚本・製作)

Illustration: YUKO KAGAWA

2010年代の開拓者たち

デイミアン・チャゼル

Damien Chazelle

1985年1月19日生まれ。ロードアイランド州・プロビデンス出身。
大学で教鞭を執る両親とともにニュージャージー州・プリンストンで育つ。高校時代はジャズ・ドラムに打ち込み、このときの経験がのちの『セッション』(14)へとつながる。ハーバード大学へ進学、卒業論文の一部として16ミリ白黒フィルムで長編処女作『Guy and Madeline on a Park Bench』(09)を制作、本作はトライベッカ映画祭などで上映された。以後、J.J.エイブラムス製作の『10クローバーフィールド・レーン』(16)など数本の作品で脚本家として活動。2014年、『セッション』(本作には製作資金を集めるために2013年に製作された同名短編がある)がサンダンス映画祭にて観客賞・グランプリを獲得。世界的なヒット作となる。

若き天才監督は"同じ夢を見るふたり"の夢を見る

デイミアン・チャゼルは2010年代のハリウッドで最も成功を収めたシンデレラボーイだ。大学の卒業制作として自主制作した白黒ミュージカル『Guy and Madeline on a Park Bench』(09)で監督デビューを果たし、2014年の長編第2作『セッション』で大ブレイク。そして3作目の『ラ・ラ・ランド』(16)でアカデミー監督賞に輝いたのだ。32歳での同賞受賞はアカデミー賞の長い歴史の中で最年少記録。まさにオスカー像への最短距離をひた走ったわけだ。

チャゼルは『セッション』の主人公と同様にジャズドラマーとして学んでいた経歴があり、音楽(とりわけジャズ)との強い結びつきで語られることが多い。続く『ラ・ラ・ランド』でも、デビュー作『Guy and Madeline～』のアイデアやモチーフを拡大発展させて、往年のハリウッド風ミュージカルの現代版アップデートに挑んでみせた。

とはいえ最初に若きチャゼルの才能を世に知らしめたのは、『セッション』で冴えわたっていたサイコスリラー的演出ではなかったか。ジャズドラマー志望の若者とスパルタ教師の歪んだ愛憎劇は、剥き身の肌を晒すようなギリギリの緊張感に満ちていた。ジャズの専門家やファンから反発を呼ぶほどに、チャゼルは音楽が持つ苦行の側面にフォーカスし、不穏なビジュアルに落とし込んでみせたのだ。チャゼルはジャズのビッグバンドを軍隊になぞらえているが、確かには『セッション』には音楽版『フルメタル・ジャケット』(80)の趣がある。

しかし、第4作『ファースト・マン』(18)も踏まえた上でチャゼルの作家性を考えると、"桁外れのロマンチスト"という姿が見えてくる。思えばチャゼルは、「同じ夢を見ていた二人」の映画しか作っていないのである。

『ラ・ラ・ランド』は最もわかりやすい例だろう。ラストで再会した元恋人同士が、「起こりえるかも知れなかった夢の未来像」を共有し(少なくとも共有したように見える)、またそれぞれの道に分かれていく。その甘美なまでのほろ苦さに作品の主題が詰まっているとさえ言える。チャゼルは『Guy and Madeline～』でも同じ主題に手を付けている。別れてしまった元恋人同士が再会し、トランペット奏者の主人公は、二人が通じ合っていた頃を思い出して欲しくて自作曲を吹いて聴かせるのだ。多くの相似点を列挙するまでもなく『ラ・ラ・ランド』は『Guy and Madeline～』の変奏曲なのだ。

憎しみと怒号に満ちた『セッション』ですら、他人には入

『ラ・ラ・ランド』
発売元：ギャガ／販売元：ポニーキャニオン／価格：DVD ¥3,800（本体）＋税、Blu-ray¥4,700（本体）＋税、ほか

り込めない“同じ夢”を見た二人の物語と言える。クライマックスのコンサートシーンで、主人公のアンドリュー（マイルズ・テラー）は自分を潰そうとした鬼教師フレッチャー（J・K・シモンズ）への復讐に燃えて延々とドラムソロを続ける。アンドリューの演奏はバンドの指揮を執るフレッチャーを刺激し、やがて二人の対立は悦楽にも似た別次元に昇華されてしまう。あの瞬間、二人は音楽を通じて繋がり、束の間かも知れないが“同じ夢”を見たのだ。

一方『ファースト・マン』では、人類初の月面着陸というマクロな偉業を媒介にして、“同じ夢”を見ることができずにすれ違う夫婦の物語が綴られている。ニール・アームストロング（ライアン・ゴズリング）と妻ジャネット（クレア・フォイ）は、幼い娘を難病で亡くした喪失感を抱えているが、夫は仕事に没頭することで苦しみから逃避しようとし、妻は息子たちを育てて家庭を守るという実務を生きるための支え棒にする。同じ悲しみを共有できるはずなのに、互いに手を伸ばすことができないまま夫婦の関係はこじれていく。

そして地球と月という途方もない物理的な距離に引き離されてみてようやく、夫婦はそれぞれの悲しみを共有しようとするのである。言葉ひとつ交わさないラストシーンの先の二人がどうなるのかは、例によって観客に委ねられている（現実のアームストロング夫妻はその後離婚しているが）。それにしても、互いに手を重ねようとする二人がガラスで隔てられているもどかしさに、ほろ苦さをこよなく愛するチャゼルのロマンチシズムを感じずにはいられない。

こうして振り返ってみると、現時点までのチャゼル作品で「二人の夢」が成就したのは『セッション』のアンドリューとフレッチャー先生しかいない。チャゼルが生み出した最もハッピーエンディングな映画が、チャゼル自身のトラウマと怨念を作品に昇華させた『セッション』である──という捻れ具合が好ましく思えるのなら、かなり重度のチャゼルファンであると断言したい。

村山章（映画ライター）

2010年代フィルモグラフィ	
2013	『Whiplash』（短編・監督）
	『ラスト・エクソシズム2 悪魔の寵愛』（原案・脚本）
	『グランドピアノ 狙われた黒鍵』（脚本）
2014	『セッション』（監督・脚本）
2016	『10 クローバーフィールド・レーン』（共同脚本）
	『ラ・ラ・ランド』（監督・脚本）
2018	『ファースト・マン』（監督・製作）

Illustration: AMKOROMOCHI

2010年代の開拓者たち

アレックス・ロス・ペリー

Alex Ross Perry

1984年7月14日生まれ。ペンシルヴァニア州・モンゴメリー郡ブリンマー出身。
高校時代から地元テレビ局のニュース番組で働き、ニューヨーク大学の映画プログラムコースに進学。卒業後はイーストヴィレッジのビデオショップ「Kim's Video」で働く。2009年に初長編『Impolex』を発表、本作は15000ドルの予算で16mmフィルムで撮影され、トマス・ピンチョン『重力の虹』の影響下にあるという。2011年の第2作『The Color Wheel』はサラソタ映画祭にてワールドプレミア上映がなされたのち、ロカルノ国際映画祭、バンクーバー国際映画祭などで上映、2011年のシカゴアンダーグラウンド映画祭では最優秀劇映画賞の一本に選出された。以後、インディペンデント映画作家として活動しながら、自他問わず様々な作品で俳優としても出演したほか、2018年にはマーク・フォースター監督の『プーと大人になった僕』に脚本家のひとりとして参加。日本での本格的な紹介が待たれる。

輝け！ 部屋の中の者たち。

アレックス・ロス・ペリーの映画に登場する人物は、いつも表情がどこか曇っている。1984年7月14日ペンシルヴァニア州生まれとのことなので、その10日後には、「気分上々↑↑」のヒット曲で知られるmihimaru GTのhirokoが生まれるわけだけれど、ロス・ペリー作品の登場人物の気分が上々になるなんてことはまぁない。

ロス・ペリーは2019年末現在までに6作の長編映画を撮っている。その主要人物の人となりを第1作から見てみるなら、V2ロケットの不発弾を探して森を彷徨う生きることに疲れ果てた米軍兵士（『Impolex』〔09〕）、スクリューボール・コメディ的状況に巻き込まれることでエゲツない結末へと突き進む自意識過剰な姉弟（『The Color Wheel』〔11〕）、困ったちゃんな若手作家＆芸術に身を捧げて家族をないがしろにする老作家（『Listen Up Philip』〔14〕）と続く。彼ら彼女らは、ロス・ペリー自身の言葉を借りるなら「人生最悪の時を過ごしている孤独な者たち」だ。

ここまでの登場人物は、UK版「The Office」的な皮肉のきいたユーモアを口にする余裕があるものの、『Queen of Earth』(15)、『彼女のいた日々』(17)に至るとそうはいかなくなる。前者における最愛の父を亡くした上に恋人にフラれて精神のタガがはずれた女や、後者における歯車が食い違い続ける2つの家庭には、もはやユーモアを口にする余裕が残されていない。孤独はシリアスに募るいっぽうで、結末で恢復や和解の瞬間が訪れないこともないが、あくまでとりあえずのそれでしかないという具合だ。

そんな登場人物たちに対するロス・ペリーの仕打ちは容赦ない。彼が登場人物たちに用意する主な舞台は部屋の中である。その上さらに追い打ちをかけるかのごとく、彼ら彼女らをソファやベッドに押し込める。そればかりか、ソファやベッドの上において劇中でもっとも重要な、あるいはもっとも気まずい出来事を召喚する。『The Color～』のソファシーンは、撮影前夜、ホイット・スティルマンの『メトロポリタン』(90)を見返して人物がソファに座る姿がどう撮られているか確認したと言うから、監督的にもこの手のシーンには気合いを入れているんだろう。

かくして行動の自由を奪われた登場人物たちは、ほとんど何もできない。『彼女のいた日々』には、登場人物が「一般人がほとんど何もしない映画を作りたい」という夢を語るシーンがあるが、もしかするとこれはロス・ペリー自身のそれなんじゃないかとも思えてくる。少し前、プーさんを実写化したディズニー映画『プーと大人になった僕』(18)の脚本に参加したことで世間をざわつかせたロス・ペリーだけれど、同作においてプーさんが「何もしないことをする」を行動原理にしていたことを鑑みるなら納得できそうだ。

いずれにしても、部屋の中のソファの上で沈鬱な表情を浮かべるしかない登場人物たちをしかと捉えるのは、ときに倦怠感が漂い、ときに息が詰まるクロースアップないしバストショットに他ならない。ロス・ペリーのすべての長編において撮影監督を務めているのは、サフディ兄弟の『グッド・タイム』(17)なんかもやっているショーン・プライス・ウィリアムズだ。ロス・ペリーはNY大学映画学科在学中、バイト先のビデオ屋で彼と出会ったという。ちなみに、当時の上顧客にはイーライ・ロスがいたそうだ。

それにしても、部屋の中のソファやベッドに押し込められ、沈鬱な表情を浮かべる登場人物たちが、クロースアップないしバストショットで捉えられる瞬間こそ、彼ら彼女らがもっとも輝いて見えるのはどうしたことか。まるで、登場人物たちが狂気すれすれの孤独に陥ることをそっくりそのまま肯定しようとするかのような感触が、そこにはある。

生きるのに不器用な連中のごく狭い世界を撮っていることから、ロス・ペリーは"ポスト・マンブルコア"の作家としてしばしば遇される。確かにそうした面もなくはないし、マンブルコア系の作家ともしょっちゅう仕事をしてはいるけれど、その狭さを構成する室内へのこだわりについては、ポール・シュレイダーが展開する「部屋の中の男」という概念から、その宗教性を脱色して自分なりに変奏しているのだと明かしている。「シュレーダーにとってそれ(「部屋の中の男」のイメージ)は映画の究極のイメージであり、信じられないほど美しく、豊かで、エモーショナルで、映画的な奇想です。彼の話は、私がそこに光を当てることを促しました」と。

ここで脳裏をよぎるのは、哲学者の小泉義之が『ドゥルーズと狂気』(河出書房新社)に記した一文だ。小泉はドゥルーズが「正常とも異常とも見分けがつかぬ、生気とも狂気ともも見分けのつかぬ、そのような高次の健康にして高次の狂気を生きる人間に期待している」のだと書いている。そんな者たちこそが、クソったれなこの世界に風穴を開ける、来るべき民衆、新しい人間になりうるだろう、と。おそらくロス・ペリーも、知らず知らずのうちにそこに期待しているのではないか。

以上を踏まえた上で、ロス・ペリーによる10年代最後を飾る『Her Smell』(18)について少しだけ触れておく。本作でロス・ペリーは、ソファの上でのとりあえずの和解の"その後"へと歩みを進めている。主人公は酒とドラッグに溺れ(さらには黒魔術的なものにもハマってる)、周囲に迷惑をかけまくるパンク・ロッカーのベッキーだ。のべつまくなしに周囲に当たり散らすベッキーを『Listen Up～』『Queen of～』にも出演していたエリザベス・モスがとんでもない迫力で演じている。このハイテンションぶりは以前にはなかったものであるけれど、それでもなおほぼすべてのシーンが部屋で展開する点ではこれまでのロス・ペリー節に則っていると言える。

いくばくかの時間が流れ、ベッキーは改心し、酒やドラッグを止める。静養先のソファの上で迷惑をかけた周囲の人々にも謝り、とりあえずの恢復や和解が訪れる。重要なのは、その後である。ベッキーはかつて組んでいたバンドの再結成ライブに挑む。ライブ直前、元の木阿弥というべきか、ベッキーは極度の不安状態に陥る。しかし、である。最後の最後、ベッキーはライブハウス(もちろん、これも部屋に他ならない)のステージに立ち、堂々と歌い上げるのだ。そのとき彼女の放つ輝きはただごとではない。これまで人を輝かせはすれど行動を奪うだけだった不健康が、本作ではそのまま行動へと繰り出すための動力源となる可能性が予示されているとでも言うべきか。ステージに立ち続ける限り、彼女の身に健康が訪れることはないだろう。それでもなお、というか、その不健康を動力源にして彼女は立ち続けるだろう。ロス・ペリーはそんな彼女の生きる「高次の健康にして高次の狂気」に期待しているのではないか。ここに2010年代というクソったれな時代に風穴を開けんとする意思を見出したくなるのは筆者だけではないはずだ。

鍵和田啓介(ライター／編集者)

2010年代フィルモグラフィ	
2010	『タイニー・ファニチャー』(出演)
2011	**『The Color Wheel』(監督・脚本・編集・出演・製作)**
	『Happy Life』(出演)
	『Green』(出演)
2012	『Somebody Up There Likes Me』(出演)
2013	**『The Sixth Year』(監督・脚本・編集)**
2014	**『Listen Up Philip』(監督・脚本)**
2015	『7 Chinese Brothers』(出演)
	『Queen of Earth』(監督・脚本・製作)
	『Devil Town』(出演)
2016	『Joshy』(出演)
2017	**『彼女のいた日々』(監督・脚本・製作)**
2018	『Nostalgia』(脚本・製作)
2018	『プーと大人になった僕』(脚本)
2018	**『Her Smell』(監督・脚本・製作)**

PICK UP!

ケリー・ライヒャルト

様々な変化と選択に、私は開かれていたい

取材・編集＝グッチーズ・フリースクール／協力＝村上拓也

ミシェル・ウィリアムズ、ジェシー・アイゼンバーグ、ポール・ダノ、クリステン・スチュワート……現代アメリカ映画に欠かすことのできないスター俳優たちを起用したその作品群は、しかしそれらのビッグネームから想像されるものからはあまりに静謐で、そして同時に押さえ切れないほどのエモーションに満ち、そして映画を作ることの自由にみち溢れている。ケリー・ライヒャルト監督は、『ウェンディ＆ルーシー』『ナイト・スリーパーズ ダム爆破計画』『ライフ・ゴーズ・オン 彼女たちの選択』の3本のビデオスルー作品を除いては、いまだ日本国内で正式公開こそされていないものの、世界の映画シーンにおいて最も重要なアメリカの映画監督の一人であることは疑いえない。人々の孤独や憂鬱、落ち着き得ない複雑な感情を、多様な風景との戯れの中で俳優たちの身ぶりに見出す視点は、まさしくインタビューの中で言及されているジム・ジャームッシュが切り開いた、アメリカン・インディペンデント映画の最先端に位置するものだ。
激しいアクション大作や賑やかなコメディ作品ももちろん素晴らしいアメリカ映画だ。ただ、そのせわしいリズムや途切れない笑いにもし少しでも疲れを感じた時があれば、ぜひライヒャルト監督の映画が紡ぐ時間に身を委ねてみてほしい。その一見穏やかで静かな画面に溢れる穏やかな詩情や静かな激情もまた、古典時代から続くアメリカ映画の伝統の先に見出されたものに違いないのだから。

Kelly Reichardt

1964年生まれ。フロリダ州・マイアミ出身。
1994年に映画監督として初の長編『リバー・オブ・グラス』を発表。同作はインディペンデント・スピリッツ・アワードに3部門でノミネートされ、サンダンス映画祭、ベルリン国際映画祭にもセレクションされる。「フィルム・コメント」誌、「ヴィレッジ・ヴォイス」誌でも年間ベストにノミネートされるも、その後12年の間はごくプライベートな作品のみ制作。2006年に『オールド・ジョイ』を発表。本作はロッテルダム国際映画祭、サラトサ映画祭などで上映・受賞を果たす。2010年の『ミークス・カットオフ』、2013年の『ナイト・スリーパーズ ダム爆破計画』はヴェネツィア国際映画祭に出品された。現在はミューヨーク州のバード大学にアーティスト・イン・レジデンスとして招致され、教鞭も執る。

『リバー・オブ・グラス』© 2014, River Of Grass

——ケリー・ライヒャルト監督はどのようにして映画に出会ったのでしょう。

ケリー・ライヒャルト（以下KR）
私はフロリダ州マイアミで育ちました。マイアミは今でこそアートの中心地のようなところですが当時はそうではなく、子どもの頃はそれほど映画を見ていたわけではありません。当時はむしろ写真に興味があって、どうして映画を作りたいと思うようになったのか……休暇中に父がスーパー8を使っているのを見て、それを面白そうだと思った記憶はあります。その後、私はフロリダからマサチューセッツ州ボストンに移住しました。知り合いは誰もいなかったのですが、偶然にもそこで最初に出会ったのが芸術学校の学生たちでした。彼らは自分たちが主催するパーティで映画を上映したいと考えていて、そのために映画を作れる人を探していました。そこで私は彼らと一緒に過ごし、初めての映画を作ることになったのです。

その後、私はマサチューセッツ州芸術デザイン大学にまず進学し、そこを出たのちにボストン美術館学校に入り、映画をつくることになりました。当時はいくつかのバンドのために小さなミュージックビデオを作ったこともありましたね。ボストンではたくさん映画を見ました。映画を見るにはとてもよい街だったんです。ライナー・ヴェルナー・ファスビンダーやサタジット・レイ、アルフレッド・ヒッチコックやジャン＝リュック・ゴダールなど、毎晩のようにバイクに乗って二本立ての上映に行っていました。ひとつ付け加えておきたいのは、私が映画に熱狂していた時代とは、ジム・ジャームッシュが『ストレンジャー・ザン・パラダイス』(84)を撮った時代だということです。これは本当に大きな出来事でした。なぜならこの映画は突然「君も映画を作ることができる」と言っているかのような作品だったからです。

——ジャームッシュの影響というのは具体的にどのようなものでしたか。

KR　この映画が公開される少し前に、芸術学校で私はスーパー8で映画を作りました。それはまさにある生活の一部分を捉えたような作品でした。今では少し馬鹿げて聞こえる話かもしれませんが、クラスでその作品を見せたときにはブーイングまでされたんです。実験映画の作り手だったりすれば違ったかもしれませんが、映画というものを物語において何かを掘り起こそうとする芸術だと思っている人にとっては、私の映画にどう身を落ち着けてよかったのか、わからなかったのではないでしょうか。しかしそのわずか1週間後、『ストレンジャー・ザン・パラダイス』が公開されたことで、私は正当化されたように感じることができたというわけです。

ただ、今にして思うのは、ジャームッシュは背が高くて逆立ったヘアスタイルをしたカリスマ的な男性ですよね。そのイメージがあったからこそ、いろんな偏見を壊して自分の映画を世に受け入れてもらえたんじゃないかとも思えるんです。実際にはジャームッシュにもいろんな苦労があったと思いますが、その作品が認められたのは彼がそのようなタイプの男性だったという部分も確実に寄与していると思います。

──あなたの最初の長編『リバー・オブ・グラス』(94)には、どこかジャームッシュの『パーマネント・バケーション』(80)の影響が見られるような気がします。

KR　いえ、その作品を見たのはこの映画を作った後だったと思いますね。ただ、『リバー・オブ・グラス』をいま見返してみると、ちょっと恥ずかしくもあります。当時よく見ていたゴダールや『地獄の逃避行』(73／テレンス・マリック監督)といった作品の影響が見えますから。私と同世代の監督たちの多くは若い頃に『地獄の逃避行』に恋焦がれていたものです。私の場合、それに加えてボストンでたくさん見たフィルム・ノワールからの影響もあるかもしれませんし、フロリダの両親が警察官だったことも関わっているかもしれません。

『リバー・オブ・グラス』© 2014, River Of Grass

──あなたはトッド・ヘインズの友人であり、ガス・ヴァン・サントとも親交があると伺っています。

KR　トッドは何十年も前から非常に親しい友人で、彼と出会ったのはちょうど彼が『ポイズン』(91)に取り組んでいる時期のことでした。その頃すでに私はニューヨークに住んでいて、インディペンデント映画の現場や美術部門で働いていました。そんなときに彼の映画で小道具係として働くことになったのです。そこでトッドと彼のボーイフレンドであり、編集技師でもあるジム・ライオンズと出会い、とても仲良くなりました。1989年のことです。そして私のいくつかの映画の原作小説を書いた小説家のジョン・レイモンドを紹介してくれたのもトッドなんですよ。

ガスについては、彼がポートランドにいた頃から知っていますが、いまはほとんどロサンゼルスに居住しているのでなかなか会う機会はないですね。ガスの映画において、私は初めてアメリカ北西部というものを見ることになりました。彼の映画を見るまで、私はまだその地域のことを本当に知らなかったんです。

──『リバー・オブ・グラス』を撮影後、実質的な長編第2作である『オールド・ジョイ』を2006年に撮られるまで、12年の月日がありますが、それはどうしてだったのでしょうか。

KR　『リバー・オブ・グラス』を撮ったとき、私は映画制作というものが女性にとってきわめて閉じた社会であることを知りました。そこで私は自分の人生をどのようにすればコントロールできるのかを知ろうとし、スーパー8での撮影に立ち戻ったのです。そこから再び映画を撮るためには、いくつかの馬鹿げたリアリティ・ショーを撮影したり、お金を節約したりして12年もの月日が必要になったというわけです。『オールド・ジョイ』は全員がボランティアによる2週間の撮影で作った作品でしたが、短編映画になるのか長編映画になるのかもわかっていない、ある種のアートプロジェクトのようにつくられていた作品でした。それを自分で編集した結果、長編として完成し、どういうわけかいくつかの映画祭で賞をもらうことになったのです。

『ミークス・カットオフ』©2011 Oscilloscope Laboratories

——本作にはライヒャルト監督のその後の多くの作品の原案を手がけられる、小説家のジョン・レイモンドがクレジットされています。監督にとって重要な出会いですね。

KR　トッドがオレゴンに引っ越したときに彼を訪ねたことがありまして、ジョン・レイモンドに会ったのはそのときが初めてでした。その後の私の作品のプロデューサーであるニール・コップと出会ったのもこの作品ですね。ジョンとは以後たくさんの映画を一緒に手がけることになりました。私はいつも自分と一緒に仕事をしたい人と仕事をしているんです。この映画で撮影したオレゴンは、私が育ったフロリダやニューヨークとは景色が全く違っていて、とても新鮮で新しいものに感じられました。ジョンと彼の小説、そしてその登場人物たちが、私を導いてくれたのだと思います。

——そのわずか2年後の2008年に『ウェンディ&ルーシー』が発表されます。以後、あなたの作品において素晴らしい存在を刻み続けるミシェル・ウィリアムズとの最初の共作です。

KR　『オールド・ジョイ』の次の作品を作ろうと考えると、また別の仕事をしたり節約をして12年くらいはかかってしまうだろうなと思っていたんですが、偶然にもミシェル・ウィリアムズがこの映画を見てくれて、彼女から私と一緒に映画を作りたいと言ってもらえたのです。『ウェンディ&ルーシー』ではスタッフの数こそ13人に増えましたが、やはり非常に小さな映画でした。

——そして2010年には『ミークス・カットオフ』という、西部劇というジャンルを再構築するような、非常に独創的な作品を手がけられます。実在の人物であるスティーブン・ミーク(Stephen Meek)と、彼をガイドに西部開拓を目指した当時の人々が砂漠をひたすらに歩みゆく作品です。西部劇のような「ジャンル」を今日において扱うことについて、どのようにお考えなのでしょうか。

KR　私よりもうまくこのジャンルを撮れる人はいるわけですから、単純な西部劇を撮るつもりはありませんでした。このような作品を撮る唯一の理由とは、異なる視点をそこに生み出すことです。映画の中で馬車をぶち壊してしまう場面がありますけども、それは本当にエキサイティングで、撮影監督のクリス(クリストファー・ブローヴェルト)も私もみんな楽しんでいました(笑)。でも、そうした側面よりも私にとってより関心があったのは、その傍らでいったい何が起こっていたのかということです。

おっしゃる通り、この映画の物語は実在の人物であるスティーブン・ミークに着想を得ています。映画に登場する幌馬車は3台ですが、史実では200台以上が彼に導かれ、多くがその道半ばで命を落としたと言われています。当時の旅をした人々の日記を読んでみると、そこに記されている女性像というのは非常にか弱いものとされていて、男性たちは彼女たちを手助けするために道を戻ったり、歩みの遅い彼女たちを待ったりしていたと書かれている。しかし、それは嘘なのですね。女性たちはたとえば妊娠したまま、あるいは赤ちゃんを抱えたままだった。いうなれば彼女たちは1日で二人分の歩みを進めていたわけです。しかしそうした場面が映し出されている作品を私は見たことがありませんでした。そのフラストレーションによって、『ミークス・カットオフ』は実話以上に実話に基づいた作品となったと考えています。

2000年代初頭にイラク戦争が始まったとき、私はミークの史実と非常に似た出来事がそこに起こっていると感じました。つまり、あるばかげた男が極端な判断で砂漠に多くの人々を連れていき、彼らをそこから出られなくてしまったのだと。この映画では現代の事柄をそのまま映し出すのではなく、それとは異なる時代のものを現代的な感覚で見つめることで、現代を見つめようとした方法を選択したとも言えるかもしれません。

この作品の着想を得たのは、私がジョン・レイモンドとオレゴン州の砂漠を旅したときでした。信じられないような風景が広がっていて、ぜひここで映画を撮りたいと直感したんです。ただ、実際の撮影ではスタッフや俳優のみんなを殺してしまいかねないような過酷な状況に追いやってしまったので、もう二度とそこに戻りたいとは思えないんですけどね。

――2014年の『ナイト・スリーパーズ ダム爆破計画』では、過激な環境保護主義者が主人公に選ばれています。本作ではより現在に由来する観点から主題が選ばれたということでしょうか。

KR　ジョン・レイモンドと私が当初考えていたのは、アメリカにおける保守過激派についての映画でした。ティーパーティー運動[*1]に始まって、白人と黒人間の差別についても自明とみなすような、自身の見解を強く確信していて、多様な角度から物事を見ようとはしない層のことです。しかしそういう対象についての映画を作ることはいささか容易なことに思えて、ジョンと私はより左翼的な層について考えようとしました。私たちも明らかに左派ですからね。

そこで私たちは環境過激派に着目したのですが、といっても実際に彼らが何をしているのか、実際を見ればそこまで過激なものではありません。ジョンの友達にこの映画で撮影した農場の所有者がいました。ジョンはちょくちょくこの農場に通っていたそうで、映画の中にチーズ製造のライセンスを燃やすシーンがありますけども、このエピソードはこの農場において実際に起きた小さな政治的な問題にインスパイアされたものです。ジョンは私をこの農場に連れて行ってくれて、この場所で撮影をしたいと考えました。

――『ナイト・スリーパーズ』に限らず、あなたの映画の着想の大きな部分は風景に由来すると伺っています。しかし、一方であなたの映画の俳優たちは誰もが素晴らしい存在感を有しています。そしてその中には、ミシェル・ウィリアムズやジェシー・アイゼンバーグ、クリステン・スチュワートなど、現代のスターとみなされる俳優も少なくありません。

KR　状況はいつも異なります。ミシェル・ウィリアムズの場合、彼女はすでにトッド・ヘインズの『アイム・ノット・ゼア』(07)に出演していましたね。でも彼女は私の映画に出たいと考えたとき、ほかの誰にも話を聞かず、どういうわけかいきなり私を訪ねてくれたんです。とても勇敢だと思いました。そこで私はミシェルと私の犬であるルーシーのために脚本を書いたのです 。一方で『ミークス・カットオフ』のときにはもちろんすでにミシェルのことを知っていましたから、彼女を前提に脚本を執筆しました。

『ミークス・カットオフ』では、これほどたくさんの俳優に自分の映画に出てもらったことはありませんでしたから、本当に大変でした。ポール・ダノは出演した作品でこの映画が一番大変だったと言っていますが、それは私にとっても同じです。キャスティング・ディレクターと一緒に仕事をするような場合でも、結局のところ重要なのはその人が私たちと一緒に仕事をしたいと思ってくれるかどうかです。人生と同じですよ。誰かと出会うということが、非常に複雑で長い時間を必要とする経験であるように、映画に出演してくれる俳優と出会うことも同じです。たとえば『ナイト・スリーパーズ』に出演したジェシー・アイゼンバーグやダコタ・ファニング、『ミークス・カットオフ』に出演してくれたポール・ダノは、私の小さなチームでの撮影に非常にのめり込んでくれました。私たちは彼らに何か特別なものを与えられたわけではありません。ダコタは毎晩タコベルに夕飯を食べに歩いて行っていました。

アートフィルムにおいて、俳優たちはすべてをそのままに生きることになります。ときには泥にはまった撮影用のトラックを一緒に押し上げるようなことだってある。そうした状況をエキサイティングな経験だと感じてくれる俳優もいれば、そうではない人もいる。『ミークス・カットオフ』で、ある著名な俳優は、私を本当に困らせてくれました。そんなことをさせられるのは本物の映画ではないと彼は感じたわけです。そういう俳優と一緒に仕事をするのは間違いだったのかもしれません。ただ、私のほとんどの映画では、役にふさわしいばかりでなく、映画制作のスタイルに適切な人材を見つけることができていて、その点では恵まれていました。また『ライフ・ゴーズ・オン　彼女たちの選択』(17)では、俳優を長時間拘束するということもなかったので、コミットは容易かったですね。ほかの映画づくりでは起こりえないようなやり方で、もっと小さく細やかな表現に時間を使うことができたんです。

――撮影に入る前にはどのようにプランを立てるのでしょうか。映画監督のなかには、ほとんどプランを立てず、現場に入って初めて物事を考えるタイプの監督もいると聞きます。

KR　計画を立てずに撮影に入るのは悪夢のようなものですね。たとえばヴェルナー・ヘルツォークは「ストーリーボード（絵コンテ）なんか臆病者が使うものだ」などと言っていますが、でも、セットにいきなり裸の女性が現れるわけなんかありませんよ、不可能です。

ともあれ、私の場合、撮影監督とのミーティングの前に作品全体の構想をまとめた“イメージブック”を作るところから始まります。さまざまな場面・場所を想定して、トーン、撮影方法、雰囲気をあらかじめ記しておき、この本を使って撮影監督に映画のストーリーを視覚的に説明してからロケハンを始めます。時には私だけ先行してロケハンするときもありますが、最新作の『ファースト・カウ』(19)ではクリストファー・ブローヴェルトと一緒にロケハンをしました。そしてロケハンで集めた実際の場所を写真に収めることによって、もう一冊の本、“ロケーションブック”を作ります。これはロケハンで選んだそれぞれの場所でどのような撮影ができるか、先にお話しした“イメージブック”をどう再現できるかについて探るように作られるものです。たとえば、崖のロケーションがあるとすれば、実際にその場所へ行って人を立たせて写真を撮り、あるい

フィルモグラフィ

1994
リバー・オブ・グラス River of Grass

1999
オド（中編） Ode

2001
ゼン・ア・イヤー（短編） Then a Year

2004
トラヴィス（短編） Travis

2006
オールド・ジョイ Old Joy

2008
ウェンディ＆ルーシー
Wendy and Lucy（日本盤DVDあり）

2010
ミークス・カットオフ Meek's Cutoff

2013
ナイト・スリーパーズ ダム爆破計画
Night Moves
（日本盤DVD/Amazonプライムビデオ配信あり）

2016
ライフ・ゴーズ・オン 彼女たちの選択
Certain Women
（日本盤DVD/Amazonプライムビデオ配信あり）

2019
ファースト・カウ First Cow

はその周囲を歩く人々を写真で撮影するというわけです。場所が多くなければ私一人で行くこともありますし、クリスやアシスタント・ディレクターのクリス・キャロルとともに実際の機材を持って向かうこともあります。

それを終えてからクリスと私は何日もかけて撮影予定を確認し、プランを決めていきます。“イメージブック”をつくり、ロケーションブックを手がけ、アシスタントディレクターのクリス・キャロルはその間ひたすらノートをとり続けます。そして実際の撮影が始まると、私はそれらを一切見ることはありません。クリスは照明や機材を確認するために確認する必要があるわけですが、現場において私は俳優たちがどう感じているのかだけが見たいからです。

現場での仕事では、様々な事柄が変化していきます。映画制作とは全てが長いプロセスなのであって、事前にすべてを決めることなどできません。もちろん現場に向かうとなれば、どんな機材が必要かを事前に選択することなどは必要です。しかし、現場では事前の想像とは異なる事態が起こるものです。私たちはつねに探り続けなければなりません。美術をつくることも衣装を作ることも同じです。そうした様々な選択に、私は開かれていたいのです。

——“イメージブック”は具体的にはどのように作られるものなのでしょうか。

KR　映画によって異なりますね。かつて私はポートランドのドロシーという画家とよくロケハンに行っていましたが、私はそこで写真を撮り、彼は絵を描きます。ロケハンを終えるとスタジオに行って、ドロシーがストーリーボードを描いてくれたのでした。最近ではさまざまな映画のスチルを用いたコラージュをすることもあります。ある映画で撮られたひとつの手と、別の映画におけるちょうど逆位置から撮られた手をつなげたりするような作業ですね。

最新作の『ファースト・カウ』はジョン・レイモンドの『The Half Life』という小説を原案にしています。この小説では19世紀初頭のアメリカ北西部における現地の料理人と中国系移民の友情が描かれていますが、この作品の“イメージブック”では、実際の歴史研究に用いられているような写真も素材にしています。協力者のなか

『ライフ・ゴーズ・オン 彼女たちの選択』
DVD：3,800円（税別）発売中
発売・販売元：ソニー・ピクチャーズ エンタテインメント
（2020年1月時点の情報）

に英国出身の研究者がいて、彼がまとめて送ってくれたんです。それ以外にはアメリカ北西部の画家の絵やウィンスロー・ホーマーの絵画なども参考にしましたし、撮影の色調にはフレデリック・レミントンの絵画を参考にしました。『ライフ・ゴーズ・オン』のときにはアリス・ニールス、『ナイト・スリーパーズ』ではチャールズ・バーチフィールドといった画家の絵を参考にしていましたね。

――『ナイト・スリーパーズ』のダイナーの場面に、列車を描いた非常に大きな絵画がありましたね。まるでリュミエール兄弟の『列車の到着』（1895）を想起させるような構図の絵画でしたが、これは監督が持ち込んだ絵画だったのですか？

KR　いえ、それはただ偶然そこにあっただけなんです。西洋の歴史を示すような絵画で、それを用いることは映画にとって良いことだと思ったのですが、深くは考えていませんでした。

――あなたの作品では様々なフォーマットで撮影が行われていますね。たとえば『ミークス・カットオフ』は35ミリフィルム、『ライフ・ゴーズ・オン』は16ミリ、『ナイト・スリーパーズ』はデジタルでの撮影でした。その選択はどのようにされるのでしょうか。

KR　できることならフィルムで撮影したいと思っています。たとえば『ナイト・スリーパーズ』では夜間のダムの場面での撮影に照明をまかなうことが不可能だったため、デジタル撮影を選択するしかありませんでしたが、『ライフ・ゴーズ・オン』では夜の撮影が比較的少なかったので16ミリを使えました。『ミークス・カットオフ』はなぜか予算が潤沢で（笑）、風景の撮り方としても35ミリがベストでしたのでその選択をしました。

デジタルを選択するということは撮影の自由が増えるということです。デジタルでは現場でモニターを確認したときに色彩をかなり正確に確認できますが、フィルムで撮影しているときにはほとんど制御ができません。私の作品では夜の撮影場面が多いので、デジタルの頻度がわりと高いですね。しかし、フィルムでのロングレンズの撮影はとても美しいものですが、デジタルのロングレンズは背景がどうしても汚れて見えてしまうんですよ。その点、撮影監督のクリス

『リバー・オブ・グラス』© 2014, River Of Grass

はとても良い仕事をしてくれていると思いますね。

そういえば『ライフ・ゴーズ・オン』では、テスト撮影のみデジタルで行ったのですが、そのときは雪がたくさん降っていて、素材を確認してみると雪がディテールを欠いた白いブロックみたいに見えてしまっていたんです。本番では16ミリを使ってより精緻な撮影をすることができましたが、しかし始まってみたら今度は雪が降ってくれなかった。この映画のフィルム撮影では技術面で様々な問題が生じました。寒さのためにレンズ・アダプターに悪影響が生じたりして、それを理解するためには撮り直しをひたすら続けなければならず、本当に地獄でしたね。

――撮影現場ではどのようなことを重視されているのでしょうか。

KR　私は撮影中ずっと編集について考えています。これまで一緒に仕事をしたどの撮影監督よりもクリスはカットについて考えてくれる人で、撮影中に彼とは話をたくさんします。私の映画ではやりたいことはだいたいできるのですが、たとえば『ファースト・カウ』の多くのカットは長いテイクで撮影されたため、編集はパズルのような作業でした。そこには数百万の選択肢があるわけで、そのため撮影中も私は編集に気を向けなければならないわけです。

映画というのは、こういう映画をつくろうと想像していたものとはつねに異なるものになります。編集とはフレームによって決定されるものであって、自分で事前に決めることのできるものではありません。すべてのショットは、それに隣り合う別のショットとの関係においてのみ重要なのです。たとえブロードウェイで撮影ができたとしても、いざ編集室に入ってしまえばそこで問題になるのはその細部です。撮影の時に考えていたことなど関係ありません。すべてがプロセスなのです。

註

1.　サブプライムローンに端を発する2008年の金融危機対策、あるいは医療保険の改革といった民主党政権の政治方針に反対・抗議すべく、2009年頃に広まったアメリカの保守系市民によって広まった政治運動。名称は植民地時代のボストン茶会事件に由来する。

補論

抵抗としての静かな彷徨
ケリー・ライヒャルト監督について

中西香南子（川崎市市民ミュージアム）

『ミークス・カットオフ』©2011 Oscilloscope Laboratories

ケリー・ライヒャルトは1994年に長編『リバー・オブ・グラス』を発表してから2019年の最新作『ファースト・カウ』までに7本の長編作品を発表し、世界中の映画祭から注目されつつも大手スタジオとは一定の距離を保ち、独立した映画制作の姿勢を貫いている。

デビュー作の『リバー・オブ・グラス』は退屈の果てに近所の男と衝動的にあてもなく家出した主婦の逃避行を描いた作品である。この映画について監督は、「道のないロード・ムービー、愛のないラブ・ストーリー、犯罪のない犯罪映画」と説明している*1。いわゆるジャンル映画の枠から逸れていくというこの説明は、その後の彼女の作品にも当てはまる。

例えば、『オールド・ジョイ』(06)は疎遠になっていた中年男二人の揺れ動く友情を描いた異色の温泉バディームービーであるし、『ウェンディ&ルーシー』(08)は失業しホームレスとなった女性（と愛犬）の貧困と孤独を描いたロード・ムービー、『ミークス・カットオフ』(10)は西部開拓時代のオレゴン・トレイルを舞台に女性の視点から開拓者の旅路を捉えた西部劇である。どの作品も大枠となる形式とモチーフは登場するものの、リアリズムを土台に抑制された台詞、緻密に設計された音響とともに登場人物の詳細なディテールを広大な風景の中でひたすら積み重ねていくことで、枠が無効になっていく。そして彼女の作品の主要な登場人物は女であり、多様な女が登場する。

彼女のスタイルを前に彼女がいかに重要な"女性監督"であるかということを語るのはナンセンスなのかもしれないが、ライヒャルトはこれまでのインタビューの中で映画業界のジェンダー格差について度々言及している。いかに映画業界内の不平等への怒りが作品の根底にあるかが窺える。

デビュー作を発表してから2作目までの間に12年間空くことになるのだが、次作を制作するためにピッチング等売り込みをしていく中でもジェンダー格差に直面し、そこから徐々に、手に入るだけの予算とともに独立した形で映画を作っていくことを決意するようになったそうだ。ここで重要なのが、インディペンデントであることで常にファイナル・カット（最終的な編集権）を保持するということである。デビュー作以降は編集もライヒャルトが担当し、ニューヨークタイムズ紙のインタビューでは「誰も私の編集室には入れない」と発言している。*2

映画のスタイル、そして制作スタイルと二重の意味でも静かに抵抗しつづける彼女が捉える風景には、孤独と寄り添いながら女性や周縁にいる人々が枠にはめられずに多様なままで囁き、彷徨しつづけられる空白が広がっている。この積み重ねられた空白こそ、ジェンダーの枠を無効にしていく希望でもあるように思ってしまう。

*1　River of Grass. Oscilloscope Laboratories, http://riverofgrass.oscilloscope.net/#.
*2　Gregory, Alice. "The Quiet Menace of Kelly Reichardt's Feminist Westerns." The New York Times Magazine, The New York Times Company, 14 October 2016, https://www.nytimes.com/2016/10/16/magazine/the-quiet-menace-of-kelly-reichardts-feminist-westerns.html

2010年代の新星たち

アリ・アスター

Ari Aster

極限の恐怖から
究極の歓喜を
生み出す
新世代ホラー作家！

1986/7/15
ニューヨーク州ニューヨーク出身

職業
映画監督／脚本家

フィルモグラフィ
2011 『TDF Really Works』(短編)
『The Strange Thing About the Johnsons』(短編)
『Beau』(短編)
2013 『Munchausen』(短編)
『Basically』(短編)
2014 『The Turtle's Head』(短編)
2016 『C'est la vie』(短編)
2018 『ヘレディタリー／継承』
2019 『ミッドサマー』

受賞歴
『ヘレディタリー／継承』
ファンゴリア・チェーンソー・アワーズ2019 最優秀監督賞・最優秀脚本賞ほか6部門で受賞
ほか多数の映画祭にノミネート・受賞
『ミッドサマー』
第29回ゴッサムインディペンデント映画祭 最優秀脚本賞ノミネート
ほか多数の映画祭にノミネート・受賞

注目作品！

『ミッドサマー』
2020年2月21日（金）より、TOHOシネマズ 日比谷他　全国ロードショー
提供：ファントム・フィルム／TCエンタテインメント
配給：ファントム・フィルム
スウェーデンの謎めいた村で始まる90年に1度の祝祭。太陽の光と自然に満ちたその村で、ダニー（フローレンス・ピュー）とその恋人のクリスチャン（ジャック・レイナー）は何を見出すのか。悲劇と喜劇の境界をぶった切る結末まで、目を閉じてはならない。

経歴

1990年　映画館での初めての映画鑑賞。作品は『ディック・トレイシー』
1996年　イングランド・チェスターでの生活ののち、アメリカ・ニューメキシコに居住地を移す。
2010年　ビデオショップでホラー映画を中心に作品を見続ける青年時代を送りつつ、アメリカン・フィルム・インスティチュートを卒業。
2011年　初監督短編『TDF Really Works』を発表。その後『Beau』、『Munchause』、『C'est la vie』など、計7作の短編を製作。
2018年　A24製作による初の長編『ヘレディタリー／継承』がサンダンス映画祭にて上映、絶賛される。全米2946館で封切られ興行収入は公開初週末で1300万ドルを超えた（同年11月に日本公開）。
2019年　同じくA24製作の長編第2作『ミッドサマー』を発表（2020年2月日本公開）。同作のプロデューサーの一人、ラース・クヌードセンとのプロダクション「Square Peg」の設立を発表。

監督紹介

世界中を震え上がらせたデビュー作『ヘレディタリー／継承』を「家族映画」であると述べるアリ・アスターだが、しかしその言葉はおそらく本気だ。リップサービスではない。強烈な人体破壊や超常現象の描写こそあれど、それらはホラーというジャンルのお約束として見つめるには唐突に過ぎ、その掴み所のなさゆえに観客は恐怖とともに乾いた笑いを発することから逃れられない。ゆえに「今度はコメディやミュージカルを撮りたい」と述べるアスターの弁をジョークと受け取ってはならない。彼はきっと撮る。爽快な笑いと耐え難い恐怖を同時に刻み付けるようなコメディを、響き渡る喜びとともに救い難い悲しみを刻み付けるようなミュージカルを。極限の恐怖が極限の笑いを創出するアリ・アスター流の失恋映画『ミッドサマー』を見れば、そのことは一目瞭然だ。

影響を受けたと言われる／思われる監督・作品

ロマン・ポランスキー（『反撥』『ローズマリーの赤ちゃん』）、イングマール・ベルイマン（『ファニーとアレクサンデル』）、ジョン・カーペンター（『遊星からの物体X』）、エドワード・ヤン（『牯嶺街少年殺人事件』）、マイケル・パウエル（『天国への階段』）、ジャック・タチ

調査担当：グッチーズ・フリースクール

2010年代の新星たち

ロバート・エガース

Robert Eggers

精細な映像が織り成す、幻想と狂気の世界

1983/7/7
ニューハンプシャー州リー出身

職業

映画監督／脚本家／プロダクション・デザイナー

フィルモグラフィ

2007『Hansel and Gretel』(短編)
2008『The Tell-Tale Heart』(短編)
2015『Brothers』(短編)
2015『ウィッチ』
2019『The Lighthouse』

受賞歴

『ウィッチ』
第31回サンダンス映画祭 監督賞
『The Lighthouse』
第72回カンヌ国際映画祭 国際映画批評家連盟賞 ほか

注目作品！

『The Lighthouse』
(海外版Blu-ray/Lions Gate)
孤島に佇む灯台を舞台に、不慣れな仕事と生活に悪戦苦闘する若者と、何かにつけては口うるさい老人の二人の男を描く。岩に砕ける波、鳴り響く霧笛、挑発的な海鳥……。閉鎖的空間のなかで若者はやがて奇妙な怪物の姿を目にし、酒を飲んだ老人は軽快に歌い踊りはじめる。夢と現実が交錯する恐怖の灯台生活の末に待つものは？

経歴

小学生時代　本のなかでF・W・ムルナウ『吸血鬼ノスフェラトゥ』(22)のマックス・シュレック扮する吸血鬼の写真を見て「頭がどうかなってしまう」ほどの衝撃を受ける。その後、母親に車を運転してもらい、田舎のモールで同作のVHSを注文してもらう。

高校時代　17歳の頃に上級生の演劇として「ノスフェラトゥ」を演出。本人曰く、内容は「映画以上に表現主義的なもの」だった。この高校演劇を見ていた地方の劇場オーナーから、プロを使っての再演のために雇われる。

2001年　ニューハンプシャー州リーでの生活ののち、演技学校(acting conservatory)に参加するためニューヨークに移る。以後、映画やテレビのプロダクション・デザインを多数手がける。

2015年　自身のオリジナル脚本による初長編『ウィッチ』がサンダンス映画祭、トロント国際映画祭にて上映される。A24配給のもと、2016年2月に劇場公開された本作は大きな反響を呼び、400万ドルの製作費に対して4000万ドル以上の興行収入を記録した(日本公開は2017年7月)。

2019年　A24ほか製作、ロバート・パティンソン、ウィレム・デフォー主演の『The Lighthouse』を発表。兄弟のマックス・エガースとの共同脚本となる同作は、第72回カンヌ国際映画祭の監督週間部門でワールドプレミア上映された。

監督紹介

17世紀アメリカ植民地時代の魔女裁判の記録や民話をベースにした幻想的・怪奇的なホラー『ウィッチ』を撮り上げたロバート・エガース。もともとはプロダクション・デザイン(美術)を手がけていたというこの新進気鋭の監督は、そのキャリアの初期にはエドガー・アラン・ポーを原作とした短編『The Tell-Tale Heart』を監督するなど、埋もれた古典や歴史を現代において語り直そうとする作り手だと言えよう。多大なる影響を受けたという『吸血鬼ノスフェラトゥ』をリメイクする話も一時出ていた彼の最新作『The Lighthouse』もまたポーを原作とし、19世紀の外界から隔絶された孤島の灯台を舞台に繰り広げられる二人の男の狂気が描かれている。『サンライズ』(27)、『M』(31)といった古典的傑作と同じフレームサイズおよびモノクロームでの35ミリフィルム撮影が敢行された本作では、監督が志向する古典的スタイルがある種の様式美にまで高められ、現代ホラーとの見事な融合を果たしている。

影響を受けたと言われる／思われる監督・作品

スタンリー・キューブリック(『2001年宇宙の旅』『シャイニング』)、ニコラス・レイ(『ビガー・ザン・ライフ 黒の報酬』)、テレンス・マリック(『天国の日々』)、イングマール・ベルイマン(『処女の泉』)、F・W・ムルナウ(『吸血鬼ノスフェラトゥ』『サンライズ』)、エドガー・G・ウルマー(『黒猫』)

調査担当：高木佑介(映画批評)

2010年代の新星たち

グレタ・ガーウィグ

Greta Gerwig

マンブルコア派女優から
オスカーを争う
女性メジャー監督へ！

1983/8/4
カリフォルニア州サクラメント出身

職業
女優／映画監督

フィルモグラフィ
［監督作］
2008『Nights and Weekends』(共同監督)
2017『レディ・バード』
2019『ストーリー・オブ・マイライフ／わたしの若草物語』
［主な出演作］
2007『ハンナだけど、生きていく！』(兼脚本)
2010『ベン・スティラー 人生は最悪だ！』
2012『フランシス・ハ』(兼脚本)
2015『ミストレス・アメリカ』
2016『20センチュリー・ウーマン』
2018『犬ヶ島』(声の出演)

受賞歴
『レディ・バード』
第52回全米映画批評家協会賞 監督賞・脚本賞受賞、第75回ゴールデングローブ賞 作品賞ほか

注目作品！

『レディ・バード』
NBCユニバーサル・エンターテイメント
価格：ブルーレイ¥1,886＋税／発売中
カリフォルニア州サクラメントのカトリック系女子校に通うレディ・バード（シアーシャ・ローナン）。地元の閉塞感にうんざりし、NYの大学への進学を志すが、地元の大学への進学を望む母親とは対立している。ガーウィグの自伝的要素をベースにしつつ、家族からの自立や恋、友情を描いた普遍的な少女の成長物語。

経歴

2002年　サクラメントのカトリック系の女子高校を卒業。19歳でNYへ移住。
2006年　バーナード大学在学中、ジョー・スワンバーグの『LOL』に出演。英語と哲学の学位を取得し、卒業。
2008年　スワンバーグと『Nights and Weekends』を共同監督。初の長編監督作となる。
2010年　ノア・バームバックの『ベン・スティラー 人生は最悪だ！』に出演。
2012年　バームバックの『フランシス・ハ』に主演・共同脚本。
2016年　マイク・ミルズの『20センチュリー・ウーマン』に出演。
2017年　『レディ・バード』で単独での初監督。
2019年　単独では2作目の『ストーリー・オブ・マイライフ／わたしの若草物語』を監督。

監督紹介

大学卒業と同時にジョー・スワンバーグやデュプラス兄弟などの映画に次々出演し、マンブルコア界の女王と呼ばれたグレタ・ガーウィグ。パートナーであるノア・バームバック作品はもちろん、ウディ・アレンやミア・ハンセン＝ラブの作品に出演するなど女優としてのキャリアを築いていく一方、2017年初の単独監督作『レディ・バード』が高評価を得て2019年にはすでに2作目を発表、監督としても急上昇中。
グレタの描く脚本には彼女自身の人生が様々反映されてきた。『フランシス・ハ』の主人公はダンサーだが自身も大学在学中はダンスを学んでいたし、『レディ・バード』ではサクラメントの高校からNYの大学への進学という自伝的要素がベースとなっている。だが次のステップは？ 監督最新作は『若草物語』という文芸もの、そして現在はバームバックとともに実写版『バービー』の脚本を執筆中だという。マンブルコアやNYのコミュニティ、身近な題材にとどまらず、外へ外へと飛び出していく彼女のますますの冒険に期待。

影響を受けたと言われる／思われる監督・作品

『レディ・バード』を撮る上で影響を受けたと言われる作品
『アメリカン・グラフィティ』、『フェリーニのアマルコルド』、『キャリー』、『ゴングなき戦い』、『ニコール・キッドマンの恋愛天国』、『大人は判ってくれない』、『グレイ・ガーデンズ』、『ブリュッセル1080、コメルス河畔通り23番地、ジャンヌ・ディエルマン』、『Original Cast Album: Company』、『プリティ・イン・ピンク／恋人たちの街角』、『セイ・エニシング』、『秘密と嘘』
お気に入りの本10冊
ジョージ・エリオット『ミドルマーチ』、ジューナ・バーンズ『夜の森』、エリフ・バチューマン『The Idiot』、エリザベス・ボウエン『心の死』、ジョーン・ディディオン『60年代の過ぎた朝：ジョーン・ディディオン集』、マギー・ネルソン『The Argonauts』、チママンダ・ンゴズィ・アディーチェ『アメリカーナ』、エレーヌ・ダンディ『The Dud Avocado』、アリス・マンロー『Lives of Girls and Women』、ヴァージニア・ウルフ『灯台へ』
お気に入りのセックスシーンが描かれた作品：『赤い影』(ニコラス・ローグ)
ロマンスとは何かが描かれている作品：『逢びき』(デヴィッド・リーン)

調査担当：上條葉月（字幕翻訳）

非モテ系
男子コメディ・スターから
新世代の俳優兼脚本家
兼映画監督に！

2010年代の新星たち

ジョナ・ヒル
Jonah Hill

1983/12/20
カリフォルニア州ロサンゼルス

職業
コメディアン／俳優／脚本家／映画監督

フィルモグラフィ
〔主な出演作〕
2004『ハッカビーズ』
2005『40歳の童貞男』
2007『スーパーバッド 童貞ウォーズ』
2009『素敵な人生の終り方』
2011『マネーボール』
2012『ジャンゴ 繋がれざる者』
『21ジャンプストリート』(脚本)
2014『22ジャンプストリート』(脚本)
2013『ウルフ・オブ・ウォールストリート』
2016『ウォー・ドッグス』
2018『ドント・ウォーリー』
〔監督作〕
2018『Mid90s』

受賞歴
『マネーボール』
第84回アカデミー賞 最優秀助演男優賞ノミネート
『ウルフ・オブ・ウォールストリート』
MTVムービー・アワード2014 最優秀コメディ・パフォーマンス賞
『ウォー・ドッグス』
第74回ゴールデングローブ賞 最優秀主演男優賞(ミュージカル／コメディ部門)ノミネート など

注目作品！

『Mid90s』
2020年公開予定。スケートボードを楽しむ不良少年のグループに憧れる13歳のスティーヴィ少年。勇気を出して少年たちがたむろするスケボーショップに飛び込み、ハイティーンの世界へと一足早く浸り始める。少年の夏の冒険はやがて母親に問い詰められ、年長の友人には自分の視野の狭さを優しく諭されもする。そんななか少年たちが些細なきっかけで今までにない不和へと至り……。

経歴

2002年　高校を卒業し大学進学後、戯曲の脚本執筆を手掛けるようになり、ニューヨーク市内のバーなどで上演。好評を得る。ダスティン・ホフマンの子供たちと友人になり、ホフマン本人に映画のオーディションへの参加を勧められる。これがきっかけで『ハッカビーズ』(04)にて映画俳優デビューが決まる。以後、ジャド・アパトー監督作『40歳の童貞男』など、コメディ作品に数多く出演するようになる。

2007年　自身初の主役級の作品として『スーパーバッド 童貞ウォーズ』に出演。本作は全米初登場1位を獲得する。

2008年　サタデー・ナイト・ライブの1エピソード「ジョナ・ヒル／マライア・キャリー」にてマライア・キャリーと共演。

2011年　『マネーボール』に出演。ブラッド・ピット演じるスカウトマンの助手役を演じ、これまでのコメディ作とは異なる方向性の役柄で好評を得る。本作にて映画賞の助演賞にも多数ノミネートされた。

2012年　チャニング・テイタムとダブル主演にて『21ジャンプストリート』に出演。本作では脚本にも参加し、大ヒットを収め続編の制作を決める(『22ジャンプストリート』〔14〕)。以後、積極的に脚本家としての仕事も並行する

2013年　『ウルフ・オブ・ウォールストリート』に出演、名実ともに現代アメリカ映画を代表する俳優の一人として広く認知され、同作でも多くの映画賞にノミネートされる。

2014年　『LEGO® ムービー』にてグリーンランタンの声を務める。唯一のスーパーヒーロー役。

2018年　自身初の長編監督作『Mid90s』を発表。トロント国際映画祭でプレミア上映。

監督紹介

2000年代を代表するコメディ映画スターとしての立ち回りが2010年代以降は少しずつ趣を変えていくとともに、脚本家としての活動も目立つようになり、トレードマークでもあったふくよかな体型も近年では落ち着きを見せ、ついには監督作を発表するに至った。『Mid90s』はまさにジョナ・ヒル自身が青春を過ごしたはずの90年代アメリカン・カルチャーを直接的に題材にした作品であるが、自伝的な作品と呼ぶにはどこか幻想的な心地もある、ある種の青春神話と呼ぶにふさわしい作品だ(直近の日本公開作である『ドント・ウォーリー』〔18〕のガス・ヴァン・サントによる『パラノイド・パーク』〔08〕の残響が聴こえてくる……気もする)。俳優を出自とする無数の映画監督たちの系譜の先で、ジョナ・ヒルは以後どのような作品を生み出すのか。まずは『Mid90s』で真夏のロサンゼルスの陽射しを味わうことから始めてみよう。

影響下にある作品・作家

『天才マックスの世界』(ウェス・アンダーソン)、『ブギー・ナイツ』(ポール・トーマス・アンダーソン)、『ビッグ・リボウスキ』(ジョエル＆イーサン・コーエン)、『バック・トゥ・ザ・フューチャー』(ロバート・ゼメキス)、『グッドフェローズ』(マーティン・スコセッシ)

調査担当：グッチーズ・フリースクール

バリー・ジェンキンス

Barry Jenkins

調整の効いた
色と音のトーン
名匠になる条件は
既に満たしている!

1979/11/19
フロリダ州マイアミ出身

職業
映画監督/脚本家

フィルモグラフィ
2008『メランコリーの妙薬』
2011『Remigration』(短編)
2016『ムーンライト』
2018『ビール・ストリートの恋人たち』

受賞歴
『ムーンライト』
第89回アカデミー賞 作品賞・脚色賞
第74回ゴールデングローブ賞 作品賞 ほか

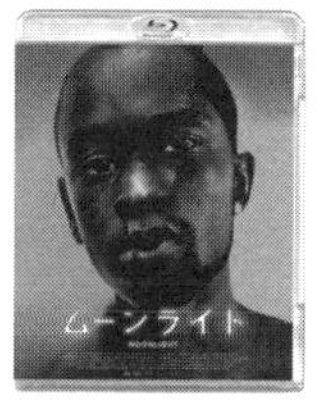

注目作品!

『ムーンライト』
発売元:カルチュア・パブリッシャーズ/販売元:TCエンタテインメント/価格:Blu-rayスタンダードエディション¥4,700円+税/発売中
マイアミの貧困地域で孤独な生活を送る黒人少年シャロンが、自己のアイデンティティを模索するさまを幼少期、少年期、青年期の3つの時代構成で描きながら、幼なじみの親友ケヴィンや麻薬常習者の母ポーラとの関係の変遷を見つめる。麻薬密売人を演じたマハーシャラ・アリはアカデミー助演男優賞を受賞。

経歴

1979年　フロリダ州マイアミのリバティシティに生まれ、大学卒業まで同州で過ごす。

2008年　『メランコリーの妙薬』で監督デビュー。批評家からは高い評価を受けこの成功に続くべくジェイムズ・ボールドウィンの小説『If beale street could talk』(のちの『ビール・ストリートの恋人たち』)の翻案を手掛ける等するもどれも制作には至らなかった。その後、彼は大工として生計を立て、広告会社も設立。

2011年　貧民街の高級住宅地化を扱ったSF短編映画『Remigration』の脚本・監督を担当。

2016年　タレル・アルヴィン・マクレイニーと脚本を共著し8年ぶりの新作映画『ムーンライト』を監督。第89回アカデミー賞作品賞・脚色賞を始め多くの映画賞を受賞。

2018年　ジェイムズ・ボールドウィンの小説を原作に『ビールストリートの恋人たち』を映画化。主人公の母親役を務めたレジーナ・キングが第91回アカデミー賞助演女優賞を受賞。

監督紹介

『ムーンライト』アバンタイトル後、第1章オープニング。Supreme Jubileesの「It'll all be over」のイントロが映像より1拍早く鳴り始める。このグルーヴ感!! 非常に珍しい原盤を正規リイシューしたLight in the Atticの執念の仕事も踏まえるとレコードコレクターである私はこの瞬間、今後上映される全ての作品の調査を胸に誓いました。劇中2回かかるアレサ・フランクリン「One Step Ahead」の選曲もサラっとトレンドを反映してて素晴らしい。バーバラ・ルイス「Hello Stranger」の歌詞に心情を投影させているのもエレガント。『ビール・ストリートの恋人たち』原作に登場する「That's Life」(アレサ・フランクリンのバージョン)が劇中でも使用されていたら『ジョーカー』(19)ではどうなったか!? と思案してみたり、ティッシュ(キキ・レイン)の家でかかっている曲がカナダ盤しかないLee Hurst「Whole Lotta Your Love」でお父さんもレコードコレクターなのか!? 等々、好事家をもワクワクさせる選曲にもぜひご注目ください。

影響を受けたと言われる/思われる監督・作品

カルロス・レイガダス(『静かな光』)、ウォン・カーウァイ(『花様年華』『恋する惑星』)、ジャン=リュック・ゴダール(『勝手にしやがれ』)

調査担当:Jimmie Soul(選曲家)

ジョーダン・ピール

Jordan Peele

潜在意識にある
差別意識を
笑いと恐怖で
味付けしてご提供♪

1979/2/21
ニューヨーク州ニューヨーク出身

職業
映画監督／脚本家／俳優／コメディアン

フィルモグラフィ
2017『ゲット・アウト』
2019『アス』

受賞歴
『ゲット・アウト』
第90回アカデミー賞 脚本賞受賞 ほか

注目作品！

『ゲット・アウト』
NBCユニバーサル・エンターテイメント
価格：ブルーレイ¥1,886＋税．発売中
黒人カメラマンの青年クリスが白人の彼女ローズの実家アーミテージ家で味わう恐怖を描く。リベラルな言動の一方、黒人の使用人の存在には無関心な白人たち。そして白人社会に従順な黒人たち。はたして「ゲットアウト」するのは誰なのか……。

経歴

1979年　ニューヨーク市にて生まれ、サラ・ローレンス大学に進学するも2年後に中退。コメディアンを目指す。

2003年　コメディ番組の「マッドTV!」へ出演し同番組で共演したキーガン＝マイケル・キーと意気投合。2012年からは「Key & Peele」というコメディ番組を制作。人気を集める。

2016年　キーとともに主演したアクションコメディ『キアヌ』で製作・脚本を務める。

2017年　白人家庭に招かれた黒人青年の恐怖を描いた『ゲット・アウト』の脚本を執筆、監督も担当。低予算制作ながら口コミでその評判が広まり興行的にも大成功を収める。さらには第90回アカデミー賞脚本賞を受賞。

2018年　スパイク・リー監督作『ブラック・クランズマン』で製作を担当。

2019年　裕福な黒人一家が自らのドッペルゲンガーと対峙する『アス』の監督・脚本・製作を務め、こちらも興行的に大成功。前作『ゲット・アウト』の2倍以上の初週興行収入を記録している。

監督紹介

嫌ミスならぬ嫌曲を選曲し続けるジョーダン・ピール監督。『ゲット・アウト』の冒頭から「Run Rabbit Run」だ。映画終盤ガールフレンドがイヤホンで聴いているのが「(I've had)The Time Of My Life」。1987年の階級違いの恋愛を描いた映画「ダーティ・ダンシング」での劇中歌をここで！ 実に気が悪い方に利いてる。嫌曲。
『アス』では思わずと声が漏れたザ・ビーチ・ボーイズ「Good Vibrations」からのN.W.A「Fuck the Police」の繋ぎ。悪趣味！ 最高！ であるし、メインテーマ的なLuniz「I Got 5 on It」のリリックは「ウィードをシェアしてご陽気にやろうぜ」といった旨なのでドッペルゲンガー一家からのお誘いだと想像すると絶妙！ 最高！ である。そしてミニー・リパートン「Les Fleurs」の荘厳なコーラスがこうミスマッチにマッチするとは調査員も脱帽です。
今後も監督の嫌選曲には注目であります。

影響を受けたと言われる／思われる監督・作品

スタンリー・キューブリック（『シャイニング』）、アルフレッド・ヒッチコック（『鳥』）、ロマン・ポランスキー（『ローズマリーの赤ちゃん』）、キム・ジウン（『箪笥』）

調査担当：Jimmie Soul（選曲家）

ブーツ・ライリー
Boots Riley

「お忙しいところすみませんね」と颯爽と現れたオールドルーキー!

1971/4/1
イリノイ州シカゴ出身

職業
映画監督/プロデューサー/ラッパー

フィルモグラフィ
2018『ホワイト・ボイス』

受賞歴
『ホワイト・ボイス』
第34回インディペンデント・スピリット賞 新人作品賞 ほか

注目作品!

『ホワイトボイス』
(海外版Blu-ray/20th Century Fox/日本劇場未公開・Amazonプライムビデオで公開中)
仕事にあぶれた黒人青年キャッシュ(住居はおじのガレージだ)は、やっとの思いで電話営業の会社に就職する。最初は、まったく上手くいかない彼だったが、隣に座る先輩(演じるはダニー・グローヴァー!)の助言を実践してみたら面白いように受注を決めていく。しかし、この会社にはある秘密があった……。

経歴

1971年　シカゴにて生まれ、幼少期にオークランドへ。幼少期から政治に関心を持ち14歳でInternational Committee Against Racismに参加。
1991年　ラップグループ「The Coup」を結成。現在まで6枚のアルバムをリリース。
2012年　アルバム『Sorry to Bother You』をリリース(本作タイトルは監督作『ホワイト・ボイス』の原題と同一)。
2018年　カリフォルニア州オークランドで叔父の家のガレージに住んでいた黒人青年がコールセンターで働き始め、営業の才能を評価されるが、予想もしなかった事態に巻き込まれていく『ホワイト・ボイス』の脚本を執筆、監督も担当。サンダンス映画祭で大喝采を浴びる。
2019年　日本ではAmazonプライムビデオにて『ホワイト・ボイス』が配信される。

監督紹介

本書に登場する監督の中では最も情報の少ない監督の一人であろうブーツ・ライリー監督。ラッパーとしての彼は西海岸のベテランラッパーE-40の「Practice Lookin' Hard」のビデオで2PACとラップしていたのが最初の記憶(『Sorry To Bother You』劇中でも2PACのリリックネタあり)。2001年には9.11なデザインで『Party Music』というタイトルのアルバムをリリース。収録曲の『5 Million Ways to Kill a CEO』はビデオも含め彼の姿勢がよく現れているかと。
2012年にアルバム『Sorry to Bother You』を先行で制作し(リリックには映画の主人公も登場)6年かけて同タイトルの映画制作に辿り着いたガッツは、全ての中年男性を鼓舞してくれます。主役にレイキース・スタンフィールドとテッサ・トンプソンを配しているあたりは流石である。
ソウル愛好家としては映画サントラ収録の「Whathegirlmuthafuckinwannadoo feat. Janelle Monáe」が完璧。「Crawl Out The Water」でE-40をフィーチャーしてるのも義理堅くて好きだなあ。
アラフィフ新人監督のデビュー作がポジティブな意味で荒削りで実にフレッシュ。新作の調査を行うのが本当に待ち遠しい。

影響を受けたと言われる/思われる監督・作品

スパイク・リー『ブラック・クランズマン』、ジョーダン・ピール『ゲット・アウト』と併せてご鑑賞ください。

調査担当:Jimmie Soul(選曲家)

2010年代の新星たち

ジェレミー・ソルニエ

Jeremy Saulnier

観客の度肝を抜く
暴力描写で
バイオレンス映画界に
切り込む新星

1976/6/10
ヴァージニア州アレクサンドリア出身

職業
映画監督／撮影監督

フィルモグラフィ
1998『Goldfarb』(短編)
2004『Crabwalk』(短編)
2007『マーダー・パーティー』
2013『ブルー・リベンジ』
2015『グリーンルーム』
2018『ホールド・ザ・ダーク そこにある闇』

受賞歴
『マーダー・パーティー』
第13回スラムダンス映画祭観客賞
『ブルー・リベンジ』
第66回カンヌ国際映画祭国際批評家連盟賞(監督週間作品)
『グリーンルーム』
ファンタスティック・フェスト2015観客賞 ほか

『グリーンルーム』
DVD & Blu-ray好評発売中／ブルーレイ¥4,800+税／DVD ¥3,900＋税／発売元：トランスフォーマー 販売元：ハピネット
売れないパンクバンド「エイント・ライツ」を率いてパット(アントン・イェルチン)が訪れたライブハウスは、なんとネオナチの巣窟だった！ 殺人現場を見てしまいグリーンルーム(＝楽屋)に閉じ込められた彼らは、脱出すべく立ち向かう……パンクバンドVSネオナチ軍団のバイオレンススリラー！

経歴

1998年　ニューヨーク大学のTisch School of the Artsを卒業。
2004年　短篇作品『Crabwalk』でスラムダンス映画祭の短篇部門でGrand Jury賞を受賞。
2006年　マシュー・ポーターフィールド監督『Hamilton』に撮影監督として参加。ポーターフィールドとは同じTisch School of the Arts出身の友人であり、彼の『Putty Hill』(10)『I Used to Be Darker』(13)でも撮影監督を務めている。
2007年　小学生からの幼なじみ、メイコン・ブレアを主演に『マーダー・パーティ』を監督。
2013年　『ブルー・リベンジ』がカンヌ国際映画祭で国際映画批評家連盟賞を受賞するなど、様々な映画祭・批評家から高評価を受ける。
2015年　アントン・イェルチン主演『グリーンルーム』がA24配給で公開。
2018年　Netflix配信作で『ホールド・ザ・ダーク そこにある闇』を監督。

監督紹介

子供の頃から幼なじみのジェレミー・ソルニエとメイコン・ブレアは、『ランボー』(82)などの映画を見て過ごし、小学生ですでにビデオカメラを使って映画を作っていたという。様々な映画監督たちを輩出して来たNY大学での修行をへて、彼らは再び共に映画を作り出し、現在に至るまでメイコンは彼のすべての監督作品に出演している。ジェレミーの作品は『マーダー・パーティ』のようなブラックコメディでも『ブルー・リベンジ』のようなシリアスなドラマでも暴力描写の激しさが特徴的で、"21世紀のサム・ペキンパー"と評されているが、手持ちの長回しなど緊張を煽る見事なカメラワークにも注目。『ブルー・リベンジ』までは自ら撮影監督を務めていたほか、マシュー・ポーターフィールド監督などの作品でも撮影監督として活躍している。

影響を受けたと言われる／思われる監督・作品

『ブルー・リベンジ』を撮る上で影響を受けたと言われる作品
『ノーカントリー』(コーエン兄弟)、『パリ、テキサス』(ヴィム・ヴェンダース)、『ザ・クラッカー／真夜中のアウトロー』(マイケル・マン)、そのほかにウィリアム・フリードキン、ジョン・カーペンターの諸作。

デッド・ケネディーズ『Fresh Fruit for Rotting Vegetables』(音楽)
90年代前半にD.C.パンク／ハードコアシーンを通ったことが『グリーン・ルーム』に色濃く影響している。そのD.C.パンクに触れるきっかけとなったのが、こちらのアルバム。また、ジェレミー自身も「No Turn on Fred」というバンドを組みボーカルとして活動していたらしい。

調査担当：上條葉月(字幕翻訳)

2010年代の新星たち

トレイ・エドワード・シュルツ

Trey Edward Shults

巧みな心理描写で
不穏な空気を作り出す
その手腕は
すでにベテラン級!

1988/10/6
テキサス州ヒューストン出身

職業
映画監督

フィルモグラフィ
2010『Mother and Son』(短編)
2011『Two to One』(短編)
2014『Krisha』(短編)
2015『クリシャ』
2017『イット・カムズ・アット・ナイト』
2019『WAVES/ウェイブス』

受賞歴
『Krisha』
SXSW2014 審査員特別表彰 撮影賞(短編部門)
『クリシャ』
SXSW2015 審査員大賞、観客賞、第31回インディペンデント・スピリット賞 ジョンカサベテス賞、第26回ゴッサム・インディペンデント映画賞 ブレイクスルー監督賞、第82回ニューヨーク映画批評家協会賞 新人作品賞 ほか

注目作品!

『クリシャ』
感謝祭を祝う家族団らんの一家の元に現れた中年女クリシャ(クリシャ・フェアチャイルド)。久々の再会を楽しむが、どこかぎこちない義理の家族たち、息子トレイ(トレイ・エドワード・シュルツ)との距離、そして母親との再会の末……。一軒の家を舞台に描かれる、家族という愛と苦しみの物語。

経歴

2006年頃 18歳の時、夏休みに叔母クリシャとハワイへ。現地にて叔母のツテでテレンス・マリック『ボヤージュ・オブ・タイム』の撮影にインターンとして参加する。
2011年 経営管理を学ぶ学校に通うかたわら、独学で映画について学ぶ。また『ツリー・オブ・ライフ』にも撮影スタッフとして参加。
2013年 10年間は会っていなかったという、危篤の父親と再会。父との関係も『クリシャ』のモデルの一部となっているという。
2014年 短編『Krisha』がSXSWにて上映され、審査員特別表彰 撮影賞を獲得。
2015年 長編デビュー作『クリシャ』を発表。カンヌ国際映画祭 批評家週間で上映される。A24が本作の配給とともに次回作の出資・配給を契約。
2016年 ジェフ・ニコルズの『ミッドナイト・スペシャル』に撮影スタッフとして参加
2017年 長編2作目の『イット・カムズ・アット・ナイト』が全米公開。
2019年 A24製作・配給『WAVES/ウェイブス』が公開。

監督紹介

長編デビュー作で主人公を演じた叔母クリシャという身近な才能、そしてテレンス・マリックとの運命的な出会いを通し、独学で映画業界へ足を踏み入れたシュルツ。『クリシャ』以降A24と契約し批評家や各国映画祭でも多くの注目を集めているが、最新作『WAVES/ウェイブス』に至るまで自ら脚本を書き、編集にも携わるスタンスは一貫している。批評家からダーレン・アロノフスキー、ジョン・カサヴェテス、そしてマリックなどを引き合いに出して賞賛されているように、彼の作品には繊細な心理描写と映像美へのこだわりが見てとれる。特に、家族ドラマを描いた『クリシャ』とスリラー映画『イット・カムズ・アット・ナイト』ではジャンルは異なるが、それぞれ家という限られた空間を活かした撮影で、張り詰めた空気を描くことに成功している。最新作『WAVES/ウェイブス』は兄妹を軸にした2部構成で、独特なカメラワークはそのままに、より壮大な家族や愛の物語を描くことに挑戦している。

影響を受けたと言われる/思われる監督・作品

『イット・カムズ・アット・ナイト』を撮る上で影響を受けたとされる作品
『シャイニング』(スタンリー・キューブリック)、『ナイト・オブ・ザ・リビングデッド』(ジョージ・A・ロメロ)(以上のようなホラー映画とジョン・カサヴェテスやポール・トーマス・アンダーソンの影響を組み合わせようとしたとされる)
お気に入りの5本
『ゼア・ウィル・ビー・ブラッド』(ポール・トマス・アンダーソン)、『ツリー・オブ・ライフ』(テレンス・マリック)、『バリー・リンドン』(スタンリー・キューブリック)、『レイジング・ブル』(マーティン・スコセッシ)、『仮面/ペルソナ』(イングマール・ベルイマン)

調査担当:上條葉月(字幕翻訳)

2010年代の新星たち

オリヴィア・ワイルド

Olivia Wilde

世評も悩みも障壁も、勇気とユーモアで乗り越えろ!

1984/3/10
ニューヨーク州ニューヨーク出身

職業
女優／プロデューサー／映画監督

フィルモグラフィ
〔主な出演作〕
2010『トロン：レガシー』
2011『カウボーイ&エイリアン』
2012『カワイイ私の作り方 全米バター細工選手権!』
2013『ラッシュ／プライドと友情』
2013『her／世界でひとつの彼女』
2015『ミッシング・サン』
2018『A Vigilante』(日本未公開)
2019『リチャード・ジュエル』
〔監督作〕
2011『Free Hugs』(短編)
2016『Edward Sharpe and the Magnetic Zeros: No Love Like Yours』(MV)
2016『Red Hot Chili Peppers: Dark Necessities』(MV)
2019『Booksmart』

受賞歴
『Booksmart』
第35回インディペンデント・スピリット賞 新人作品賞、第23回ハリウッド映画賞 ブレイクスルー監督賞、第62回サンフランシスコ国際映画祭 観客賞 ほか

注目作品!

『ブックスマート Booksmart』
(海外版Blu-ray/20th Century Fox)
高校卒業前夜、優等生であることを誇っていたモリーは親友のエイミーとともに卒業パーティーに繰り出すことを決意する。友情、恋愛、そして乱痴気騒ぎからの反目と事件。はたしてモリーとエイミーは無事に卒業式を迎えることができるのか?一夜の奔走を通して二人の挫折と成長を大胆かつ軽やかに描いた、新たな青春映画。

経歴

1984年　エミー賞も受賞している「60ミニッツ」などのプロデューサー兼ジャーナリストの母と、「ハーパーズ・マガジン」などに携わるジャーナリストの父との間に生まれる。親類にもジャーナリストが多い家系だった。

2004年　『ガール・ネクスト・ドア』に端役で出演ののち、FOXテレビシリーズ「The O.C」のアレックス・ケリー役で注目を集める。以後、多数の映画・テレビに出演。

2008年　バラク・オバマの大統領選を若手俳優による選挙支援団体のメンバーとしてサポート。以後、震災に見舞われたハイチの復興支援やフェミニスト活動、ドキュメンタリー映画の製作などにも多く関わる。

2011年　米雑誌「グラマー」のショート・フィルム・シリーズとして製作された『Free Hugs』(短編)で初の監督・脚本を務める。

2018年　プロデューサーのラース・クヌードセンらと共同で『A Vigilante』を製作、主演も務める。同作はSXSWでワールドプレミア上映された。

2019年　初長編『Booksmart』を監督。2019年5月24日に劇場公開され、同日に全米およびフランスのNetflixで配信された。本作は2400万ドル以上の興行収入を記録。「『スーパーバッド 童貞ウォーズ』以降、最高のハイスクール・バディコメディ」(「ヴァラエティ」誌)など、観客や批評家たちから絶賛された。

監督紹介

『ラッシュ』や『her』に出ていたどことなくアンジー似のあの女優がこんなに面白いコメディ映画で監督デビューをしてしまうなんて、いったい誰が予想できただろう? 美人でミステリアス風な女優だとか、由緒あるエリート家系のお嬢様だとか、はたまた政治や社会問題に熱心な活動家だとか、本調査で浮かび上がってきた彼女の印象は、しかしそのデビュー作『Booksmart』で苛烈にぶっ飛ばされる。「Booksmart」、つまりお勉強のできる優等生が有名大学に進学することを秘かに誇っていたところ、パーティー三昧だったはずのクラスメイトたちも同じくらいハイレベルな進路を歩むことを知り自信喪失、そういえば私たち恋愛もパーティーも全然経験していない! と気づいたのが高校卒業前夜。ところで目当ての卒業パーティー会場ってどこだっけ?! から展開していく怒涛の自分ブレイクスルー&ラン・オールナイト。オバマの2019年のお気に入り映画の一本にも選ばれた本作で、見事にこれまでの自身のイメージをブレイクしてみせたオリヴィア・ワイルドという映画監督の誕生に歓喜せよ!

影響を受けたと言われる／思われる監督・作品

ジョン・ヒューズ(『ブレックファスト・クラブ』)、エイミー・ヘッカーリング(『初体験／リッジモンド・ハイ』『クルーレス』)、キャメロン・クロウ(『あの頃ペニー・レインと』)、リチャード・リンクレイター(『バッド・チューニング』)、アントワン・フークア(『トレーニング デイ』)、グレッグ・モットーラ(『スーパーバッド 童貞ウォーズ』)

調査担当:高木佑介(映画批評)

2010年代の新星たち

S・クレイグ・ザラー

S.Craig Zahler

荒野より刑務所より
コンクリートよりも
乾き切った視線が
この世界を震わせる……

1973/1/23
フロリダ州マイアミ出身

職業

映画監督／脚本家／撮影監督/音楽家／小説家

フィルモグラフィ

［監督作］
2015『トマホーク ガンマンvs食人族』
2017『デンジャラス・プリズン ―牢獄の処刑人―』
2018『Dragged Across Concrete』
［脚本作］
2011『ザ・インシデント』
2018『Puppet Master: The Littlest Reich』
［撮影監督作］
1996『Warsaw Story』(短編)
2003『Rooster』(短編)

受賞歴

『トマホーク ガンマンvs食人族』
第31回インディペンデント・スピリット賞 脚本賞ノミネート

注目作品！

『Dragged Across Concrete』
(海外版Blu-ray/ Summit Inc/Lionsgate)
暴力的な捜査をマスコミにリークされ休職を余儀なくされたメル・ギブソンとヴィンス・ヴォーン演じる不良刑事たちが、小さな違法行為に手を染める。しかし彼らはその最中、謎の覆面犯罪集団による陰惨な銀行強盗に出くわす。血で血を洗う静かな抗争の先にあるのは、貧しい暮らしを犯罪によって抜け出そうとする黒人青年との取引だった。静謐な暴力と言葉で紡がれる新時代の犯罪神話。

経歴

1996年　ニューヨーク大学在籍中に撮影監督として『Warsaw Story』(Amir Mann監督)に参加。以後いくつかの低予算作品に加わるも、脚本の良し悪しが映画の質には決定的に重要であるという結論に達し、脚本執筆に集中する。

2005年　Czar名義で参加していたブラックメタルバンドCharnel ValleyのEP『The Dark Archives』をParagon Recordsよりリリース。マイク2本、8トラックのカセットテープ録音にて5日間のレコーディングで制作された。以後、音楽活動は現在に至るまで継続されている。

2010年　初の小説『A Congregation of Jackals』を発表。以後、現在までに5冊(2020年6月に第6作『The Slanted Gutter』を刊行予定)。第4作『ノース・ガンソン・ストリートでの虐殺』は日本でも早川書房より邦訳刊行された。

2011年　アレクサンドル・クールテ監督『ザ・インシデント』にて脚本を手がける。

2015年　カート・ラッセル主演作品『トマホーク ガンマンvs食人族』で映画監督デビュー。

2016年　小説家としての第2作『Wraiths of the Broken Land』のドリュー・ゴダード脚本、リドリー・スコット監督による映画化がアナウンスされた。

2017年　第74回ヴェネツィア国際映画祭にて長編第2作『デンジャラス・プリズン ―牢獄の処刑人―』が初上映。

2018年　第75回ヴェネツィア国際映画祭にて長編第3作『Dragged Across Concrete』が初上映。

2019年　パク・チャヌク監督による新作残虐西部劇にて脚本を務めることがアナウンスされた。

監督紹介

映画以外にも音楽、文筆と多彩な才能を有するS.クレイグ・ザラー。監督作は西部劇、獄中劇、犯罪映画と、どれもある種のアウトローを描く作品である。しかし、いずれの作品でもザラー映画の登場人物たちは、決して特別な存在ではない。世間一般からは距離をおいた生活ではあるかもしれないが、彼らはアウトローという枠のもとで当たり前の日常を生きているに過ぎないのだ。しかしそのような彼らの非日常が突如として崩壊してしまう瞬間、つまり凡庸な非日常から決定的な非日常へと彼らの生が激変してしまう瞬間を、ザラーは見事に捉える。小さな声でじりじりと交わされる会話を断ち切り、息遣いさえおぼろげな沈黙を切り裂くブレイクスルーが、ザラー映画ではそれら以上に静かに訪れる。私たちは呆気にとられたまま、心地よい脱力とともに目の前に広がる地獄を新たな日常として受け入れることになる。

影響を受けたと言われる／思われる監督・作品

『グレムリン』(ジョー・ダンテ)、『ZOMBIO/死霊のしたたり』(スチュアート・ゴードン)、『悪魔のいけにえ』(トビー・フーパー)、『ナイト・オブ・ザ・リビングデッド』(ジョージ・A・ロメロ)、『ローズマリーの赤ちゃん』(ロマン・ポランスキー)、『イレイザーヘッド』(デヴィッド・リンチ)、H・P・ラヴクラフト。

C

2010年代の新星たち

ボー・バーナム

Bo Burnham

YouTube出身の多才なアーティストが描くのはSNS時代のめぐり逢い!

1990/8/21
マサチューセッツ州ハミルトン出身

職業
コメディアン/ミュージシャン/俳優/映画監督/詩人

フィルモグラフィ
〔主な出演作〕
2009『素敵な人生の終り方』
2012『Adventures in the Sin Bin』
2013「Zach Stone Is Gonna Be Famous」(テレビシリーズ)
2017『ビッグ・シック ぼくたちの大いなる目ざめ』
〔監督・脚本〕
2013『Bo Burnham: what.』(テレビスペシャル)
2016『ボー・バーナムのみんなハッピー』(テレビスペシャル)
2017『Jerrod Carmichael: 8』(テレビスペシャル)
2018『エイス・グレード 世界でいちばんクールな私へ』
『クリス・ロックのタンバリン』(テレビスペシャル)

受賞歴
『エイス・グレード』
第34回インディペンデント・スピリット賞 新人脚本賞、第28回ゴッサム・インディペンデント映画賞 ブレイクスルー監督賞 ほか

注目作品!

『エイス・グレード 世界でいちばんクールな私へ』
ブルーレイ&DVD発売日:4月15日/デジタル配信開始日:3月18日/DVD:¥3,800(本体)+税/ブルーレイ:¥5,300(本体)+税/発売・販売元:株式会社ポニーキャニオン/提供:株式会社トランスフォーマー
中学卒業(8年生)を間近に控えたYouTuberでもあるネオ・デジタルネイティブ世代のケイラ(エルシー・フィッシャー)が「自分らしさ」と「なりたい自分」のあいだで奮闘する、インターネットを介した人と人との結びつきを見つめる親密さを持った監督のまなざしによってアップグレードされた新時代の青春映画。

経歴

1993年 3歳の頃、自宅で寸劇「Bo Shows」を演じる。
2006年 YouTuberとしてデビュー。自身の曲を寝室で弾き語った動画がバズりにバズる。
2008年 モントリオールのJust for Laughsフェスで演奏中、ジャド・アパトーと出会う。
2009年 ファースト・フルアルバム『Bo Burnham』をリリース(2013年までにミニ・アルバムを含め4枚のアルバムをリリース)。
2013年 MTVのコメディ・シリーズ「Zach Stone Is Gonna Be Famous」で製作・脚本・主演を果たす。
2015年 スタンダップ・コメディのツアー「Make Happy」を開始。
2016年 「Make Happy」ツアーの映像作品『ボー・バーナムのみんなハッピー』がNetflixで独占配信される。
2018年 映画プロダクションA24製作のもと『エイス・グレード 世界でいちばんクールな私へ』で映画監督デビュー。

監督紹介

YouTuberという出自を持ち、映画でも描かれはじめて久しいSNSを親密さを持って肯定的に描く。しかし、ただただデジタル技術を礼賛し、リアルな関係をおざなりするタイプとも少し異なっていることには注意が必要だ。インターネットやSNSが、ドラマを盛り上げるためのひとつのアイテムという以上に「ひとりの登場人物のようなもの」であるボー・バーナムの映画において、オンラインでの出会いと、実際に顔と顔を突き合わせる出会いには本質的な違いはない。リアルな出会いが豊かなものであるとするなら、彼にとっては、オンラインでの出会いも同等な価値を持ち、可能性を秘めている。そんなデジタルとリアルの出会いを同時に祝福するボー・バーナムの『エイス・グレード』は、その結果、ネオ・デジタルネイティブの感性を肯定的に描くと同時に、現代的なセリフ回しや少女の不安定な姿勢といった身体的なレベルでも生々しく“いま”を写し取ることに成功した。おそらくこれから、SNSがもたらした身近で奇妙なネットワークと生身の身体を通して紡がれる彼の映画を新たな起点として、様々なめぐり逢いが生まれていくはずだ。

影響を受けたと言われる/思われる監督・作品

ジャド・アパトー、ミロス・フォアマン、『こわれゆく女』(ジョン・カサヴェテス&ジーナ・ローランズ)、『処女』(カトリーヌ・ブレイヤ)、『レスラー』(ダーレン・アロノフスキー)

調査担当:グッチーズ・フリースクール

ボー・バーナム監督についてもっと知りたくなったら次のページへGO!

PICK UP!

ボー・バーナム

YouTuber時代の親密さ

取材・構成＝降矢聡＋フィルムアート社／協力＝トランスフォーマー

映画はいつも人と人との「めぐり逢い」を描いてきた。しかし「めぐり逢い」自体が根本から変わってきているのだとしたら？　そんな現代的な状況を真正面から、愛情をもって描く映画作家が『エイス・グレード 世界でいちばんクールな私へ』(18)のボー・バーナムだ。「インターネットのもたらした非常に奇妙で親密」な人と人との関係を描きたかったというスタンダップ・コメディアンやYouTuberとしての顔を持つボー・バーナム監督は、自らの経験もふまえて、SNS全盛となった現代的な感性や技術をポジティブに捉え大きな可能性を感じている。SNS時代はまったく未知の世界の到来を告げているのか、そして映画の未来に革新をもたらすのか。いまはまずボー・バーナム監督の声に耳を傾けてみよう。

Bo Burnham

略歴はP.103を参照。

――監督はYouTubeでご自身のパフォーマンス動画を投稿されたことがきっかけで活動を始められ、その後はスタンダップ・コメディでのパフォーマー、あるいは歌手としても活躍されています。そんな中で、映画制作を手掛けようと考えられたのはどうしてだったのでしょう？

ボー・バーナム（以下BB）
スタンダップ・コメディなどの仕事を始める以前、ぼくは子どもの頃から演劇に熱中していました。誰かといっしょにコラボレーションするというスタイルが好きだったんです。照明のデザインをしたり、脚本の編集をしたり、そして俳優たちといっしょに仕事をするのが好きだった。なので、スタンダップをやるようになってからも、誰かといっしょに仕事をするスタイルに戻りたくて仕方なかった。そんなことを思うようになってから、スタンダップの大きな舞台の過程を映像作品として撮影するようになって、その仕事を通して何かを撮影することに熱中するようになったんです。前々からかなりの映画ファンではあったのですが、自分のショーを撮影するまでは、自分が映像制作なんてできるのかどうかはわかりませんでした。

それからもうひとつ、ぼく自身についてではないストーリー、ぼくの顔が登場しないストーリーを作りたかったということも理由です。ぼくはもう自分自身を題材にすることに、あるいは自分の顔にちょっと飽きてしまったんですよ。でも映画なら、最終的な完成品に自分を出すことなく、さらに実際に映画を観た人にさえこの作品にぼくが関わっていることを指摘できないようなものがつくれる。そういうことをすごくやりたかったんです。

――演劇、とりわけ「ハムレット」がご自身の芸術観にとってすごく重要なものであったというお話は、以前、本作でケイラの父親を演じたジョシュ・ハミルトンさんとの対談でも語られていましたね。ところで、今からちょうど10年ほど前、まさにあなたが『素敵な人生の終り方』(09)に出演された頃のことだと思うのですが、あなたはその時期、すでに映画制作の意志をもってジャ

『エイス・グレード 世界でいちばんクールな私へ』©2018 A24 DISTRIBUTION, LLC

ド・アパトーにお会いされています。当時は『エイス・グレード』とは全く異なるタイプの映画を考えられていたとのことですが……。

BB　その通りです。当時ぼくはまだ18歳の新人だったので、何もかもが新鮮に感じられる時期でした。一方でその頃はジャド・アパトーがアメリカのコメディシーンを掌握するかのごとく、爆発的な勢いで前進していた時期でもありましたからね。彼との出会いはとてもシュールで圧倒的な体験で、たくさん素晴らしいことを学びました。それに効率がよかったんですよ。というのは、自分の作品を世に出すことで生じる挫折を味わう前に、制作のすべてをそこで学ぶことができたからです（笑）。今でもその当時に映画を作らなかったことはベストな選択だったと考えています。時期が早すぎましたし、そもそもぼくは映画学校を出ていないから、制作の指導なんて受けたことがありませんでしたからね。

――先ほど監督はご自身の顔に飽きているとおっしゃられましたが、『エイス・グレード』は、エルシー・フィッシャー演じる主人公のケイラが自身を被写体に動画を撮っている場面、まさに彼女の顔をこそ映し出す場面から始まりますね。彼女の存在感は本当に素晴らしいのですが、表情と同等かそれ以上に、彼女の魅力はその背中にある。何か大きな出来事が起きる時には必ず彼女の背中越しに画面は捉えられている。その点について意識されていたことはありますか。

BB　興味深い指摘ですね。そうなんです、彼女の背中が実に豊かな表現をするのだということは、幸運なことにぼく自身も撮影を通して発見したことでした。

ぼくは当初、この映画をVRやFPSのTVゲームのように、観客がエルシーとともに、あるいは観客自身がエルシーとしてその世界を歩き回ることができるような、きわめて主観的な映画にしたいと考えていました。ぼくはなるべくシンプルに物事を表現しようとしているのですが、たとえばある人について思いをめぐらすとき、実際の顔を見な

『エイス・グレード 世界でいちばんクールな私へ』

いほうがその人のことをより感じられることがありますよね。なぜならその瞬間、あなたはその人の感情を想像しているからです。この映画では、顔の見えない彼女の顔がそのまま観客の顔になる、つまり観客こそが彼女なんです。よく、フレーミングの画角の大きさによって画面の主観性が変わると言われます。対象に近く寄った画面ほど主観性が高くなる、みたいな。じゃあ背中から撮ってみるとどうなのか？その人自身の顔はまったく見えなくなるのに、実はそれがもっとも主観的な画面になるわけです。なぜならあなたが世界を歩いているとき、自分の顔は見えないのですから。これはとても興味深いポイントです。

しかし実際に撮影を始めてみてむしろ驚きだったのは、エルシーの動物的表現力でした。彼女には――あるいはあの年代の子供たちはみなそうかもしれませんが――、どこか動物っぽいところがありますよね。動物が耳を垂らしたり、背中を丸めたり、逆毛を立てたりして感情を表現するように。エルシーは身振り手振りやその姿勢を通して、恐怖などの感情を驚くほどに伝えられる。これは本当に偶然発見できたことでしたが、カバレッジ（抑えの画面）を撮っているときですら、エルシーにはそうしたものを感じたんです。

――ケイラという人物について、監督はご自身の投影ではまったくなく、「2018年の14歳の女の子」という、まったく理解不能な人物としてこの映画の中心に据えたとお話ししていました。本作のためのリサーチでは、そうした「別人」であるところの子供たちのありかたを調べるために、500個くらいのフェイクアカウントをつくって様々なSNSをリサーチしたと伺っています。その経験は、具体的にどのように本作に生かされているのでしょう。

BB　部分的にどうという話ではなくて、『エイス・グレード』そのものが調査の結論みたいなものなんですよ。ぼくはこの映画がインターネット上の様々なコンテンツや動画を基盤として成立したのだと考えたいんです。この映画で本当に捉えたかったのは、子供たちがつくったメディアのありかた。本当に驚くべき変化だと思うのは、ある子供が自分の携帯電話で撮影した動画をYouTubeにアップすれば、その間になんの媒介を挟むことなく、誰もがその動画を見れてしまうということです。東京に住む14歳の子供とぼく、あるいはデンバーに住む14歳の子と東京に住むあなたたちが直接繋がってしまう。これはすごいことですよね、今までには決して存在しなかった新しい親密な関係がネット上では築かれている。

ペンパル（文通）にも近いかもしれないけど、インターネットがそれとちょっと違うのは、一対一ではなく一対公の関係性になってること。まるで摩天楼の上で裸になってる、みたいにね。子供たちの動画は本当に感情をあらわにしていて、それを見る人たちもそこに親密さを感じ取ってしまう。極限的に公

『エイス・グレード 世界でいちばんクールな私へ』

共的であるとともに、ほとんど露出者のようなものでもあり、さらにはきわめて私的なものでもあるわけで……。

パフォーマンスって大きく二つあって、たとえば演劇のように他人に見せるために行われるものがあり、もう一方に祈りのように本質的には自分や自分の脳のために行うものがありますよね。でもケイラの動画のように、かけ離れたはずのそうした二つの性質がインターネット上にアップされた動画では、それが同時に実現されてしまっているわけで……。今はこれ以上うまく説明ができないんだけど、インターネットのもたらした非常に奇妙で親密な人と人との関係については、これまで映画でほとんど語られてきませんでしたよね。ぼくの仕事は、そのテーマを映画の中に持ち込むことなのだと思っています。

──バーナム監督はハミルトンさんとの対談でご自身はシネフィルではないと述べられていましたが、同時に「この映画には関係ないけど」と前置きして、ジョン・カサヴェテスの『こわれゆく女』(74) のピーター・フォークとジーナ・ローランズについてお話しされていました。『エイス・グレード』を見ていると、この作品の作り手は映画についてとてもよく知っているはずだ、と思わされてしまうのですが……。

BB　確かにあの対談のときはそんなことを言ったかもしれません、でも実はいまはちょっとシネフィルな気分なんです。ぼくはずっと演劇にのめり込んでいたから映画に目覚めたのは遅くて、たぶん、18、19歳くらいかな。だからそんなにたくさんの映画を観てきたわけじゃないんですが、その頃に初めて『カッコーの巣の上で』(76／ミロシュ・フォアマン監督)を観て、映画でこんなにすごいことができるんだと気づかされたんです。

──スマートフォンやPCの画面に映る自身をまるで鏡のように見つめるケイラの姿を見ていて、フランソワ・トリュフォーの『夜霧の恋人たち』(68) のジャン＝ピエール・レオーを思い出していました。子供の映画という観点では『大人は判ってくれない』(59) や『トリュフォーの思春期』(76) のほうがわかりやすく関連はあると思うのですが、登場人物としての彼女の姿は、子供時代ではなく、むしろ大人になったときのアントワーヌ・ドワネルの振る舞いに似ていると思ったんです。

BB　ええ、その通りですね！もちろん『大人は判ってくれない』も好きな作品ですが、この映画との関わりがあるのはそれとは違う作品だという意見はよくわかります。ぼくはいま映画をつくる上で、個々の俳優のスペックがどういうものかにはあまり関心がなくて、それよりも現場での演技が素晴らしいものであるかどうか、そのパフォーマンス性にこそ興味があるんです。トリュフォーやカサヴェテスの映画が大事に思えているのは、彼らの作品がいつも俳優との親密さを感じさせるものだからなんです。

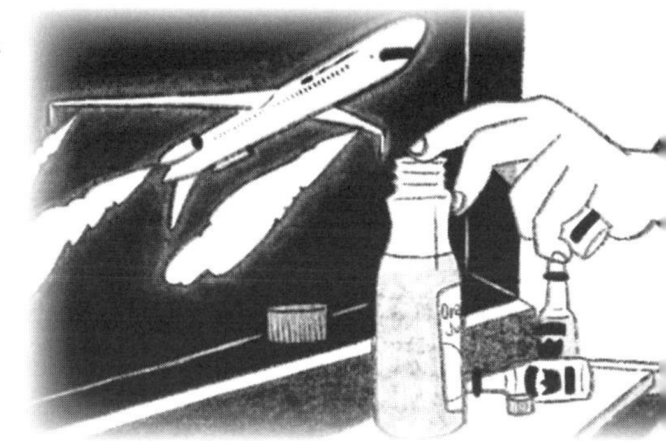

2010年代の巨匠たち

ロバート・ゼメキス

Robert Zemeckis

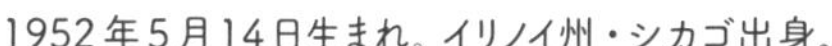

1952年5月14日生まれ。イリノイ州・シカゴ出身。
南カリフォルニア大学（USC）編入後、大学の上級生だったジョン・ミリアスの紹介のもと、スティーヴン・スピルバーグ監督の『1941』（79）の脚本に同級生のボブ・ゲイルとともに参加。その後1978年に『抱きしめたい』にてデビュー。1985年に発表した『バック・トゥ・ザ・フューチャー』にて時代の寵児となる。その後、『フォレスト・ガンプ／一期一会』（94）でアカデミー賞の作品賞・監督賞を同時受賞するなど、実写映画監督として確固たる地位を築いたが、2000年代は2作の実写映画を手がけたのち『ポーラー・エクスプレス』（04）『ベオウルフ／呪われし勇者』（07）『Diseney's クリスマス・キャロル』（09）といったCGアニメーションによる3D作品を連続して手がけ、いずれもその手法の可能性を追求した実験的な作風に評価が分かれた。2012年にデンゼル・ワシントン主演の『フライト』にて実写映画に帰還。

微笑みとハイヒール

ゼロ年代のほとんどを3Dアニメーション作品の制作に費やしたロバート・ゼメキスは2012年に製作された『フライト』で実写の2D作品に復帰を果たす。実写2Dでは2000年の『キャスト・アウェイ』が最後だから、2012年になってゼメキスはようやく21世紀最初の2D作品を監督したのである。そしてその冒頭、明け方の主人公の部屋のシーンではかつてのゼメキス作品では考えられないセックス、ドラッグ＆ロックンロールな光景をわれわれは観ることになる。窓からは朝の光が差し込んでいるはずなのだがどうみてもその部屋は夜の名残の中にあってアルコールと精液の香りがその空気を澱ませている。その鈍色の光の中で女は裸のまま立ち上がりトイレに向かい男はベッドの中で昨夜の残りのアルコールを飲んで目覚まし代わりにするというこの映画の始まりは、まさにその後のゼメキス映画の道筋を見事に象徴しているだろう。

10年代のロバート・ゼメキスの映画が語るのは、「酩酊せよ」というメッセージである。酔っ払え（『フライト』〔12〕）、空中を歩け（『ザ・ウォーク』〔15〕）、この「わたし」を不確かなものにせよ（『マリアンヌ』〔16〕）、足元を不安定にせよ（『マーウェン』〔18〕）と、どの映画からも悪魔の囁き声が聞こえてくるのだ。『フライト』の主人公は結局アルコールやドラッグの摂取を辞めない。本人の反省や周囲の計らいによって一時的には辞めもするが、酔っ払って気付のドラッグをキメ最後の法廷に出廷してすべてを台無しにするわけだ。あれは酔っ払い運転であった。操縦性を失った飛行機を天地反転させて運行しかろうじて墜落を回

『ザ・ウォーク』
発売中／Blu-ray：1,800円（税別）／発売・販売元：ソニー・ピクチャーズエンタテインメント（2020年1月時点の情報）

避して乗客を助けるなどということは酔っ払ってドラッグをキメていなければできる決断ではない。誰にもできない奇跡的な操縦であったことは確かだが、例えばそれを素面の時に果たしてできたかどうか。映画の中では誰もそんな問いかけはしないのだが、法廷が問題にしているのは乗客を救った奇跡的な操縦なのではなくアルコールやドラッグを摂取していたかどうかというただそれだけで、パイロットとしての操縦技術や事故の際の危機対応はもはや問題外、規則に従っていたかどうかわれわれのルールの中で生きていたかどうか、それが彼の心を苛むのだと言っていいだろう。しかしその決断や操縦が酔っ払いの仕業だったとしても、それ以外の方法で乗客を救うことはできなかったではないか、ならばわたしはどちらを取るのか、素面のまま思い切った決断もできずそのまま大事故を引き起こすのか、法に従うとはいったいどういうことか、ひいては生きるとはどういうことか、そんな思いが一時的にアルコールもドラッグも抜いていた彼の頭の中を駆け巡っていたはずなのだ。法廷での、アルコールもドラッグも摂取していたという発言の後で彼が見せるすがすがしさと映画の最後のショットにおける謎の微笑みは、法廷での発言の決断もまたアルコールとドラッグ接種の果てのものだったことに由来するのではないか。これでいいのだ。ただその肯定だけが彼を自由にする。あるいはわれわれを自由にすると言ってもいい。

映画の最後は刑務所で服役中の彼を、離婚した元妻と共に暮らして彼のことを軽蔑していた息子が訪ねてくるシーンである。息子は父親についてのエッセイを書きたいのだという。そのための取材訪問であるわけなのだがその最初の質問が「あなたは何者なのか？」というものであった。そしてそれに対して彼は謎の微笑みを返しこの映画は終わる。その質問と謎のほほえみを受けるように『ザ・ウォーク』は主人公の自己紹介から始まるわけだが、その時すでに空中に浮かんでいるかのように空をバックに上半身だけで映されている主人公は「僕にとって綱渡りは生きること“人生そのもの”だ」と語るのである。彼は実在の人物でワールドトレードセンターの両棟が完全にオープンする前の1974年8月、ふたつのタワーにケーブルをかけて綱渡りをしたことで世界を驚かせた人物である。自己紹介をする彼の背後に幻のようにワールドトレードセンターが浮かび上がる。この映画の製作時にはすでにワールドトレードセンターは無くなっているわけだしわれわれもそのこともその出来事も十分に承知しているわけで、もはや現実にはない失われてしまったふたつのタワーが生まれた時代へとわれわれは時間をさかのぼりつつ夢のような綱渡りを観ることになる。ふたつのタワーを結ぶ1本のケーブルが結んでいるのは、タワーの間でもありつつ、生まれたての時代とすでにない時代のふたつの時代だと言えるように思う。思い起こせば『バック・トゥ・ザ・フューチャー』(85)の最後、現在に戻るために過去を飛び立った主人公たちの後には、雷から電気をとるための1本の電線が長々と垂れ下がっていたではないか。

その不安定に揺れる1本のケーブルの上を歩けるかどうか。生きるとはただそれだけのことではないかと復帰後のロバート・ゼメキスの映画は、その態度を鮮明にする。男女のスパイ同士のラヴストーリーである『マリアンヌ』の冒頭は落下傘で砂漠に降りてくるブラッド・ピットの映像から始まるのだが、落下する主人公の見た目で写されたかに思われた風景の中に不意に落下する主人公の足が入り込みゆっくりと砂漠に落下して行く姿を映し出すそのショットの、いったい誰が見たものなのか不安になるばかりの危うさとその寄る辺ない浮遊感が、この映画のすべてであり主人公たちの人生でありそれを見るわれわれの生きる道であり3Dから復帰後のゼメキスがひたすら映し出してきたものである。

主人公は戦争が終わったら牧場を買いたいと言う。その牧場はメディシン・ハットの郊外にある夢のような場所だと語る。一方女は「変な地名　冗談ね」「場所は問題じゃないのね」などと返答し、その場所について具体的に語ってきたはずの男はその後「メディシン・ハットはどこにでもある」とも言うことになる。それは今ここではないいつかどこかを示す場所と言ったらいいか。物語の最後になって「マリアンヌ」であったはずの女はマリアンヌに成りすましたドイツのスパイであったということが判明する。もちろん彼女の本当の姿を最後までこの映画は語ることはない。マリアンヌも人名であると同時に「いつかそうなるかもしれない誰か」であったのだ。メディシン・ハットがどこにでもあるようにマリアンヌもどこにでもいる。その可能性と今ここの現実との間にひかれた想像上の道を映画は示し、われわれを挑発する。その危うい不安定なケーブルに身を任せられるかと。ちなみにメディシン・ハットはカナダ・アルバート州にある実在の場所で、その街を自身の小説に登場させたイギリスの作家ラドヤード・キップリングは、メディシン・ハットについて以下のように記しているという。「この国のこの辺りは、まるで地獄の底のように見える。地獄から地上に出る唯一の扉がメディスン・ハットにあるかのようだ」。(Travel Albertaより https://www.travelalberta.com/jp/articles/2018/01/hip-hat-medicine-hat/)

『マーウェン』で描かれる第二次世界大戦中のベルギーにあるという架空の村「マーウェン」は、主人公のマークと元カノのウェンディの名前をつなげたマークにとっての理想郷でもあり現実からの逃避の場所として描かれる。マークは、ハイヒールを履く趣味がありその趣味のために暴行に逢いその後遺症に苦しんでいるという設定である。この映画は実話がベースになっていて、実在のマークはニューヨーク州キングストンの郊外で2000年に暴行を受けた時38歳だったという。つまり彼は60年代前半の生まれで当然第二次世界大戦を体験しているわけではない。そのマークが自身のリハビリも兼ね、おもちゃ屋で仕入れた人形たちを現実世界で深いか

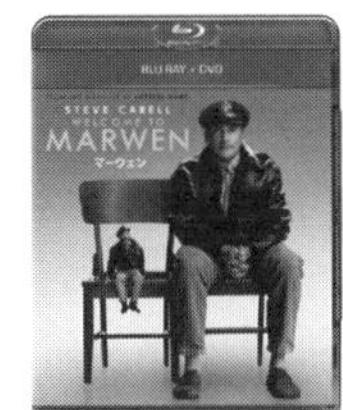

『マーウェン』
NBCユニバーサル・エンターテイメント／価格：ブルーレイ+DVD ¥3,990＋税 発売中

かわりのある人々に仕立て上げ、第二次大戦中の「マーウェン」とそこでの物語を作り上げていく。そのふたつの時代と場所のつながりについて、映画は何も説明しない。時代も場所もちがう「いつかどこか」がマークの「いまここ」に確実に貼りつくその強さと脆さだけが示されるのである。

　マークはいつでも瞬間的にマーウェンに行ける。しかし何の予告もなくマーウェンから現実に引き戻されてしまう。『ザ・ウォーク』や『マリアンヌ』にあったようなふたつの場所の距離はまったくない。空中での揺れも不安も到達したときの喜びもできなかった時の悲しみもそこにはない。マークは常に揺れていて不安定で喜びに満ち悲しみにあふれている。マークには距離がまったく必要ないのだ。なぜなら彼にはハイヒールがあるから。それさえあればアルコールもドラッグも飛行機もいらない。ハイヒールを履くだけで空中に浮かぶケーブルの上を歩くことができるのだし落下傘の空中浮遊も可能である。長い時間がかかったが物語の最後でマークはそのことに気づいたのだろう。医者からの薬を捨て、ハイヒールを履いてマークは堂々と歩く。そのヒールの細さの危うさがその歩行を支える。それでいいのだ。ヒールを履いて酩酊しようとマークがわれわれを誘う。ああそうだそれでいいのだそれで誰もが自由になると『フライト』の主人公が微笑み返す、それが『フライト』の最後のショットだったのだ。「あなたは何者なのか？」と問う息子に微笑み返すデンゼル・ワシントンの瞳には、マークの履いたハイヒールが映っていたはずなのだ。男たちよ、ハイヒールを履いて街へ出よう。ロバート・ゼメキスの映画はこうやって世界を挑発し続けるだろう。そして世界はもっと楽しくなる。

樋口泰人（映画批評）

2010年代フィルモグラフィ	
2011	『少年マイロの火星冒険記3D』（製作）
	『リアル・スティール』（製作）
2012	『フライト』（監督）
2015	『ザ・ウォーク』（監督）
2016	『マリアンヌ』（監督）
2018	『マーウェン』（監督）

Illustration: YUKO KAGAWA

2010年代の巨匠たち

クエンティン・タランティーノ

Quentin Tarantino

1963年3月27日生まれ。テネシー州・ノックスビル出身。
イタリア系アメリカ人の家系に生まれる。映画ファンの母親の影響で幼少時代から映画館に通い、ブライアン・デ・パルマやハワード・ホークス、セルジオ・レオーネといった監督に憧れを抱く。20代に入り働き始めたビデオショップにて、膨大な作品を見続けながら1987年に自主制作作品『マイ・ベスト・フレンズ・バースデイ』を監督。1992年、脚本を読んだハーヴェイ・カイテルが出演・製作補に名乗りを上げ、『レザボア・ドッグス』を発表。『トゥルー・ロマンス』(93)の脚本、『ナチュラル・ボーン・キラーズ』(94)の原案を担当しつつ、1994年に『パルプ・フィクション』を発表。本作は第47回カンヌ国際映画祭パルム・ドール、第64回アカデミー脚本賞を受賞、一躍世界的な名声を得る。以後も『ジャッキー・ブラウン』(97)、『キル・ビル』二部作(03–04)、『デス・プルーフ in グラインドハウス』(07)など、独自の世界観を有した過激な作品を数年に一度のペースで発表し続けている。

大胆な脚色世界

クエンティン・タランティーノは決して多作な監督ではない。順調に撮っているとはいえ、2010年代は『ジャンゴ 繋がれざる者』(12)『ヘイトフル・エイト』(15)『ワンス・アポン・ア・タイム・イン・ハリウッド』(19)の三作となる。また、一人の作家を綺麗に10年単位で区切りをつけられるものではもちろんなく、2010年代のタランティーノ作品の萌芽は『イングロリアス・バスターズ』(09)に色濃く始まる。

この作品において、多言語を自由自在に操る者という役者の役割は大きかった。クリストフ・ヴァルツ、ダニエル・ブリュール、ダイアン・クルーガー、マイケル・ファスベンダーという複数の言語を悠々と使いこなす俳優たちによって、本作はある種の柱を作り上げているといってもいい。言語の越境者だけが持つ、スマートで他人の秘密に入り込めてしまう孤独な魅力とでもいうべきものが溢れていた。

『イングロリアス・バスターズ』が2010年代のアメリカ映画に与えた影響は、前述の俳優たちがその後マーベル・シネマティック・ユニバースや、007シリーズで活躍したことにも如実に表れているだろう。マイケル・ファスベンダーが「X-MEN」シリーズでマグニートーを演じた際、最初の登場シーンで我々に強く印象を与えたのは、ドイツ語、フランス語、英語を自由に操りアウシュビッツ時代の復讐を果たしていく姿だった。このマグニートーは国籍や人種を逸脱する意味で、『イングロリアス・バスターズ』でファスベンダーが演じた、アーチー・ヒコックスの延長線上に感じられる。またダニエル・ブリュールはドイツの俳優というイメージが強かったが、今では国籍に縛られない役柄で、様々な国の映画で引っ張りだこ

『ジャンゴ　繋がれざる者 ブルーレイ＆DVDコンボ（2枚組）【通常版】』
発売中／Blu-ray&DVD：4,743円（税別）／発売・販売元：ソニー・ピクチャーズ エンタテインメント（2020年1月時点の情報）

となっている。MCUの『シビル・ウォー／キャプテン・アメリカ』（16）において、彼が架空の東欧の国ソコヴィアの元軍人という大役で出演しているのも、『イングロリアス・バスターズ』に根差したキャスティングに思える。

タランティーノ自身の他言語性への興味も続く。クリストフ・ヴァルツは『ジャンゴ　繋がれざる者』ではドイツ人で英語とフランス語にも堪能な歯科医、キング・シュルツという役で登場した。本作でレオナルド・ディカプリオが演じる、悪役カルヴィン・キャンディはフランスかぶれであるが、シュルツが堪能なフランス語で応対しようとすると、キャンディの弁護士が「彼はフランス語が話せないから使うな」と牽制するユーモラスなシーンもある。タランティーノの映画でのクリストフ・ヴァルツは、優雅な多言語の使用によって人の心を透視するような恐ろしい存在にもなれば、心に沁み込む庇護者にもなりうる。この言語を境に善悪が裏返った存在のあり方は、『イングロリアス・バスターズ』と『ジャンゴ　繋がれざる者』の2作で初めて完成する役柄といえるのではないか。

ちなみに『キル・ビル』でユマ・サーマンが墓地に埋葬されてしまうシーンの墓石名はポーラ・シュルツ。どうやらキング・シュルツの妻という裏設定があるらしい。タランティーノ・ユニバース内では映画をまたがって同じ血筋の人間が登場したり、キャラが多重になっていたりする遊びが結構多い。『デス・プルーフ inグラインドハウス』（07）で追いつ追われつの関係となる、それぞれにスタントマンであるカート・ラッセルとゾーイ・ベルが、『ワンス・アポン・ア・タイム・イン・ハリウッド』ではスタントマン夫婦として登場す

『ヘイトフル・エイト』
価格：¥1,143（税抜）／発売中／発売・販売元：ギャガ

るのも、ファンへの楽しい目配せだ。

2010年代を迎えてタランティーノが迎えた大きな変化は、それまでの全作品の編集を担当していたサリー・メンケが2010年に亡くなったことも大きいだろう。彼女亡き後の編集は、すべてフレッド・ラスキンが担当している。ラスキンは「ワイルド・スピード」シリーズや「ガーディアンズ・オブ・ギャラクシー」シリーズも手掛けるエディターで、それらではスポーティーな編集をみせるが、タランティーノ作品ではじっくりとしたテンポで、どことなく格調高さも漂わせる仕事ぶりとなっている。2010年代以降のタランティーノ作品が文学的で渋さも湛えているのは、ラスキンの編集という成果も大いにあると思う。

そして“タランティーノ風”といわれる作劇法もある。時間軸の大きな入れ替えを指し、フラッシュフォワードの拡大版のように未来のシーンが突如として始まり、映画が進むにつれて過去も描かれ、初めてはめ込まれた時間軸がわかるようになるという作劇法だ。これを真似した自主制作映画は、みんな“タランティーノの影響下で生まれた”と呼ばれたものだ。タランティーノ自身も決してその手法を手放したわけではなく、『ヘイトフル・エイト』ではミステリーの謎解きとしても威風堂々と活用しており、彼の中では古びた方法ではない。しかしプラスアルファで用いられる他の演出法が増えたため、いまでは時間を錯綜させることだけがタランティーノ風を指すわけではなくなってきている。

タランティーノの特徴といえば、他にも冗漫な会話劇がある。中身のなさで突き進んでいきながら、話のテーマは散らからない芯の強さもあって、それゆえに意外とこの手法を真似する若手の監督を見ない。安易に真似をするのがとても危険な方法であるのは、誰もが察するところなのだろう。冗長な会話はヌーヴェル・ヴァーグの映画にも登場するが、そこでは哲学論なり恋愛論なりで話題も充実している。ひとつのテーマで会話をしつつ空疎、という特徴は2010年代に入ってからもタランティーノの独擅場だ。

最新作の『ワンス・アポン・ア・タイム・イン・ハリウッド』を語る上では、再び『イングロリアス・バスタ

『ワンス・アポン・ア・タイム・イン・ハリウッド』
Blu-ray 2,381円(税別)／DVD 1,410円(税別)
発売・販売元:ソニー・ピクチャーズ エンタテインメント(2020年1月時点の情報)

ーズ』を引き合いに出さないわけにいかない。『イングロリアス・バスターズ』を観た際に驚かされたのは史実の堂々たる改変だ。タランティーノは1945年に自殺したアドルフ・ヒトラーを、他の方法で死亡させるという驚きの展開を見せた。ちょっとした史実と脚色を混在させるのはよくあることだが、決定的な死にざまに手を加えるのは大胆な脚色であり、この設定には度肝を抜かれた。

史実のなかに架空のキャラクターを交じり込ませた場合、多少のいびつさを生み出すものだ。『ワンス・アポン・ア・タイム・イン・ハリウッド』では、ブルース・リーが白人と対決したらどうであったかの解釈を巡ってひと悶着あったのも記憶に新しい。もちろんそれが上手く転べば、レオナルド・ディカプリオ演じるハリウッド俳優リック・ダルトンが、イタリアのB級ホラーやアクション映画の名手、アントニオ・マルゲリーティ監督の作品に出演している夢の設定が見られたりする。

『ワンス・アポン・ア・タイム・イン・ハリウッド』で史実に則ったキャラクターの代表は、シャロン・テートだ。マーゴット・ロビー演じるシャロンはロマン・ポランスキーと幸福な結婚生活を送り妊娠中でもある。そこに現れるマンソン・ファミリーの姿を見て、現実の出来事を知る観客は健やかで明るいシャロンの姿に胸が痛むが、タランティーノは本作でも思いがけない史実の改変で我々を驚かせた。それは悲劇的な現実に対して、せめて物語の中では、翳りのないもうひとつの人生を与えたいという手向けの映画となった。監督引退や、「いや10作目も撮るらしい」などと取り沙汰されるタランティーノだが、2010年代の最後は飛び切りの優しいセンチメンタルさで締め括られたのだった。

真魚八重子(映画文筆)

2010年代フィルモグラフィ	
2012	『ジャンゴ 繋がれざる者』(監督・脚本)
2015	『マイ・ファニー・レディ』(出演)
2016	『ヘイトフル・エイト』(監督・脚本)
2018	『ワンス・アポン・ア・タイム・イン・ハリウッド』(監督・脚本)

Illustration: AMKOROMOCHI

2010年代の巨匠たち

デヴィッド・O・ラッセル

David O. Russell

1958年8月20日生まれ。ニューヨーク州・マンハッタン出身。
ロシア系ユダヤ人の父親とイタリア系アメリカ人の母親の中産階級の家庭で育つ。13歳のとき、学校行事の一環でスーパー8を用いて初めての映画を制作する。アマースト・カレッジ卒業後、短編映画の製作・監督を経て1994年に『Spanking the Monkey』にて長編デビュー。1999年に発表した『スリー・キングス』はホワイトハウスで上映されたことも大きな話題を集め成功を博したが、イラク戦争帰還兵への取材を中心としたドキュメンタリー作品『Soldiers Pay』(04)、マーク・ウォールバーグ、イザベル・ユペールら豪華キャストで撮影されたコメディ『ハッカビーズ』(04)は興行的に振るわず、2000年代後半は息を潜めていた。しかし2010年に発表したボクシング映画『ザ・ファイター』にてアカデミー賞7部門に選出、助演男優賞・助演女優賞を受賞し、カムバックした。

タフな女は僕におまかせ! 遅咲き君の大逆襲

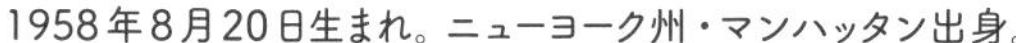

デヴィッド・O・ラッセルが"2010年代の巨匠"——と、企画書を頂いた時、妙にしみじみしてしまった。思えば1994年、インディ作家の登竜門サンダンス映画祭で長編デビュー作『Spanking the Monkey』が観客賞に輝くのを見届けてから既に四半世紀。かつての新鋭ラッセルも巨匠の呼称にふさわしい歳月と経験と成果を積み重ねてきたのねと改めてしみじみを噛みしめる。噛み締めつつ実はそのデビュー作(母子相姦というスキャンダラスな筋を抱えながら、それよりは壊れた家庭のいらいらと思春期のもやもやを低予算の縛りのなかで繊細に誠実に物語り、いっそ爽やかな後味さえ残す青春映画となっていた)にこそ心惹かれはしたものの、その後のラッセル映画にはインディとハリウッドとが互いにすり寄る1990年代後半から2000年代への流れの只中で、もひとつ本気で好きとはいえないものを感じていたなあと思い出す。が、だからこそ2010年代のアメリカ映画を背負うひとりとなったラッセルと改めて向き合ってみる意味もあるのだと、ちょっと性急に思い込んだりもしてみる。なぜならラッセルが気になる監督として"再登場"してきたのがまさに2010年、『ザ・ファイター』の時だったから。そうして自ら「ベスト」と認めるこの快作以前と以後とでは実際、ラッセル映画の成熟度が激変しているようにもみえるから。というわけで『ハッカビーズ』(04)から6年の沈黙を経て放たれた起死回生の一作の磁力をまずはみつめてみたい。

『ザ・ファイター』は実在のボクサー、ミッキー・ウォードと異父兄ディッキー・エクランドを軸に、うっとうしくも懐かしい家族というものをめぐる普遍的物語を語る。兄と弟。母と息子と恋人。憧れ、嫉妬、保護と束縛。やっかいな血の絆。そうしてミーンストリートで互いを支え合うもうひとつの家族ともいうべ

『アメリカン・ハッスル スペシャル・プライス』DVD & Blu-ray好評発売中／ブルーレイ¥1,800+税 ／DVD ¥1,200＋税／発売元・販売元：ハピネット

き地元の人々との関係。映画はネット上にいかにも稀薄な仮想の絆が蔓延する以前の世界、そこに息づいていた濃密な人の思いや感情を慈しみ、誰にも覚えがある筈の家族や界隈をめぐる物語、その普遍の質の神髄をぶち抜くドラマを結晶させる。カリスマ的な兄と踏み石の座に甘んじてきたやさしい弟の愛憎。主役の座の交代。そんな兄弟の物語に拮抗するのが怪物的な母アリスと、彼女の支配と抑圧からミッキーを引き剝がし自立したひとりとしての人生をとけしかけるタフな恋人シャーリーン、強さの鎧で脆さを隠蔽する似たもの同士の女ふたりの対決だ。

大学を中退、バーのカウンターで日銭を稼ぐシャーリーンの今はそこにたむろする男たちとも大差のない敗者の諦めに満ちている。デートに誘う初対面のミッキーに「どうせ結婚しているんでしょ」と荒い言葉を投げ返す彼女に染み付いた男への不信感。心の傷を負う度にタフの武装を固めてきた女の悲しさが胸に迫る。そんなひとりの悲しさが若くして父親の違う9人の子を抱えながら生き抜いてきたアリスの軌跡を映す鏡ともなっていく。

ヒールの靴とミニスカートでもう若くはない今もなお女であり続けるアリスは、マサチューセッツ州ローウェルの貧しい白人労働者階級の界隈に生息するある種のタイプ、その真実味を射ぬきながら同時にまた『グリフターズ／詐欺師たち』(90)『ミリオンダラー・ベイビー』(04)『ブラック・スワン』(10)等々、銀幕で出会ったやっかいな母たちの記憶も体現してみせる。ちなみに『ブラック・スワン』の監督ダーレン・アロノフスキーが降りて、代わりにメガホンをとったラッセルが、企画を引き継いだ段階では脇に置かれていた女たちの要素を前面に押し出したと述懐しているのは、映画の成果、さらには監督の歩みを振り返る上でいかにも興味深い。“雇われ仕事”であったものをまぎれもないラッセル映画としたのが、タフで悲しい女たち、とりわけ母の存在とみえること。振り返れば母、強い女たち、家族の桎梏(しっこく)という古めかしいテーマはデビュー作以来、ラッセルの映画歴を支える背骨に他ならなかった。

横暴な父の命令で骨折＋更年期鬱の母の介

護のため夏休みを犠牲にする『Spanking the Monkey』の名門大学生。実の親を求めて旅する『アメリカの災難』(96)の主人公。"実存探偵"の指導の下、自分探しに右往左往する『ハッカビーズ』の迷える息子、彼の先にも両親の影が元凶として浮上した。笑えるほどに悲惨な家族の物語をシニカルさに包んだ2本のコメディはしかし、洗練と引き換えに処女長編の真摯な目を放棄したような物足りなさも感じさせた。とりわけ湾岸戦を痛烈に皮肉ったハリウッド進出作『スリー・キングス』(99)で試みた、よりビジュアルな物語りの作法を踏襲してもいる『ハッカビーズ』では、"9.11"を経たアメリカ人のリアルの揺らぎをモチーフのひとつとしつつ、往時、「つるんでいた」というスティーブ・ジョーンズやソフィア・コッポラ、ウェス・アンダーソン等、ゼロ世代の作家たちの世界の浮遊感、その魅力をどこか無理して取り入れようとあがく少し年上の"遅咲き君"ラッセルの苦しさのようなものが目について、見ている方もなんだかなあと辛くなる。心の機微を芯にした『ザ・ファイター』以降のラッセル映画とは対照的に「頭」で作ったともらす監督自身の反省の弁に深く頷きたくもなる。

1958年生まれ、年齢でいえばジャームッシュやコーエン兄弟というもう一世代前のインディたちに近いラッセルの遠回りなキャリア、そのユニークさにも注目しておきたい。映画科出身でもなく、熱烈な映画狂というわけでもなさそうなラッセルはニカラグァの革命に心躍らせた1980年代、現地に入って子供たちの教師を務め、その後もボストンの移民居住区の住宅環境向上に努める等々、社会活動に身を投じる。そこで短編ドキュメンタリーを手がけることで映画作りへの道を歩み始めた。映画づけで純粋培養されたオタクな監督たちが蔓延したタランティーノ以降のアメリカ映画の中で生の実感を備えた強味(裏腹の"おしゃれ"映画コンプレックスみたいなものがなくもなさそうな点も見逃せない)をその歩みに確認すると、地に足つけて家族という主題と対峙しリアルな感情の物語を描き上げた『ザ・ファイター』は繰り返せば監督ラッセルにとって、その主人公同様、闘う大人としての新たな一歩を自らの意志で踏み出した節目の一作といえそうだ。

離婚、息子の精神の病、母の飲酒問題といった個人的難題に加え、キャリアの上でも政治風刺をのみこんだロマンチック・コメディ『Accidental Love』(『Nailed』として08年より携わったが撮影中に降板、15年監督スティーヴン・グリーン名義で米限定公開、19年『世界に一つのロマンチック』の邦題で日本公開)の頓挫を乗り越え放たれた『ザ・ファイター』以後、2010年代のラッセルの成熟ぶり。それは心に傷をもつ男と女をめぐるロマンチック・コメディとかいつまんでしまうにはあまりに惜しい濃やかな人情ドラマ、家族の、界隈の物語、一筋の夜明けの光の到来を信じて生き抜

『ジョイ』
ブルーレイ発売中／20世紀フォックス ホーム エンターテイメント ジャパン

く人々の、つまりはアメリカ映画ならではのオプティミズムの美しさを湛えた涙ぐましくもおかしく、狂っているのにハートウォーミングなドラマ『世界にひとつのプレイブック』(12)でもいっそう見逃し難く映画のすみずみに感知される。キャプラの『素晴らしき哉、人生』(46)を繰り返し見たというラッセルの映画の好ましい古めかしさは続く『アメリカン・ハッスル』(13)にも見て取れる。1970年代に起きた収賄事件を下敷きにした映画は同じく実話をベースにした『ウルフ・オブ・ウォールストリート』(13)以下、同時期のバブルに踊る野心＋欲望系の“アメリカの夢”ものと比べる時、詐欺師と愛人と妻、FBI捜査官(ここにもいる怖い母!)、騙される市長にしても微笑ましい世知辛さを迷いなく浮上させ、そこに漂う人間味、それを愛でる古風さで監督ラッセルの世界を完成させていく。常連俳優を率いてオスカー以下の賞レースでもポイントを稼ぐラッセルの下では、過去の栄光にあぐらをかくような脱力的マンネリ演技に終始しがちだったデ・ニーロもまた息を吹き返し快／怪演をきめている。そんなふうに“アクターズ・ディレクター”との評価を固めたラッセルが、いっぽうで視覚面での試みの心もきめきめのキャメラの動きに解き放ち、70年代ファッション共々、グラマラスに『アメリカン・ハッスル』の醍醐味を倍増させた点も忘れ難い。やはり実在の女性発明家の成功物語を下敷きにしつつ祖母・母・娘をめぐる女性映画を差し出す『ジョイ』(15)でもラッセルはメロドラマの中にTVソープドラマを入れ子構造にしてみせたり、“決闘”の場に向かうヒロインを切り取る終盤、舞う雪にウエスタン風味をからめたりと映画映画したビジュアルを畳み掛ける。物語を破たんさせないぎりぎりの所で視覚的スリルを成立させていく。ただし見せることへの欲望がこれ以上、抑制を欠いてくると『ハッカビーズ』の支離滅裂状態の二の舞も――と、些か不安にもなる。この欲望をいかにコントロールするかが真の巨匠となるための試金石なんて、老婆心からのひと言を最後に小声で添えておこう。

川口敦子(映画評論)

2010年代フィルモグラフィ	
2010	『ザ・ファイター』(監督)
2012	『世界にひとつのプレイブック』(監督・脚本)
2013	『アメリカン・ハッスル』(監督・脚本)
2015	『Accidental Love』(監督・脚本／降板)
	『ジョイ』(監督・脚本・製作)

Illustration: AMKOROMOCHI

2010年代の巨匠たち

デヴィッド・フィンチャー

David Fincher

1962年8月28日生まれ。コロラド州・デンバー出身。
カリフォルニア州で幼少期を過ごし、その後オレゴン州に移住。1980年頃よりアニメーターとして映像制作の世界に参入、1983年にビデオ製作会社Propaganda Filmsを設立。数多くのミュージック・ビデオやCMを製作する。1992年に『エイリアン3』で長編映画監督デビュー。莫大な予算で制作は始まったが、脚本や出演者における問題が積み重なり、完成した作品の評判は芳しくなかった。95年の監督第2作『セブン』、99年の第4作『ファイト・クラブ』が世界中で大ヒットを記録し、一躍世界的な名声を得る。2013年にはHBO製作にてドラマシリーズ「ハウス・オブ・カード 野望の階段」の製作総指揮を務め、活動のフィールドを広げている。

デヴィッド・フィンチャーの明るすぎる部屋

——凪いだ海の表面と同じように、
私は目で走査することしかできないのだ。
ロラン・バルト『明るい部屋』

『エイリアン3』(92)では、エレン・リプリーは鏡を二度覗き込む。一度めは、鏡の曇りを掌で拭って、そこに映る剃髪したじぶんの新しい姿を見つめるため、二度めは、医療用スキャナーが彼女の身体の奥を走査した映像を見つめるためである。

鏡でじぶんを確かめるとは、既成の自己イメージとの間にずれがないかの確認であり、たとえ外貌が変っても毀損されることのない、何らかのじぶんの痕跡の確認でもあるだろう。ところが、鏡は覗き込んだフレームの中に、しばしば深甚な不一致を浮かび上がらせてしまうときがある。

このずれは、『エイリアン3』では、私たちに見えている人間としてのリプリーと、スキャナーに見えているエイリアンの母体としてのリプリーの、ふたつの鏡像として差し出される。このずれを解決するため、リプリーは怪物の胤を裡に抱えたまま、熔鉱炉の炎の中に消える。不一致をひとつに溶かして、辛うじて映画は終わるが、こうして始まったデイヴィッド・フィンチャーのフィルモグラフィの底には、このずれが、ずっと残り続けることになる。

70年代初頭の実在したシリアルキラーによる未解決の連続殺人事件を扱った『ゾディアック』(07)を思い出そう。丹念な捜査が、ひとりの容疑者に向けて徐々にフォーカスしてゆく。ところが、この男と真犯人がようやく一致するかと思われるたびに、別の証拠がそれを否定し、ふたつの像の間のずれは、決して収斂することない。

事件に取り憑かれ、調査のために安寧な生活も

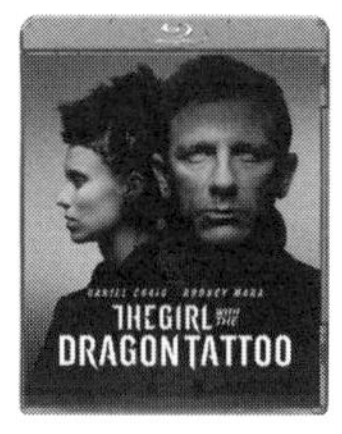

『ドラゴン・タトゥーの女』
発売中／Blu-ray：2,381円（税別）／発売・販売元：ソニー・ピクチャーズ エンタテインメント／（2020年1月時点の情報）

破壊してしまった漫画家が、真犯人だと確信している男の前に立つ。男は、明るい陽光の射し込む雑貨屋の中で働いている。漫画家は、少し離れたところに立ち、こちらの視線に気づいた男の眼を、覗き込む。そして、店を出る。

フィンチャー自身が繰り返し述べているように、『ゾディアック』は真犯人を告発する映画ではない。連続殺人の現場を撮るとき、フィンチャーはその都度、殺人犯を演じる役者を入れ替えたという。それは、宙吊りのまま解消されることのないふたつの像の不一致と、そこから生じる焦燥や憤怒や無力感を、より黒々と想像させるための処置だったのではないか。

続いてフィンチャーが『ベンジャミン・バトン 数奇な人生』(08)を撮ったのは、『ゾディアック』を撮ることで引き受けた消耗から恢復するためだっただろう。老人のように生まれ、新生児のように死んでゆく男と、彼を看取ることになる女の友愛を描いたこの映画だけが、フィンチャーのフィルモグラフィの中で唯一、不一致は解消されたと堅く信じて終わるからである。

老女の腕に抱かれて、いよいよ長い人生の終わりを迎えようとしている幼子が、ふいに眼を開いて、女の顔をじっと見つめるシークェンスを思い出そう。もう記憶を失っているはずの男だが、最期の瞬間、「私が誰なのかを、彼は、はっきり思い出した」と、老女は断言するのだ。

しかし、『ベンジャミン・バトン』での合一の幸福は、いちど限りのファンタジーだった。そもそも、この映画は2005年夏のニューオリンズへのハリケーン・カトリーナの襲来を背景にしている。レベッカ・ソルニットの言葉を引くなら、このハリケーンは、単なる自然災害ではなく、「アメリカ史上、匹敵するものがないほどの大破壊」である。それは、災害発生後に「メディアや当局が作り上げた凶悪犯だらけの神話的な町」という「彼らのイマジネーションの中にしか存在していなかった」恐怖によって引き起こされたパニックで、被災地の現実が覆い隠される不一致が生じたために、迅速な救助や支援が行われず、夥しい命が失われたからである。

そこに不一致があるにもかかわらず、ずれに対する違和感も苛立ちもまるで存在しないかのように、のっぺりと覆い隠されてしまう、という不一致。

フィンチャーは『ソーシャル・ネットワーク』(10)以降、この不気味なずれを、透明なガラスの部屋を用いて撮る。

ガラス張りのミーティング・ルームでたった独り、ザッカーバーグがノートPCを開いて、フェイスブックを食い入るように見つめている。それは、彼が他人や社会とは斯くの如きものであると信じている、世界認識のフレームだ。じぶんが世界を見たいように見るためのフレームの中に、皮膜のようにぴったりと張り渡した鏡。フィンチャーの映画では、この鏡のあらわれこそが、透明なガラス板でぐるりを閉ざした部屋なのである。

一見すると、それは外に対してオープンで、シームレスに繋がっているように見える。だがそこには、不透明な目隠しの壁よりも、ずっと強固な隔てがある。

建築家のフィリップ・ジョンソンは、自邸の「ガラスの家」について、「板ガラスのいくえにも重なり合った反射が、家を透かして見える向うの景色と二重になってガラス面にある種の硬さを与えている」と書いた。この「板ガラスのいくえにも重なり合った反射」を操作することで、「透かして見える向うの」世界を、こちらの視線に支配された「景色」に変え、自己防衛の「硬さ」を手に入れる。素通しのガラスの部屋の中にいるということは、外と隔てるガラスのスクリーンに、「外界の現実の光景のうえにそれと瓜二つの光景が重ね合わされて投射される」(田中純)ことで、じぶんの見たい／見せたいものだけを映す鏡の中への、頑強な立て籠もりに他ならないのだ。

そうであるなら、ガラス面の鏡像と「外界の現実」とのずれに意識が向かないように、フレーム内の「瓜二つの光景」だけを凝視する視線を、一瞬たりとも外させないようにするしかない。だからこそ、『ソーシャル・ネットワーク』で、ザッカーバーグが最も激怒したのは、サーバがダウンして、フェイスブックが見られなくなる可能性がちらついた瞬間だったのである。

「ハウス・オブ・カード」(13–18)では、ケヴィン・スペイシーの演じた下院議員が、画面の向こうからこちらをまっすぐ見つめながら語りかける視線こそが、フレームの支配を担う。彼は、じぶんを名うての策略家のようにみせることを好むが、実際には多くの局面で、主導権を相手に握られ、なかなか思惑どおりに運ばない。

この不一致を暴露するガラスのスクリーンに対して、彼は、隔てが透明であることを利用して、罠に変える。フレームの向こうに視線をまっすぐに注いだまま、ガラス面に密着して、彼は、哀れな権力の道化を演じる。軽薄な視聴者の窃視も、いと高き者の酷薄な蔑視も、正面からやってきた彼の触覚的な視線によって、フレームの奥に引きずり込まれる。スクリーンに対する距離は無効にされ、互いの視界はガラス面の表と裏から癒着し、固着する。あとは、共有させたスクリーンに、見せたい景色を投射し、現実とのずれを糊塗すればよい。こうして相手は、議員のガラスの部屋に併呑されるのだ。

『ゴーン・ガール』(14)にも、双子の兄妹や監視カメラなど、夥しい鏡のイメージが溢れているが、失踪した妻が、夫と奇跡の再会を果たして、警察署から素敵なわが家に戻るまでのシークェンスを思い出そう。家に入るとすぐ、夫婦は一糸纏わぬ姿になって、ガラス張りのシャワールームの中に閉じこもる。

薄幸で貞淑な妻の中には、『エイリアン3』のリプリーのように、肉眼では見ることのできない獰猛な怪物が胚胎しており、この妻のずれを、夫は熟知している。しかし、鏡面を破って怪物が飛び出してくることを容認すると、ずれは解消されるが、夫婦生活も破綻する。ガラスの部屋の中で夫婦は、鏡面に投射された「彼らのイマジネーションの中にしか存在して」おらず、現実とは「瓜二つ」だが実際には何も一致しないイメージを、ふたりのたったひとつの確かな「現実」として投射し、守り育ててゆくことを選択するのだ。そして、ついにガラスの箱の中に囚われた人間たちのことだけを思う存分に描くために、商業映画の枠を外してフィンチャーが取り組んだのが、「マインドハンター」(17-)である。

しかし、実のところ、明るすぎるガラスの部屋の中にいるのは、始終それに直面させられている「マインドハンター」の捜査員たちや『ゴーン・ガール』の夫婦だけではない。現実を隔てて眼の前に立つ鏡面を見つめながらガラスの部屋に立て籠もっているのは、私たちである。フィンチャーが映画を撮って

『ゴーン・ガール』
ブルーレイ発売中／20世紀フォックス ホーム エンターテイメント ジャパン

いるのも、当然この部屋の中だ。出口なし、だろうか？

「マインドハンター」や『ゾディアック』を経た私たちは、迷宮入りの事件が解決し、償いが行われる『ドラゴン・タトゥーの女』が、『ベンジャミン・バトン』の合一の確信と同じ例外であることを承知している。しかしこの映画には、フィンチャーの信念のようなものが垣間見える。

映画の冒頭では、ひとりの少女の失踪事件を、さまざまな証拠や証言を繋いで再構成したイメージが、スクリーンの上に投射されている。しかしその既成のイメージでは、なぜ少女が消えたのかを説明できない。事件のイメージは、古い押し花のように固着して、動けずにいる。

新しく雇われた探偵が、忘却されていた古い写真の束をスキャナーで取り込み、コマ送りにして動かしてゆく。すると、失踪直前の少女の表情が、通りの向こうに何かを見つけて、みるみる翳ってゆくさまと、彼女の後ろで炸けたインスタマチック・カメラのフラッシュの閃光が、移ろうイメージの只中に発見される。もちろん、ここには肝心の何かは映っていない。しかし、通りの向こうにそのとき、確かに存在していた何かからの反射を受けて、その媒質として、少女の表情は曇り、カメラのフラッシュは閃いたのだ。それはガラス面の上を一瞬よぎるだけの、とうてい証拠とは呼べないような代物だが、このことだけは間違いない。

探偵は、この脆くたなびくイメージのまわりに、以前は取り上げられなかった別のイメージを掘り出し、突き合わせ、新たなモンタージュを試す。こうして新しく編集しなおされた事件のイメージが投射されることで、犯人が隠れ蓑にしていたガラス面の反射の「硬さ」が変わる。不一致が迫り出し、罪が暴露される。もちろん、犯人が潜んでいたのは透明なガラスの邸だった。そして最後も、クラッシュした車の窓ガラスの中に閉じ込められて、罰を受けるのだ。

西田博至（批評家）

［参照文献］

ロラン・バルト『明るい部屋』（花輪光訳、みすず書房）
レベッカ・ソルニット『災害ユートピア』（高月園子訳、亜紀書房）
『フィリップ・ジョンソン著作集』（デイヴィッド・ホイットニー編、横山正訳、ADAエディタトーキョー）
田中純『ミース・ファン・デル・ローエの戦場』（彰国社）

2010年代フィルモグラフィ	
2010	ソーシャル・ネットワーク
2011	ドラゴン・タトゥーの女
2014	ゴーン・ガール
2018	蜘蛛の巣を払う女（製作総指揮）
2019	ラブ、デス&ロボット（製作総指揮）
2013-18	ハウス・オブ・カード 野望の階段（製作総指揮・監督）
2017-	マインドハンター（製作総指揮・監督）

Illustration: YUKO KAGAWA

2010年代の巨匠たち

M・ナイト・シャマラン

M. Night Shyamalan

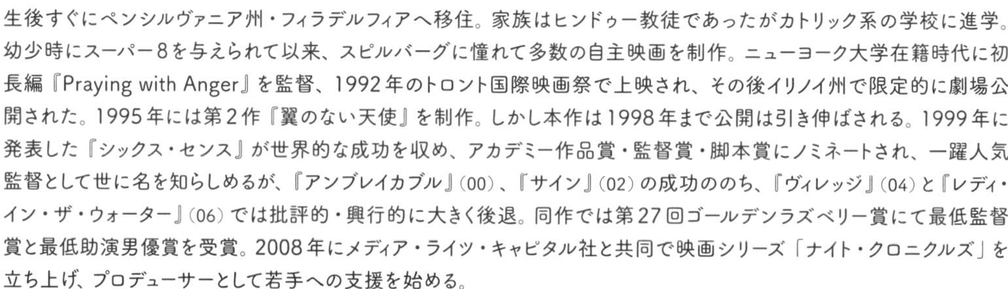

1970年8月6日生まれ。インド・ポンディチェリーマへ出身。
生後すぐにペンシルヴァニア州・フィラデルフィアへ移住。家族はヒンドゥー教徒であったがカトリック系の学校に進学。幼少時にスーパー8を与えられて以来、スピルバーグに憧れて多数の自主映画を制作。ニューヨーク大学在籍時代に初長編『Praying with Anger』を監督、1992年のトロント国際映画祭で上映され、その後イリノイ州で限定的に劇場公開された。1995年には第2作『翼のない天使』を制作。しかし本作は1998年まで公開は引き伸ばされる。1999年に発表した『シックス・センス』が世界的な成功を収め、アカデミー作品賞・監督賞・脚本賞にノミネートされ、一躍人気監督として世に名を知らしめるが、『アンブレイカブル』(00)、『サイン』(02)の成功ののち、『ヴィレッジ』(04)と『レディ・イン・ザ・ウォーター』(06)では批評的・興行的に大きく後退。同作では第27回ゴールデンラズベリー賞にて最低監督賞と最低助演男優賞を受賞。2008年にメディア・ライツ・キャピタル社と共同で映画シリーズ「ナイト・クロニクルズ」を立ち上げ、プロデューサーとして若手への支援を始める。

絶体絶命からの奇跡の復活

M・ナイト・シャマランの『スプリット』(16)のラスト3分には、彼の映画を長年追ってきたファンにとって、椅子から転げ落ちるほどの衝撃が待っている。

物語が一旦終了したあと、カメラは劇中の事件を報じるテレビを観るダイナーの客たちを映し出す。そのうちのひとりが、物語内の犯罪者が“群れ”という異名で呼ばれていることについて「昔、同じような奴がいたわね。たしか名前は……」などと言う。するとカメラは会話に聞き耳を立てているカウンターの男にパンする。なんとシャマランの過去作『アンブレイカブル』(00)の主人公デヴィッド・ダンではないか。そして彼は呟く、「ミスター・ガラス」と。つまり『スプリット』が16年前の映画と同一世界にあることが明かされたのだ。

続編に繋がるシーンを最後に挿入するのは、マーベル・シネマティック・ユニバース(MCU)をはじめとするアメコミ・ヒーロー映画シリーズのお約束である。MCUが膨大な数のクリエイターによる集団作業の産物なのに対して、『アンブレイカブル』と『スプリット』はシャマランひとりのヴィジョンから生まれた個人的な映画にすぎない。だが、このシーンによってシャマランはMCUに対峙する“シャマラニバース”をひとりで構築してしまったのだ。同時に彼は、映画作家としての自分の起点が『アンブレイカブル』にあることを明らかにしたといえる。

「あれっ『シックス・センス』(99)が起点なんじゃないの?」と思った人もいるかもしれない。でも逆に訊きたい。『シックス・センス』を傑作だって本気で思っている?

アダム・サンドラー主演のロマコメ『50回目の

『スプリット』
NBCユニバーサル・エンターテイメント
価格：ブルーレイ+DVD
¥3,990＋税、発売中

ファースト・キス』(04)には、交通事故で一日しか記憶を保てないドリュー・バリモア扮するヒロインのために家族が毎晩『シックス・センス』を見させられてゲンナリしているというギャグがある。『シックス・センス』は「主人公が実は死んでいた」というオチに向けて伏線を回収していく物語でしかないので、繰り返して見ても発見がないのだ。それにも関わらず、シャマランは＜優れたストーリーテラー＞だと認識されてしまった。もともとスティーヴン・スピルバーグに憧れて映画監督になった彼にとっては心外な評価だったに違いない。こうした誤解を解こうとしたのが、続く『アンブレイカブル』だった。

デヴィッド・ダンは列車事故で一人生き残った男である。演じているのが『シックス・センス』と同じブルース・ウィリスなので、観客は彼がまた死んでいるのではないかと疑い続ける。しかしオチは「彼は決してケガをしないスーパーヒーローだった」という、観たまんまのもの。重要なのはストーリーではなく、デヴィッドが妻に「俺は風邪をひいたことがあったか？」と鬼の形相で詰めよったり、サミュエル・L・ジャクソン扮する謎の男イライジャが「そう、私の名前はミスター・ガラス！」と大見得を切るシーンの快楽にこそある映画だった。

以降のシャマラン作品は、『アンブレイカブル』に込めた彼の意図に気付いた者と「今回のオチはイマイチ」としか感じなかった者の間で賛否が分かれるものとなった。シャマランにとっての誤算は、映画評論家の殆どが後者の側についたことだ。

彼自身もこれには苛立ったはずだ。『レディ・イン・ザ・ウォーター』(06)には主要キャラのひとりに

映画評論家を登場させている。彼はプロットの整合性ばかりを気にするあまり、目の前で起こっている危機を理解できず犬の餌（比喩ではなく、ガチで！）になってしまう。これが気に触ったのか同作は批評家からバッシングされ、興行的に失敗。これ以降、シャマランは外部の意見に妥協せざるを得なくなってしまった。

『ハプニング』(08)には、客を呼べるスター俳優としてマーク・ウォールバーグが主演に迎えられたが、作品のトーンと合っていない。続く『エアベンダー』(10)ではストーリーを作る権限を奪われた。同作は子ども向けアニメ「アバター 伝説の少年アン」(05–08)の実写化作品だったのだ。主演俳優ウィル・スミスの持ち込み企画だった『アフター・アース』(13)ではプロデューサーの座からも追われた。どれも巨額の製作費を投じて作られたものの、興行的には冴えなかった。こうした作品にもシャマランらしい輝くようなシーンはあるものの、世間ではこんな認識が一般的なものとなった。「シャマランはオワコン」。

そんな〈凶暴な動物たちを避けながら、徒歩で100キロ歩いて通信機を拾わないと家に帰れない〉的な絶体絶命の危機（『アフター・アース』参照）からシャマランはどのように脱したのだろうか？　答えは簡単。彼は自分の理解者だけから製作資金を募るようにしたのだ。当然、予算は激減したものの、シャマランは100％のクリエイティブ・コントロールを取り戻したのである。

その第一弾『ヴィジット』(15)は予算500万ドルのローバジェット作だが、喝采を叫びたくなる快作に仕上がった。祖父母の家に泊まりに行った姉弟が体験する一部始終を、ハンディカメラが収めていたという設定は、共同プロデューサーにクレジットされているジェイソン・ブラムが過去に手がけた『パラノーマル・アクティビティ』(07)を下敷きにしている。正直この設定には無理がありすぎるのだが、子どもの視点と一体化した映像には悦びが漲っている。

続く予算900万ドルの『スプリット』の主人公も女子高校生のケイシーだ。彼女は見知らぬ男に拉致され監禁されてしまう。男は彼女のもとを訪れるたびに声色や動作、年齢、はては性別まで異なって現れる多重人格者だった。犯人役に人気俳優ジェームズ・マカヴォイを迎えながら、シーンの殆どが密室内というミニマルな作品だったが、こうした

『アフター・アース』
Blu-ray：2,381円（税別）
発売中／発売・販売元：ソニー・ピクチャーズ エンタテインメント（2020年1月時点の情報）

制約がシャマランに逆に自由を与えたかのような傑作だ。

そして冒頭に書いたラストシーンを受けた最新作『ミスター・ガラス』(19)は、デヴィッドと"群れ"の壮絶なバトルシーンで幕を開ける。しかしそれは第三者によって中断され、ふたりは病院へと搬送される。そこにはミスター・ガラスも収容されており、三人は「自分をスーパーヒーローだと思い込んでいる病人」として治療を受けることになってしまう。以降、映画はブルース・ウィリス、ジェームズ・マカヴォイ、サミュエル・L・ジャクソンというスターが顔を揃えながら、誰も活躍できないシチュエーションでストーリーが進行する、異形のアメコミ・ヒーロー作として展開していく。

その一方で『ミスター・ガラス』では、竣工式を控えた高層ビル〈オオサカ・タワー〉の名が冒頭から繰り返し言及され、クライマックスにはここで一大バトルが展開されることを観客に期待させる。でもそんなことをしたら2000万ドルの製作費（『アベンジャーズ／エンドゲーム』の約1/15である）をオーバーしてしまうのではないだろうか。

結論から言うと、シャマランは予算枠を守りきる。オオサカ・タワーは観客を欺くためのおとりでしかなく、物語はローバジェットを逆手に取った意外な方向に突き進んで大団円を迎えるのだ。

ラスト、三人のスーパーヒーローの身内が一箇所に集まって、彼らが実在していたことが全世界に知らされる瞬間に立ち会うシーンは感動的だ。それは〈目に映るものの力〉をひたすら信じてきた男の勝利宣言のようにも見える。ちなみに『ミスター・ガラス』は、多くの映画評論家に酷評されたものの、世界中で大ヒットを記録している。

長谷川町蔵（文筆家）

2010年代フィルモグラフィ	
2010	『エア・ベンダー』（監督・製作・脚本）
2010	『デビル』（原案）
2013	『アフター・アース』（監督・脚本）
2015	『ヴィジット』（監督・製作・脚本・出演）
2016	『スプリット』（監督・製作・脚本・出演）
2019	『ミスター・ガラス』（監督・製作・脚本・出演）

Illustration: AMKOROMOCHI

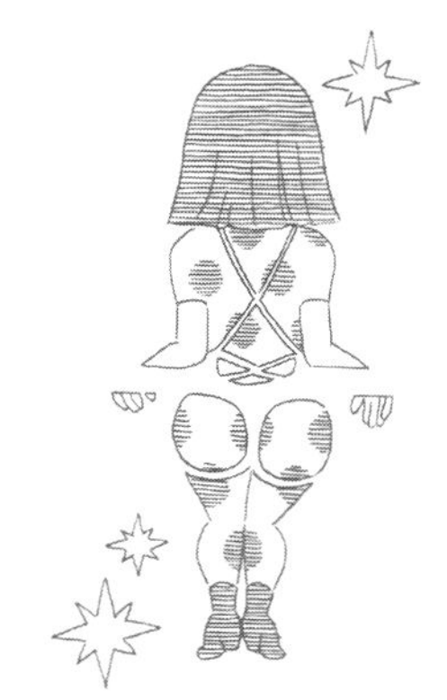

2010年代の巨匠たち

フレデリック・ワイズマン

Frederick Wiseman

1930年1月1日生まれ。マサチューセッツ州ボストン出身。
マサチューセッツ州のウイリアム・カレッジ卒業後、イエール大学のロースクールに進学。結婚後に軍に入隊。除隊後、パリで2年間を過ごし、映画や演劇に深く親しむ。帰国後、ボストン大学のロースクールで教鞭を執ったのち、1964年にシャーリー・クラーク監督の『クール・ワールド』をプロデュース、自身でも映画を監督する道を選択。1967年の初長編『チチカット・フォーリーズ』を発表する。ドキュメンタリー映画のフィールドにおいて世界で最も長いキャリアを有する現役監督の一人であり、その「観察映画」の独自のスタイルは以後の世代に大きな影響を及ぼした。同年生まれの映画監督にジョン・カサヴェテス(故人)、深作欣二(故人)、ジャン=リュック・ゴダール、クリント・イーストウッドなどがいる。

映画は身体を持つ

ボストン出身のフレデリック・ワイズマン(1930-)は、マサチューセッツ州のブリッジウォーター矯正院を描いた監督第1作『チチカット・フォーリーズ』(67)を作ってから、半世紀以上にわたりほぼ年に一本のペースで作品を発表し続けてきた。ワイズマンの映画は、監督自身が脚本も執筆した『セラフィタの日記』(82)、ヴァシリー・グロスマンの原作小説を一人芝居として脚色した『最後の手紙』(02)を例外として、他のすべての作品は「ドキュメンタリー映画」である。『コメディ・フランセーズ 演じられた愛』(1996)、『パリ・オペラ座のすべて』(09)、『クレイジーホース・パリ 夜の宝石たち』(11)や、『ナショナル・ギャラリー 英国の至宝』(14)のように、フランスやイギリスで撮影された作品をのぞけば、彼が撮影対象として選ぶのは、アメリカ社会そのものである。『高校』(68)、『病院』(70)、『福祉』(75)、『DV―ドメスティック・バイオレンス』(01)、『パブリック・ハウジング』(97)、『メイン州ベルファスト』(99)といった簡潔なタイトルが、作品の主題と内容を明示する。

そのフィルモグラフィを概観すれば、アメリカの現代的な側面を作品ごとに切り取るかのようなタイトルに彩られているがゆえに、ワイズマンを社会派ないしは民族誌の映画作家として評価することもできるかもしれない。だが、より正確に彼の映画を特徴づけようとすれば、それは「制度=施設(インスティチューション)」ということになるだろう。ワイズマンの映画においては、ある特定の人物が「主役」として光をあてられることはない。それぞれの詳細な情報や背景が与えられることがないばかりか、時として重要な役割を作品のなかで帯びる人物さえ、声に出して名を呼ばれることは稀である。むしろ、人物の代わりに前景化するのは、人々の活動が営まれる「場所」であり「空間」

『ニューヨーク、ジャクソン・ハイツへようこそ』
発売元：シネマクガフィン／販売元：紀伊國屋書店／DVD：¥4,800+税／※ソフトの発売情報は書籍刊行当時のものである

だといえるだろう。高校、盲聾学校、警察、裁判所、病院、福祉事務所、百貨店、競馬場、動物園、生肉工場、修道院、共同住宅。こうした施設＝場所のなかで、その空間を構成する要素と人々がどのように関係を結ぶのか、観察することにワイズマンの関心はある。そこでは、人々の振る舞いの是非が問いかけられるわけでもなければ、政治的な主張が訴えかけられているわけでもない。あくまでも固有の人間と事物の関わりがキャメラによって徹底的に見つめられるのだ。

「場所」は、比較的明瞭な施設としての区画を持つこともあれば、町や小さなコミュニティのように境界の曖昧な区域であることもあるだろう。例えば、『エクス・リブリス　ニューヨーク公共図書館』(17)は、本館を含む4つの研究図書館と88もの分館から構成される「知と公共性をはぐくむ装置」のメカニズムに迫る作品だが、他のワイズマン作品と同様に、キャメラが人物を追いかけつつその「場所」を出て撮影するというアプローチに対して、きわめて禁欲的な姿勢を保つ。公共図書館には、階級も人種も民族も性別も問わずたくさんの人間が集まり、そうした人々に分け隔てなくサービスが提供されるが、作り手自身が民主主義的な理想を声高に語ることはない。映画が映し出すのは、詩、音楽、ダンスなどの演奏やワークショップ、パソコンやインターネットの使い方の知識を得るためのレクチャー、教育技能の向上プログラムや移民の市民権取得相談であり、その運営に関わる大小さまざまなミーティングである。書籍を単に収集・保存するだけでなく、誰もが知を獲得し、共有することのできる「場」の表裏に立場の異なる人々が集うさまこそが、公共図書館の姿であり、映画そのものでもある。

したがって、ワイズマンの映画における「制度＝施設（インスティチューション）」とは、固有の場所を映画の主題として示すと同時に、それ自体がひとつの組織であり、生命を持った個が織りなす「身体」とも成りうるのだ。バレエやナイトクラブを撮影しながらも、それが公演の記録やダンサーたちの密着取材の枠に収まらないのは、身体が二重化されているからである。演出され、振付を与えられた個々の身体を描きな

がらも、それらが結びつき、構成される組織体に生命が宿るのである。『モデル』(80)、『アメリカン・バレエ・シアターの世界』(95)、『パリ・オペラ座のすべて』、『ボクシング・ジム』(10)、『クレイジーホース・パリ 夜の宝石たち』といった身体的なパフォーマンスを直接とりあげた作品には、その試みを顕著に読み取ることができるかもしれない。だが、百貨店、公園、美術館、大学であろうとなかろうとそれは変わらない。ワイズマンは、それぞれの組織を成立せしめる事物と人間の関係を腑分けし、人々の生きる「現実」の複雑さ、概念としての曖昧さを提示するのだ。

こうしたワイズマンの解剖学的な手法は、その機械的ともいえる厳格さによって、しばしば「四無い主義」と呼ばれてきた。①ナレーション、②字幕・テロップ、③インタビュー、④現場音以外の音楽の不在は、彼のフィルモグラフィーに一貫する特徴である。補足的な注釈や、当事者の語りによる説得性、情緒的な感情の操作を省くスタイルは、その「観察映画」の客観性を保証するものとして評価されてきた。たしかに、ワイズマンは、眼前の現実へ介入しない。監督自身が録音を担当し、キャメラマン、助手のみという最低限のスタッフを伴い、数日間の予備調査の後にすぐに撮影を開始することもまた、撮影による被写体への影響や、先入観をなるべく抱かずに対象と向き合うためにほかならない。

しかし、ワイズマンが自ら繰り返して述べているように、撮影した映像・音声素材をあくまでも自由かつ創造的に編集する以上、それは「主観的」であることを免れえない。撮影対象の現実を徹底して尊重しながらも、作り手の主体的な選択として、編集の作業を大胆に行うことにこそ、ワイズマン作品の魅力がある。じっさいに、膨大な時間を撮影に費やしたであろう『メイン州ベルファスト』では、作品のなかで夜が2回、朝が3回訪れることによって、映画は3日間の出来事として作られている。また、『エクス・リブリス ニューヨーク公共図書館』は、12週間の撮影と約1年の編集期間を経て完成に至ったというが、150時間の撮影素材が3時間25分に圧縮されている。興味深いのは、ワイズマンは、数分間の場面を作る際に、リアルタイムに継起するショットだけを使うことはなく、同じ場面を描きながらも別々に撮られたショットを組み合わせながら、ひとつの場面を構築しているということだ。現実を創造的に劇化する、とも言えるだろうか。ワイズマン作品において、制度＝施設をなす個々の存在が関係を取り結び、現実とは似て非なる映画というひとつの「身体」を立ち上げるのは、時間の断片的な結節の仕方が特異であるからにほかならない。

「人種のるつぼ」とも言われるニューヨークのなかで、最も多民族が集まり、167もの言語が飛び交う地区を対象とした『ニューヨーク、ジャクソンハイツへようこそ』(15)は、それまでのワイズマン作品と同様に、グローバリズム、移民、マイノリティなどアメリカが抱えている数多くの問題をモザイクのように散りばめられた人々の姿によって描く。100年ほど前にマンハッタンに通勤する中産階級向けに開発されたこの地区では、その後、エンタテイメント業界で働くLGBTや黒人のコミュニティが形成され、現在では南米やアジアからの移民が急増している。キャメラは路地や商業施設で繰り広げられる日常風景を捉えていく。街には、様々な言語で書き込まれた色とりどりの看板が立ち並び、人々は、異なる言語や宗教を互いに理解しようとする試みる。

多様な存在が共存する場所として、ジャクソンハイツは、多文化主義を体現するユートピアとして描かれているのだろうか。古くから店を営む移民の店主は、家主から契約の更新を断られており、その後には大型のチェーン店が出店することが予定されていると話す。また、ヒスパニック系の移民による集会では、彼らを不法に入国させた手配師や、低賃金で働かせる雇い主に対する怨嗟の声が上がる。一方で、やはりジャクソンハイツに住む裕福な白人の年老いた女性は、生活には困らないものの、毎日が孤独で自ら死を選ぶ勇気がほしいと嘆いている。多くのワイズマン作品がそうであるように、彼らの声や言葉に対する応答を映画のなかで聞くことはできない。ワイズマンの映画において頻出する会議や電話の場面は、ひとつひとつの言葉の持つメッセージに意味があるわけではない。むしろ、「対話」とは、明瞭に切り結ばれる答えとしての言葉がないからこそ、権力や非対称的な人間の関係性が私たちの日常に潜むことを露呈させるものとして存在している。人々は、自らの言葉を反芻することなく、制度＝施設を構成する時間と、自らの行動によって生み出される時間とに引き裂かれた存在として、映画を生きるのだ。

ワイズマンと同じ1930年に生まれたフランスの映画作家ジャン＝リュック・ゴダールは、『愛の世紀』(99)のなかで、「アメリカ人」という言葉に関して、アメリカ大陸に住む人々は、ブラジル人やカナダ人が固有の呼び名を持つ一方で、それぞれの国家(州)の寄せ集めにすぎない合衆国（ユナイテッド・ステイツ）の人間には国民を示す独自の呼び名がない、と指摘する。起源を持たない合衆国は、ヴェトナムやユーゴ、イラクなどの紛争地へ赴き、歴史を求め、物語を買い漁る。ゴダールの批判に呼応するかのように、ワイズマンの半世紀以上にもわたるフィルモグラフィは、名前を持たない個々の人々が集まり、不思議にも繋がることで築きあげられた「制度＝施設」としての国家をひとつの身体として提示する。結びつき切り離されることを繰り返しながら、身体はその姿や表情をつねに変貌させていく。アメリカの小さな田舎町を描いた近作『インディアナ州モンロヴィア』(18)のなかで、時折描かれる空、木、平原といった絵葉書のような風景のショットが、同様の主題を扱った『メイン州ベルファスト』のそれとは異なり、不気味で、陰惨にさえ思えるのは気のせいだろうか。小さなコミュニティの日常のなかにかつてあった、個の存在同士のつながりやその葛藤がすでに失われ、登場する人々の表情が疲弊しきったように見えるのは、この町が映画に対してあまりにも閉鎖的だからなのか、合衆国の民主主義がもはや敗北したからなのだろうか。それは、国家としてのアメリカの抱える影であるだけでなく、私たちの生きる身体の問題でもある。

土田環（映画批評）

2010年代フィルモグラフィ	
2010	ボクシング・ジム（監督・編集）
2011	クレイジーホース・パリ 夜の宝石たち（監督・編集）
2013	大学 - At Berkeley（監督・編集）
2014	ナショナル・ギャラリー 英国の至宝（監督・編集）
2015	ニューヨーク、ジャクソン・ハイツへようこそ（監督・編集）
2017	エクス・リブリス ニューヨーク公共図書館（監督・編集）
2018	インディアナ州モンロヴィア（監督・編集）

Illustration: YUKO KAGAWA

2010年代の巨匠たち

クリストファー・ノーラン

Christpher Nolan

1970年7月30日生まれ。イングランド・ロンドン出身。
幼少期から映画に関心を持ち、『2001年宇宙の旅』(68)、『スター・ウォーズ』(77)に影響を受け、7歳のときにはスーパー8とアクション・フィギュアを用いて映像作品を手がけていた。ユニヴァーシティ・カレッジ・ロンドンにてイギリス文学を専攻しつつ、1989年に8mm作品『Tarantella』を制作。1995年に制作した短編『Larceny』は1996年にケンブリッジ映画祭に出品、その年の優秀短編作品の一つに選ばれる。1998年には予算6000ドルにて初監督長編『フォロウイング』を発表、同作では監督・製作・脚本・撮影を兼任。2000年の『メメント』は同年のインディペンデント・スピリット賞にて作品賞・監督賞を受賞、アカデミー脚本賞・編集賞にもノミネートされ、大きな話題を集める。2000年代は「バットマン」新シリーズの監督に抜擢され、2008年の『ダークナイト』はアカデミー助演男優賞(ヒース・レジャー)、音響編集賞を受賞した。

筋肉から科学へ、そして歴史へ

2014年から17年まで連載された東村アキコのマンガ『東京タラレバ娘』に、映画バー経営者の奥田さんという男性キャラクターが登場する。結婚できないことに焦る33歳の主人公鎌田倫子(職業は脚本家)は、TSUTAYAで遭遇したイケメンかつマッチョの奥田さんとつきあいだすのだが、彼が遠慮なく溢れさせる映画愛を倫子は徐々に押しつけがましく感じはじめ、結局彼と別れることを決める。こうした転調の決め手となったのが、クリストファー・ノーラン監督の『ダークナイト』(08)であった。奥田さんが倫子といっしょに見る映画としてこれを選ぶと、倫子は内心「出た…『ダークナイト』…」と嘆息し、同作への不満を心のなかで並べたてる。「男は大好きだけど女が観ても全然面白くない映画№1」とか、「このジョーカーのおっさんプラプラ歩いてんだからケーサツと軍で一気に捕まえりゃこんなん10分で終わる映画よ」とか(第4巻34頁)。

この悪口は、東村作品を特徴づける危険にして魅力的な断言の数々と同じく、あまりに乱暴でありながらも無視するには惜しい鋭さを備えている。とりわけ「2010年代の巨匠たち」という切り口からノーランを論じるなら、倫子が告発するノーランの罪(?)を少なくとも認識する必要はあるだろう。問題となっているのは、“『ダークナイト』のすごさを熱弁するおじさん”たちの存在である。『ダークナイト』おじさんたちは2010年代のあいだ勢力を維持しつづけたし、○○おじさんの量産能力においてノーランは「2010年代の巨匠たち」のなかでも群を抜いていた(たとえば現在のおそらく最大勢力であるマーベルおじさんたちは、誰かひとりの「巨匠」をフォローしているとはあまり考えられていない)。『ダークナイト』によっていっけん磐石になったかにも見える「巨匠」の地位は、しかし2010年代のノーランにとって、打ち破るべき壁でありつづけていた。これは言い換えれば、2000年代の自分からの脱皮を彼はいまだ完全には果たせていない──と私は考えている──ということでもある。

ノーランの2010年代は『インセプション』(10)とともに始まったが、同作はむしろ2000年代のノーランの集大成であった。このことを説明するには2006年の彼の監督作『プレステージ』の冒頭を引きあいに出すのが効率的だろう。そこでは、舞台技術者を演じるマイケル・ケインが少女に小鳥の瞬間移動というささやかなマジックを見せる場面と、ヒュー・ジャックマン扮するマジシャンが舞台上で放電しまくっている巨大な装置を使って自らの瞬間移動を披露しようとしている場面とが交互に映されていた。そして『プレステージ』の物語は、後者のマジックの驚くべきタネの解明に向けて進んでゆくのだが、冒頭のふたつのマジックは瞬間移動という点で共通している。小鳥を使えば1分で終わるマジックを、とんでもない仕掛けのもとで大規模におこなう──このように要約できる『プレステージ』の構造をさらに抽象化すれば、複雑かつ技巧的な形式と単純素朴なコアというふたつの項目が浮かび上がる。

『インセプション』の場合は、これらの項目にそれぞれ“イレギュラーな時間および重力に統(す)べられた夢の世界”と“風車(かざぐるま)および独楽(こま)によってシンボライズされた死者との和解”を当てはめられる。こう要約しただけでは伝わらない同作のすばらしさをきちんと説明しようとすると、話があまりに長くなってしまう(詳しくは『ユリイカ』2012年8月号の拙稿を参照)。話が長くならざるをえないほどに、2000年代のノーラン作品の中核を成すふたつの要素を『インセプション』は有機的に結びつけていた。しかし同時に注意すべきなのは、話が長くなることがまさしく『ダークナイト』おじさんの本質であったことである。夢のなかの夢のなかの夢に潜入するとかいう壮大なことをやっているけど、コアは死者との和解だし本来なら「10分で終わる映画」だったのではないか──もしかしたらこうした感想を『インセプション』に抱いた方もいたのかもしれない。

『ダークナイト』の前作である『バットマン ビギンズ』(05)のなかで、主人公ブルース・ウェイン(クリスチャン・ベール)は「けれん味とはったりは強力な武器だよ」と口にしていた。金持ちのプレイボーイでもありバットマンでもあるという自らの二重生活を念頭に置いたセリフだが、ノーラン作品の原理への自己言及にもなっていることはすでに明らかだろう。ところが、2012年の『ダークナイト ライジング』(『ダークナイト』の次作)において、悪役のベイン(トム・ハーディ)はバットマンとの格闘のさなかに「けれん味とはったりは強力な手段だ──未熟者にとっては」と語っている。ここにも文脈がある(訳もより正確にしうる)けれども、ベインが言わんとしているのはつまり、けれん味とはったりに頼っているようでは中身のしっかりつまった俺を倒せないぞということである(じじつバットマンはこの格闘で負けてしまう)。

ベインの“中身”とは、抽象的には固い信念のことであり、具体的には隆々たる筋肉のことである。信念などいっさい持たなそうに見える空虚なジョーカー──ヒース・レジャーが演じた『ダークナイト』の悪役──の次にバットマンが戦わなくてはならなかったのは、ガチムチのベインであった。このセンスはさすがだと私は思わされたが、残念ながら、それが十分な効果を発揮する作品に『ダークナイト ライジング』はなっていなかった。しかし以後のノーラン作品、すなわち2014年の『インターステラー』と2017年の『ダンケルク』において、「けれん味とはったり」が本質であったはずの自らの原理に“中身”をもたらそうとするノーランの努力は、標的を筋肉から科学へ、そして歴史へと移しながら続けられたのである。

『インターステラー』は、“イレギュラーな時間および重力に統べられた宇宙”と“ただ宇宙へ行きたいという欲望”というふたつの要素によって先述の原理を引き継いでいる。後者に関しては説明が必要なはずで、しかしそのための長い話を展開する紙幅はなく（こちらについては「ユリイカ」2016年1月号の拙稿を参照）、ゆえに結論だけを言えば、多くの者が同作のテーマとして挙げる“愛”は見せかけのコアでしかないと私は考えている。ともあれ、いま重要なのは前者のほうである。形式の項目に挙げられる要素が『インセプション』と大きく重なっているが、『インターステラー』において形式の複雑さは主に科学（相対性理論など）に由来している。したがって、『インセプション』に向けられたかもしれない“時間のスピードが変わるみたいな複雑な設定って本当にいるの？”というツッコミはもはや『インターステラー』には通用しない。かりにそう言われても“宇宙ってそういうものだし”と返せばいいのだから。

“そういうもの”としての宇宙、すなわち「けれん味」や「はったり」ではないと思わされる“中身”を、『インターステラー』はたしかに宿していた。たとえば、宇宙に浮かぶ母船への侵入をマン博士（マット・デイモン）が無理に試みてからの一連のシークェンスは実にすばらしい。しかし他方で、ブラックホールへの突入により明らかになる同作の技巧性に私はやや拍子抜けさせられた。率直に言えば、自らの原理をいったん忘れてふつうに宇宙の映画を作ってほしかったという思いを私はノーランに対して抱いたし、これと同様の思いは、『ダンケルク』を見た際により強く抱かれた。第二次世界大戦下のダンケルクからの連合国軍の撤退を描くのに、1週間、1日間、1時間という3つのタイムスケールが絡みあう複雑な形式は本当に必要だったのか。同作におけるノーランのチャレンジは、単純素朴なコアの項目をあえて空白にすることにあったと思われるけれども、それなのになぜ、複雑かつ技巧的な形式というもうひとつの項目をほぼそのまま残したのか。歴史を、あるいは戦争を切りとっていると思わされる優れたショットが同作にも含まれていただけに、ノーランが2000年代の自分から脱皮しきれていないことが私にはもどかしくてならなかった。

もちろん、ノーランが2020年代にまったく新しい局面を開く可能性は決して小さくないはずである。私としては、ノーランがかねてより公言している、007シリーズの映画を撮るという願いを実現させることでブレイクスルーが果たされるのではないかとも考えている。一介の007おじさんである私は、ノーラン作品の随所に垣間見える007シリーズへのオマージュに関して言いたいことがいろいろあるのだが、話が長くなるのでこれは別の機会に語ることとしよう。

入江哲朗（アメリカ思想史研究、映画批評）

『ダンケルク』
ブルーレイ ¥2,381＋税／DVD ¥1,429＋税／ワーナー・ブラザース ホームエンターテイメント

『インターステラー』
ブルーレイ ¥2,381＋税／DVD ¥1,429＋税
ワーナー・ブラザース ホームエンターテイメント

2010年代フィルモグラフィ	
2010	**『インセプション』（監督・製作・原案・脚本）**
2012	**『ダークナイト ライジング』（監督・製作・原案・脚本）**
2013	『マン・オブ・スティール』（製作・原案）
2014	『トランセンデンス』（製作総指揮）
	『インターステラー』（監督・製作・脚本）
2016	『バットマン vs スーパーマン ジャスティスの誕生』（製作総指揮）
2017	**『ダンケルク』（監督・製作・脚本）**
	『ジャスティス・リーグ』（製作総指揮）

CHAPTER 03

シチュエーション／プロダクション——アメリカ映画のバックグラウンド

この章では個々の作品のテーマ、あるいは監督たちの作家性などといった観点から角度をずらし、アメリカ映画の状況や制作にまつわる背景を少しだけ探ってみよう。

アメリカン・コメディの現在

私たち日々の鬱憤を気軽に払拭してくれるアメリカン・コメディ。でも、その面白おかしく幸福な2時間のために、制作者や俳優たちが費やす労力は計り知れない。ここでは2000年代において一大旋風を巻き起こしたジャド・アパトーとそれ以後のコメディ映画の状況の分析と、アパトーギャングの中で最も不可思議なキャリアを重ねているアダム・マッケイに着目し、アメリカン・コメディの魅力とその現状について考えたい。

映画製作・現場からの視点

映画を作るためには俳優も監督ももちろん必要だ。でも、それだけではない。例えば、一本の映画作品を作るために、予算、スケジュールの管理から撮影場所の確保、キャスティングや機材の準備、そして作品を広めるための広報活動に至るまで、映画作りには驚くほどたくさんの仕事がある。けれども、その実情はちょっとだけ想像しにくい。そこで、ここでは現代アメリカ映画で今まさに活躍中のお二人に、アメリカの映画製作における自身の仕事とその哲学について語っていただいた。お招きしたのはプロデューサーのカイル・マーティン氏、撮影監督クリストファー・ブローヴェルト氏だ。

2010年代の映画製作会社をめぐって／アメリカ映画祭ガイド

2010年代は新しい映画製作会社による群雄割拠の時代であった。もちろんその筆頭に立つのが、近年話題沸騰のA24である。新しい映画は、新しいスタイルを有する会社のフォローなしには生まれない。ここではその中でも要注目の製作会社をピックアップして紹介する。そして映画が新たな観客と出会うために、今もなお欠かせないのが映画祭。アメリカの映画祭にはそれぞれどんな特色があるのか。新しい映画と出会うための旅を、ここから計画してみよう。

2010年代のアメリカン・コメディ
アパトー以後の時代

ジャッキー・ゴルベール Jacky Goldberg／訳＝須藤健太郎

2000年代アメリカン・コメディ映画とは、まさしくジャド・アパトーの時代だった。ではその躍進以後の2010年代は、アメリカン・コメディにおいてどのような時代として合ったのか？　楽しく愉快で明るい映画ばかりがコメディとは限らない。「笑い」とはつねに暴力と横並びにあるものなのだと、私たちはよく知っている。それはとても危険なもので、だからこそ私たちはそれに惹かれるのだ。
ここではフランスのカルチャー雑誌「レ・ザンロキュプティーブル」誌を中心に映画批評家として活動しつつ、自身も映画監督として活動し、その名もズバリ『ディス・イズ・コメディ』と題してジャド・アパトーをめぐるドキュメンタリー作品を制作したジャッキー・ゴルベール氏に、「アパトー以後」のコメディ映画について、その戦場をひた走る〈ファニー・ピープル〉たちの顛末について論じていただこう。

男が一人でガラス張りの大きなホールを歩いている。ロサンゼルス。そこはいわゆる現代特有の非＝場所であって特徴もなく深みもないスタイルなので、空港でもショッピングセンターでも銀行の支店でも弁護士事務所でも病院でもありうるだろう。この男の心と同じくらいに冷え込んだ場所ともいえるが、彼は有名な芸人（アダム・サンドラーがきわめて的確に演じている）で通行人のセルフィーに心ここにあらずで応じ、それが終わればそのまま目的地に向かって歩き続ける。そして、ジョージ・シモンズ——これが男の名前だ——は約束していた医者のもとにたどり着く。すると、一応お決まりの文句といった具合で、医者は告げるのだ。「シモンズさん、白血病です。申し訳ありませんが、回復するかどうかはわかりません」。開いた口が塞がらない。

『素敵な人生の終り方』、あるいはある種のアメリカン・コメディの危機を理論化する

もし〈ファニー・ピープル〉——面白い人たちということだが、彼らの面白さは私たちと共通のはず——がもう笑いたくないとなったら、いったい何が起こるのか？　合衆国で2009年夏に公開されたジャド・アパトーの長篇3作目は、そう問いかけている。『素敵な人生の終り方』〔原題「ファニー・ピープル」〕は、病気になった芸人と彼のネタを書く新しいアシスタント（アイラ・ライト／セス・ローゲン）の数ヶ月を描きながら芸人たちの人生を見渡していき、舞台の芸人から映画の芸人まで、極貧から金持ちまで、当初にある羨望から最後に至る達観までが捉えられる。実のところ、ジョージ・シモンズの癌——結局治ることになる——はある種のアメリカン・コメディの病の暗喩なのだが、そのある種のコメディというのはそれ以前の十年間で主としてアパトーの旗印のもとで花開いたものだった。なにより言葉のコメディで、すべてが巧みに絡み合って自然な雰囲気に溢れる男性的なコメディである。その起源にはスタンダップ・コメディがあるが、そこでは饒舌がすべてに君臨し、体がいうことをきかなくても、それは気のきいた言葉を誘発するためだ。えてして下半身のことばかりを話題にし（「下ネタばっかりで飽きないのか？」とジェームズ・テイラーはジョージのアシスタントのアイラ・ライトに尋ねる）、その中心には男らしさがある——場合によっては、

有害な男らしさが。

アパトーが3作目の長篇を撮ったとき、彼にはすでに25年のキャリアがあったわけで、自身の芸術に備わる限界に対して鋭い意識があった。つまり『素敵な人生の終り方』は自己言及的な映画で明晰そのものといってよく、ときに居心地の悪い思いを抱かせるほどであり、そこにはおかしさもあれば苦さもあって、最後は死というよりも世代間の継承が問題となる。大御所芸人は最終的に癌から回復し、はじめの冷笑的な性格に戻るのだが、こき使ってきたお気に入りの弟子にはなんだかんだいってもジョークを提供することになり、もはや弟子からネタをもらうだけではなくなるのだ。名誉は保たれ、希望が残る。ところが、この映画は興行的にはそこそこの失敗を喫した。7500万ドルという大予算が掛けられたにもかかわらず、興行収入は7000万ドルにしか届かなかった。アパトーは落胆した。『40歳の童貞男』(05)、『スーパーバッド 童貞ウォーズ』(07)、『無ケーカクの命中男／ノックトアップ』(07)、『伝説のロックスター再生計画！』(10)、『俺たちステップ・ブラザーズ ―義兄弟―』(08)、『エージェント・ゾーハン』(08)、『寝取られ男のラブ♂バカンス』(08)などの製作者か脚本家か監督を務め、ときにはその三者を兼任することによって、彼はその5年前からほとんどアメリカのコメディを制覇していた。アパトーとその仲間たちにとって、『素敵な人生の終り方』は至福の日々の終わりを飾るはずだった――しかし、2013年公開のセス・ローゲンとエヴァン・ゴールドバーグの共作のタイトル『ディス・イズ・ジ・エンド 俺たちハリウッドスターの最凶最期の日』が目配せしているとはいえ、それは本当の終わりというつもりではなかった。『素敵な人生の終り方』は2000年代の最後の偉大なコメディ、たそがれのコメディだったが、それと同時に――直接的にか間接的にか――2010年代の大きな特徴を告げるものだった。その後に起こるのは、アメリカのコメディ全体が危機に陥る事態なのである――危機というのは、よくも悪くも、ひきつけを起こして混乱するといった意味合いである。

『ハングオーバー！』、あるいは量産品コメディが回帰する

アパトーの失敗は、なにをおいても、2009年夏の同時期に生じた『ハングオーバー！ 消えた花ムコと史上最悪の二日酔い』の大成功と切り離せない。監督のトッド・フィリップスは2000年代に『ロード・トリップ』(00)、『アダルト♂スクール』(03)、『スタスキー＆ハッチ』(04)など感じのいいお遊び映画をいくつか撮った人物で、『ハングオーバー！』――『素敵な人生の終り方』の半分の製作費しかかかっていないくせに、4億5000万ドル以上の興行収入を叩き出した――は、見たところアパトー作品と同じ要領で仕立てられている。男の仲良しグループの苦悩を描き、思春期の荒波に乗る男たちに粗削りの言葉づかいで性的なユーモア(アメリカ人のいう下品な冗談)を繰り出させ、未成年への上映禁止(R指定)になることも恐れない。ただしよく観察すると、それは俗悪なまがい物でしかなく、たしかによくできてはいるが、アパトーのコメディの魅力をなすものが欠けている。つまり、脚本が精巧に練られてはいないのだ。結局それは『人生の素敵な終り方』が嘲笑するような男性ホルモンの暴発にすぎず、男同士の連帯感をほめたたえることに終始している。ところがヒットとは尊いもので、従うべきモデルとされたのは『ハングオーバー！ 消えた花ムコと史上最悪の二日酔い』(と同じたぐいの2本の続篇)なのである。たとえば『デート＆ナイト』(10)、『バッド・ティーチャー』(11)、『モンスター上司』(11)、『アダルトボーイズ

青春白書』(10)、『チェンジ・アップ／オレはどっちで、アイツもどっち!?』(11)、『ロード・オブ・クエスト～ドラゴンとユニコーンの剣～』(11)、『ピンチ・シッター』(11)など――全部を挙げようとすれば、紙幅がいくらあっても足りない――では、ハイ・コンセプト〔わかりやすくて単純〕なものが人物描写を凌いでおり、登場人物は巨大なお笑い装置をお膳立てするにすぎない。肉体と頬骨からなる人間というより、できの悪いプログラムを実行するロボットを見ているような印象が勝る。コメディがこうしたポスト・ヒューマンな状況に陥るなかでうまく渡り歩いてみせたのは、フィル・ロードとクリス・ミラーということになるだろう。まず『21ジャンプストリート』(12)と『22ジャンプストリート』(14)があったが、なにより『LEGO®ムービー』(14)だ。動くプラスチックの切れ端が笑いをとるのだから。

1990年代から2000年代にかけて栄華を極めた花形たちはどうなったのか。あの人たちはこのジャンルを天空の高みにのぼらせ、「新たなドタバタ喜劇」と呼ばれて愛されたジャンルを築いたのだった。ファレリー兄弟は無残な失敗作――『ホール・パス／帰ってきた夢の独身生活〈1週間限定〉』(11)、『ムービー43』(13)――を手がけ、面白い挑戦ではあるが奇妙な作品――『新・三バカ大将 ザ・ムービー』(12)、『帰ってきたMr.ダマー バカMAX！』(14)――を残したばかりでかつての輝きを失ってしまった。たしかに2018年に強烈に返り咲いたとはいえ――『グリーンブック』(18)でアカデミー作品賞――、それは「高尚な喜劇」であって、彼らのお得意とはかけ離れた作風だった。アダム・サンドラーは一年に1本か2本の駄作にひょうひょうと出演し続けた。はじめはソニー製作の作品、そして次にはNetflixの製作作に移った（彼はそこで固定ファンを得た。というのも、その出演作はおそらくNetflixでもっとも見られた作品ばかりだから）。フラット・パックと呼ばれた非公式の集団〔ベン・スティラー、オーウェン・ウィルソン、ルーク・ウィルソン、スティーヴ・カレル、ウィル・フェレル、ヴィンス・ヴォーン、ジャック・ブラックの7人を指す〕はどうかというと、彼らはつま先立ちで忍ぶように2010年代を通り抜けた。ベン・スティラーは見事な『トロピック・サンダー／史上最低の作戦』を2008年に撮るや、正規軍では必要最低限でよしとしたかのようで――『ペントハウス』(11)、『ミート・ザ・ペアレンツ3』(10)、『ナイト・ミュージアム／エジプト王の秘密』(14)、『ズーランダー NO.2』(16)など――、義勇兵たるノア・バームバックの作品でしか全力を発揮していない。『ベン・スティラー 人生は最悪だ！』(10)、『ヤング・アダルト・ニューヨーク』(14)、『マイヤーウィッツ家の人々(改訂版)』(17)というコメディ・ドラマの佳作3本のことだ。オーウェン・ウィルソンは2010年代初頭こそ配役に恵まれたものの（ウディ・アレンやウェス・アンダーソンやポール・トーマス・アンダーソンなど）、2015年以降は影となり、しまいには探知機の観測からも外れることになった。ジャック・ブラックは2011年にあまりに見られていないリチャード・リンクレイターの『バーニー／みんなが愛した殺人者』に出演したあと霊魂となった。ヴィンス・ヴォーンは『エイリアン バスターズ』(12)や『インターンシップ』(13)といった退屈なコメディに出演し、その後は真面目な役へと舵を切った（メル・ギブソンやS・クレイグ・ザラーの監督作）。ウィル・フェレルは完全に落ちぶれてはいないとはいえ――アダム・マッケイが粗雑な政治映画に手を染める前、『アザー・ガイズ 俺たち踊るハイパー刑事！』(10)と『俺たちニュースキャスター 史上最低!?の視聴率バトルinニューヨーク』(13)という2本のマッケイ監督作に出演した――、その失墜ぶりは誰より明らかであり、早かろう悪かろうの量産品コメディの専属となった。

アパトー・ボーイズの抵抗

幸いなことに、この危機の10年間のすべてが唾棄すべきというわけではない。まずアパトーとその仲間たちが諦めはしなかったのだし、結局コメディの聖火を最上へとあらたに引き上げたのは彼らなのだ。2010年代に首長たるアパトーは2本の長篇（2012年の『40歳からの家族ケーカク』と2015年の『エイミー、エイミー、エイミー！　こじらせシングルライフの抜け出し方』）と1本のドキュメンタリー（彼の師であるギャリー・シャドリングに関する、2018年の作品）を手がけたが、それより彼は製作者として自分以外の才能に手を貸したのだった。『ブライズメイズ 史上最悪のウェディングプラン』(11)の製作を担当し、旧友ポール・フェイグ（1999年に『フリークス学園』で協力）を売り出した（『ブライズメイズ』は大ヒットし、メリッサ・マッカーシーとクリステン・ウィグを一躍有名にした）。ほかにも、エイミー・シューマー（『エイミー、エイミー、エイミー！』で一般に知れ渡った）、クメイル・ナンジアニ（『ビッグ・シック ぼくたちの大いなる目ざめ』〔17〕）、レナ・ダナム（「GIRLS／ガールズ」は2010年代の最重要テレビドラマの一つ）、ポール・ラスト（テレビドラマ「ラブ」〔16-18〕）、ピート・ホームズ（2016年のテレビドラマ「クラッシング」は若いスタンダップ・コメディアンの苦悩を描く）の成功をアパトーは後押しした。また、2012年にニック・ストーラーとジェイソン・シーゲルのコンビによる傑作『憧れのウェディング・ベル』を製作したのも彼なのだ。したがって、その仕事は総体としてまったく無視できるものではない。以前の10年間が到達した高みには至らないこともあるとしても、どうでもいいようなものではなかった。セス・ローゲンに関していうなら、彼は『素敵な人生の終り方』ではひよっこだったが、本当に

『ディス・イズ・ジ・エンド 俺たちハリウッドスターの最凶最期の日』
発売中／Blu-ray：2,381円（税別）／発売・販売元：ソニー・ピクチャーズ エンタテインメント（2020年1月時点の情報）※ジャケットのデザインは都合により変更される場合がございます。

飛び立つことになった。自分の製作会社ポイント・グレイ・ピクチャーズを〔2011年に〕立ち上げ3本を監督し――素晴らしい『ディス・イズ・ジ・エンド』と『ソーセージ・パーティー』(16)〔実際は製作・脚本・主演で監督作ではない〕、大失敗に終わった『ザ・インタビュー』(14)――、ほかにも多くの製作を手がけ、だいたいが納得のいく成果をあげている。『グリーン・ホーネット』(11)、『50/50 フィフティ・フィフティ』(11)、『ネイバーズ』(14)、『ディザスター・アーティスト』(17)、『ロング・ショット 僕と彼女のありえない恋』(19)、テレビドラマでも『Black Monday』(19)や「ザ・ボーイズ」(19)などがある。弟子は師匠に匹敵する存在だったというわけだ。

アパトー・ギャングの他のメンバーたちも多くは自分の道を見つけることができた。ポール・フェイグは『ブライズメイズ』以降、映画産業において確かな価値を体現するようになり、『デンジャラス・バディ』(13)や『SPY／スパイ』(15)、（あまりヒットはしなかったが）『ゴーストバスターズ』(16)といったコメディにフェミニズムの風味（と自作の広告

塔たるメリッサ・マッカーシー）をふりまいてみせた。ジョナ・ヒルは素晴らしい『21ジャンプストリート』と『22ジャンプストリート』のあとに賢明にも作家主義的に信頼できるものを探し求め、マーティン・スコセッシ、ベネット・ミラー、クエンティン・タランティーノ、コーエン兄弟、ガス・ヴァン・サント、ハーモニー・コリンといった監督の作品に出演し、ついには自分で見目麗しいティーン・ムービーを監督するにいたった（『Mid90s』〔18〕）。驚嘆すべきキャリアの変遷だが、コメディからは離れた。スティーヴ・カレルがとったのも似たような戦略であり、ウディ・アレン、リチャード・リンクレイター、ベネット・ミラー、ロバート・ゼメキスの監督作で華々しく活躍してきた。ポール・ラッドが『アントマン』(15)で特殊なスーツに身を包み、マーベル・スタジオに喜劇の優雅さを与えたとすると、ジョン・フランシス・デイリー——子役時代に『フリークス学園』に出演——は申し分ない脚本家となって『スパイダーマン：ホームカミング』(17)にアパトー・タッチ（ティーン・ムービーとロマンチック・コメディの感性）を施したが、彼は優れた監督にもなった（『ゲーム・ナイト』〔18〕）。ジェイソン・シーゲルは『憧れのウェディング・ベル』で頂点を極めて以降、ほかの者と比べて目立たなくなり、あまり映画にも出ないし、たいていはどうでもいい作品にしか出演していない。

かつてなく姿を変えるアメリカン・コメディ

『素敵な人生の終り方』はある種の男性的なユーモアの危機を告げていたが—— #MeToo以後に見直すと、その点はさらに明白である——、コメディにおける2010年代の大きな特徴の一つは女性化である。いささか挑発的なところのある評論家クリストファー・ヒッチェンズが2007年に言ったように、「女性は面白くなれない」と誰かが口にするなどいまではもう考えられまい。登場するやもっとも強烈な印象を与えた人を挙げてみると、メリッサ・マッカーシー（ポール・フェイグや夫のベン・ファルコンと一緒によく引き合いに出される）、クリステン・ウィグ（その才能に見合った役を見つけるのに難儀しているが）、ティファニー・ハディッシュ（バーバラ・スタンウィックのアフリカ系アメリカ人版ともいえるのだが、2017年の『ガールズ・トリップ』で一般に知られるようになったもののなかなかふさわしい役が見つからない）、オーブリー・プラザ（隙間に隠れ、自分独自の変わった気質が発揮できるようなインディペンデント映画にしか出演しない。たとえば、2013年の『私にもできる！イケてる女の10（以上）のこと』）、エイミー・シューマー（スタンダップ・コメディ出身で、〝ランチー〟なユーモアに長けている）、レナ・ダナム（彼女は『GIRLS／ガールズ』で女性の身体を喜劇的かつ政治的な武器にしてみせた）、それからエイミー・ポーラーとティナ・フェイ（二人はテレビでシットコムの女王だが、残念ながらその激烈な勢いが納得のいくかたちで映画で展開されたことはない）。

テレビこそがコメディのいろいろなあり方を試す素晴らしい実験場として必須になり、一方映画は同じ型ばかりを繰り返す傾向にあった。無数に登場したテレビドラマを挙げるなら、旗艦たる存在の「30 ROCK／サーティー・ロック」(06–13)にはじまり、「パークス・アンド・レクリエーション」(09-15)、「Louie」(10–15)、「コミ・カレ!!」(09–15)、「フィラデルフィアは今日も晴れ」(05–)、「モダン・ファミリー」(09-)、「Veep／ヴィープ」(12–19)、「シリコンバレー」(14-19)、「マスター・オブ・ゼロ」(15-17)は独創的で手に汗握るアイデアの宝庫だった。それに対し、「サタデー・ナイト・ライブ」(75–)はおそらく干からびてしまったコンセプトのせいで古臭いままから抜け出せずにいる。またそれに加えて、ティム＆エリックがアダルトスイム〔ケーブルテレビ・チャンネルの枠〕で披露する奇妙奇天烈な大量の企画（それと二人によるさらに奇妙な映画『Tim and Eric's Billion Dollar Movie』〔12〕）、コメディ・セントラル〔ケーブルテレビ・チャンネル〕で放送されるキー＆ピールによる笑わずにはいられない寸劇（それと二人による2016年の映画『キアヌ』。ジョーダン・ピールが『ゲット・アウト』(17)と『アス』(19)でホラー映画のワンダーボーイとなるのはその後のことだ）を挙げておきたいが、さらにはキャベ・ザヘディによる前代未聞の番組『The Show About The Show』が弱小チャンネルであるブリックTVで放映されている――つまり、2010年代は新進気鋭に溢れていたのだ。ただし、映画館のスクリーン以外の場所を探らねばならなかった。

スタンダップ・コメディは合衆国でかつてない人気を博し、2010年代に世界的な大現象になった。Netflixをはじめとした動画配信サービスによるところが大きく、それらは最良のショーの数々を提供するために莫大な金額をつぎ込んだのだった。ここで例を挙げようとしても果てしなく続いてしまうし、そもそも主題から逸れてしまうのだが、アメリカン・コメディの愛好者にとって「コメディ・スペシャル」(舞台を撮影したもの）はまったく主要な消費形態となり、スタンダップ・コメディ専門劇場のコメディクラブが娯楽産業にとっては才能を無限に見つけられる貯蔵庫となったことは否定できない。そしてこれもまた『素敵な人生の終り方』で予告されていたことなのだ……。

ルイ・C・K、ジャンルの変容の象徴

ルイ・C・Kが辿った驚くべき道程について最後に述べておくことにしよう。たった一人の人生だというのに、そこには現代アメリカン・コメディの変容の一切合切が詰め込まれている。ルイ・C・Kは本名をルイ・セイケイ（Louis Székely）といい、1980年代半ばからスタンダップ・コメディを始めた。1993年、「サタデー・ナイト・ライブ」の出演者になれず、テレビのジョーク・ライターとして生計を立てるようになる。1998年からは映画界に移って何本かの脚本と監督を務め（『Tomorrow Night』〔98〕、『プーティ・タン』〔01〕）、まずまずの成功を収めた。ついにスタンダップ・コメディアンとして注目されたのはやっと2000年代半ばのことであり、HBO〔ケーブルテレビ・チャンネル〕で初めて番組を手がけ（「Lucky Louie」、2006年に1シーズンのみで打ち切り）、その歯に衣着せぬ話術を映画でも披露し始めた。そして2010年代にスターになるのである。彼の「コメディ・スペシャル」は飛ぶように売れ、2本目となる番組「Louie」は必見のテレビドラマとなり、ザック・ガリフィアナキス主演の「Baskets」(16-19)やパメラ・アドロン主演の「Better Things」(16-)の製作を担当した。自身で長篇映画を監督すると、トロント映画祭でお披露目となり好評を得た（同業者の評価も高かった）。ところが2017年11月、いざ公開の数日前にすべては崩れ落ちた。複数の女優が報道陣に明かしたところによると、ルイ・C・Kにはおぞましい性癖があり、若い女性の前でいきなりマスターベーションするのを繰り返していたというのだ。このスキャンダルは#MeToo運動が盛り上がるさなかで反響を呼び、世界一面白い男がたった数時間で〈好ましからざる人物（ペルソナ・ノン・グラータ）〉へと堕ち、フェミニストからは嫌われ、業界を追放された。配給業者は公開を中止することにしたのだった……。栄枯盛衰、ここに極まれり。「下ネタばっかりで飽きないのか？」。アパトーの傑作『素敵な人生の終り方』で、ジェームズ・テイラーはアイラ・ライト（セス・ローゲン）にそう訊いていた。アイラは無言だが、視線でこう答えていたのだ。「そりゃ飽きるさ。でも、これしかないんだよ」。そう、〈ファニー・ピープル〉は気をつけないと、こうやって躓くことになる。

アメリカン・コメディの現在

アダム・マッケイ、あるいはコメディと政治について

松井宏

さて……2010年代が「コメディ以後のコメディ」の時代、あるジャンルの隆盛と終焉以後の時代であったとすれば、その流れを最もストレートに自作において体現した映画監督の一人がアダム・マッケイだったのかもしれない。アパトー・ギャングの一員であるマッケイは2010年代において、それまでの「おバカコメディ」路線とは大きく色の異なる社会派作品――金融危機を真っ向から取り扱った『マネー・ショート 華麗なる大逆転』(15)、ジョージ・W・ブッシュ政権下において副大統領という立場ながら実質的に「影の大統領」として暗躍したディック・チェイニーを描く『バイス』(18)――によって、見事に転身を遂げたように見える……しかしそれは本当なのか？　これらは突然変異ではなく、むしろ彼のコメディ作品にあらかじめ潜在していた何かが、より直接的に現れただけだったのではないか？

「2000年代フランスでは、あなたのコメディ映画やジャド・アパトーらのコメディ映画に――決してそれらは興行的にヒットしたわけではないのですが――、映画批評家たちが熱狂し、夢中になっていました」

いまだ世界でもっとも重要な映画批評誌のひとつに数えられる、フランスの「カイエ・デュ・シネマ」誌。その752号(2019年2月号)に、アダム・マッケイのインタビューが掲載されている。『バイス』(18)公開に合わせたこのインタビューを、「カイエ」の批評家は上のような言葉で始めている。

「本当かい？ たしかにあの時期はコメディの隆盛期だった。90年代末から2010年代頭あたりの15年ぐらいだ。思うにマイク・マイヤーズの『オースティン・パワーズ』(97)が端緒だったんじゃないかな」

「むしろファレリー兄弟『メリーに首ったけ』(98)ではないでしょうか。作品全体のトーンや俳優たちの演技、それからエロや身体やセックスとの関わり方において、あの作品が何かを解放したと思うんです」

と、冒頭からこんなやり取りが交わされるわけだが、この「90年代末から2010年代頭あたりの15年ぐらい」のアメリカのコメディ映画、という枠組みは興味深い。言われてみれば確かに、そんな枠組みが成立しそうな気がする。それはファレ

リー兄弟を代表とするかもしれないし、マイク・マイヤーズもマッケイも含まれるサタデー・ナイト・ライブ（以下SNL）出身の脚本家、監督、俳優たちの時代と言えるかもしれないし、あるいはジャド・アパトーの時代と言えるかもしれない。日本ではその時代、多くのアメリカ産コメディ映画が——とくに後者ふたつの流れの作品たちが——、都内1～2館での細々公開に留まったり、いわゆるDVDスルーだったりしていた。マッケイだって最初の3作品『俺たちニュースキャスター』（04）、『タラテガ・ナイト オーバルの狼』（06）、『俺たちステップ・ブラザース－義兄弟－』（08）はDVDスルーだ（ちなみにそれらはすべてアパトーのプロデュース）。そういえば無理やり「俺たち～」と邦題の付けられたアメリカ産コメディ映画が、他にもいろいろあった……。いずれにしろ、エロやセックスや種々諸々の差別などを過剰さやドギツさの笑いとともに扱いながら、ラブコメからアクションまでさまざまなジャンルを横断した作品たち。それらが隆盛を極めた理由を問われたマッケイは、意外にもまずAvidの名前を持ち出す。ノンリニア編集を可能にした編集ソフトだ。

> 「この手のコメディ映画の人気はいくつもの社会的要因によって説明可能だが、興行的な成功の理由はAvidの広がりが大きいと思う。おかげで編集段階でのスクリーニングをさらに有効活用できるようになった。観客のリアクションを細かいところまですぐに反映させられるようになったんだ。またそれ以前、大抵のコメディ映画のリズムは散発的だったというか、つまりジョークがあって観客が笑ったら次は落ち着く、という具合だった。でもAvidのおかげで、笑いの雪崩を起こせるようになった。もちろんこれだけが理由じゃないが、かなり重要なことだと思う」

一瞬とまどうが、言われてみればなるほどという気もする。もちろんノンリニア編集が変化をもたらしたのはコメディ映画だけでなく映画そのものだと言えよう。だが、ことコメディ映画の「リズム」や「笑いの雪崩」に関していえば、確かにそうだ。ある時代から確実に、笑いの雪崩に覆われた作品が増えた。おそらくこれはノンリニア編集のせいだけではないが、とにかく、そうした雪崩現象によって笑いが過剰さとドギツさを増していった。そしてときに、そこまでやったら作品が壊れるのではないか？　お話が成立しなくなってしまうのではないか？　という不安さえ、こちらにもたらすこともあった。マッケイの作品でもそうだ。突如、主人公の可愛い飼い犬が川に蹴り飛ばされる瞬間（『ニュースキャスター』）、それ以上主人公が周囲にコケにされてバカにされたらもう立ち直りのストーリー自体が成立しなくなるのじゃないか？という瞬間（『ステップ・ブラザース』）など。そうやってドギツさとともに、ある倫理的かつ存在論的な不安を観客に与えながら、ぎりぎりのバランスで危うい橋を渡っていく。あの時代、いくつものアメリカ産コメディ映画で、そのような感覚を何度か味わわされた。『俺たちニュースキャスター　史上最低!?の視聴率バトルinニューヨーク』（13）までのマッケイの作品群はその代表例であるだろう。

もちろんより社会的な側面から別の説明もでき

『俺たちニュースキャスター 史上最低!?の視聴率バトルinニューヨーク』

る、とマッケイは語るが……、それはのちに引用するとしよう。

さて、ペンシルヴァニア生まれのアダム・マッケイは地元の大学を辞めシカゴに移り住み、デル・クローズのもとでレッスンを受けるようになったという。60年代以降の「インプロ」すなわち即興劇の分野においてもっとも重要な人物のひとりであり、80年代にはシカゴでチャーナ・ハルパーンとともに「ImprovOlympic」(iO Theater)を設立し、即興コメディの教育をおこなったデル・クローズ。彼のもとで学び、その後映画の分野に進出した俳優、脚本家、監督たちは数多い。マイク・マイヤーズもそうだし、のちにマッケイがともに仕事をするようになるティナ・フェイ、イアン・ロバーツ、デヴィッド・ケックナー、あるいはヴィンス・ヴォーンなども。ジョン・ファヴローもいる。またさらに遡れば、ジョン・ベルーシやビル・マーレイだって彼のもとで学んだ。

その後マッケイは、もちろん例に漏れずSNLへと進出。脚本や監督を担当し、そこで盟友ウィル・フェレルと出会い、彼と製作会社も立ち上げ、初期3作品を一緒に作っていくわけだが(フェレルはそれらの共同脚本家でもあった)……、フェレルとの出会いももちろん重要だったとはいえ、自分の思考にとって「決定的だった」のは、デル・クローズとの出会いだったようだ。

「彼は政治的なメッセージと一緒にコメディを作れるんだと、教えてくれた。彼は言っていた。『コメディにおいてはつねに芸術的な側面を追い求めろ。なぜなら、もしその側面が失敗していたとしても、とりあえずコメディは残る。だがもし君たちがコメディを作ることだけに満足していて、しかもそれが失敗していたとしたらどうなる? 何も残らないぞ』と。コメディと芸術、コメディと社会、コメディと政治を分離しないという考え方は、それこそまさにシカゴという街の姿だね」

偉大なるデル・クローズ。たとえば『ステップ・ブラザース』はアメリカの消費主義と資本主義について語っていると、マッケイは言う。であれば、たとえば『ニュースキャスター』にあるのは、男尊社会と絶え間ない競争社会への視線、といったところだろうか。また『アザー・ガイズ 俺たち踊るハイパー刑事!』(10)では、もちろんリーマンショックを引き金とした金融危機。金融の世界がいかに狂っているかは、エンドクレジットにおいてグラフィックで見せられる様々な数字で明らかだし、「いま我々に必要なヒーローはカーチェイスしながら街をぶっ壊してドラッグディーラーを追っかける刑事ではなく、腐りきった金融の奴らを追いかける刑事だ」と、彼は語る。

実は、というか、そのフィルモグラフィを追えばすぐにわかるのだが、マッケイの歩みには少しばかり不思議なところがあって、つまり初期に大層バカげたコメディ映画を作り続けておきながら、いつの間にか『マネー・ショート 華麗なる大逆転』という、リーマンショックをド直球でとらえた作品を監督し、続いて2018年には、あのディック・チェイニーの伝記物『バイス』である。おそらく多くの人々が、彼のキャリアを「それほど大きくない予算のコメディをヒットさせた気鋭の監督が（いや、とはいえ日本の感覚で言えばとても大きな予算なのだが……）、うまいこと抜擢されてちょっとチャレンジングな企画をビッグバジェットで撮らされて、それがまたヒットしたから今度もさらにチャレンジングなネタで、さらにビッグなバジェットで監督をさせられた」というような構図と、とらえていたのではないだろうか。少なくとも私はそうだった。が、インタビューを読むと、実際は真逆だったと、わかる。彼はもとから「コメディと政治」の両輪を意識的に備えていた。最初はコメディ極が強い作品群でヒットを稼ぎ、スタジオの信頼を得ると、本来ならスタジオも難色を示すような政治極が強い作品群に手をつけていく。デル・クローズの薫陶を受けたマッケイにとっては、どちらの極も自分の「作家性」なのだ。

大手スタジオというのは「作品のアイデアなんてどうでもいい、彼らにとって大事なのは金を生み出すかどうかだけだ」と語るマッケイは、『ニュースキャスター』の企画・脚本を持って方々のスタジオに当たったが、ことごとく断られたという。だがトッド・フィリップス監督、ウィル・フェレル出演の『アダルト♂スクール』（03）がヒットしたことで、ドリームワークスが『ニュースキャスター』製作にGOを出した。そして幸運にも（？）それがヒットし、そのおかげでその後も映画を作れるようになり、徐々に自由も手にしていったという。

> 「とはいえ『ニュースキャスター』の初期の脚本はどえらいバカげたものだったので、スタジオから言われたんだ。『わかった。だがこの世界にはいくつか語りのルールというものが存在する。君たちにはそれを知ってもらう』とね。だからちゃんと勉強したよ。そして、そういったルールをとりあえず守っておけば、あとは好きなようにやれるということも学んだ。完璧に真面目にルールを守れってわけじゃない、とりあえず守れ、というわけさ。たとえばラスト、クリスティナ・アップルゲイトは当然フェレルに愛を告白しなきゃいけない。これがルールだ。でも、だからといって『この愛に72パーセントの確信があるわ』と言わせちゃいけない、なんてことはないのさ！」

『マネー・ショート 華麗なる大逆転』

あの素晴らしい台詞「バット・アイ・アム・72パーセント・シュア・ザット・アイ・ラブ・ユー」は、泣ける。アメリカ産のコメディ映画に対して「過剰さやドギツさがあると言ったって結局はいつもハッピィエンドじゃないか」とコメントすることほどバカげたことはない。そんなことは重々承知で、じゃあいかにしてそこにズレを作り出し、観客の胸をドキンとさせ、我々の生の実態を垣間見させるかが、重要なのである。残りの28パーセントこそがコメディ映画の掛け金だと、そんな風にだって言えるだろう。

おそらくマッケイだけでなく、たとえばジャド・アパトーの作品群にだって「コメディと政治」「コメディと社会」といった両輪が存在するだろう。いや、アパトーの場合はもう少しミクロというか、より愚直に「コメディと人生」の両輪に取り組んでいるのだろう。だからアパトーの映画はジョン・カサヴェテスの映画に近づくわけだが……、それはまた別の話。ちなみにマッケイはアパトーの監督作品は自分のものとずいぶん異なると語っている。いわく、自分の作品はより「攻撃的で、カオティックで、不条理でバカげている」と。「ウィル・フェレルと私の共通した好みは不条理やバカバカしさ、そしてカオスであって、そこに同時に社会的、政治的な見解を併せ持つ」とのことだ。

いずれにしろ、である。アダム・マッケイという監督は、SNLを代表とするスケッチコメディやスタンダップコメディ的な要素を強く導入して映画を作り始め、アメリカ的語りのルールの滑らかな使いこなしを上達させながら、やがては社会的と呼ばれうるようなビッグバジェットの作品を作り始めた。そして、その歩みがまさに「あの時代のコメディ映画」の隆盛と終焉を生きてしまった者のそれだと、みずから考えているようだ。
「あの時代のコメディ映画」の隆盛の、別の社会的な理由を語るマッケイの言葉をやっと引用するが、そこでは同時にその終焉についても語られている。

「あの時代のコメディ映画に登場するのは白人の男たちばかりだ。そしてどんどん自己言及的になっていったんだ。つまり白人の男たちによる、白人の男たちのための、白人の男たちをバカにする白人の男たちの俳優が出演する映画になっていった。まあ、いまじゃあもう白人の男たちについて語られるのなんて望まれてないけどね!(笑) 思うにあの頃は、白人の男をバカにしてこそ、その支配構造を弱めたり、社会を改善できると考えていた最後の時代じゃないだろうか。

『バイス』

だが社会の状況はその後ますます悪くなり、いまや誰もそう考えなくなった」

「あの時代のコメディ映画には新しさがあった。だがどんな新しさもそうであるように、その流行も終わりを免れ得なかった」

終わった? 本当に? だがそれが本当だとするならば、マッケイの語る自己言及的行き詰まりは、よく理解できる。古今東西さまざまな芸術のさまざまなジャンルが、この自己言及性という末期症状を経験してきた。あるいは、もしかしたら、クリントン期末期から2001年アメリカ同時多発テロを経て暗黒のブッシュ・ジュニア期という、アメリカの悪しき時代ゆえに生まれたある種の抵抗の映画が「あの時代のコメディ映画」だったのかもしれない。けれど、いずれにしても、我々はまだあれらの作品群をきちんと消化しきれていないとも、個人的には思う。グレッグ・モットーラの『スーパーバッド 童貞ウォーズ』(07)や、あるいはアパトーの監督作たちから、我々は本当に何かをちゃんと学べているのだろうか?と……。それはまた別の話として、とにかく、ではその後、アメリカ産のコメディ映画はどんな時代を迎えているのだろうか? とりあえず、マッケイは2019年1

月におこなわれたこのインタビューにおいて、引き続き「コメディと政治」の政治極を前面に出す次の企画について、触れている。

> 「次の企画では、地球温暖化についていくつかアイデアを巡らせている。温暖化は近いうちに、我々にとって唯一の、とんでもない問題になるだろう」

ちなみに『マネー・ショート』の後、マッケイは『Border Guards』というタイトルで、メキシコからの不法移民を取り締まる男たちをウィル・フェレルとジョン・C・ライリーが演じる企画をいちど立ち上げたが、トランプの登場によってそれをストップしたという。

> 「あの頃、どれだけレイシズムがひどくなっていくか、心配になったんだ。あの企画については『バイス』や『マネー・ショート』のようにコメディ映画の要素を使って作る作品ではなく、純粋なコメディ映画を想定していたからね（…）最終的にあの作品を作らなくてよかったと思っているよ」

ドナルド・トランプ自体が、ある閾値を大幅に越え、過剰さとドギツさを生きる存在である以上、もしかしたらいまコメディ映画は作りにくくなっている状況なのだろうか？ より大きな知性と、繊細さと大胆さのさらなる危うい バランスが、コメディ映画には求められてしまっているのだろうか？

そして、マッケイが「純粋なコメディ映画」に立ち戻る日は、いつか来るのだろうか？ そんなことは誰にもわからない。我々にできるのはただ、心して待つことだけだ。

『俺たちニュースキャスター 史上最低!?の視聴率バトルinニューヨーク』
価格：ブルーレイ¥2,381＋税／発売中
（ジャケット写真は予告なく変更となる場合がございますのでご了承ください）

『マネー・ショート 華麗なる大逆転 』
NBCユニバーサル・エンターテイメント／価格：ブルーレイ+DVD ¥3,990＋税．発売中

『バイス』
Blu-ray&DVD 発売中／発売元・販売元：バップ

映画製作・現場からの視点

カイル・マーティン

（映画プロデューサー／『タイニー・ファニチャー』）

プロデューサーに必要なものは忍耐だ

取材・構成＝グッチーズ・フリースクール（メール・インタビュー）

どんな映画であろうと理想を形にするためには膨大な現実的努力が必要だ。
資金の調達、俳優の選出、撮影スタッフの確保、ロケ地の手配、
そして作品の販路の確保等々……映画プロデューサーとは、
そうした一切の仕事を時代の流れの只中で確固たる信念とともに
解決せねばならない、本当にタフな仕事だ。
今回話を聞いたカイル・マーティンは、
群雄割拠のアメリカン・インディペンデント映画界をひた走る、
若き敏腕プロデューサーの一人。理想と現実のあいだで冷静さを失わず、
しかし情熱を滾らせる彼に、現代の映画プロデューサーの仕事について話を聞いた。

Kyle Martin

ブルックリンを本拠地とするインディペンデント映画プロデューサー。2000年代後半より映画プロデュースを開始。実写劇映画、ドキュメンタリー、アニメーション作品まで、ジャンルをまたいだ幅広い作品を手がける。2010年のレナ・ダナム監督によるプロデュース作『タイニー・ファニチャー』（同作はSXSW映画祭で審査員大賞を受賞）が大きな話題を集める。以後、サンダンス映画祭、カンヌ国際映画祭などでのプロデューサー・フェローシップを獲得、2012年には映画誌「ヴァラエティ」の「必見プロデューサーリスト」の一人に選出された。プロデュース作はクライテリオン・コレクション、IFCフィルムズ、BBC、オシロスコープ・ラボラトリーズなどの会社によって全世界に配給されている。2016年の自身の製作会社Electric Chinolandを設立している。

『タイニー・ファニチャー』

──カイルさんがプロデューサーという仕事を志されたのはどうしてだったのでしょうか。

カイル・マーティン（以下KM）
私は大学在籍時にプロデューサーになったのですが、その理由は当時、同じ大学で映画を撮っていた女性監督に強い想いを寄せていたからで、彼女ともっと一緒に時間を過ごすための方便としてプロデューサーをやることにしたんですよ。ちなみに彼女はいまの私の妻です。

──アメリカにおけるプロデューサーの仕事についてお話を伺いたいと思います。まず、どのように制作資金というのは集められるのでしょう。

KM　アメリカにおける映画製作は、たとえば連邦税から支援を提供するような「国立映画委員会」だとか「中央映画政府機関」といった組織がないという点で、世界的には少しユニークなのかもしれません。インディペンデント映画における資金調達は、主に民間のエクイティー・ファイナンス[*1]が中心になります。このシステムの利点とは、青信号が灯されるプロジェクトの数が無限だということ。つまり、企画される映画の数に制限がないことです。悪い点としては、インディペンデントの企画であるにもかかわらず、想定されたコストを超過するようなパッケージ（脚本＋俳優＋監督）を実現することへのプレッシャーが、往々にして作り手に課されてしまうことでしょう。それが何を意味するのかというと、つまり、有名な俳優が作品に紐付いているようなケースでない限り、ほとんどの場合は資金を得られない、ということなんです。映画の芸術的価値だけを指標として資金を調達することなどまずありえません。それゆえにアメリカにおいて「アート映画」や「作家映画」はますます希少になっており、作品の質は間違いなく低下しているといえます。

ですから、プロデューサーは映画を作り始める最初期の段階から企画に参加している必要があります。出資者からの期待と金銭を管理するというのは非常に複雑な仕事で、映画監督、とりわけ若い新人たちは、自分たちが直面している産業としての映画への出資者からの期待というものに気づいていません。優れたプロデューサーというのは、その作品が市場へもたらす影響を理解することと同時に、その作品の作り手の創造的な野心を理解しサポートしながらプロジェクトを進めることができる人間のことでしょう。そのうえで最も必要なものは粘り強さです。プロデューサーの仕事というのは本当に時間のかかる、困難かつ孤独なもので、日々それを粉砕することだけが求められているんです。

――資金を集めることにおいて、必要なこととはどのような意識や姿勢なのでしょう。

KM　究極的には金というのはそれ自体がさらなる金を求めるものです。もちろん、投資家のなかにはクールな映画を作ることで有名人と一緒に写真を撮りたいと考えるような人もいないわけではありませんが、結局はもっとお金を稼ぎたいのです。シンプルな話ですよ。誰にも見られないがらくたを作ることだってできるけども、投資家の利益を上げれば大成功で、誰もが幸せになり、別の映画を作る機会が得られる。そういうわけです。

――そうした状況は、近年の映像ストリーミングサービスの普及とも深く関わっているのでしょうか。

KM　ストリーミング・サービスの優位は業界を根本的に変えています。何よりも制作される映画の種類ですね。本当の意味でのインディペンデント映画は、もはや配給・配信会社からのサポートを失いつつあります。なぜなら劇場への配給を中心とする会社とストリーミング・サービスの会社との間で、業界内の支配を打ち立てる競い合いが行われているような状況があるからです。たとえば劇場への配給会社に私のプロデュースした作品を見せると、しばしば「ああ、これは配信向きの映画だね」と言われます。つまり私の作品は多様な幅広い観客に向けて配信されるべき「大きな映画」だとみなされる。しかし同じ映画を今度は配信サービスの会社に見せると「ああ、これはアート映画だね、私たち向きの作品ではない」と言われてしまう。配信会社にとって「アート映画」とは「小さな映画」であることを意味し、そのユーザー層からすれば私の作品は「小さい」ということになる。

　私からすれば劇場への配給会社もストリーミング・サービスの会社も芸術的かつ知的な映画を配給することを諦めているように見えます。悲しい現実ですね。最も刺激的で大胆なタイプの映画というのは、そのような作品のなかにこそ存在すると私は思っているからです。だから、この類の映画が放逐されている状況は一時的なもので、1、2年後には流通市場が落ち着き、それらの作品にまた光が当たることを私は願っています。

――カイルさんは実写のフィクション、ドキュメンタリー映画、アニメーション作品など、多様なスタイルの作品を手がけられていますが、プロデューサーとしての仕事に違いはありますか？

KM　もちろんスタイルとしては明白に違いはあります。ただ、そうした多様な作品で仕事をすることで気づかされたのは、その差異ではなくて類似点のほうなんですよ。映画の基本的な要素を理解することにその経験はとても役立ちました。要するに、すべては物語とキャラクターに帰結するということです。ですからスタイルは二の次ですね。

――あなたの手がけた『タイニー・ファニチャー』(10)のレナ・ダナム監督など、アメリカにおける新しい時代の新しい監督がシーンを引っ張っていくという状況は素晴らしいものです。そうした才能を見つけるためにはどのような方法があるのでしょうか。

KM　そうした類の突発的な成功をもしあなたが体験していたとすれば、そんなことを予測したり再現することなど不可能だとわかるはずです。そしてその成功が一つ終われば、あなたはまた新たな物語や新たな才能を見つけなければならない。ときにはまるでボトルで稲妻を捕まえるように、一晩の大成功を収めることもあるでしょう。もちろん真逆のことだって起こりうる。そうしたことを制御することはほとんどできません。そしてたとえ作品が成功したとしても、その作品やクリエイターがほんとうに優れているか、才能に溢れているかどうかなど、決して言い切れません。すべてはランダムな結果であり、多くの場合それは一定の文脈に関わっているものなのです。

――しかし、あなたはレナ・ダナム監

『タイニー・ファニチャー』

督を見出しました。『タイニー・ファニチャー』はどのように製作が始まったのでしょうか。

KM レナの脚本が理由です。それまでにもすでに彼女の短編作品などは見ていましたが、この映画の脚本に私は完全に入れ込んでしまったのです。ユーモアのセンス、その不敬さ、そして裕福ではない人々への深い配慮と共感……この作品をやらないなんて選択肢は考えられないほど素晴らしかったんです。

彼女に最初に出会ったのはSXSW映画祭でした。私たちはどちらもこの映画祭に出品していたのですが、お互いにニューヨークから来ていましたから共通の友人もいて、映画祭のいろんなパーティーを一緒に渡り歩いていたんです。ニューヨークに戻ってからも私たちは連絡を取り合ったりつるんだりして友達になりました。その夏の終わり、彼女は新しい映画に取り組んでいると私に教えてくれました。先ほどもお話ししましたように、その脚本を読んで私は彼女の作品に夢中になり、そのプロジェクトに参加したいと思ったんです。

――2000年代後半から2010年代の前半頃、アメリカにはマンブルコア（Mumblecore）と呼ばれるインディペンデントのシーンが隆盛しました。サフディー兄弟、ジョー・スワンバーグ、アンドリュー・ブジャルスキー、グレタ・ガーウィグ、そしてレナ・ダナムもそこに加わる一人ですね。今日のインディペンデントでは同様のムーブメントは存在するのでしょうか。

KM うーん……マンブルコアをエネルギッシュなムーブメントだったと考えるのは面白い見方だと思いますけど、それは真逆です。若い映画監督たちがつるんで形成するコミュニティや集団があるということは確かで、これは普遍的とも言える傾向ですよね。映画人たちというのはつねに仲間と結びついているものでしょう。しかし、そうした現在の新しいムーブメントを現在のマンブルコアとしてラベル付けする必要に駆られることはありません。そうしたことは私はそのムーブメントの初期の頃から述べていました。なぜならそうした場所での映画作りはかつてのように配給業者によってサポートされたものではないからです。それは近年になって配給を放棄されている種類の映画をめぐる、よい実例とも言えるでしょう。

――その一方で、たとえばリチャード・リンクレイターやガス・ヴァン・サント、あるいはジョン・ファヴローといった監督たちは、メジャーな大作を手がけることもあれば、ほとんどインディペンデントのような小さな作品を手がけたりと、様々な領域を行き来している

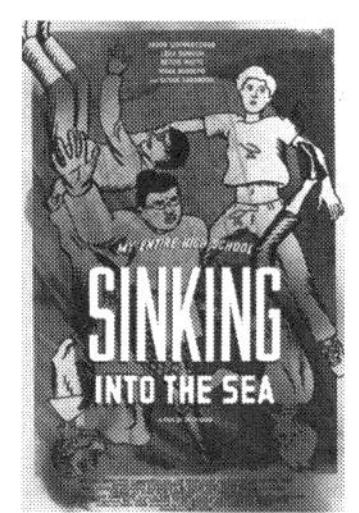

『ボクの高校、海に沈む』（ダッシュ・ショウ監督）

印象があります。これはアメリカでも珍しいケースでしょうか。

KM　現代的な現象だと思いますね。たとえばジョン・カサヴェテスはメジャーな映画に俳優として出演したのちにインディペンデントの監督として活動しましたが、大きい映画も小さい映画も並行して手がけるような監督の出現というのは、90年代以降の傾向だと思います。それについて何かを断言するには時期が早いと思うのですが、これからもそうした監督は現れるでしょうね。グレタ・ガーウィグやバリー・ジェンキンスもその傾向にある監督だと言えるでしょう。

——あなたの求めている新しい才能とは、どのようなものなのでしょう。

KM　観客が映画を体験する方法について考えているような人たちです。撮影現場においては、いわゆる「監督っぽく」振舞うことも、インスタグラムに載せる写真で撮影現場の自分がどれほどクールに見えるかも、どんな素晴らしいレンズを使って撮影しているかも、サウンドトラックのために起用したクールなミュージシャンたちのことも忘れるべきです。なぜならそれらがどれほどのものであろうと、観客が作品のストーリーにつながることができなければ、すべて無意味なものとなるからです。そうした視点を有する監督を見つけることはめったにありませんが、私が求めるのはそうした人です。

——あなたがプロデューサーをしていて、最も嬉しかった経験は何ですか。

KM　『Donald Cried』（2016／クリストファー・アヴェディジアン監督）が、インディペンデント・スピリット賞[*2]最優秀新人脚本賞にノミネートされたことは、おそらく私がこれまでに参加した企画の中で、最も誇りに思った経験です。とても小さく、見込みの低い企画でした。私たちはその映画を作るためにほとんど何もしませんでしたし、非常に控えめな期待しかありませんでした。監督のクリスと仲間たちがそうした期待を完全に殺していたように思います。しかしこの作品の脚本は私が参加した中で間違いなく最高のものだと思いますし、この協力者たちの出自を知っていることもあって、本作以上に誇れるものはないと思います。私にとって特別で意味深い企画です。

——あなたがプロデューサーとして最も尊敬しているのはどなたでしょう。

KM　尊敬する人はたくさんいますが、この仕事を続ければ続けるほどクリスティーヌ・ヴェイコン[*3]の築き上げてきたキャリアと遺産には本当に驚かされます。数十年に

カイル・マーティンの2010年代ベスト10

1. Donald Cried（16／クリストファー・アヴェディシアン監督）
2. Katt Williams: Great America（18／レスリー・スモール監督）
3. Katt Williams: Kattpacalypse（12／マルクス・ラボーイ監督）
4. Katt Williams: Priceless Afterlife（14／スパイク・リー監督）
5. ゴールデン・リバー（18／ジャック・オーディアール監督）
6. ファントム・スレッド（17／ポール・トーマス・アンダーソン監督）
7. 大学 - At Berkeley（13／フレデリック・ワイズマン監督）
8. All This Mayhem（14／エディー・マーティン監督）
9. パターソン（16／ジム・ジャームッシュ監督）
10. シェアハウス・ウィズ・ヴァンパイア（14／タイカ・ワイティティ＆ジェマイン・クレメント監督）

及ぶインディペンデントにおける彼女の映画製作は、アメリカ映画史上で最も重要なカタログの一つです。予算の規模もジャンルも超えて、すべてがニューヨークで生み出されています（ロサンゼルスではなく！）。その驚くべき仕事にもかかわらず、彼女は非常に謙虚な人なんです。彼女とキラー・フィルムズ（Killer Films）の達成したことを模倣しようなんて、考えることもできません。

――プロデューサーになるために、最も重要な能力とはなんでしょうか。

KM 忍耐だと思います。私にとってプロデューサーであるということは、絶え間ない失敗が続いている感覚を持つことなのです。すべては闘いであって、ゴールポストはつねにより遠くにあります。たとえ成功のベンチマークに達し、ある映画の興行収入がよかったとしても、いつだって「どうしてもっと金を稼げなかったのか」と言われる仕事です。プロデューサーになるには、その仕事の中で生じる感情のジェットコースターに惑わされることなく、自分の視点を維持し、集中できる能力こそが必要です。プロデューサーとしての私の最終的な目標とは、「私はこれを作りたい！」と言えば、それを作ることができる能力を持つことです。そして、それが最も純粋なプロデューサーの仕事のあり方だと思います。

［註］

*1. ecuity finance …… 株式会社における新株発行などのように、エクイティ（自己資本）の増加をもたらす資金調達方法。映画の場合、製作の主体となる会社や組合に提供者が出資した際は、資金調達者は返済する義務を負わずに製作資金の援助を受けることができるが、当該作品の著作権や収益分配権を出資者と共有することになる。

*2. Independent Spirit Award……非営利団体「フィルム・インディペンデント Film Independent」が、その年のインディペンデント作品を対象に授与する映画賞。1994年以降、デヴィッド・O・ラッセル、ジェームズ・グレイ、ケリー・ライヒャルト、スティーヴ・ブシェミ、ポール・トーマス・アンダーソン、ダーレン・アロノフスキー、トッド・ウィリアムズ、デヴィッド・ゴードン・グリーン、ゾーイ・カサヴェテス、チャーリー・カウフマン、トム・フォード、ジョセフ・ゴードン＝レヴィット、スコット・クーパー、ロバート・エガースなどがノミネートされている。

*3. Christine Vachon …… 1962年生まれの映画プロデューサー。初プロデュース作品は1991年のトッド・ヘインズ監督作『ポイズン』（以後、トッド・ヘインズ監督全長編にプロデューサーとして参加）。他のプロデュース作品にラリー・クラーク監督『KIDS』（95）、キンバリー・ピアース監督『ボーイズ・ドント・クライ』（99）、ロバート・アルトマン監督『バレエ・カンパニー』（03）、ジョン・ウォーターズ監督『ア・ダーティ・シェイム』（04）、ジョーダン・スコット監督『汚れなき情事』（09）、リチャード・グラツァー＆ワッシュ・ウェストモアランド監督『アリスのままで』（14）、ポール・シュレーダー監督『魂のゆくえ』（17）など。

映画製作・現場からの視点

クリストファー・ブローヴェルト（撮影監督）

人との出会いが、私には映画の学校のようなものだった

取材・構成：グッチーズ・フリースクール／協力：村上拓也

あなたが映画を見ようと思う基準はなんだろう？　俳優？　監督？　脚本家だって人もいるかもしれない。でもそれらと同じくらいに、いや、もしかしたらそれ以上に重要なのは撮影監督（カメラマン）だ。なんたって彼らは映画の核たる映像を直接生み出す人たちなのだ。でも、私たちは驚くほどに撮影監督と呼ばれる人たちが、どんなことを考えて仕事をしているかを知らない。2000年代以降、技術の躍進とともに私たちはかつてとは比べられないほど「撮影」という行為が身近な世界に生きているのに、なんだかそれはもったいないことであるような気がする。
じゃあ、実際に撮影監督に話を聞いてみよう！と画策し、今回、私たちが出会えたのはクリストファー・ブローヴェルト氏。1990～2000年代にガス・ヴァン・サント、デヴィッド・フィンチャー、ソフィア・コッポラといったビッグネームのカメラを担ったハリス・サヴィデス氏のもとで、映画作品だけでなくPVやCMの現場に参加して撮影を学び、2010年代には数多くの重要な作品で撮影監督を務める、いま最もクールな撮影監督の一人だ。2010年代に映画の現場で仕事をすることとは、どんな経験なのか。ブローヴェルト氏の真摯な言葉に耳を傾けてみよう。

Christopher Blauvelt

1970年生まれ。カリフォルニア州・ロサンゼルス出身。
撮影監督。ハリス・サヴィデスらのもとで撮影に関する様々なアシスタントを務めたのち、長編映画では2010年にケリー・ライヒャルト監督『ミークス・カットオフ』にて撮影監督として長編デビュー。ハードコア／パンクミュージックを愛好し、グリーン・デイやレッド・ホット・チリ・ペッパーズのPV撮影も手がけている。2013年には『ナイト・スリーパーズ ダム爆破計画』にてバリャドリッド国際映画祭で最優秀撮影賞を受賞。2012年には「ヴァラエティ」誌が「注目すべき撮影監督」に、2013年には「インディワイアー」誌が「注目すべき撮影監督」の一人としてそれぞれ選出している。

――まず、あなたがどのように映画制作に関わるようになったかについて教えていただけますか？

クリストファー・ブローヴェルト（以下CB）　私はハリウッドで育ち、家族は三世代にわたって映画業界で働いていたんだ。祖父は撮影部、祖母は衣装部、父も兄もおじもいとこもみんな映画に関わっていたから、子供のころから映画は身近なものだったね。子供の頃、ディズニー関係の仕事で日本に行った父が、お土産として私にペンタックス・カメラをくれた。私はそれを使って友達を撮ったり、スケボーを撮ったり、パンクロックのバンドを撮ったりと、生活におけるあらゆるものを撮影するようになり、そうして私はやがて撮影助手として映画の現場で働き始めることになった。最初の頃は『リーサル・ウェポン3』(92)や『スピード』(94)、『パトリオット』(00)といったアクション系大作に関わっていたよ。

――そうした大作での仕事はどのように向き合われていたのでしょうか。

CB　素晴らしいものだった、たくさん「爆発」も経験したしね（笑）。ただ、それらはやはり非常に大きな作品だったから、そこでの仕事が自分のものだという感覚はほとんどなかった。とはいえ、その仕事を悪く言ったことなど一度もないよ。それら大作での仕事は、私がやらねばならなかった仕事、そして私が愛していた仕事だったんだから。しかしハリス・サヴィデスに出会い、そしてガス・ヴァン・サントの映画で彼と一緒に仕事をするようになって、すべてが変わり始めたんだ。

――ハリス・サヴィデスは1990年代、2000年代の映画において欠かすことのできない偉大な撮影監督です。多くの名監督が彼と共に仕事をしています。初めて彼と出会ったのはいつのことになるのでしょうか。

CB　90年代半ば、デヴィッド・フィンチャーの『ゲーム』(97)の2年ほど前のことだと思う。フィンチャーの手がけたCMの現場にフィルムの装填係として現場に入った。クルーのなかには、のちに同じく撮影監督になるジュリアン・ワトリー、スティーブン・マチュースなどがいたね。当時、ハリスはつねにクールなものの最前線にいたから、そのCM作品も素晴らしいものだった。撮影はどれもだいたいテストも含めて一週間ほど。写真家のハーブ・リッツやピーター・リンドバーグ、マーク・ロマネックとの仕事もあったし、いくつかのミュージック・ビデオにも参加した。私個人としてはそれほど好きなアーティストではなかったんだけどマドンナを撮ったり、コールドプレイも撮った。どれも本当にクールな作品だった。

――その後、フィンチャーの映画では『ゾディアック』(07)にも参加されていますね。2000年代のアメリカ映画においてきわめて重要な作品のひとつです。現場での仕事はどのような経験でしたか。

CB　私はフィンチャーのことを自分にとっての映画の親であるように感じてる。それだけはあらかじめ言っておきたいんだ。なぜなら彼のCM撮影の現場で装填係を始めてから、『ゾディアック』でカメラ・オペレーターになるまで私は彼に育てられたんだから。でも……フィンチャーと映画をつくるのは本当に大変なんだよ。なぜなら、彼はすべてのショットを少なくとも

80回から100回は撮影する人だから。ほとんど拷問だ。以前、フィンチャーに「なぜぼくの映画で仕事をしたくないんだい？」と聞かれたとき、私は「気がおかしくなるからだよ」と答えたことがある。たとえば、ある男性がコーヒーカップをテーブルに置くショットがあるとしよう。彼が動きを始めてから静止するまで、それを65回も撮影することを想像してみてほしい。おそらくその男性は、最後には自分が何をしているのかさえわからなくなっているはずだ。フィンチャーの撮影はそんなふうに人の心を台無しにしてしまうんだね。ほとんどキューブリック的な姿勢で、言ってみればキャラクターから人間の要素を取り出し、それを線のようにつなぐスタイルだ。フィンチャーの映画もキューブリックの映画も私は大好きなんだけど、彼の映画に参加するというのは、そういうスタイルを極限まで突き詰めるということになるんだ。

ハリスとガス

――2002年、ハリス・サヴィデスとガス・ヴァン・サントとのタッグの最初の仕事として『GERRY ジェリー』が制作されます。その後、カンヌ映画祭でパルム・ドールを獲得した『エレファント』(03)、そして『ラストデイズ』(05)と連なる三部作に、あなたはすべてサヴィデスの下で参加されたと伺っています。いずれもアメリカ映画という枠を超えて、2000年代の映画史を彩る重要な作品です。

CB　偶然ではあったけど、私はこの三部作に参与できたことを本当に感謝している。この撮影を通じて、私たちは家族のような結びつきを得た。ガスは最初から三部作にするというアイディアだったみたいだけど、当時は知らなかったね。ハリスとガスは最高の友人として、最高のアイディアとクールな方法を用いた作品群を生み出した。

まず『ジェリー』は二人が初めて一緒に作った映画だった。スタッフも20人しかいなくて、誰もが同志のように感じていた。この仕事に入るとき、ハリスは「なあ、金にはならないけど3ヶ月の撮影をするって話はどう思う？」と私に伝えてきた気がする。この映画で私は初めてアルゼンチンに行ったんだ。次の『エレファント』では、撮影時に脚本はなく、あったのは舞台となった学校の地図だけ。子どもたちは地図の上に引かれた線をタイムラインに沿って動くだけで、ある場所を通過するとそこで狙撃される……というわけ。実に興味深い仕事だったよ。

これらの作品にはフランスの女性映画監督であるシャンタル・アケルマンの作品、特に『ブリュッセル1080、コメルス河畔通り23番地、ジャンヌ・ディエルマン』(75)の影響が強く現れていると思う。たとえば階段の吹き抜けやキッチン、リビングルームのショットを反復的に撮影するときには、レンズの種類やカメラの高さを常に揃えて、個々のアングルを徹底して維持したんだ。

この三部作について話すことは本当に嬉しいことなんだよ。ガスのスタッフはみな勤勉で、素敵で、尊敬すべき人たちだ。人生において最も幸福な時間だった。小さな洞察の数々から私は様々なことを学んだ。誰だって何かを愛することで何かを学ぶことになる。私の人生においての数々の出会いとは、それ自体が映画学校のようなものだったんだね。

――あなたはその三部作の直後のクリストファー・ドイルの撮影による『パラノイド・パーク』(07)にも撮影助手として参加していますね。ドイルとの仕事はやはりサヴィデスとは大きく異なるのでしょうか。

CB　もちろん！ これほど大きな違いはありえないよ！ クリス・ドイルは私の出会った最もユニークな人物で、いつも酒を飲んでるクレイジーな天才だけど、ウォン・カーウァイとのすべての仕事が示すように、素晴らしいアーティストであることに疑いはない。ただ、彼との仕事は本当に大変だ。ハリスは撮影のなかで何かを発見しようと考えるとき、何かしらのプランを用意してテストを始める。でも同じようにクリスが撮影で何かを見出そうとするなら、彼はいきなりセットに向かって、カオスの中から手探りで何かを探し出そうとするんだ。この2つの方法はどちらも有効な手段だと思うけど、しかし私のようなアシスタントの立場からすれば、撮影前には光量の調整など事前に検討しなきゃいけないことが山ほどあるわけでね……だからクリス・ドイルのために働くのは本当に大変なんだ(笑)。

『ドント・ウォーリー』
発売・販売元：ポニーキャニオン
価格：DVD ¥3,800（本体）＋税／
Blu-ray ¥4,700（本体）＋税

──ガス・ヴァン・サントの最新作『ドント・ウォーリー』(18) では、あなた自身が撮影監督を務められました。この映画では、たとえばホアキン・フェニックスが治療を受ける病院に差し込む、光の白さがとても印象的でした。かつてハリス・サヴィデスが『エレファント』で捉えていた色調にも似た光だったような気もします。

CB　ガス自身はなんらかの参照項を持っていたのかもしれない。でも私はたんにストーリーを伝えるために照明の力を借りただけだよ。病院の場面での光は、あの場所でホアキン演じるジョン・キャラハンがアンヌ（ルーニー・マーラ）と一緒にいることで感じていた光を、私たちも同じように感じられるようにと考えて加えたもので、それほど意識的な選択ではなかった。この映画ではどんな場面であっても、光はつねに自然なものであるようにと考えていたんだ。リハビリの場であっても、禁酒会の場であっても、彼の人生が単調なときも困難なときも、すべてが中間色であるように、とね。たとえば深刻な状況の場面で照明をそれに合わせて暗くすることはできる。でも『ドント・ウォーリー』ではその方法をとらなかった。それぞれの場所が、本来あるべき姿であるように照明を使っただけなんだ。

撮影監督としての仕事

──あなたが長編作品で初めて撮影監督を務めたのはケリー・ライヒャルト監督の女性たちをこそ主人公にした西部劇『ミークス・カットオフ』(10) ですね。日本では残念ながら公開されていませんが、素晴らしい作品です。

CB　いくつかの短編やミュージック・ビデオで撮影監督は務めていたけど、長編ではこの作品が初めてだった。この作品、実は私が現場に入る前から撮影は始まっていたんだ。ところが当初の撮影監督が降板してしまい、代役として撮影監督を務めることになったというわけ。そのときの撮影助手は私の友人で、この映画のプロデューサーのことも知っていた。現場がそのような状況になってから、まず彼らを通じて話が私の耳に入り、「すぐに来てもらえませんか」とケリー・ライヒャルト監督に呼ばれることになった。彼女とはこれが初めてのコンタクトだったけど、『ウェンディ＆ルーシー』(08) などの作品はすでに見ていて、私は彼女の映画がとても好きだったんだ。連絡をもらってすぐにワゴンに乗り込み、撮影現場まで砂漠を4時間も走り続けることになった。

彼女はとても素直な人だ。出会ってすぐに、彼女は自分の好きなものと嫌いなものを私に教えてくれた。彼女との出会いは、ガスと

『ミークス・カットオフ』©2011 Oscilloscope Laboratories

の出会いと似ていたね。ケリーとともに、そして彼女のクルーとともに過ごすことで、私はたくさんのことを学んだ。そして現場で私はベストを尽くした。ケリーとの仕事ではすべてのショットにおいて彼女と話をする。脚本の執筆段階で話を始めることもある。今ではクルー全員ともうまくコミュニケーションできるようになって、撮影はずいぶんスムーズになったね。彼女との出会いには本当に感謝している。

しかし映画というのは本当にハードな仕事なんだ。『ミークス・カットオフ』でネイティブ・アメリカンを演じたロッド・ロンドオ(Rod Rondeau)は、撮影の終盤、熱中症で不整脈になり病院に運び込まれることになった。彼は撮影中いつも半裸だったからね。それについて彼はまったく文句を言わなかったけど、私たちはこの映画の撮影で本当に極限的な状況にいたんだよ。

――ガス・ヴァン・サントやケリー・ライヒャルトは作品によって意識的にフレームサイズを幅広く選択するタイプの監督です。撮影監督の立場として、フレームサイズを検討するときにはどのようなことが基準になるのでしょうか。

CB　これまで一緒に仕事をした監督たちとはいつも撮影前に議論をするんだけど、フレームを決めることはそこでの大きな話題の一つ。私にとってはどんなフレームサイズも、すべてが美しいものなんだ。だから映画をつくるときには、そのフレームサイズが美的な観点において作品にふさわしいものであるか、その正当化を検討する必要がある。

たとえば少し前に参加したジョナ・ヒルの初監督作である『Mid90s』(18)では、タイトル通り1990年代を舞台にしていて、その当時はテレビの画面などあらゆるものがまだ四角(4:3/スタンダードサイズ)だったよね。この映画では登場人物の一人が映画監督になりたいと言い、つねにビデオカメラを持っているんだけど、この映画の撮影中に彼に限らず出演した子供たちに小さなビデオカメラを持たせて、お互いを撮影させた。そこで撮られた映像も作品内で使っているんだけど、そのフレームサイズも4:3に設定していた。フレームサイズはいつも物語の切り取り方において決定されるものだ。この映画の中で子どもたちが使っているカメラとは、まさにこの映画での私のカメラの視座に重なるものだった、それがこの映画を4:3で撮影することを正当化する理由になったというわけだ。

一方でケリー・ライヒャルトの場合、彼女はもともと4:3が大好きでね、撮影のための資料として彼女は過去の映画の写真をプリントアウトして現場に持ち込むことがあるんだけど、そのほとんどの作品は4:3なんだよ。なにせ彼女にとってのヒーローは小津安二郎とロベール・ブレッソンだからね。

私自身はシネマスコープ(2.35:1)も好きなんだけど、ニューヨークで撮影したとある映画で、監督からシネマスコープを使いたいと言われ続け、しかし反対を押し通したことがある。なぜならニューヨークというのはすべてがビルによってできている、あらゆるものが「上昇」しているような街で、(横に長いシネマスコープを使うことは)文字通りに「反対」だと考えたわけだ。フレームサイズを決めるには様々なことを検討する必要がある。ただ、私にとって結局のところ重要なのは、その作品が与えようとしている物語を理解し、それに接する観客の関心をそらすようなものであってはならないということ。私たちの仕事に備わる物事を観察する力、物事を呈示する力について誠実であれということなんだ。

ハリスとの別れ

――2013年のソフィア・コッポラの映画『ブリングリング』についてお伺いします。この作品はハリス・サヴィデスの最後の作品であり、それについてお話されるのは少し難しいことかもしれませんが……。

CB　うん、少し話すことが辛い話題だね……。ハリスから連絡が来たとき、彼はすでにソフィアと一緒に制作準備を進めていたはずだった。彼との電話で脳腫瘍を患っていることを聞き、もちろん深い悲しみを覚えた。自分が何をすべきかもわからなかった。でも彼はとても前向きで「心配するな、クリス。きっとよくなるさ!」と言ってくれたんだ。この映画についてはまだ誰からも誘われていなかったけれど、ハリスは私に「一緒にやろうか?」と声をかけてくれて、私はもちろん引き受けることにした

彼は脳腫瘍を1つ取り除く手術をして、その2日後に働き始めた。私たちはちょうど彼を自宅でケアするように準備を始めたんだ。そして実際に撮影が始まる前に彼はもう一つ腫瘍を取り除き、2～3週間ほど一緒に仕事をした。しかし最終的に彼は途中で現場を去ることになってしまい、私は残りの2～3週間ほどの撮影を担当することになった。肉体的にも精神的にも、ハリスがそこにいないということは辛かったね。

幸運だったのは、その6ヶ月後に私がニューヨークで撮影をしていたとき、彼に会いに行けたことだった。良い薬と良い食事の結果、『ブリングリング』の撮影時は本当に良くない状況だったけど、そのときに比べると病状は少し良くなっているようでね。ハリスが亡くなる直前、彼が良い場所で過ごしていたことを見ることができたのは幸福なことだった。

とはいえ、私は本当に親しい友人を失ってしまったんだ。腫瘍を患っているようなときに映画の撮影などすべきではなかったのかもしれない。でも彼は自分の仕事を愛していた。もちろん彼は妻と娘のことも愛していた。彼女たちは私にとっても家族のようなものだ。それでも彼は、自分でも理解しえないほど映画作りを愛していたがために、病気であろうとなかろうと、残りの人生をかけてすべき仕事だと考えていた。それはソフィアの映画そのもののような姿勢かもしれないな。

撮影のデジタル化をめぐって

――今日の映画製作では、デジタル技術の躍進に伴って様々な変化が生じていると思います。それは美学的な変化であるというだけではなく、より合理的に制作を進めたいという欲望の現れでもあるかと思いますが、ブローヴェルトさんはどのようにその変化を受け止めていますか。

CB　今や撮ったばかりの映像が撮影現場で編集できてしまうわけだからね、これは本当に大きな変化だ。ただ、もし映画を芸術として考えるのなら、合理化の側面だけでなくそこでの映像の変化についても、きちんと考える必要があるだろう。現場で編集もできたりエフェクトを加えられるというのはクールなことかもしれない。しかし映画について考えるのであれば、フレームサイズを考えるのと同じように、何よりも脚本について、そこでの物事の呈示の仕方について考えなければダメだ。フィルム撮影よりもデジタル撮影の方が優れているケースもあれば、8ミリの画質がピクセル・ヴィジョンよりも優れてることだってある。脚本家や監督、プロデューサーと真剣に

議論をすれば、そこでその作品が語ろうとしている物語について話すことになるだろう。そうすればこそ、脚本にふさわしいレシピが思いつける。私たちにはデジタル化のためのツールとフォーマットがあり、そして様々なサイズのレンズがある。つまり、見せたいものを見せるための多くの異なった方法がある。近未来的な美麗でシャープな高解像度の映像だけを求めているのであれば関係ないかもしれないけど、そうでなければやっぱりすべての撮影をデジタルで行うべきじゃないんだ。やはり問題は脚本が何を語っているかで、それを理解したうえで方法は選択するべきなんだよ。

私は最近、オータム・ド・ワイルド（Autumn de Wilde）監督と『Emma』(20)という映画に参加した。もちろんジェーン・オースティンの小説の映画化で、18世紀初期を舞台とする時代劇なんだけど、この映画では当時の階級社会を示すものとして衣装が非常に重要だった。それを尊重するためには、ざらついた、荒っぽい画面での撮影を選択するわけにはいかないよね。私はこの作品の方法をそのように解釈したわけだ。映画監督とのコラボレーションとはこのようにあるべきで、撮影監督は「このカメラとレンズは最高だ、だからこれを使おう！」なんて言うべきじゃないんだよ。

——技術的な変化への対応はどのように解決されましたか。

CB　近年の撮影では、つねにDIT(Digital Image Technician)というスタッフが私についてくれるようになった。デジタル撮影の画面作りをサポートしてくれるスタッフで、たとえばあるショットをもう少し低いコントラストにしたいとかもう少し彩度が欲しいと思ったら、そのスタッフが撮影中に調整してくれる。本当にありがたいよ。

技術の進展にあえて難癖をつけるのなら、私はフィルムでの撮影を通じて成長してきた人間だから、実はフィルムでも原理的には同じことができることを知ってるわけだ。デジタルのように瞬時にそれが満たされないというだけの違いなんだよ。でも、ケリー・ライヒャルト監督も『ライフ・ゴーズ・オン 彼女たちの選択』(16)のときにはデジタル撮影にとても助けられていた。この映画では、初めて仕事をする俳優たちとのアンサンブルについて、彼女は非常にナーバスになっていたんだ。あの作品は本番では16ミリの撮影だったけれど、彼女たちと一緒にエモーションを育むために、テスト撮影ではDVカメラを用いることで、何度も繰り返してリハーサルができた。優れた撮影監督たちはすでにデジタル撮影の利点を手中に収め、ど

『ライフ・ゴーズ・オン 彼女たちの選択』
DVD：3,800円（税別）発売中
発売・販売元：ソニー・ピクチャーズ エンタテインメント
（2020年1月時点の情報）

のように被写体に光を当てるべきか、どのようなレンズが適しているのかを見出している。私はこうした技術の進化は、やはり映画撮影の新しい可能性を開いていると考えているんだよ。私たちはなんでもやることができるのだ、とね。

――ネッド・ベンソン監督の「ラブ・ストーリーズ」（13–15）についてお伺いします。マンハッタンを舞台とした1組の男女の物語を、男性側の視点から捉えたもの（『ラブストーリーズ コナーの涙』）、女性側の視点から見つめたもの（『ラブストーリーズ エリナーの愛情』）、そしてその双方の視点を混在させたもの（『Them』）と、同じ物語で3つの作品が存在する作品ですが、この作品ではデジタル技術の恩恵とはどのようなものだったのでしょう。

CB　この作品でストリートでの撮影を十分に行うことができたのはデジタルでの撮影のおかげだ。マンハッタンを舞台にすれば、そこで十分に照明を当てることなんかできない。でもこの撮影ではデジタルカメラの絞りを全開にして撮影をすることで、ジェシカ・チャステインの姿を観客はあたかも彼女と同じ場所にいるかのような質感で見ることができるんだ。都市での撮影というのは本当に楽しいものでね、あなたたちの住む東京もそうだと思うけど、エキサイティングなエネルギーが充満している場所だ。デジタル撮影はさほど大きくない予算の映画でも、そうしたものを捉えることを私たちに可能にしてくれているんだね。

――ケリー・ライヒャルト監督との最新作『ファースト・カウ』（19）について、この作品ではいわゆる「アメリカの夜」こと、デイ・フォー・ナイト（編註：フィルターをかけて撮影を行うことで日中の撮影を夜に見せかける技法）が用いられていると伺いました。近年ではなかなか目にすることのなくなった技法です。まだ日本では見られない作品ですが、この作品について少しお話ししていただけますか。

CB　この映画で語られるのは19世紀の開拓地における二人の男が友人となる物語だ。映画の中に、彼らが夜の崖から飛び降りるというシーンがある。しかしケリーの現場ではスタッフもごく少数だったから、夜間にアクションの撮影をすることなど普通にはできない。そこで私たちはこの映画でデイ・フォー・ナイトを用いることにした。ケリーはこの技法を使った古典映画のことが好きだけども、とはいえ、いささか演劇的な効果を生んでしまう技法でね……。彼女の映画づくりはきわめてリアリズムに根ざしたものだから、それを用いることには大きな挑戦があった。撮影の準備を始めてから、これま

『Mid90s』
2020年公開

でにこの技法が用いられた映画のことを思い出していたんだけど、最も新しい作品のひとつに『マッドマックス 怒りのデス・ロード』(15)がある。改めて見直してこの映画の素晴らしさを再確認したんだけども、しかし私たちの作品に比べれば演劇的かつ非常に奇妙な趣がある作品だからね、まったく同じようにやることはできない。

だから、できる限りテスト撮影をすぐに始めたいと私は考え、友人でカメラ・アシスタントのジョーダン・グリーンと一緒にカメラを持って、撮影の一ヶ月前にポートランド周辺の森林に向かった。そこで、私はホナス・キュアロン監督と撮影監督のチヴォ(エマニュエル・ルベツキ)と会話したときのことを思い出したんだ。『ノー・エスケープ 自由への国境』(15)という作品で、彼らが夜の場面をデイ・フォー・ナイトを用いて撮ったとき、コントラストのない暗く濁った映像を避け、月明かりのエッジを生み出すために、彼らは強い太陽光を用いるのがベストだったと言っていてね。このアイデアを屋外の撮影、森の天蓋の下での撮影で取り入れることにしたんだ。日中の屋外での撮影における照明について、多くのことを学んだよ。

――あなたの親しい友人の一人にスパイク・ジョーンズがいると伺いました。彼との関係が、ジョナ・ヒルの『Mid90s』にあなたが参加するきっかけとなったと伺っています。

CB　ああ、スパイクは私の友人で、そしてジョナ・ヒルの友人でもある。この映画の撮影を担当することに決まったのは、彼らと一緒にレストランで食事をしたときだった。二人はその場で『Mid90s』の制作について話していたんだけど、スパイクが突然「この男が君の映画の撮影をすることになるよ、1000ドル賭けよう」と言い、そのまま私はこの映画の撮影監督に決まったんだ。

スパイクの存在はこの映画を作る上で本当に大きな助けとなった。彼は本当に尊敬すべき人物なんだ。この映画は夏のロサンゼルスでスケートボードをする少年たち・若者たちについての作品で、夏のロスは日差しが本当に強く厳しい気候だから、私たちは撮影スケジュールをできるだけ朝早くや午後遅くに設定して、その時間帯の美しい生活を撮影しようと考えていた。そんな中で、ジョナはほとんど一日置きにスパイクにいろんな相談をしていたみたいなんだけど、スパイクは私たちに「君たちはロサンゼルスの正午の暑さを受け入れるべきだ」と助言してくれたんだ。彼は『レザボア・ドッグス』(92)の冒頭、スローモーションで男たちがダイナーの外に出て行く場面、まさにすべてが日中に撮影

クリストファー・ブローヴェルトの2010年代ベスト10

- イーダ（13／パヴェウ・パヴリコフスキ監督）
- 心と体と（17／イルディコー・エニェディ監督）
- ナチュラルウーマン（17／セバスティアン・レイロ監督）
- ザ・ヴァンパイア 残酷な牙を持つ少女（14／アナ・リリー・アミールポアー監督）
- ビューティフル・デイ（17／リン・ラムジー監督）
- 少年と自転車（11／ジャン＝ピエール＆リュック・ダルデンヌ監督）
- ロブスター（15／ヨルゴス・ランティモス監督）
- キャロル（15／トッド・ヘインズ監督）
- ライフ・ゴーズ・オン 彼女たちの選択（16／ケリー・ライヒャルト監督）
- COLD WAR あの歌、2つの心（18／パヴェウ・パヴリコフスキ監督）

された場面のことを例に出して私たちにその意義を伝えてくれてね。本当に重要なアイディアで、それから私たちはロサンゼルスの日中の日差しを受け入れ、その場所の本当の暑さを受け入れることにした。この映画の一部分は、まさしくスパイクのものだと言っていい。

――あなたにとって現代アメリカ映画とは、やはり他の映画とは異なるものなのでしょうか。

CB　私にはアメリカ映画を他の映画と区別して見ることは難しい。もちろんアメリカ映画には素晴らしい仕事がある、なにせハリウッドがあるわけだからね。もちろん私はハリウッドの映画監督たちを誇りに思っているし、私の身近なインディペンデント映画も同様だ。すべてではないけど大企業によるビジネスとしてつくられた映画だって変わらない。でもね、私はつねにあらゆる種類の映画を見に行きたいと思っているんだよ

――ではアメリカに限らず、近年ではどのような監督や作品がお好みですか。

CB　最近では『イーダ』(13)のパヴェウ・パヴリコフスキだね、彼の映画はとても力強く美しい。それからリン・ラムジー。すでに一緒に仕事をした監督なら、ヨルゴス・ランティモス、彼とはGUCCIのCMを一緒に制作したんだ。とても美しい作品だった。さて、ところで君たちはどんな映画が好きなんだい？

2010年代の主なフィルモグラフィ

2010	ミークス・カットオフ Meek's Cutoff（ケリー・ライヒャルト監督）
2010	人生はビギナーズ Beginners（マイク・ミルズ監督）
2013	ブリングリング The Bling Ring（ソフィア・コッポラ監督）
2013	ナイト・スリーパーズ ダム爆破計画 Night Moves（ケリー・ライヒャルト監督）
2013	ラブストーリーズ The Disappearance of Eleanor Rigby（ネッド・ベンソン監督）
2014	LOW DOWN ロウダウン Low Down（ジェフ・プライス監督）
2016	ライフ・ゴーズ・オン 彼女たちの選択 Certain Women（ケリー・ライヒャルト監督）
2018	ドント・ウォーリー Don't Worry, He Won't Get Far on Foot（ガス・ヴァン・サント監督）
2018	Mid90s（ジョナ・ヒル監督）

アメリカ映画祭ガイド

映画を楽しむなら映画祭が一番！
ここではアメリカ国内の映画祭を
テーマにわけて紹介していこう。
特徴的な映画祭ばかりで
すべて行きたくなっちゃうね。

新しい才能をキャッチしたい！

サンダンス国際映画祭&スラムダンス映画祭

［場所］ ユタ州パークシティー
［アクセス］ ソルトレイクシティ国際空港より車で40分程度
［時期］ 1月下旬〜2月初頭
［概要］ 同時期に同地域で開催されるインディペンデント系映画祭。サンダンスは、タランティーノやジャームッシュ、リンクレイターなど多くの若手映画作家を発掘した業績を持つが、近年メジャー寄りになっている傾向があり、「映画監督による、映画監督のための映画祭」を掲げたスラムダンス映画祭が"ポスト・サンダンス"として注目を集めている。
［寄り道スポット］ユタ州はスキーがとても有名で、「地球上でも最も偉大な雪」とも評される極上のシャンパンスノーをぜひ堪能しよう。アメリカ最大の「キャニオンズ・リゾート」、国内でも高い人気を誇る「ディア・バレー」はもちろん、ロッキー山脈の絶景を堪能できる「スノーバード」にも専用車で1日巡ることができる。

Research!!

2010年代 アメリカン・ムービー・プロダクション

降矢聡・関澤朗＝文

　ハリウッドのメジャースタジオ、いわゆるビッグ6のひとつウォルト・ディズニー社が、同じくビッグ6の一角であった20世紀フォックスの買収を完了したのは2019年3月20日のことだ。

　ビッグ6からビッグ5へ。2016年以降、興行成績だけを見ればほぼ一強となっていたディズニーによるこの買収劇は、映画製作界へどのような影響を及ぼすだろうか（ディズニー社はフォックス社のブランド名からフォックスを削除し、ネズミがキツネを殺したとも報じられた）。

　アメリカのエンタメ誌「ハリウッド・リポーター」が開催した大手映画会社の幹部が集った座談会にて、ディズニー社の会長アラン・ホーンがフォックス・サーチライト作品はすべて劇場公開を前提とする旨を語った*。これは、例えば「X-MEN」や「ファンタスティック・フォー」そして「デッドプール」シリーズといった20世紀フォックスが所有するマーベル・コンテンツのようなビッグバジェットの映画のみに力が注がれ、映画の質とはまったく違う評価軸によって、中小規模の作品は淘汰されてしまう周囲の危惧を察知しての発言だっただろう。

　というのも、ディズニー社は20世紀フォックスの一部門であるフォックス2000ピクチャーズを2019年10月に閉鎖したのだ。フォックス2000ピクチャーズはサーチライトと同年の1994年に設立された姉妹スタジオで、サーチライトと比べると作品規模は若干大きくかつシリアスな傾向が見て取れる。具体的なタイトルで言えば、設立当初は『シン・レッド・ライン』（98）や『ファイト・クラブ』（99）、『マイ・ボディガード』（04）といった比較的大規模かつ作家性の強く出た映画の製作を手がけ、10年代になっても『ライフ・オブ・パイ／トラと漂流した227日』（12）、『ドリーム』（16）といった話題作から『きっと、星のせいじゃない。』（14）や『ヘイト・ユー・ギブ』（18）など中規模ながら極めて評価の高い良作を作り続けてきた会社だった。

　超大作映画と、一握りの予算のかからないサーチライトのような小規模映画は生き残り、中規模の映画は消えていく（ホーン会長が先の座談会にて、サーチライト作品とそのプロデューサー達を評価するにあたって「過去10年ほどのアカデミー賞で〔作品賞を〕4度勝ち取りました」と受賞の有無を挙げているのは興味深い）。10年代最後の年に完了したディズニー社による20世紀フォックスの買収に伴うフォックス2000ピクチャーズの閉鎖は、近年ますます顕著になっていく映画の超大作化とシリーズ化の象徴的な出来事と捉えることもできるだろう。決して小さな映画が作られなくなるわけではないが、それらの映画は劇場公開は見送られ、ストリーミングへ直行するというのは見やすい流れだ。

　しかし、大手スタジオが作品の巨大化というシビアな生存競争を繰り広げている一方で、あるいはその裏返しとして、A24をはじめとする独自のブランディングを図る独立系プロダクションの存在感が増してきたのがここ最近の映画製作業界でもある。ここでは、いま注目すべき独立系映画プロダクションをいくつか紹介していこうと思う。

* https://www.hollywoodreporter.com/features/hollywood-reporter-executive-roundtable-7-major-studio-chiefs-1250718)

6大製作会社が作ったインディペンデント系プロダクション

◇サーチライト・ピクチャーズ（1994年設立）◇

20世紀フォックスがインディペンデント色の強い作品を扱う部門として1994年に設立し、現在はウォルト・ディズニー・カンパニー傘下となった製作・配給会社。もはやベテラン感すらただようが、設立当初は、『ボーイズ・ドント・クライ』(99)や『サーティーン あの頃欲しかった愛のこと』(03)など小規模ながら骨太の作品を製作していた。その後、2004年にはデヴィッド・O・ラッセルの『ハッカビーズ』やアレクサンダー・ペインの『サイドウェイ』を製作・配給。翌年にジェイソン・ライトマンの『サンキュー・スモーキング』を配給するなど、いまではキャリア積み重ねて名匠と言ってよいような監督の初期作品を手掛ける。続くライトマン監督の『JUNO／ジュノ』(07)では製作も務め、サーチライト作品で過去最高興行収入を記録した。そのほかウェス・アンダーソンなど「クウォーキー」と呼ばれる作風の作家たちと多く仕事をしている。最近ではタイカ・ワイティティ監督の『ジョジョ・ラビット』(19)がある。配給作品も含めれば作品数は200を超え一概に特徴を評するのは難しいが、10年代には『ぼくとアールと彼女のさよなら』(15、配給)、『gifted／ギフテッド』(17)など小さな物語のなかで家族や友達との関係性を軽やかにコメディタッチで描く印象が強い。また、『シェイプ・オブ・ウォーター』(17)や『スリー・ビルボード』(17)など賞レースに絡んでくる作品もあり、インディペンデント色も残しつつ、一般的にも受けよし、かつ評価の高い映画を作り続けている。さらには『マーサ、あるいはマーシー・メイ』(11)のショーン・ダーキン監督といった若手や、配給作品にはなるが『Sound of My Voice』(11)や『アナザー プラネット』(11)、『アイ・オリジンズ』(14)のブリット・マーリングという才能豊かな俳優・脚本家の作品に関わっており、設立から25年経った今でも新たな才能を見つけては世に送り出す極めて有能な会社である。

『gifted／ギフテッド』
ブルーレイ発売中
20世紀フォックス ホーム エンターテイメント ジャパン

◇フォーカス・フィーチャーズ（2002年設立、前身はUSA Films）◇

サーチライトがフォックスならば、こちらはユニバーサル・スタジオ傘下のアート系映画製作や海外の作品のアメリカ配給を手掛ける2002年に設立された製作・配給会社。『ブロークバック・マウンテン』(05)の製作や『ラスト、コーション』(07)の製作・脚本など、アン・リー監督のパートナーで知られるジェームズ・シェイマスがCEOを務めていた（現在は退任）。設立当初から、フランソワ・オゾンやロマン・ポランスキー作品の配給、ペドロ・アルモドバル作品のセールスを担当し、製作ではソフィア・コッポラ、ジム・ジャームッシュのほかに、ミシェル・ゴンドリーやデヴィッド・クローネンバーグなどなど、アメリカ国籍以外の監督たちとも多くの作品を作り上げているのが特徴。やたらとロゴはよく見かけるが、配給でも製作でも注目に値する作品を多数発表しており、配給では『アメリカン・ハニー』(16)や『レディ・バード』(17)など小～中規模でかつ良作が目立っている。製作では、『プロミスト・ランド』(12)や『ノクターナル・アニマルズ／夜の獣たち』(16)、『ファントム・スレッド』(17)、『ブラック・クランズマン』(18)などがある。全体として、少し洒落っ気のある作品が多いような気がするが……単にトム・フォードの印象が強いだけかもしれない。

『ノクターナル・アニマルズ／夜の獣たち』
NBCユニバーサル・エンターテイメント／価格：ブルーレイ+DVD ￥1,886＋税／発売中

ニューヨークで映画祭を満喫！

〔1〕トライベッカ映画祭
〔2〕ルーフトップ・フィルムズ（サマー・シリーズ）
〔3〕ニューヨーク映画祭
〔4〕ニューヨーク・ドキュメンタリー映画祭

［場所］　ニューヨーク
［アクセス］JFK空港からエアトレイン＆地下鉄で約50分。
［寄り道スポット］トライベッカ映画祭の立役者ロバート・デニーロが共同オーナーのレストラン、その名も「トライベッカ・グリル」。もとは倉庫だった建物をリノベーションしたという店内で、モダン・アメリカン料理に舌鼓を打とう。

〔1〕トライベッカ映画祭

［時期］　4月中旬～下旬
［概要］　同時多発テロ事件の記憶も新しい2002年、ニューヨークの街に活気を取り戻そうとロバート・デニーロら映画人たちによって創設された映画祭。現在ではアメリカ有数のインディペンデント映画祭に成長した。

〔2〕ルーフトップ・フィルムズ（サマー・シリーズ）

［時期］　5月～8月
［概要］　ブルックリンを拠点とする非営利団体によって運営されている、ニューヨークの屋外上映企画。特に夏季のサマー・シリーズは毎年3万人以上を動員する一大イベントで、アフターパーティなども楽しめる。

〔3〕ニューヨーク映画祭

［時期］　9月下旬～10月中旬
［概要］　1963年から続くアメリカでもっとも伝統ある映画祭の一つで、“アメリカ映画祭のおじいちゃん”とも称される。非コンペティション形式の映画祭で、長編の主要部門“メイン・スレート”のほか、短編部門やレトロスペクティブ企画など幅広いラインナップを擁する。

〔4〕ニューヨーク・ドキュメンタリー映画祭

［時期］　11月中旬
［概要］　“DOC NYC”の愛称でも知られる。2010年創設と歴史は浅いが、ドキュメンタリー専門の映画祭としては全米最大規模を誇り、例年300本以上の作品が上映されている。

サウス・バイ・サウスウエスト（SXSW）

［場所］　テキサス州オースティン
［アクセス］オースチン・バーグストロム国際空港より車（約8km）
［時期］　3月中旬
［概要］　音楽祭・映画祭・インタラクティブフェスティバルなどを組み合わせた世界最大の複合イベントで、年々規模が拡大し、国内外で多くの関心を集めている。映画祭では若手発掘に目覚しいものがあり、レナ・ダナム監督の『タイニー・ファニチャー』（10）やデスティン・ダニエル・クレットン監督の『ショート・ターム』（13）も過去、グランプリに輝いている。
［寄り道スポット］テキサスといえばBBQ。11thストリートにあるFranklin BBQは『シェフ 三ツ星フードトラック始めました』でも紹介された超有名店で、絶対に外せないスポット。

ナパバレー映画祭

［場所］　カリフォルニア州ナパ等
［アクセス］サンフランシスコより車で約1時間
［時期］　11月上旬
［概要］　ワイナリーが有名なナパバレーで開催されており、ワインと映画が楽しめる。映画祭参加者にはヴィンテージワインの試飲やレストランが割引になったりとうれしい特典も。
［寄り道スポット］ナパとセントルイスを3時間かけてゆっくりと往復するナパバレーワイントレインがおすすめ。ナパバレーの清々しい風を感じながら列車のなかで美味しい食事と優雅なひとときを。

ハワイ国際映画祭

［場所］　ハワイ州ホノルル
［アクセス］ダニエル・K・イノウエ国際空港より車で40分前後
［時期］　11月中旬
［概要］　世界有数のリゾート観光地ハワイで開催される「アジアの映画を世界に発信」をテーマにしている映画祭。春にも「スプリング・ショーケース」として、ミニ映画祭が開催されている。
［寄り道スポット］ビーチやダイヤモンドヘッドが有名なハワイだが、レトロな街並みも残している。会場の一つであるハワイシアターは「プライド・オブ・パシフィック」と呼ばれる美しい建物でインスタ映えスポットとしても人気。

A24以前の製作会社たち

◇ビッグ・ビーチ・フィルムズ（2004年設立）◇

A24設立者の一人、ジョン・ホッジスが以前は製作・企画長を務めていた製作会社。彼はコリン・トレボロウ監督の『彼女はパートタイムトラベラー』（12）や、ジョーダン・ヴォート＝ロバーツ監督の『キングス・オブ・サマー』（13）などをプロデュースし、この二人が『ジュラシック・ワールド』（15）と『キングコング：髑髏島の巨神』（17）で一気にメジャー監督へと駆け上がるきっかけを作る。そのほか、『リトル・ミス・サンシャイン』（06）と『サンシャイン・クリーニング』（08）というインディペンデント映画界の二大サンシャイン映画を製作しており、ユーモラスで切実なコメディドラマを得意とする。配給は行なっていないため、関わっている作品数は少ないが、近年では、エル・ファニングがトランスジェンダーを演じた『アバウト・レイ 16歳の決断』（15）、ジェフ・ニコルズの『ラビング 愛という名前のふたり』（16）などがある。最近の話題作でいえば、セリフの8割が中国語である、中国系アメリカ人のルル・ワン監督が撮った『フェアウェル』（19）を製作している。本作はサンダンス映画祭で話題となり、サーチライトやAmazonスタジオ、ネットフリックスなど錚々たる映画会社が手を上げるなか、A24が配給権を獲得した。

『キングス・オブ・サマー』
Blu-ray：¥3,800＋税／発売元・販売元：有限会社フェイズアウト／販売協力：TCエンタテインメント

◇フィルムネイション・エンターテインメント（2008年設立）◇

プロデューサーのグレン・バスナーが設立した製作・配給会社。セールス作品も数多くあるが、製作に関わったのは、2010年の『英国王のスピーチ』が最初。その後ジョン・カーペンターの『ザ・ウォード／監禁病棟』（10）や『ブリングリング』（13）、『ネブラスカ ふたつの心をつなぐ旅』（13）などが続き、近年は『ルーム』（15）、『シング・ストリート 未来へのうた』（16）、『女神の見えざる手』（16）、『メッセージ』（16）、『ワンダーストラック』（17）、『ビッグ・シック ぼくたちの大いなる目ざめ』（17）というビックバジェットではないが、ヒットもするし心の一本にもなりうる実にナイスなラインナップ。すでに名のある監督のなかでもインディペンデント色が強めの作品から、質の良い小品までジャンル問わず幅広く製作している。また、特徴的なのがインディペンデント界の雄、ジェフ・ニコルズ監督と関わりが深いこと。初期作『テイク・シェルター』（11）ではセールス、『MUD マッド』（12）と『ミッドナイト・スペシャル』（16）では製作等を行っている。「新進気鋭」という感じはないが、エンターテイメント性と作家性のバランスが非常に良く、A24とアンナプルナ・ピクチャーズの中間ような立ち位置か。

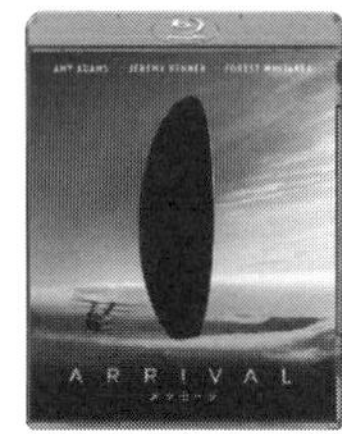

『メッセージ』
Blu-ray：2,381円（税別）／発売中／発売・販売元：ソニー・ピクチャーズ エンタテインメント（2020年1月時点の情報※ジャケットのデザインは都合により変更される場合がございます。）

A24時代のAの名を持つ製作会社たち

◇アンナプルナ・ピクチャーズ（2011年設立）◇

パパ（マイクロソフトとIBMに次いで世界第3位のソフトウェア会社オラクルのCEOであるラリー・エリソン）から25歳の誕生日にもらった20億ドルを元手に娘ミーガンが爆誕させた製作・配給会社。設立エピソードも凄まじいが、携わってきた映画もとんでもないビッグネームが並ぶ。製作本数はあまり多くはないが、ポール・トーマス・アンダーソン、デヴィッド・O・ラッセル、スパイク・ジョーンズ、キャスリン・ビグロー、リチャード・リンクレイターにマイク・ミルズ、トッド・ソロンズ、ベネット・ミラー、アダム・マッケイなどなど、現代アメリカ映画を牽引する監督たちがズラリ。すでにしっかりと評価が固まっており、かつ常に先鋭的な作品を作り続けている監督、作品を扱っている印象。インディペンデント感はあまりないが、やはり注目せざるをえない製作・配給会社だろう。若手の期待株でいえば『ザ・ヴァンパイア ～残酷な牙を持つ少女～』(14)で長編デビューしたアナ・リリー・アミールポアーの『マッドタウン』(16)の製作がある。また、現在最も注目されている監督の一人ブーツ・ライリーのデビュー作『ホワイト・ボイス』(18)の配給やオリヴィア・ワイルド監督の『Booksmart』(19)の製作など、新人監督とも関わっているが、ブーツ・ライリーはラッパーとして、オリヴィア・ワイルドは俳優としてすでに有名なところを考えると抜け目がない。

『マッドタウン』
(海外版Blu-ray／Virgil Films and Entertainment)

◇アニマル・キングダム（2012年設立）◇

A24、アンナプルナに続いて、三つ目のAの名を持つ製作・セールス会社（1999年設立のアノニマス・コンテントと合わせてると、四大A製作会社が形作られる。アノニマスは『エターナル・サンシャイン』(04)から『The Beach Bum』(19)などを手掛けている）。設立者である映画プロデューサーのデヴィッド・カプランは、ジョー・スワンバーグの『ドリンキング・バディーズ 飲み友以上、恋人未満の甘い方程式』(13)を皮切りに、『ショート・ターム』(13) や『Obvious Child』(14)、『イット・フォローズ』(14)、『キックス』(16)、『浮き草たち』(16)、『イット・カムズ・アット・ナイト』(17)など注目に値する低予算映画を手がけているキレ者。そのほか、会社としてはヨアキム・トリアーの『母の残像』(15)やジム・ジャームッシュの『パターソン』(16)や『デッド・ドント・ダイ』(19)の製作も行っている。大きな賞レースという意味では若干厳しい規模の作品たちだが、質の高さは折り紙つきだ。派手さはないが、A24、アンナプルナを食わんとする素晴らしい映画群（実際にA24やアンナプルナが製作や配給で関わっている作品も多い）。新しい才能の発掘市でもあるSXSW映画祭関連で見てみると、『イット・フォローズ』のデヴィッド・ロバート・ミッチェルが前作の『アメリカン・スリープオーバー』(10)での批評家賞、『浮き草たち』のアダム・レオンが前作『ギミー・ザ・ルート ～NYグラフィティ～』(12)でグランプリ、『ショート・ターム』もグランプリを獲得している。そのような観点からも新しく出てた才能をすぐに拾い上げ、きちんと金を出して映画を作らせるという製作会社の鑑のような存在であることがわかる。拍手！

『ショート・ターム』
Blu-ray：¥4,700＋税／発売元：ピクチャーズデプト／販売元：TCエンタテインメント

アナーバー映画祭

［場所］ ミシガン州アナーバー
［アクセス］ デトロイト国際空港からシャトルバスで約40分。
［時期］ 3月下旬
［概要］ 1963年に創設され、前衛映画や実験映画に特化した映画祭としては北米で最も長い歴史を持つ。6日間という短い会期ながら180本以上の作品をラインナップしており、過去にはケネス・アンガー、アニエス・ヴァルダ、そしてジョージ・ルーカスの初期作品も上映されたことがある。
［寄り道スポット］ アナーバーは名門ミシガン大学の所在地としても知られている。同大学のフットボールチーム「ウルヴァリンズ」の本拠地ミシガン・スタジアムは、10万人以上を収容可能な西洋最大のスタジアムだ。

フレームライン映画祭

［場所］ サンフランシスコ・ベイエリア
［アクセス］ サンフランシスコ国際空港からベイエリア高速鉄道で約30分
［時期］ 6月下旬
［概要］ 1977年創設、世界最古のLGBTQ+映画祭。例年6～8万人が参加する、地域最大のLGBTQ+アートイベントでもある。“クィアシネマのパワーを通じて世界を変える”という理念を掲げており、LGBTQ+映画に多大な貢献をした個人に贈られる「フレームライン賞」は、過去にはグレッグ・アラキやフランソワ・オゾンらが受賞している。
［寄り道スポット］ 映画祭の会期である6月はゲイ・プライド月間でもあり、他にも多数のイベントが開催されている。特に映画祭が閉幕する最終日曜日に行われるゲイ・パレード『サンフランシスコ・プライド』は必見。

2020年代も映画界を牽引する

◇**A24**（2012年設立）◇

いま最も勢いのある製作・配給会社。オシロスコープ・ラボラトリーズにいたデヴィッド・フェンケル、ビッグ・ビーチ・フィルムズのジョン・ホッジス、グッゲンハイム・パートナーズで映画財務を担当していたダニエル・カッツの3人によって2012年設立された。低予算ながら個性的な作品が多いが、どちらかというと製作、配給作品ともにエッジの鋭さが際立っている。ロマンとソフィアのコッポラ作品やハーモニー・コリン『スプリング・ブレイカーズ』(12)、ヨルゴス・ランティモス『ロブスター』(15)、デヴィッド・ロウリー『A GHOST STORY／ア・ゴースト・ストーリー』(17)といった癖のある監督、アレックス・ガーランド監督の低予算SF『エクス・マキナ』(14)やトレイ・エドワード・シュルツ監督の『クリシャ』(15)（同監督の『イット・カムズ・アット・ナイト』〔17〕は製作）など新人監督の長編デビュー作まで、作家性が際立っていて、かつメインストリームにも乗ってくる作品を貪欲に配給している。実は製作はあまり数はないが、初製作映画の『ムーンライト』(16)がアカデミー賞の作品賞を受賞するのだから、恐ろしい。ほかのノミネート作品と比べると製作費が一桁少ないのも印象的。製作の本数は多くないといっても、『20センチュリー・ウーマン』(16)（アンナプルナも製作に参加）や『ヘレディタリー／継承』(18)（同じくアリ・アスター監督の『ミッドサマー』は配給）、『エイス・グレード 世界でいちばんクールな私へ』(18)、ジョナ・ヒル監督の『Mid90s』(18)に新星ロバート・エガース監督の『The Lighthouse』(19)の製作など圧倒的な存在感を示している。また自社のロゴが印刷されたTシャツやパーカーなどオリジナルグッズを販売するオンラインショップを展開するなど独特なブランディングにも注目。グッズはすぐに売り切れるので入荷したタイミングに出くわしたら即クリック推奨。迷っている暇はない。

『ヘレディタリー／継承』
Blu-ray：¥4,700＋税
発売元：カルチュア・パブリッシャーズ
販売元：TCエンタテインメント

『A GHOST STORY／ア・ゴースト・ストーリー』
DVD & Blu-ray好評発売中
ブルーレイ ¥4,800+税／DVD ¥3,900＋税
発売元・販売元：ハピネット

CHAPTER 04

カルチャーズ&ムービーズ——アメリカ文化とアメリカ映画

ジャンルの融合化が激しいキメラ状態といえる現代アメリカ映画においては、映画だけを見ていても本当の面白さは摑めない！　これまでも映画とは切っても切り離せない関係だった「小説」や「音楽」はもちろん、今では相互に影響を及ぼし合う「ゲーム」への視点も、2010年代で数多くのビッグバジェット作品を彩った「コミック」の教養も必要だ。そしてそれらの分野と同じ、いや、それ以上に貪欲に独自の多様化を遂げるアメリカの「フード」についても知ることで、より深く映画を楽しもう！

2010年代アメリカ映画と小説

アメリカの若者映画とヤングアダルト小説

金原瑞人（翻訳家・法政大学教授）

1950年代のアメリカにおいて、世界で初めて「若者」が誕生する——と書くと、そんなことはないだろう、大昔から若者はいたはずだという反論が出てきそうだが、それ以前、社会を構成していたのは大人と子どもだった。アメリカは第二次世界大戦後、経済的な発展のもとに中学校、高等学校、大学などが増える一方、ティーンエージャーの小遣いも増えていく。たとえば、『Rock of Ages: The RollingStone History of Rock & Roll』(1986)によれば、1960年、「セブンティーン」誌の編集者がミシガン州立大学で次のように話したとのことだ。アメリカの20歳以下の女性は45億ドルの小遣いを持っていて、そのうち2000万ドルがリップスティックに、2500万ドルが香水類に、900万ドルが家庭用パーマ液に使われている。

もちろん、当時の若者は文化的なことにも小遣いを使い始める。最もわかりやすい例が音楽だろう。1950年代、チャック・ベリーやリトル・リチャードなどの黒人が始めたR&B（リズム・アンド・ブルーズ）にカントリーの要素を取りこんで生まれたR&R（ロックンロール）は、55年、「ロック・アラウンド・ザ・クロック」が大ヒットし、その後、キング・オヴ・ロックンロールと呼ばれたエルヴィス・プレスリーが全米のティーンエージャーのアイドルになる。60年頃、45回転のシングル盤の売り上げは7500万ドルだったが、それを買ったのはほとんどがティーンエージャーだった。そして60年代に入ると、R&Rは影をひそめ、それに変わって新しいスタイルのフォークソングが人気になり、ボブ・ディラン、ピーター・ポール＆マリー、サイモン＆ガーファンクルなどが活躍する。

映画も50年代、次第に変わっていく。1953年、マーロン・ブランド主演の『乱暴者（あばれもの）』は、バイクを乗り回す暴走族同士の衝突と町民の対立に恋愛がからむ映画で、『イージー・ライダー』(69)の先駆的な作品といえる。また、ジェイムズ・ディーンの『エデンの東』(55)、『理由なき反抗』(55)、『ジャイアンツ』(56)も新鮮な若者映画だった。R&Rの名曲「ロック・アラウンド・ザ・クロック」を主題歌にした『暴力教室』(55)も高校を舞台にした作品だ。そして61年には、まさに若者映画としかいいようのない『ウエスト・サイド物語』が大ヒット。さらに60年代後半からは、『俺たちに明日はない』(67)『卒業』(67)『明日に向かって撃て』(69)『真夜中のカーボーイ』(69)など、アメリカン・ニューシネマと呼ばれる作品が社会的な注目を集める。

こんなふうにして、子どもの歌と大人の歌しかなかったところに若者の歌が参入し、子どもむけ映画と一般映画しかなかったところに若者映画が参入していく。これがアメリカの50年代から60年代の大きな文化的変化だ。しかしここで強調しておきたいのは、新たに生まれた若者文化は、それまで支配的だった大人文化に対するカウンターカルチャーだったということだ。それがとてもわかりやすい形で現れたのが、69

Illustration: YUKO KAGAWA

年のウッドストック・フェスティバルであり、60年代後半からの学生運動だ。そこから浮かびあがってくるのは、反抗的な若者であり、すねた感じの若者だ。合い言葉は、「Don't trust over 30.（30歳以上を信用するな）」。この流れは70年代以降も受けつがれていく。

音楽業界や映画業界は、こういう流れを敏感に察して、次々に新しい流れを作っていったが、ここで、もうひとつ忘れてならないのがファッション業界だ。子供服と大人服しかなかった時代、若者は「不格好な世代」と呼ばれていた。子供服をぱつぱつで着るか、大人服をぶかぶかで着るかしかなかったからだ。ところが、50年代から60年代にかけて、若者むけの服が出始め、これがファッションの一翼をになうようになっていく。

こうした流れに出版業界は出遅れてしまう。そもそも出版業界は日本もアメリカも時代の流れには鈍感なものらしい。アメリカでも、若者（ヤングアダルト）むけの本が本格的に出始めるのは70年代になってからだし、多くの書店や図書館で、児童書、一般書の間にヤンアダルトむけの棚や部屋が出来るようになるのは80年代に入ってからだった。

しかし若者小説は1951年に出版されている。J・D・サリンジャーの『キャッチャー・イン・ザ・ライ』だ。この作品は、大人社会に対して反発しながら、子どもでもいられない若者を若者視点でリアルに描いた作品として、今も読みつがれている。その後、S・E・ヒントンが高校生のときに『アウトサイダーズ』（1967）でデビューし、70年代に入ると、ジュディ・ブルーム、ジョン・ドノヴァン、リチャード・ペック、イザベル・ホランド、ロブ・ホワイト、ロバート・コーミアといったYA作家が登場する。その頃のYA小説は社会性の強いものが多かったが、80年代に入ってからはTVドラマにも映画にもなった「ベビー・シッターズ・クラブ」などの学園物を始め、エンタテイメントも多く出版されるようになっていく。

さて、21世紀に入ってからは、エンタテイメント作品の人気が根強く、「トワイライト」シリーズや「ハンガーゲーム」シリーズなど映画化されたものも少なくない。一方、学級崩壊寸前のクラスを舞台にした最初の映画『暴力教室』は67年のイギリス映画『いつも心に太陽を』（どちらにもシドニー・ポワチエが出演している）というイギリス映画を産むが、1999年に出版されて2007年に映画化された『フリーダム・ライターズ』も同じような状況を描いている。ただしこちらはロサンゼルスの実際の高校が舞台のノンフィクション。同じく、ドラッグ依存症から抜け出せない息子を父親側から描いたノンフィクション（未訳）をもとにした映画『ビューティフル・ボーイ』（18）も注目作。

また、黒人問題をテーマにした作品も書き継がれていて、映画化された小説では『ヘルプ ～心がつなぐストーリー～』（11）、『ヘイト・ユー・ギブ』（18）、『地下鉄道』（製作中）などは記憶に新しい。

もちろん、とくに社会的なテーマのない青春小説も健在で、映画化された小説としては『ウォールフラワー』（12）、『ペーパー・タウン』（15）、『さよならを待つふたりのために』（映画版邦題：『きっと、星のせいじゃない。』〔14〕）などがある。

アメリカの高校生、高校生活を扱った映画、TVドラマ、小説については、長谷川町蔵と山崎まどかの『ハイスクールU.S.A.–アメリカ学園映画のすべて』（国書刊行会）と『ヤング・アダルトU.S.A.（ポップカルチャーが描く「アメリカの思春期」）』（DU BOOKS）が詳しい。

2010年代アメリカ映画と音楽

異邦人としてのアメリカ

岡村詩野（音楽評論家）

近年、アメリカ映画の音楽を多数手がけているアーティストの一人にジョニー・グリーンウッドという人がいる。その名を聞いてピンとこない人も、90年代以降の英国を代表するバンド、レディオヘッドのギタリストといえば「ああ！」と膝を叩くことだろう。バンドではヴォーカリストのトム・ヨークの影に隠れてしまいがちだが、そのジョニーが2000年代中盤以降、ソロで多くのサントラ作品を発表していることは、アメリカ映画史における音楽との蜜月関係を語る上でとても重要だ。コンポーザーとしての仕事は、キャリアや作品数こそまだまだ及ばないものの坂本龍一のスタンスやクオリティにも匹敵する。

ジョニーは1971年イギリスはオックスフォード出身。幼少時からピアノや弦楽器を学ぶなどクラシック音楽の教育を実地で受けてきたのちに、レディオヘッドの一員となった。ソロに転じたのは主に2000年代に入ってからのことだが、彼の個人活動に輝きをもたらすようになったのは数々の映画音楽への取り組みだ。中でも、ポール・トーマス・アンダーソン（PTA）の作品におけるサントラは、確実にジョニーの作曲家・編曲家としての評価を高めることとなったと言っていい。『ゼア・ウィル・ビー・ブラッド』（07）以降の全作品を手がけているのだから、現在、いかにPTAがジョニーに全幅の信頼を寄せているかがわかる。

PTAはその多くの作品でアメリカ……わけても彼自身の出身地であるカリフォルニアはLAの光と闇を、時代をまたぎながら見事に描いてきた。アプトン・シンクレア（『石油！』）、トマス・ピンチョン（『LAヴァイス』）といったアメリカの人気作家による原作を元にしているものもあるように、それはアメリカ（西海岸）の歴史を考察する意味も持っていると言える。だが、そんな自作品の音楽をPTAはある時期からイギリス人であるジョニー・グリーンウッドに委ねるようになった。筆者はそこに、アメリカを内部からではなくアウトサイドから描く目線をも加えようとしたのではないかという意図を感じてしまうのだ。

そしてそれは、イタリア人監督のベルナルド・ベルトルッチがサントラ制作に坂本龍一を何度も起用したり、ドイツ人のヴィム・ヴェンダースが『ベルリン・天使の詩』（87）にオーストラリア出身でイギリス拠点に活動するニック・ケイヴを出演させたような、過去の先達による音と映像のハイブリッドな交錯を思い出させる。その国、その土地、その町、あるいはその時代、その季節、その時間を映像化するにあたり、あえて縁の薄い異邦人の息吹を音で与えていく作業。それは、文化的・民族的にも距離のある異邦人だからこその誤解、曲解をあえて是正せずそのままの解釈で音で描くことでもある。

そこでジョニー・グリーンウッドが手がける映画音楽だが、そのほとんどはクラシック音楽……弦楽奏をメ

Illustration: YUKO KAGAWA

インとする室内楽になっている。わけてもジョニーが手がけた最初のPTA作品でもある『ゼア・ウィル・ビー・ブラッド』は象徴的だ。20世紀初頭のアメリカ西部での石油採掘をモチーフにした作品に対し、ロマン主義時代を思わせる流麗なストリングスを用いた楽曲は、その事実だけ取り出せば違和感がないわけではない。だが、そこで思い出してみてほしい。キリスト教洗礼や神への信仰心があの映画を豊かにしていた一つのカギだったことを。つまり、クラシック音楽の起点と原点がキリスト教思想と無関係ではないという主題から、ジョニーは『ゼア・ウィル～』の音楽に取り組んだようにも思えるのだ。

いや、『ゼア・ウィル～』だけではない。イギリスでクラシック音楽の教育を受けて育ったジョニーにとって、ヨーロッパからの移民とアフリカからの黒人らによって形成されてきたアメリカの歴史は、人々が新たな土地でキリスト教思想と共存していくことの葛藤の歴史でもある、という理解……もしくは誤解、曲解によって消化されているのかもしれない。少なくともアメリカ人監督であるPTAの作品に音楽をつけることは、ジョニーにとってそのくらい歴史への解釈へと踏み込んだ大仕事なのではないかと思う。

『ゼア・ウィル～』の劇中終盤、「神など迷信だ」というセリフを吐いたイーライが主人公のダニエルに殺される場面がある。キリスト教思想への否定ともとれる象徴的なシーンに与えられた音楽……そこはぜひ今一度作品を観て確認してほしいが、おそらくその瞬間こそがジョニーが最終的に出したアメリカの歴史に対する大胆な回答だ。

そんなジョニーの「異邦人としてのアメリカ」を切り取ったPTA作品のサントラ盤が、現代音楽からワールド・ミュージック、フォークやカントリーまでアメリカを移民国家として捉えるような「ノンサッチ」という現代屈指のレーベルからリリースされていることもまたすごく意味のあることである、ということを最後に付記しておきたい。

シネマティック・ゲームの2010年代

周縁から再神話化されていく「アメリカ的なるもの」

中川大地（評論家／編集者）

ゲームにとって、先行の総合芸術メディアである映画は、1970年代末のエンターテインメント産業としての成立以来、ずっと憧れであり挑戦対象であった。その野心は、1990年代半ばに2Dピクセル表現からポリゴンによる3DCG表現に移行することで、顕著なモード・チェンジを起こす。「映画的」たらんとするゲーム作品の数々は、『バイオハザード』(1996)や『メタルギアソリッド』(1997)などの成功を機に、いよいよ実写映画のそれを目指したフォトリアリスティックに漸近するためのビジュアル表現のレースを始動。そして2006年発売の「PlayStation 3」の世代に入ると、コンソールゲーム機の3DCG技術が個人の容姿や芝居を判別可能なレベルに到達し、2010年代には実在の俳優をキャスティングしたAAA級のタイトルが世界的なヒットを遂げていくようになった。

一方で、映画の側も同じくVFXの中核をなすCG技術の発展を背景に、2000年代後半以降のハリウッドの業界構造そのものが大きな変動を遂げている。すなわち、『トイ・ストーリー』(95)で世界初のフルCGアニメーションによる長編映画を劇場公開したピクサー・スタジオをウォルト・ディズニー・ピクチャーズが2006年に完全子会社化したのを機に、2009年にはマーベル・エンターテインメントを、2012年にはルーカスフィルムを傘下に収めていく。こうしたディズニー一強の環境が、2010年代のメジャー映画の方向性を大きく決定づけていたのは周知の通りだ。

あるいは『アバター』(09)以降の3D・4Dブームによって映画興行が体感アトラクション化し、その環境を前提にした『ゼロ・グラビティ』(13)のような作品も登場。同作監督のアルフォンソ・キュアロンの盟友であるアレハンドロ・G・イニャリトゥが手がけたVR作品『Carne y Arena』(17)がアカデミー賞特別業績賞を受賞するなど、xR技術の普及とも相まって、いまや20世紀型の映像表現そのものが、ゲームによって培われた没入型のインタラクション体験によって変質を遂げつつある。

このように、3DCGという共通の基幹技術を土台に、ゲームと映画(さらにはNetflixなどの伸張で影響力を増した連続ドラマ)の関係がはっきりと連続性のある隣接領域として並び立つようになったのが、2010年代だったと言えるだろう。

では、そのような環境下で、“シネマティック”を謳うタイプのゲームは、どのような体験の器として映画そのものとの距離感を築きつつ、その表現内容を確立していったのか。

1990年代後半から2000年代にかけての「映画的」ゲームで志向されていたのは、ホラーやアクション、SFといった、1970年代後半のアメリカン・ニューシネマ終焉以降に確立されたスペクタキュラーなジャ

Illustration: YUKO KAGAWA

ンル映画の画づくりやストーリーテリングの模倣とハイブリッドであった。つまりSFゾンビホラーとしての『バイオハザード』や、ミリタリースパイアクションとしての『メタルギアソリッド』、秘境冒険ものとしての『アンチャーテッド』(2007)といったように、作品のゲームメカニクスをわかりやすく体現するフィクション面での意匠として、サブジャンル単位での様式性がはっきりした映画的記憶が援用されていた面が強かった。ただしこれらのシリーズの物語は、メカニクスやUI上の要請から従来の映画からすると複数のジャンル様式のリアリティ水準がキメラ化したものになりやすく、それがB級感とともに逆説的な独自性をゲームに与えていたとも言える。

だが、実在俳優のキャスティングしつつ役者の芝居にゲームプレイを寄り添わせるQTE（クイック・タイム・イベント）主導のメカニクスを徹底することで人間ドラマとしての解像度を高めた『HEAVY RAIN 心の軋むとき』(2010)あたりを皮切りに、2010年代のシネマティック・ゲームは次のステージへと向かってゆく。この進歩の牽引役となったのが、『アンチャーテッド』シリーズを擁するノーティードッグと、『ファーレンハイト』(2005)や『HEAVY RAIN』で頭角を現したクアンティック・ドリームの二大スタジオである。

とりわけ2013年は、両社がそれぞれPS3で『The Last of Us』と『BEYOND:Two Souls』を揃ってリリース。同年発売のオープンワールド・シリーズの雄『グランド・セフト・オートV』なども含め、フォトリアルなビジュアルを追求したメジャー級のタイトルが、過去のジャンル映画のパスティーシュではなく同時代の文芸的主題を昇華し、ゲームメディア独自の体験性をもってオリジナルな応答を明確に示し始めたビッグイヤーであった。詳細はP.182からの個々のタイトル評に譲るが、これらの作品はそれぞれに21世紀のグローバル資本主義世界が抱える格差と分断への認識を基に、その縮図としてのアメリカの原理や原罪を可体験化させようとする思考実験的な企図が通底している。

ここでの問いかけの延長線上に、2010年代後半には第三次AIブームを受けて急速に勃興したシンギュラリティ論やポスト・ヒューマン思想を背景とするクアンティックの次作『Detroit: Become Human』(2018)や、コナミから独立した小島秀夫による『DEATH STRANDING』(2019)が登場。ブレグジットやトランプ大統領の当選など、アメリカの理想だったはずのリベラルな価値観への反動がむしろインターネットの普及によって加速する中、『ベイマックス』(14)『ズートピア』(16)や『ブラックパンサー』(18)『キャプテン・マーベル』(19)等のMCU諸作のように映画館にいる間だけポリティカルコレクトな多文化主義のユートピアの夢を見せる現代ディズニーの撤退戦と同様、ありうべきアメリカの建国神話を改めて未来に向けて描き直さんとする試みとして浮上しているようにも見える。

さらに言うなら、『TLoU』のクリエイティブ・ディレクターであるニール・ドラックマンはイスラエル出身、一連のシネマティック作品を手がけたデヴィッド・ケイジ率いるクアンティック・ドリームはフランスの企業、そして日本の小島秀夫と、こうした再神話化が現実のアメリカ国外にアイデンティティを持つクリエイターたちによって担われている点にも留意が必要だろう。

シネマティック・ゲームがハリウッド映画を周縁から逆照射する営みだとすれば、それが映画の王国たるアメリカそのものの成立を周縁者たちが問うための器に行き着いたのは、至極当然のことなのかもしれない。

コミック映画ブームの光と影

ハリウッド・マネーの狂躁とコミック・クリエイターの憂鬱

吉川悠（コミックス翻訳家）

2010年代のアメリカ映画・ドラマをコミックの側から総括すると、映像化ビジネスの動向に良くも悪くも振り回されてきた時代という感がある。それこそ1940年代からコミック原作の映像化自体はあったわけだが、コミックファンからすればこの10年は、作品が映像化するしないでまず翻弄され、映像化されたらされたでまた一喜一憂という時期であった。しかし、その牽引役であったいわゆるマーベル・シネマティック・ユニバースを中心とした話はありふれているため、その周辺で発生した例を紹介していく。

2013年に公開された映画『2ガンズ』は、原作がBOOM! Studio社から出版されたコミックであった。出版時に原作者スティーブン・グラントが受け取った報酬は、同社の社長によれば「ほぼ侮辱どころか、侮辱そのもの」というくらい安かったという。しかしユニバーサル・スタジオによって映画化権が買われたときは人生最高額の報酬である十万ドル級の金額を受け取った。映画会社側からすると、彼らは常に発展の余地のある(フランチャイズ化できる)原作を探しており、二人の主人公がいる同作なら、二大スター共演企画に発展させられると見込まれたという。BOOM! 社はかつてはSNSで名指しで指摘されるほど報酬が安い出版社と思われていたが、近年ではDCやマーベルで活躍している作家たちがオリジナル作品を発表しはじめており、条件が改善されたかに見える。クリエイター主体のコミック出版社といえばごく最近までは、『ウォーキング・デッド』を抱えるイメージ・コミックスの勢いがあったのだが、同社は目玉タイトルの完結が続いたためBOOM! 社の地位が相対的に上がっている可能性もある。

もっともイメージ社はクリエイターの寄り合い所帯に近い。同社の主流となっている仕組みではクリエイター側が権利を完全に保有し、出版コストや業務を負担する代わりに、売れた時の見返りは大きくなる。マーベル・DCでの活躍の上で、ここでヒットを飛ばした作家たちが個々に映像化に取り組んでいる動きが特に目立つ。例えば2014年の映画『キャプテン・アメリカ/ウィンター・ソルジャー』の原案者のエド・ブルベイカーはイメージ社から出版する犯罪物コミックでヒットを続けるかたわら、ドラマ「ウエストワールド」(16-)の脚本参加やニコラス・レフン監督の「トゥー・オールド・トゥー・ダイ・ヤング」(19-)の脚本を手掛けてから、レジェンダリー・テレビジョンとの契約を通じて自分の作品の映像化に取り組んでいる。

だが、良い話ばかりでもない。ヴァリアント社は1989年にマーベルの元編集長や作家たちによって立ち上げられた、独自のヒーロー世界を展開する出版社であった。ゲーム会社に買収されたのちに、親会社の倒産に伴いしばらく塩漬けになるが、ある実業家ディネシュ・シャムダサニによって2012年に復活し

Illustration: YUKO KAGAWA

ている。彼の情熱、その元に集った優秀なクリエイター達、そして根強いファンベースに支えられて存在感を取り戻し、ソニーとの間に映画製作も決まっていた。しかし同社は2018年にそのキャラクター群の映画化を目論む会社によって買収され、シャムダサニは実質的に追い出された形になってしまった（その後、顧問で残留という形に収まった）。2020年に同社の『Bloodshot』がヴィン・ディーゼル主演で映画公開されるというのに、である。MCUの成功を見ての買収劇と思われるが、思わぬ波紋を呼ぶことになった。映像化によって悲しい目にあってしまったコミックもある。2005年にジミー・パルミオッティの原作・脚本で刊行が始まったDCコミックスの『ジョナ・ヘックス』（未訳）は、現代的な感覚で暴力と人情を巧みに描いた人気西部劇シリーズだった。が、パルミオッティが信じるところによれば、2010年の映画『ジョナ・ヘックス』の商業的・批評的失敗に影響されて書店が単行本を置かなくなったという。映像化の出来によってコミックが足を引っ張られた例かもしれない。

他に興味深い事として原作者マーク・ミラーの動向が挙げられる。ミラーはDCではソ連で育ったスーパーマンの物語『スーパーマン:レッド・サン』や社会性を意識したマーベルの巨大クロスオーバー『シビル・ウォー』、老いた人間兵器の悲哀を描いた『オールドマン・ローガン』などの話題作を打ち出してきた（特に後二者はそれぞれ映画化作品に影響をあたえた）。彼はヒーロー物ジャンルで活躍する一方で、オリジナル作品の映像化に2000年代から注力して来た。この頃のタイトルで言えば『ウォンテッド』『キック・アス』が有名だ。複数の出版社から自分が権利を保有するオリジナル作品を送り出し、“ミラーワールド”としてブランド化している。そのタイトル群の中から2010年代に映像化された『キングスマン』のヒットが記憶に新しい。2016年にミラーはミラーワールド社をおそらくは数十億円相当でNetflixへと売却している。本人によれば史上3回目の、コミック出版社の大規模な買収例という。この買収は、乱立するストリーミングサービス戦争に向けて自社コンテンツの強化に舵を切る動きの一環であろう。定期刊行物が中心となるコミックスの物語の枠組みは、同じように連続するストーリーを続けていくTVドラマ、ストリーミングドラマとの相性も良い（そう考えると映画とはどれだけ上映時間が長くても、実は短編・読み切りに相当するフォーマットなのかもしれない）。娯楽の主軸が連続ドラマに移っていくにつれて、コミックスで描かれた物語が拾われて映像化されていくのも自然な流れだったと言える。

2010年代アメリカ映画とフード

なぜにキューバン・サンドイッチか？

三浦哲哉（映画批評家）

2010年代アメリカのフードシーンの動向を色濃く反映させた映画に『シェフ 三ツ星フードトラック始めました』(14)がある。ジョン・ファヴローが製作・監督・脚本・主演の四役を務めた。ロサンゼルスのとある高級レストランのシェフが、一転、フードトラックの世界で再起をはかり、失われていた家族との絆を取り戻す、という筋立てである。看板商品となるのは、極上のキューバン・サンドイッチ。マリネした塊肉をじっくり加熱してローストポークをまず作る。厚めにスライスしたそれをチーズとともにパンで挟み、鉄板に押し当てホットサンドにする。マイアミ在住のキューバ移民によるローカル・フードだ。見れば誰しもうまそうだと思わずにいない料理だが、さて、なぜにこのサンドイッチだったのか。それは何を意味するのか。

物語の発端で、有名シェフに扮するファヴローは、SNS時代のオタク料理評論家に酷評されてしまう。頭の固いオーナーから、コンサバティブなメニューを作れと命じられ、本領を発揮できなかったためだ。そのリヴェンジやいかに、という展開になるのだが、そこで本作は、定番的な筋立て――オーナーの拘束を打ち破り、これぞ究極という料理を作り評論家氏を唸らせる――を踏襲するかと一瞬、見せかけるも、まったく別の方向へ進む。

ファヴローが失地回復するのは、「ストリート・フード」の世界においてだった。ファインダイニングの世界で育まれた技術は重視しつつも、移民たちのリアルな味のほうへと物語をぐっと引き寄せることで、ファヴローは時代の空気をみごとに掴み、低予算映画だった本作を大ヒットへと導いた。「SNS」もそこでは重要な役割を果たす。小学生の息子が、Twitterの存在をファヴローに教えると、自分の料理を世間に届けるための別のルートがそこから開かれる。フードトラック＋SNSというミニマムな装備しかもたないけれど、そのかわりに最大限の機動力を獲得した料理人は、「配給distribution」の在りようこそをアップデートしたのだ。

この映画は、アメリカのある有名シェフの存在にインスパイアされている。「ゴッド・ファーザー・オブ・フードトラック」と呼ばれる韓国系アメリカ人、ロイ・チョイである。『シェフ』では料理指導および共同製作を務めた。彼は料理学校を卒業後、高級レストランの世界で腕を磨いたあと、2008年からは神出鬼没のフードトラック「KOGI」を開店。コチジャンやキムチといった韓国食材を用いたタコスの販売を開始し、大成功を収める。2016年には「タイム」誌が選ぶ、世界で最も影響力のある100人に選出された。2019年からは、再びファヴローとタッグを組み、Netflixの人気料理番組「シェフ・ショー」でホスト役を務めている。

ロイに牽引され、さまざまなエスニシティの料理が百花繚乱するフードトラックの世界が2010年代アメリ

Illustration: YUKO KAGAWA

カに出現することになったわけだが、キューバン・サンドイッチは、まさに、このシーンの魅力を体現するものだと言えるのだ。

さらに広い視野で見るならば、フードトラックは、一過性のブームなどではなく、アメリカ食文化の根本的な独自性と言うべきものと深いところで結びついている。その独自性とは、「モビリティ」(可動性、流動性)にほかならない。『ファウンダー　ハンバーガー帝国の秘密』(16)の前半、マクドナルドの創業者たちが、画期的なアメリカン・フィンガーフードの生産・流通のシステムを発明するあの胸躍る場面を見返してみれば、それがどのようなものだったかは一目瞭然だろう。アメリカ人は20世紀に、人間の食事を、伝統的なナイフとフォークとテーブルから解放する。コンパクトな紙袋に包装された新しいかたちの食べ物は、軽やかに、あらゆる空間的な制約を超えて移動する自由を獲得した。もちろん、この自由は、効率化や画一化の行き過ぎ(つまりはジャンクフード化)という別のリスクと紙一重である。しかし、こうして整備されたインフラストラクチャーに、さまざまなアイデアを載せることもやはり可能だ。キューバン・サンドイッチがまさにそうであるように、2つのパンのあいだに挟み込まれた具材が、あるエスニシティ集団の味の記憶を運ぶということもありうる。ほかのどこにもなかった郷土の味が、広範な食べ手に届けられる。

おそらく、アメリカンフードのこの「モビリティ」が、「食」と「映画」という根本的に異質なジャンルをつなぐ決定的な要素である。ファヴローはそれを知っていたからこそ、高級レストランの厨房の外へとカメラを連れ出し、走るトラックの上のサンドイッチを撮ったにちがいない。それはいかにもアメリカ的な「モーション・ピクチャー」の発想なのだ。

ちなみに、映画はかつて牛だった、と書いたのは『映画という《物体X》』(立東舎)の岡田秀則である。牛に由来するゼラチン質が、フィルム製造に用いられているという意味だ。デジタル化する以前の映画は、モノとしては牛である。「映画配給」が可能だったのは牛のおかげである。そう考えると、「料理映画」が、単に食欲を刺激するだけの娯楽ジャンルなどではないことは明らかだろう。「料理映画」――とくに「アメリカン・フード・フィルム」は、私たちの近代的な生が、どこから来て、どこへ行くかを再考させずにいない。

2010年代アメリカ映画と〇〇〇〇〇を考えるための3作品

ここでは先の個々の文化と映画の関係を考えるにあたって、あるいはそれぞれの文化を考えるにあたってヒントとなる作品などを具体的にご紹介。日本ではなかなか手に取れないものもあるかもしれないが、人生は長い。いつか訪れるかもしれない偶然の出会いに備えてチェックしておこう。

2010年代アメリカ映画と
小説を考えるための3作品

文＝金原瑞人

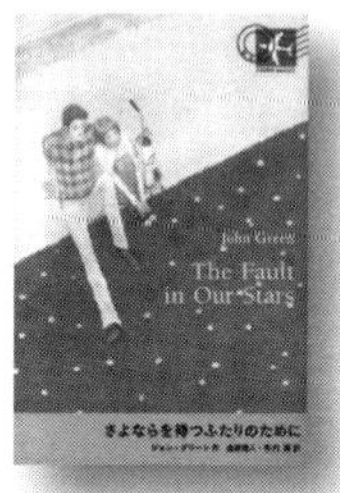

『さよならを待つふたりのために』
ジョン・グリーン＝著／金原瑞人＝訳
岩波書店

2012年に出版されてベストセラーになり、アメリカのヤングアダルト小説の流れを変えてしまった作品。「難病を抱えたふたりの若者を描いたラブストーリー」というあまりにありふれた設定を使って、ふたりの必死の戦いを描いているところが斬新だった。そのうえ、それまでヤングアダルト小説では古くさいというので敬遠されていた文学作品からの引用や、古典作品への言及をふんだんに盛りこんでいるところも逆に新鮮で、若い読者から大人の読者までに読まれている。

『さよなら、シリアルキラー』
バリー・ライガ＝著／満園真木＝訳
東京創元社

100人以上の女性を殺したシリアルキラーの息子ジャズを主人公にした異色のヤングアダルト小説。ジャズは父親からその手の犯罪者の性向や手口などを細かく教えられていたので、町で殺人事件が起きたとき、連続殺人犯だと確信する。自分にも父親のような異常な性癖が遺伝しているのではないかとおびえながらも捜査を続けるジャズが生き生きと描かれている。ヤングアダルトむけのミステリでここまで、主人公の心理に踏みこんだ作品は少ない。

『キャッチャー・イン・ザ・ライ』
J・D・サリンジャー＝著／村上春樹＝訳
白水社

サリンジャーはこの長編を書くまえに、主人公ホールデンが登場する短編をいくつか書いている。それによると、ホールデンは第二次世界大戦で戦死していている。つまり、この作品は、何年か先に死すべき運命のホールデンの高校時代を描いているのだ。サリンジャーにとって、若者と戦争はとても大きなテーマだった。『ライ麦畑の反逆児／ひとりぼっちのサリンジャー』(17)や『ライ麦畑で出会ったら』(15)などの映画を観ると、それがとてもよくわかる。

2010年代アメリカ映画と
音楽を考えるための3作品

文＝岡村詩野

『Call Me by Your Name: Original Motion Picture Soundtrack』

（Madison Gate, Sony Music Masterworks）

2000年代以降のアメリカの音楽シーン最重要アーティストの一人が、ミシガン出身のスフィアン・スティーヴンスであることに異論がある音楽ファンは少ないだろう。2015年に発表された目下の最新作『Carrie & Lowell』は自分を1歳の時に捨てていった母と義父をテーマにしたストイックで私的な作品。それは日常の中で当たり前のように起こるこうした名もなき親子の分断や奇妙な絆が今のアメリカの底辺を支えている事実を伝える。その一方で彼は自身のルーツでもあるギリシャ系、アイルランド系、イタリア系、アフリカ系、ユダヤ系、アジア系……など多様な民族が合衆国の中で共存していることを踏まえ、アメリカの歴史を独自のストーリーテリングで紐解いていくような創作活動を続けている。そんなスフィアンが挿入歌「Mystery of Love」を手がけているのがアカデミー賞でも多くの部門にノミネートされた映画『君の名前で僕を呼んで』(17)。多言語を操る主人公が、アカデミックでスクエアな価値観には決して終始せずに恋の情熱を燃やす姿を捉え、さらには同性愛というテーマも介在する本作は、まさにスフィアンがアメリカ人として直面する生々しい現実を切り取ったような作品だ。このサントラには脚本を読んで書き下ろしたというスフィアンの新曲のほか、坂本龍一やジョルジオ・モロダーからサティやラヴェルなどのクラシックまでが混在。洒脱で幻惑的なのにカオティックな内容もまた今のアメリカを映し出している。

『The Bootleg Series Vol. 5: Bob Dylan Live 1975, The Rolling Thunder Revue』

ボブ・ディラン

（Columbia/Legacy）

2010年代の音楽界において最大のトピックの一つはボブ・ディランがノーベル文学賞を受賞したことだろう（2016年）。では、老年期に入ってもなお充実したそんな今のディランの転換点はどこにあったのか？　そんなテーマで作られたような一作が、昨年Netflixで公開されたマーティン・スコセッシ監督によるドキュメント映画『ローリング・サンダー・レヴュー：マーティン・スコセッシが描くボブ・ディラン伝説』(19) だ。スコセッシにとってディランのドキュメント作品はこれで2作目だが、1975年のツアーの模様を軸とするこの作品は、この時期のディランが決して良い状況とは言えなかったことを如実に伝えている。ジョーン・バエズやアレン・ギンズバーグら多くの仲間アーティストたちが入れ替わり登場しても、どこにも居場所がなくポツンと一人で歌を歌う孤独なディラン。それは、国民がどこにも居場所が持てないその後のアメリカの社会状況の到来を暗示しているかのようだ。フォークの神様と騒がれた60年代の自分にけじめをつけるためにこの大掛かりなツアーを敢行したようなディラン自身、次にシーンの最前線で評価されるまでに15年ほど待たねばならなかった。しかしその時にはもうアメリカは格差社会に歯止めがかからなくなっていたのである。

『Joker: Original Motion Picture Soundtrack』

（Watertower Music）

今年2020年のアカデミー賞作曲賞を受賞したのは『ジョーカー』(19) を手がけたヒドゥル・グドナドッティルだった。女性としては歴代4人目となる同賞受賞の彼女は、アイスランドはレイキャビク出身、チェロを操る37歳。もともとムームというグループのメンバーとして活躍してきた、ポスト・クラシカル～エレクトロニカ系アーティストだ。シガー・ロスの対バンとして来日した際、筆者はこのムームに取材をしているが、その時、「アイスランドの冬は本当に寒くて音楽でも作るしかない。しかも町も暗いからどうしてもダークな色調の音楽になってしまう」と話してくれたのが印象に残っている。そんな彼女が映画音楽の制作に本格的に携わるようになったのは同郷の先輩作曲家・ヨハン・ヨハンソン（2018年没）に師事するようになってから。まだそれほど多くの作品を手がけているわけではないが、ポール・トーマス・アンダーソン作品におけるジョニー・グリーンウッド（英国人）、ベルトルッチ作品における坂本龍一（日本人）……といった"異邦人としてのアメリカ"に音楽で切り込むことができる作曲家になっていける予感がする。本作でも荘厳なオーケストラ・サウンドを多用しながら悪のカリスマの悲哀を描写。そのひんやりとしたタッチの音作りは彼女がアイスランド出身であることを思い出させるが、その冷徹さは今のアメリカ社会であることも彼女は視野に入れているのである。

2010年代アメリカ映画と
ゲームを考えるための3作品

文＝中川大地

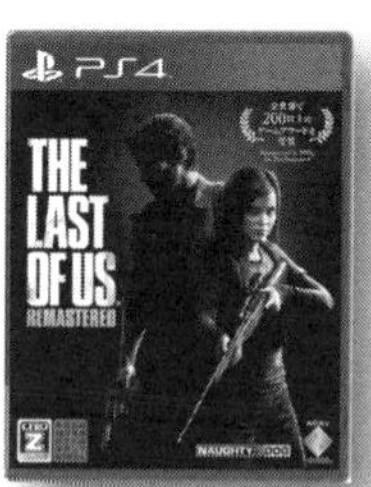

『The Last of Us Remastered』

『アンチャーテッド』シリーズでのジャンル映画パスティーシュの蓄積の上に打ち立てられた、2010年代シネマティック・ゲームの金字塔。謎の寄生菌のパンデミックによって人類の多くが感染者（インフェクテッド）と化し文明が崩壊したポスト・アポカリプス世界でのサバイバルという題材選択自体は、凡百のゾンビものと大差はない。しかし抑制的なTPSメカニクスと演出の徹底で、そこにホッブズ的な自然状態に回帰した思考実験場としてのアメリカを見出しつつ、先行の『HEAVY RAIN 心の軋むとき』と同様、父たることに挫折したジョエルと社会の埒外に置かれた少女エリーとの擬似親娘関係にミニマムな善の根拠を問い直す峻厳さを演出しきった点に本作の白眉がある。

こうした正義論的な問題設定は、コーマック・マッカーシー原作の『ノーカントリー』(07)『ザ・ロード』(09) や『ダークナイト』(08) といった2008年前後のアメリカ映画で前景化した主題を踏襲したものだ。ただし東海岸から西海岸まで約5200kmの国土をほぼ徒歩で横断するという、さらに基底的なロードムービーの文脈が加えられたことで、アメリカの新たな建国神話を上書きしていく再帰的な儀式としての体験性を、本作は始動することになった。

『Detroit: Become Human』

創業当初から一貫してゲームというよりもインタラクティブ・シネマを追求し続けてきたデヴィッド・ケイジが全作品の脚本・監督を手がける、クアンティック・ドリームの第5作。3名程度の主要人物の視点を切り替えながらQTEの成否で物語展開を分岐させていく本作のメカニクスは、まだジャンル映画のキメラ状態だった第2作『ファーレンハイト』の時点でも既に確立されていた。そして本格サイコサスペンスとしてのリアリティを貫徹しながらアメリカ的父性の機能不全を主題化した『HEAVY RAIN』、通俗ニューエイジ思想やオカルト陰謀論といったジャンクな題材を用いつつアメリカ連ドラ風味の独自の作品世界を築いた『BEYOND: Two Souls』の達成を経て、本作ではベタなディストピアへの道を歩みつつある2010年代後半的な反動への応答が行われた。

ただし、そこで示された回答の仕方が1960年代的な黒人公民権運動の臨場感ある語り直しでしかなかった点は、20世紀アーカイブへの撤退としての『ボヘミアン・ラプソディ』(18) や『ワンス・アポン・ア・タイム・イン・ハリウッド』(19) などの同時代映画と同根の限界の、端的な露呈であることも確かだろう。

『DEATH STRANDING』

世界のゲームの創り手の中で、おそらく最も強烈にアメリカ映画への憧憬とコンプレックスを持たざるをえなかった敗戦国ならではの文化特性が刻まれた作品づくりが奏功し、世界的カリスマとなった小島秀夫の現時点での集大成。ローポリ時代だからこそ成立した「和製洋画」たる『メタルギアソリッド』以来の擬似ハリウッド的な外観と日本のオタク文化的な情緒との奇妙な接合は、本作では『TLoU』的なモチーフの踏襲と反転で構築されている。すなわち、死者が生者を侵犯するようになった文明崩壊後の大陸を、落伍した父が擬子を守りながら東から西へ自らの足で踏破することで自己とアメリカの再建を目指す神話構造は共通ながら、分断した他者を結びつける運び屋となることで融和と生死の領域の調停を図るという、およそ正反対の寓意をもったゲームメカニクスに具現化している点だ。

それはこの国本来の現実との対峙としては、あまりに夢想的な描像だ。だが、『BEYOND』でも描かれた先住民的な世界観の後ろめたさ込みの包摂が、アメリカを変えてきたことも反面の事実。そうした未来を書き換えうる周縁的な想像力の芽が、本作にも宿っていないとは言い切れない。

2010年代アメリカ映画と
コミックを考えるための3作品

文＝吉川悠

『ウォーキング・デッド7』（飛鳥新社）

『ウォーキング・デッド』
イメージ・コミックス

本文中では軽く紹介するにとどめたが、同作がコミックと映像化の関係に与えたインパクトはマーベルコミックスの映画と同等、あるいはそれ以上の可能性すらある。原作の大筋をなぞりつつ映像化にあたってキャラクターを入れ替えているが、ゾンビの徘徊する無情なポスト・アポカリプスの休まることの無い人間模様を描く精神は変わっていない。また、原作者のロバート・カークマンが脚本に参加しているのも重要なポイントだろう。コミック原作者が映像化作品にも参加する流れを作った影響は無視できない。実はコミック原作は2019年7月に完結している。物語として語るべきことを語りきった上での完結であるとすれば、まさに英断と言える。原作は2019年12月時点で日本語版が10巻まで刊行されている（168号まで収録）ため、アクセスも容易だ。

HAPPY! (Image Comics)

『HAPPY!』
イメージ・コミックス

原作コミックは殺し屋になった元刑事に訪れるクリスマスの奇跡……という程度の中編であったのに、ドラマ版は2シーズンに渡って話が拡大された非常に稀有な例である。こちらも原作者のグラント・モリソンが脚本に一部参加しているが、漫画原作だからといって漫画の中の妄想の様なシーンをわざわざ実写で再現しようとするあたり、並々ならない「コミック的表現」への執着が見られる。本当に気持ちの悪い地下パーティーのシーンや『テレタビーズ』の奇怪なパロディは、よりシュールリアリスティックなモリソンの別の作品『The Invisibles』や『The Filth』からの影響が見られる。漫画でなければ許されないような絵を映像化しつづけたせいか、あるいは放送局の力が無かったのか、ドラマは2シーズンで完結してしまった。2019年現在、国内ではドラマ版をNetflixで鑑賞可能で、原作コミックは原書のみ入手可能である。

Atomic Blonde: The Coldest City (Oni Press)

『アトミック・ブロンド/The Coldest City』
オニ・プレス社

シャーリーズ・セロン製作・主演の同作だが、コミック原作であることが認知されていないかもしれない。原作タイトルは『The Coldest City』だった。映画版は美しいネオン、痛みの伝わる迫力のアクション、80年代のヒット曲とそのカバーで彩られた、影と華麗さを両方兼ね備えた作品だった。しかし原作は非常に乾いた絵柄で、原題通りの寒々しい冷戦期のスリラーとなっており、その差は驚くほどだ。結末も映画の方は大きく改変しており、映画を観てから原作を読むと落ち込むほど無情で、しかしテーマにふさわしい内容となっている。一方で映画版は、結末以外の大筋はそこまで改変していないあたりや、クライマックスのベルリンの傘のシーンなどは上手く活かしているなど、脚色の仕方としては非常に興味深いものがある。原作は未邦訳で、内容もやや難しくはあるが、見比べると実に興味深い。

2010年代アメリカ映画と
フードを考えるための3作品

文＝三浦哲哉

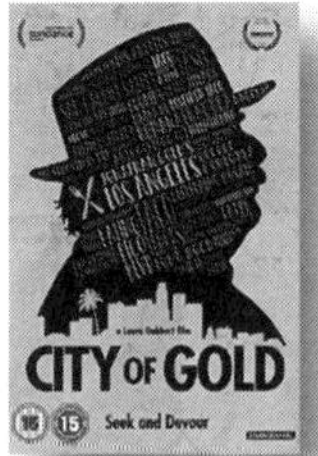
City of Gold(Studiocanal)

Wesley Avila&Richard Parks III, Guerrilla Tacos: Recipes from the Streets of L.A. (Ten Speed Press)

『City of gold』(映画)

ローラ・ガバート監督がLAで活躍した料理評論家ジョナサン・ゴールドの姿を追った2015年のドキュメンタリー。ゴールドは2018年に惜しまれつつ57歳の若さで亡くなっている。彼は街角にひっそり佇み、もっぱら同胞相手に商いをするたぐいのエスニック・レストランをこよなく愛し、応援しつづけた書き手である。アメリカの最良の意味における「多様性(diversity)」を、料理評論の手段によって表現し、2007年にはピューリッツァー賞を得た。2010年代のフードトラックの料理人たちは、ロイ・チョイのように、自らのエスニシティを強調する創作料理を看板としたが、彼らを力強くバックアップしたのがゴールドだった。ちなみに私は2019年4月から一年間の予定でLAに滞在しているが、この作品をとおしてゴールドを知り、彼の視点を得たことではじめて、LAという都市の魅力がぴんと来るようになった。日本未配給だが、DVDを取り寄せて辞書片手にでも見る価値あり。

ゲリラ・タコス

LAダウンタウンの東の外れ、アーツ・ディストリクツに位置するタコス屋である。オーナー・シェフは、メキシコ系アメリカ人のウェスリー・アヴィラ。ロイ・チョイと同様、まずはファイン・ダイニングの世界で料理を学ぶが、2012年にストリートの屋台を始め、2018年から店舗を構える。ジョナサン・ゴールドもこよなく愛した、今日のLAフードシーンを代表する店の一つ。アラン・デュカスに師事したこともあるというアヴィラは、フレンチの修行をとおして得た確かな調理技術をベースに、ヨーロッパやアジア各国の食材と技法を大胆に取り入れるリミックス・スタイルのタコスをオン・リストする。昨年は店名と同じレシピ本も出版した。私も数回行ったが、非常にうまかった。日本で来る来ると言われているメキシコ料理ブームだが、もし本当に来るとしたら、この店が一つの手本になるのではないか。ぼんやりと「メキシコ的」なものを模倣するのではなく(そもそもメキシコは広い……)、個人の嗜好ありきで、その要素要素を大胆にリミックスするLAスタイルである。

クラフト・ビール

それぞれの街の小さなブリュワリーで醸造されるクラフト・ビールも、最近すっかりアメリカに定着し、愛されているものの一つである。旅先でローカルビールを味わうのも、定番の楽しみである。ところで、千葉雅也『アメリカ紀行』(文藝春秋)に書いてあったことだが、ドイツ人のビール党は、アメリカン・クラフト・ビールを邪道だと批判するのだそうだ。ドイツでビールといえば「麦芽と水とホップと酵母」だけで作るものと相場が決まっている(法律で定められている)。ビールの味わいの差異は、根本的な「造り」のプロセスの違いによって、また、土地土地における水質の違いによって生まれる(フランス人ならばテロワールと言うところのもの)。ひるがえってアメリカ人は、あれこれとフレーバーを足すことによって「人為的」に差異を作り出そうとする傾向にある。それが表層的で、軽薄だと言うのだ。アメリカ食文化の可能性と限界は、ともどもこのあたりにあるような気がする。

CHAPTER 05

トーク・アバウト・ムービーズ——2010年代アメリカ映画について語ろう

いよいよ本書も終盤。この章では本書の編集メンバー＋αで、自由かつ盛大に2010年代アメリカ映画について語り合う。映画について言葉を交わすことの楽しさは、自分が思ってもみなかったような考えや視点を知ることで、映画の見方がガラッと変わってしまう瞬間にある。
この2つの座談会を読んで、映画についての新しい発見や楽しみ方のバリエーションが増えたならば幸いだ。諸君がもし、まったく違った視点や考えをお持ちであるならば、ぜひその声を聞かせておくれ。

◇　座談会　キャメロンの引退、アダムの登場
2010年代アメリカ映画俳優について語ろう

◇　座談会　アメリカ映画という迷宮都市へ、ようこそ！
2010年代アメリカ映画の風景

座談会

キャメロンの引退、アダムの登場

2010年代アメリカ映画俳優について語ろう

構成：グッチーズ・フリースクール

映画俳優について話すことの喜び、それは彼ら彼女らの出演した膨大な作品を横断し、個々の俳優の仕事という点から出発して、そこから浮き上がってくる無数の線を発見できることだ。ほんの小さな役柄がその後の大きな役柄につながることもあれば、一つの巨大な役柄から拡散・細分化した小さな役柄が見つけ出されることもある。無関係だと思われていた俳優同士のつながりも見えてくることがあるし、役柄に限った話ではなく、アクション映画やロマンティック・コメディといったジャンルの現在を計測することにも、また現在世界中で問われる俳優という職種の尊厳それ自体を考察することにもつながる。だから俳優について語ることはとても興味深く、とても楽しいのだ。
本座談会は、2010年代に躍進した俳優たちの「メタ男らしさ／メタ女らしさ」をめぐる問いかけから始まった。新しいバイプレイヤーたちの出現、トム・クルーズやディカプリオやブラピらビッグスターたちの近年の動向、キャメロン・ディアスの引退以後のコメディエンヌたち、そして新世代の俳優としてのアダム・ドライバー像などなど……ざっくばらんな議論は深夜近くまで続いた。

座談会参加者

降矢聡　本書の主編著者、グッチーズ・フリースクール教頭。リンジー・ローハンと同い歳で彼女の完全復活を切望している。

黒岩幹子　某スポーツ新聞報道部勤務、「boidマガジン」編集担当、時々執筆業。お気に入りの俳優はウディ・ハレルソンとサミュエル・L・ジャクソン。

吉田夏生　クリスチャン・ベールとイーサン・ホークを愛する映画ファンで、普段は映画の仕事をしている。好きな俳優にはハードボイルドをやってほしい。本座談会の注釈も担当。

香川優子　映画で育ったイラストレーター。好きな俳優のIG（インスタグラム）アカウントはオリビア・デヨングとアンセル・エルゴート。

関澤朗　映像制作を生業とする映画ファン。お騒がせ俳優好きとして、10年代のマシュー・マコノヒーよろしく20年代はシャイア・ラブーフの時代になると予想している。

田中竜輔　フィルムアート社編集、映画批評。ベン・アフレックのバットマン降板が2010年代アメリカ映画で最も悲しかった出来事の一つ。

メタ男らしさと筋肉、あるいはヒーローをめぐって

『ゴーストバスターズ』
発売中／Blu-ray：1,800円（税別）
発売・販売元：ソニー・ピクチャーズ エンタテインメント（※2020年1月時点の情報）

香川 LGBTQの理解も深まって、もはや性別を男／女の二つで分けるのは古いっていうのが現代の考え方の一つとしてあると思うんです。私はステレオタイプの外見の魅力や態度がモテに繋がることに飽き飽きしてるし、誰しも男性性と女性性を兼ね備えていると思う。だから語り方によっては、俳優を男らしさ／女らしさの像として捉えかねないから危険かなというのはある。

吉田 そうですね。10年代って、ハーヴェイ・ワインスタインの問題が明るみに出たということもありましたが、アメリカの映画界でもジェンダーやフェミニズムに対する意識が変わっていった時代じゃないですか。その中で私は**クリヘム**（**クリス・ヘムズワース**）[*1]と**クリプラ**（**クリス・プラット**）[*2]っていう二人のクリスが、「メタ男らしさ」を体現する俳優として出てきたと思っています。クリヘムは、『マイティ・ソー』(11)、『マイティ・ソー／ダーク・ワールド』(13)で旧来的な「男らしさ」にあふれた役を演じましたが、後に「これからは違うヒーロー像を演じたい」と明言しています。外見だけが取り柄のおバカ男を演じた『ゴーストバスターズ』(16)も、ステレオタイプを変えるという意思の表れでしょう。一方で、その「メタ男らしさ」と別に「旧来の男らしさ」から逃れられない俳優として**マーク・ウォールバーグ**[*3]がいると思っています。

降矢 ピーター・バーグ監督が『パトリオット・デイ』(16)というボストンマラソン爆弾テロ事件の映画と『バーニング・オーシャン』(16)っていう、実際の事件の映画化という観点からも似たような映画を続けてマーク主演で撮っていましたね。

吉田 両方とも、一見するとただの愛国映画のようでありながら、実はもっと不気味な、異質な作品になっていると思いました。『ローン・サバイバー』(13)と『マイル22』(18)もバーグとマークのタッグですね。この4作品すべてで、太腿と同じくらい分厚い二の腕をした筋肉隆々のマークが、眉間に深いしわを寄せて苦境に立ち向かっていくわけですよ。男らしさの呪縛を宿命のように背負わされた、切迫した姿には、倒錯的に心を打たれてしまう。

降矢 たしかにどの作品も「アメリカを取り戻さねば」という映画では

1. **クリヘム（クリス・ヘムズワース）**
1983年、オーストラリア生まれ。ハリウッドデビューは、カーク船長の父親ジョージ・カークを演じた『スター・トレック』(09)。『メン・イン・ブラック：インターナショナル』(19)ではテッサ・トンプソンとコンビを組んだ。肉体派の天才ハッカーを演じたマイケル・マン監督作『ブラックハット』(15)でのクリヘムは、かつてのヴァル・キルマーに近い色気を纏っていた。
2. **クリプラ（クリス・プラット）**
1979年、ミネソタ生まれ。TVドラマ「パークス・アンド・レクリエーション」(09-15)のレギュラーとして知名度を上げる。『ガーディアンズ・オブ・ギャラクシー』(14)と『ジュラシック・ワールド』(15)では主役に抜擢され、ビルドアップした肉体を披露。一躍その人気を世界規模のものにした。2009年に女優のアンナ・ファリスと結婚し、おしどり夫婦として知られたが、2017年に離婚。2019年にアーノルド・シュワルツェネッガーの長女で作家のキャサリン・シュワルツェネッガーと再婚した。
3. **マーク・ウォールバーグ**
1971年、ボストン生まれ。愛すべき元ヤン。ラップバンド「マーキー・マーク＆ザ・ファンキー・バンチ」の主要メンバーとしてデビュー。映画デビューは1994年で、主な主演作に『ブギーナイツ』(97)、『ザ・シューター／極大射程』(07)、『ザ・ファイター』(10)など。近年は『ローン・サバイバー』(13)、『バーニング・オーシャン』(16)、『パトリオット・デイ』(16)、『マイル22』(18)と立て続けにピーター・バーグ監督作に主演、2020年3月にタッグ5作目『スペンサー・コンフィデンシャル』がNetflixで配信開始。
4. **エレン・ペイジ**
1987年、カナダ生まれ。『ハードキャンディ』(05)で、出会い系サイトで知り合った男を監禁して痛めつける少女を演じて世界に衝撃を与える。『JUNO/ジュノ』(07)ではアカデミー主演女優賞にノミネートされた。以降、『ローラーガールズ・ダイアリー』(09)、『スーパー！』(10)、『ハンズ・オブ・

ある。

吉田　クリプラも『ジュラシック・ワールド』(15)の時は、「これからは、男性も女性と同様に眼差される客体となるべきだ」といった発言をしていた。『ガーディアンズ・オブ・ギャラクシー』(14)も、「男らしさ」を遊ぶようなところがあったと思うんです。ただ、彼はSNSやインタビューの発言で何度かプチ炎上を起こしていて、パブリックイメージのマネージメントに関しては少し不安がありますね。彼の通う教会が反LGBTの教会で、**エレン・ペイジ**[*4]に批判されたことなんかもありました。

関澤　そうすると、クリプラは自分を偽って政治的に「メタ男らしさ」発言をしていたんでしょうか？

吉田　これからは新しいジェンダー役割をっていうのは本心だったと私は思っています。クリプラって、ゼロ年代はちょっと太っていて、イケてない役とかを演じていたわけですよね。そこから肉体改造してめちゃくちゃ頑張った。対して、クリヘムはキャリアの最初から「男らしい」存在ではあった。その違いを考えてみても面白い。

黒岩　太っていた頃といまのクリプラが同一人物だってしばらく気づかなかったくらい。

香川　私は『ガーディアンズ・オブ・ギャラクシー』からのクリプラしか知らなかったので、もとから筋肉質で、面白い人なのかと思ってました。

吉田　筋肉質になる前は「溶けたアイスを普通のアイスにかけるとソースみたいになるよ！」っていう名言を残していたり、その時演じていた役のこともあるとはいえ、太っちょキャラを自分でも押していたんですよね。

田中　クリヘムは『アベンジャーズ／エンドゲーム』(19)でいったいどうした？って感じのソーを演じてましたよね。地球で堕落した生活を送ってメタボになったという前半のエピソードがあって、最後にもう一度アベンジャーズは立ち上がるぜって話になったとき、ついに見た目もすっきりするのかな？と思ったら最後まで太ったまま。

関澤　アベンジャーズシリーズがひと区切りつく重要な作品なのに、最後まで太っている。

香川　あんなに筋トレ大好き人間でストイックなのに最後まで脂肪つけられて、いつになったらソーの筋トレシーン観れるんだろうって待ってました(笑)。

田中　キャプテン・アメリカ、アイアンマンと並ぶアベンジャーズのBIG3なのに。ただ、この役作りこそクリヘムの「男らしさ」に対するアンチテーゼなのかも。これほどの大作でもしクリヘム自身の意志として反映されたものであったとしたら、それはかなりすごいことかもしれません。

香川　子供と過ごすために俳優業を休業していて、俳優の働き方に一石を投じる人でもありますよね。

降矢　やっぱり「男らしさ」を考えると筋肉っていうことになるんですかね？　僕が気になっているのは、

ラヴ　手のひらの勇気』(15)などに出演。2014年に同性愛者であることをカミングアウトし、2018年にダンサーで振付師のエマ・ポートナーと結婚した。

5. **ジェイソン・モモア**
1979年、ハワイ生まれのアイオワ育ち。「ゲーム・オブ・スローンズ」シーズン1〜2(11-12)、『アクアマン』(18)などに出演。女優のゾーイ・クラヴィッツの継父でもある。見かけはいかついが、とにかく思いやりのある優しい人柄で、公の場に姿を現すたびに世界のファンボーイ&ガールの心を温めてくれる。

6. **クリパ(クリス・パイン)**
1980年、ロサンゼルス生まれ。主演作にカーク船長を演じた『スタートレック』(09)、トニー・スコットの遺作『アンストッパブル』(10)、『最後の追跡』(16)など。2020年1月、タランティーノがお気に入りの俳優として名前を挙げる。裾の擦り切れたジーンズで煙草をふかしてFワード満載の無駄話するクリパ、心から見たい。

7. **ガル・ガドット**
1985年、イスラエル生まれ。国民皆兵制のため、18歳から二年間イスラエル国防軍で戦闘トレーナーを務める。2004年にはミス・イスラエルに選出。『ワイルド・スピード MAX』(09)で映画初出演。『バットマン vs スーパーマン ジャスティスの誕生』(16)でワンダーウーマン役を演じる。『ワンダーウーマン 1984』(20)では製作も務めた。

8. **パトリック・ウィルソン**
1973年、バージニア生まれ。『ハードキャンディ』(05)、『ウォッチメン』(09)、『ヤング≒アダルト』(11)などとにかく出演作は非常に多く、メインキャストから端役まで幅広くこなす。また、ジェームズ・ワン監督作品の常連としても知られ、『インシディアス』(10)や「死霊館」シリーズでは主演を務め、『アクアマン』では悪役を演じた。

9. **ザック・エフロン**
1987年、カリフォルニア生まれ。ディズニーチャンネルで放送されたテレビ映画『ハイスクールミュージカル』(06)で主演を務め、

ジェイソン・モモア[*5]。この人は、クリプラが肉体改造を頑張ったとかいう意味でいうと、もう生まれながらの王という風格がある（笑）。『アクアマン』(19)もそうですが、『マッドタウン』(16)のモモアは他の人物とは違う孤高の存在感があり、その存在感はすごすぎる胸筋によって醸し出されている。

関澤　モモアのように出自がいわゆる白人の男性じゃないヒーローといえば『ブラックパンサー』がそうですけど、こういう流れも10年代に入って出てきたことですよね。そもそも主役に抜擢されるのが現代的。

田中　DCEUの世界でも『アクアマン』は異質で、いまのところ彼だけが異種族間の混血なんですよね、地球人と海底人の。それって明らかにキャスティングに関わっているポイントだと思うんです。モモアはハワイ州出身ですが、ハワイやアメリカの先住民族系、ドイツ系、アイルランド系の血筋にある。

関澤　コミック原作ではもっと白人的な容貌ですよね。だから実写版はキャスティング自体がコンセプチュアルだと思う。それとDCEUのヒーローたちって皆しかめっ面で真面目なんだけど、モモアはそれを外せる人。『ジャスティス・リーグ』(17)でも割と自由に振る舞える立ち回りをしていて、それまでの重苦しい雰囲気を変えた人ではあるかな。あとヒーロー映画でいえば、僕は三人目のクリスとして**クリパ（クリス・パイン）**[*6]のことを考えたい。

吉田　クリヘムってどこか清潔な雰囲気があるんだけど、クリパは、肌はきめが粗くて、シャツはほんのり汗ばんでいそうなワイルドさが魅力というか。60～70年代くらいの男臭いハリウッド俳優のイメージがあります。

黒岩　クリパって濃ゆい顔の割りには主張が薄いというか。男臭いんだけど、マーク・ウォールバーグくらい突き抜けられていない感じ。

田中　彼はもう40歳近いですけど、いまだに少年っぽい印象があります。『スタートレック』(09)や『アンストッパブル』(10)での生意気な若造っぽさが、アラフォーの今に至るまで持続している。『スパイダーマン：スパイダーバース』(19)では中年になったピーター・パーカーの声を演じているのですが、あれもまだ大人になりきれない人物像の一つですよね。

香川　『モンスター上司2』(14)でも意地悪な御曹司役でしたし、たしかに大人になりきれてない役ハマりますね（笑）。

関澤　少年感が残っているっていうことでいうと『ワンダーウーマン』(17)がまさに強い女性に助けてもらう、という役どころでしたね。あえていうと**ガル・ガドット**[*7]に対してヒロイン役をやっている。「スーパーマン」ではロイス・レインが担っていた役回りです。

吉田　彼はアメコミ超大作というより、ハードボイルドなサスペンスなんかが似合う気がします。「I Am the Night」(19-)っていうブラックダリア事件のその後を描いたドラマをやっているんですよね。

降矢　一方で『クレイジー・ドライブ』(14)のクリパがぶっ飛んだ役。

大ブレイク。ヒロインを演じたヴァネッサ・ハジェンズとの交際も話題を呼んだ。『ペーパーボーイ 真夏の引力』(12)、『ネイバーズ』(14)、『グレイテスト・ショーマン』(17)、『テッド・バンディ』(19)など幅広いジャンルの作品に精力的に出演している。

10. **マイケル・B・ジョーダン**
1987年、カリフォルニア生まれ。『フルートベール駅で』(13)、「ロッキー」シリーズのスピンオフ「クリード」シリーズ、悪役のキルモンガーを演じた『ブラックパンサー』(18)など、ライアン・クーグラー監督とのタッグが多い。自身が購入した家に両親と暮らしており、とても家族思いな一面を持つ。大坂なおみはトーク番組「エレンの部屋」に出演した際、ジョーダンのファンだと告白。後にジョーダンがTwitterで大坂を『クリード 炎の宿敵』(18)のプレミアへ招待する一幕もあった。

11. **ロス・リンチ**
1995年、コロラド生まれ。ディズニーチャンネル放送のドラマ「オースティン＆アリー」(11-16)で主人公のオースティン・ムーンを演じ、同チャンネルのテレビ映画『ティーン・ビーチ・ムービー』(13)、『ティーン・ビーチ 2』(15)でも主演を務めた。

12. **ギャレット・クレイトン**
1991年、ミシガン生まれ。『ティーン・ビーチ・ムービー』(13)、『ティーン・ビーチ 2』(15)にメインキャストとして出演。2018年、同性愛者であることをカミングアウトした。

13. **ジョセフ・ゴードン＝レヴィット**
1981年、ロサンゼルス生まれ。子役として俳優活動を開始。『(500)日のサマー』(09)で、恋に奥手な「ザ・スミス」好きの青年トムをキュートに演じ、世の文化系男子好きを虜にする。一方、監督・脚本・主演を務めた『ドン・ジョン』(13)ではポルノ中毒になってしまう筋トレ好きのプレイボーイという真逆の役柄を演じるなど役の幅は広い。

14. **ジェシー・アイゼンバーグ**
1983年、ニューヨーク生まれ。『ゾンビランド』(09)、『ソーシャル・ネットワーク』(10)、

吉田　すっごく良い映画！　クリパの話じゃなくなりますが、『アクアマン』にも出てた**パトリック・ウィルソン**[*8]が主演じゃないですか。彼は顔にほのかな安っぽさがあるって思っていたんですよ（笑）。『クレイジー・ドライブ』では、俳優を目指してハリウッドに出てきたものの、結局夢破れてリムジンのドライバーをしている男を演じていた。彼の「B級っぽさ」を見事に生かした絶妙なキャスティングでした。

関澤　ナイトオウルを演じた『ウォッチメン』（09）もメタヒーロー映画だから、本当のスターじゃない感じの配役だったと。

降矢　あと、幼さと筋肉ということでいうと、**ザック・エフロン**[*9]。『ネイバーズ』（14）あたりからすごい脱ぎ出してる。青春映画のイケメンとして出てきた人ですけど、いまだにそこの延長をやりながら、でもおかしいことになっている。『恋人まで1％』（14）も必要がなさそうなのに、やたら脱いでるんですよね。

吉田　ああ、**マイケル・B・ジョーダン**[*10]が出ている映画ですね。これはディズニーチャンネル出身俳優全員の課題かもしれないですが、エフロンの10年代は、ディズニーアイドルのイメージをどう脱却するかの10年でしたね。最近はシリアルキラーの『テッド・バンディ』（19）をやっていました。**ロス・リンチ**[*11]も『My Friend Dahmer』（17）で連続殺人鬼のジェフリー・ダーマー、**ギャレット・クレイトン**[*12]は『キングコブラ』（16）でゲイポルノスターを演じていました。

黒岩　ディズニーの世界から正反対の方向に振れるみたいなことですよね。

田中　筋肉への執着は10年代に再燃したような印象がありますね。00年代ではいわゆる文化系のキャラが目立っていた。

関澤　マーベル映画の影響があるんじゃないですかね。筋トレをすればキャスティングのチャンスが広がる（笑）。文化系でいうと、**ジョセフ・ゴードン＝レヴィット**[*13]とかが代表ですよね。

黒岩　あと、**ジェシー・アイゼンバーグ**[*14]ね。

香川　筋トレ自体が世界的にブームになったからというのが大きい気がする。クリヘムは「Centr」っていうワークアウトサービスを始めてて、PRでYouTuberとトレーニングしたり、筋肉をビジネスにしていますし。筋肉だけで言うとクリヘムと**チャニング・テイタム**[*15]は群を抜いてますよね。

黒岩　テイタムはクリヘムと比べてみると面白いと思っていて。クリヘムのように「メタ男らしさ」みたいなことを深く考えていなくて、ただ自分の身体が求められる作品に素直に出演していたら、だんだん呼ばれなくってきたみたいなところがあるんじゃないかと（笑）。『ヘイトフル・エイト』（15）のような出演の仕方は、とてもこの人に合っている気がするんですけどね。普通のアクション映画になるとシリアスさが少し足りないのかな？

関澤　でも『マジック・マイク』（12）は10年代の超重要作ですよね。見られる男性という意味では。

『ピザボーイ 史上最凶のご注文』（11）など数々の映画に主演。チャームポイントはオタク的な早口言葉だけど、『グランド・イリュージョン』（13）で驚かせてくれたように、イケイケの役も十分ハマってしまう。

15.　チャニング・テイタム
1980年、アラバマ生まれ。2012年、ストリッパーとして働いていた自身の実体験を基にした『マジック・マイク』で主演・製作を務め大きな注目を集めた。主な主演作に『21ジャンプストリート』（12）、『ジュピター』（15）、『ローガン・ラッキー』（17）など。2019年、当時の恋人ジェシー・Jにジェンガで負けた罰ゲームとして自らのヌード写真をインスタグラムに投稿した。

16.　アンバー・ハード
1986年、テキサス生まれ。『ラム・ダイアリー』（11）で共演したジョニー・デップと2015年に結婚。2016年にハードが離婚申請をした際には、泥沼の離婚劇が世界に報道された。『マンディ・レイン 血まみれ金髪女子高生』（06）、『ザ・ウォード／監禁病棟』（10）で主演を務めたほか、『マジック・マイク XXL』（15）、『アクアマン』（18）などに出演。

17.　K・J・アパ
1997年、ニュージーランド出身。1940年代から続くコミックシリーズ「アーチー」の世界を「ツイン・ピークス」のようなダークなテイストを混ぜ込んで映像化した、大人気の青春ミステリーTVシリーズ「リバーデイル」（17-）の主人公アーチー役で知られる。

18.　チャールズ・メルトン
1991年、アラスカ生まれ。俳優になる前はモデルをしていた。「glee/グリー」（09-15）、「アメリカン・ホラー・ストーリー」（11-）などに出演した後、「13の理由」（17-）に出演するため降板したロス・バトラーの代役として、「リバーデイル」（17-）にシーズン2からレジー役で出演。

19.　マーク・コンスエロス
1971年、スペイン生まれのアメリカ人。1970年から2011年まで続いたソープオペラ「オール・マイ・チルドレン」で、1995年から7年間レギュラーとして出演。「リバ

黒岩　この人がその流れを作ったのは間違いないですよね。

吉田　ただ、続編はヒロインの**アンバー・ハード**[*16]を「特別な人だから」という理由でステージに乗せたことですべてを台無しにしていました。誰かを特権化しないことがショーの良さだったのに。一方で、続編では前作のヒロインの退場が一言で片付けられていて、ヒロインのずさんな扱いも感じました（笑）。

香川　ただ、俳優に筋肉が求められているという以前に、純粋に筋トレが好きという感じがしているんですよね。例えば、**K・J・アパ**[*17]は「リバーデイル」（17-）の共演者**チャールズ・メルトン**[*18]や**マーク・コンスエロス**[*19]と一緒にジムでトレーニングして、それをインスタのストーリーズによく載せてて単純に楽しんでる。

マーゴット・ロビーとエマ・ストーン、そしてジェニファー・ローレンス

降矢　今まで男性俳優を中心に語ってきましたが、次は女性俳優についてのお話ができればと。

『ウルフ・オブ・ウォールストリート』
パラマウント ホーム エンタテインメント ジャパン／価格：ブルーレイ ¥2,381＋税 発売中

吉田　私は**マーゴット・ロビー**[*20]が重要だと思いますね。『マネー・ショート 華麗なる大逆転』（15）でカメオ出演してますよね。お風呂でシャンパンを飲みながら難しい金融問題を解説するという、一般的なブロンド美女のイメージをパロディにしたような役でした。『ウルフ・オブ・ウォールストリート』（13）では典型的なブロンド美女で。マーゴットは、そこから現在に至る役選びの変遷にストーリーがあるんです。

香川　マーゴット・ロビーはかわいいけどビジュアル勝ちで終わるのかなって思ってたんですけど、『アイ,トーニャ 史上最大のスキャンダル』（17）、『ふたりの女王 メアリーとエリザベス』（18）で彼女の女優魂を感じて、『ワンス・アポン・ア・タイム・イン・ハリウッド』（19）で女神だって思った。

関澤　彼女は『アイ,トーニャ』で自分の演技に自信を得て、それでタランティーノに連絡を取る決心ができたって言ってました。逆にタランティーノも、『ワンハリ』の脚本段階で周りから「**シャロン・テート**[*21]役はマーゴット・ロビーでしょ？」って言われていたらしい。

田中　ロマンティック・コメディのク

ーデイル」（17-）に、カミラ・メンデス演じるヴェロニカの父親ハイラム役で出演している。

20. マーゴット・ロビー
1990年、オーストラリア生まれ。TVシリーズ「PAN AM/パンナム」（11-12）の新人スチュワーデス役で注目を浴びる。2014年に、制作会社LuckyChap Entertainmentを設立し、『アイ,トーニャ 史上最大のスキャンダル』（17）などを制作。同社は2021年にはグレタ・ガーウィグを監督に据え人形の「バービー」を実写映画化予定とのこと。

21. シャロン・テート
1943年、テキサス生まれ。1969年没。クレジットなしだがリチャード・フライシャー監督作『バラバ』（61）でデビュー。「じゃじゃ馬億万長者」「ミスター・エド」などのテレビ作品やいくつかの映画に出演後、67年の『吸血鬼』への出演がきっかけで監督のロマン・ポランスキーと出会い、結婚。しかし第一子妊娠中の69年8月9日、チャールズ・マンソン信奉者のスーザン・アトキンスら若者たち三人組にロサンゼルスの自宅で殺害されてしまう。

22. キャメロン・ディアス
1972年、カリフォルニア生まれ。映画デビューは『マスク』（94）。『メリーに首ったけ』（98）のメリー役で、文字通り世界中を首ったけにする。『ANNIE/アニー』（14）を最後に俳優業から離れており、2018年に自ら引退を認めた。2015年にバンド「グッド・シャーロット」のベンジー・マッデンと結婚し、2020年1月、第一子が誕生した。

23. エマ・ストーン
1988年、アリゾナ生まれ。大きな緑の瞳とハスキーボイスがチャームポイント。映画デビューは、一番ポチャっていてナードキャラ全開だった時期のジョナ・ヒルの相手役を務めた『スーパーバッド 童貞ウォーズ』（07）。『ラ・ラ・ランド』（16）でアカデミー賞主演女優賞に輝いたが、同作監督のデイミアン・チャゼルの最新作『Babylon』（21）では、ブラピと共に主演を務めることが発表されている。

24. アナケン（アナ・ケンドリック）

リシェとしてのブロンド美人、それをそのままリピートしているのとは違うのは確実ですよね。彼女は明確に自分自身の主体的な選択として、そのイメージを役柄に見出している。

吉田　だから、その流れのなかで**キャメロン・ディアス**[*22]が引退してしまったというのが象徴的です。あと、**エマ・ストーン**[*23]もいますよね。彼女はマーゴットとはまた違って、ガール・ネクスト・ドア的な魅力がある人。**アナケン**（**アナ・ケンドリック**）[*24]もそういうイメージ。

黒岩　エマ・ストーンは『ラブ・アゲイン』(11)も良かったですよね。中年・老年の父親が主人公の映画で、普通の娘が演じられる子。コメディから出てきた人っていう印象があります。最近は段々と作品を選ぶようになってきたのかな。コメディに出るにしても、**キャサリン・ヘップバーン**[*25]のようなライン、知的なコメディエンヌであることを重視している気がする。

吉田　彼女はセックスシンボル的は要素なあまりない人ですよね。

降矢　『小悪魔はなぜモテる?!』(10)の人だから偽のセックスシンボル。

香川　エマ・ストーンは『ラ・ラ・ランド』(16)でミュージカルもできることを証明して、『女王陛下のお気に入り』(18)で古典的な役柄を演じて、転機にいるような感じがします。

田中　そういう意味でもマーゴットとは真逆ですよね。『マネー・ショート』がいちばん極端だと思いますが、彼女は白痴的な存在を意識的に演じている。でも、先に話題になった「メタ男らしさ」に倣って「メタ女らしさ」を生きているかといえば、微妙に違うような。もう少し複雑な戦略を持っている人のように思える。

降矢　キャサリン・ヘップバーンと対比すると**マリリン・モンロー**[*26]的な？

関澤　ただ、例えばハーレイ・クインをマリリン・モンロー的な感じで演じてもあまり魅力的なキャラクターにはならないような気がしますね。彼女は容姿こそ王道のハリウッド俳優という感じですが、自分のセックスシンボルらしさをどこかで相対化できる人。

田中　ワインスタイン問題に対する意思表示として、作品をつくる主体としての意識がこれまで以上に強く現代のアメリカの俳優にはあるのかもしれませんね。

吉田　マーゴットは『ハーレイ・クインの華麗なる覚醒 BIRDS OF PREY』(20)の脚本家と共同で、女性脚本家を支援するワークショップを始めたりもしているようです。

降矢　**エマ・ワトソン**[*27]も積極的にメッセージを発する人ですね。

吉田　そうですね。他に、音楽活動の方がメインかもしれないけど**ジャネール・モネイ**[*28]も。

香川　次世代だと**アマンドラ・ステンバーグ**[*29]と**ミリー・ボビー・ブラウン**[*30]ですね。

黒岩　わたしは**ジェニファー・ロー**

1985年、メイン州生まれ。クイーンビーともナードとも分け隔てなく仲良くできそうな最強の親しみやすさを持つ。ブロードウェイのミュージカルからキャリアをスタートさせたこともあって歌唱力は抜群で、近年は『ピッチ・パーフェクト』シリーズを始めミュージカル映画も多数こなしている。

25. キャサリン・ヘップバーン
1907年コネチカット生まれ。2003年没。ケーリー・グラントを相手にマシンガントークを炸裂させた『赤ちゃん教育』(38)はスクリューボール・コメディの代表作とされる。4度オスカーに輝くも、公の場を嫌う彼女が出席したアカデミー賞授賞式は1974年のみだった。当時は珍しいパンツスタイルを好み、新しい女性のライフスタイルを提示した人でもあった。

26. マリリン・モンロー
1926年、カリフォルニア生まれ。1962年没。『紳士は金髪がお好き』(53)、『百万長者と結婚する方法』(53)などで「おバカな金髪美女」というスターイメージを構築。今でもその名を聞けば誰もがあの艶やかなブロンド、眠たそうな瞳、ぽってりとした唇、豊満なボディを思い浮かべるであろう、時代を超えた不変のセックスシンボルである。

27. エマ・ワトソン
1990年生まれのイギリス人。「ハリー・ポッター」シリーズのハーマイオニー役で世界的に有名に。2014年に国連組織UNウィメンの親善大使を務めるなど女性の権利拡充を目指す運動を活発に行っている。2017年、雑誌のインタビューで撮影されたセミヌード写真が「フェミニストなのに体を見世物にするなんて」と的外れな批判を受けた際には、「フェミニズムとは自由・解放・平等であり、その本質は女性に選択肢を与えることだ」と完ぺきな切り返しを見せた。

28. ジャネール・モネイ
1985年、カンザス生まれ。ミュージシャンとしてこれまでに3枚のアルバムを発表しているほか、女優としても活動。『ムーンライト』(16)、『ドリーム』(16)などに出演。2018

レンス[31]が重要な存在だと思っていて、彼女はそういうところから逸脱している人という印象がありますね。まず作品を選んでいる印象がまったくない。この人は『ウィンターズ・ボーン』(10)で注目されて以降、「ハンガー・ゲーム」シリーズ、「X-MEN」シリーズ以外でどういう作品に出ているかというと、ほぼデヴィッド・O・ラッセルとしか仕事をしていない。作家性の強い作品はO・ラッセルの映画、あとは『マザー!』(17)くらいなんです。ただアカデミー賞を獲っちゃう。この人はやっぱり目がいいんですよね。義憤を表現できる人。だから逆にコメディをやるとどうなるのか。

田中　たしかに『世界にひとつのプレイブック』(12)もいわゆるコメディではないですからね。

黒岩　ちょっと**ジュリエット・ルイス**[32]に似てるとは思うんですが、刹那的ではない強さも体現できる。華やかさから一歩身を引いている感じ。けど実は肉感的でエロい。

関澤　映画の外の出来事ですが、彼女は性的被害を受けましたよね。本人がどれだけ傷ついたのかは知る由もありませんが、でも映画の中ではそういったパブリックイメージを跳ね返すだけの強さがある。

降矢　『ジョイ』(15)も自立して、最終的にひとりで解決しますしね。ただそれがスタイリッシュに立っていくというのとちょっと違いますね。

黒岩　スタイリッシュにならないのがいいよね。ちゃんとだらしなさも残している。

ロマンティック・コメディの現在

黒岩　現代のコメディエンヌということでいうと誰になるんですかね?キャメロンに代わる存在は誰なんだろう。

関澤　今まで名前が出た人でいうとエマ・ストーンはどうですかね?

降矢　エマ・ストーンは『L.A.ギャング ストーリー』(12)でマフィアの女を演じてからそういう路線では勝負しなくなったという印象ですね。

黒岩　声が低いからキャピキャピした役に向かないんだよね。それはちょっと重要かもしれない。

降矢　『ステイ・フレンズ』(11)という、ラブではなくてフレンズのままでいようっていう批評性をもったラブコメ映画があるんです。ここに最初ちらっとエマ・ストーンが出てくるのが象徴的。エマ・ストーンは冒頭で**ジャスティン・ティンバーレイク**[33]と別れてその後映画には出てこないんですけど、新しい形のラブコメ映画の登場とともに早々と姿を消す。そうしてエマとスイッチして出てくる人が**ミラ・クニス**[34]で、彼女が一瞬ラブコメの人になるかと思ったんですけどね……。そもそもラブコメ自体があんまりないのかもしれません。コメディエンヌの活躍の場が、男性を必要としないと言ったらわかりやすすぎるかもしれないですけど。**クリスティン・ウィグ**[35]とか。

香川　**ケイト・マッキノン**[36]も。

関澤　二人ともSNL(サタデー・ナイト・ライブ)出身者ですよね。

年にはパンセクシュアルを公言し、自身のセクシュアリティに思い悩む人々をエンパワーメントするメッセージをさまざまな場で発信している。

28. **アマンドラ・ステンバーグ**
1998年、カリフォルニア生まれ。『エブリシング』(17)、『ダーケスト・マインド』(18)、『ヘイト・ユー・ギブ』(18)に主演。フェミニストとしても積極的に発言している。

30. **ミリー・ボビー・ブラウン**
2004年、スペイン生まれのイギリス人。Netflixドラマ「ストレンジャー・シングス」(16-)のイレブン役で世界を驚かせた新星。役のために髪を剃った際には、その様子をインスタグラムに投稿し、「人生で最もパワーを与えられたと感じた瞬間。『マッドマックス 怒りのデス・ロード』(15)のシャーリーズ・セロンのように見えたらいいな」とコメントした。

31. **ジェニファー・ローレンス**
1990年、ケンタッキー生まれ。幼少期から俳優を志し、高校を2年早く卒業してキャリアを始める。気が強くパワフルな自立した女性を演じることが多い。待機作でも、「Mob Girl」(20)ではマフィアの密告者を、「Bad Blood」(20)ではスキャンダルを起こした実業家エリザベス・ホームズと、続けてタフな女性を演じるようだ。

32. **ジュリエット・ルイス**
1973年、カリフォルニア生まれ。『ケープ・フィアー』(91)でアカデミー助演女優賞にノミネートされる。キリッとした猫目で、声はちょっぴりハスキー。『ナチュラル・ボーン・キラーズ』(94)、『ローラーガールズ・ダイアリー』(09)、『8月の家族たち』(13)など、破天荒な女性のイメージが強い。

33. **ジャスティン・ティンバーレイク**
1981年、テネシー生まれ。ミュージシャンとしてゼロ年代に大成功を収め、その後俳優活動も行うように。『ソーシャル・ネットワーク』(10)、『女と男の観覧車』(17)など食えないチャラ男を演じると非常にハマる。ブリトニー・スピアーズにキャメロン・ディアスなど数々のミュージシャン、女優と浮名を流し、現在はジェシカ・ビールと結婚してい

吉田　あとSNL出身じゃないけど**メリッサ・マッカーシー**[*37]や、若い世代でいうと**レベル・ウィルソン**[*38]も。『ロマンティックじゃない？』(19)ってNetflix映画はなかなか面白かったですね。

黒岩　でも単なるラブじゃないんですよね。ラブが最重要ではないというか。ラブコメはドラマに移行したというのもあるんだろうけど。

田中　ロマンティック路線で大ヒットした映画って10年代だとあまり思いつけないんですよね。

香川　00年代後半を引き継ぐ群像劇なら『バレンタイン・デー』(10)と『ニューイヤーズ・イブ』(11)がヒットしましたよね。あと、オールアジア系キャストで革命を起こした『クレイジー・リッチ』(18)。アジアらしい内々なコミュニティーを好む家族に疎まれながらの恋愛も、ハリウッドでは新鮮だったと思います。出演していた**オークワフィナ**[*39]も引っ張りだこですし、20年代にアジア系俳優がどうキャスティングされるか楽しみ。

降矢　『ラスト・クリスマス』(19)がロンドンが舞台の風変わりなラブコメで。メリッサ・マッカーシーやレベル・ウィルソンなどと一緒に「ラブ」が最重要ではない映画を作っていたポール・フェイグがクリスマスのラブコメを撮った。**エミリア・クラーク**[*40]が表情豊かで、相手役の**ヘンリー・ゴールディング**[*41]との出会いも最初は散々……というまさに典型的なラブコメメソッドで進んでいくんですけど、やっぱりヒネりがあるんですね。**エイミー・シューマー**[*42]の『アイ・フィール・プリティ 人生最高のハプニング』(18)の最後とかにも共通しますが、最後に男性がいない。

関澤　「GIRLS／ガールズ」(12-)はラブコメとは言わない？

黒岩　あれも変奏というか、もっとフェミニズム的な要素が強いですよね。ジャド・アパトー関連だと「GIRLS／ガールズ」よりもむしろ「LOVE ラブ」(2016-)のほうがロマンティック・コメディというジャンルが強く意識されているというか、アパトー流のラブコメ脱構築が行われているんじゃないかと。ただその結果まったく女子受けしなかったという(笑)。ヒロインの**ギリアン・ジェイコブス**[*43]は可愛いんですけどね。

関澤　**ブリー・ラーソン**[*44]や**テッサ・トンプソン**[*45]なども重要な気がするんですが、ラブコメというよりは、みんなヒーローになっていますよね。そう考えるとエマ・ストーンはずっとヒロインを演じているんですね。

黒岩　その観点でいうとエマ・ストーンは独自路線を貫いてるとも言えるかもしれないですね。

香川　ただエマ・ストーンは、この前のルイ・ヴィトンの広告もめちゃくちゃセレブ感出てて、どんどんガール・ネクスト・ドアからは離れてきていますよね。**ガー君**（**アンドリュー・ガーフィールド**）[*46]とまたヨリ戻すかなーって思ってたけど、この前SNLディレクターのデイブ・マッカリーと結婚したし、どんどんバージョンアップしてて、今後のサクセスストーリーが楽しみではあります。

る。

34. ミラ・クニス
1983年、現在のウクライナに生まれる。1991年に家族とロサンゼルスに移住。『ブラック・スワン』(10)で鮮烈な印象を残した。『寝取られ男のラブ♂バカンス』(08)、『テッド』(12)、『バッド・ママ』(16)などコメディの出演作も多い。現在はアシュトン・カッチャーと結婚している。

35. クリスティン・ウィグ
1973年、ニューヨーク州生まれ。「サタデー・ナイト・ライブ」に2005年から2012年まで出演。主演・脚本・製作を務めた『ブライズメイズ 史上最悪のウェディングプラン』(11)はアカデミー賞脚本賞にノミネートされた。『ゴーストバスターズ』(16)にも主演。2020年公開の『ワンダーウーマン1984』ではメインキャストで出演する。

36. ケイト・マッキノン
1984年、ニューヨーク州生まれ。『ゴーストバスターズ』(16)にメインキャストで出演。2012年より「サタデー・ナイト・ライブ」に出演しており、同番組で同性愛であることを公表した最初のレギュラーでもある。『クレイジー・パーティー』(16)、『イエスタデイ』(19)、『スキャンダル』(19)などにも出演。

37. メリッサ・マッカーシー
1970年、イリノイ生まれ。コメディ映画やTVシリーズの端役を積み重ね、2010年代から本格的に知名度を上げる。『ゴーストバスターズ』(16)にメインキャストで出演。『ブライズメイズ 史上最悪のウェディングプラン』(11)でアカデミー助演女優賞にノミネート。プロデューサーや脚本家としても数々のコメディに関わっている。

38. レベル・ウィルソン
1980年、オーストラリア生まれ。『ピッチ・パーフェクト』シリーズや『バチェロレッテ あの子が結婚するなんて!』(12)では、プラスサイズの体型をポジティブに生かした役を演じている。『ロマンティックじゃない？』(19)では、全てがロマコメになる世界に迷い込んだロマコメ嫌いの主人公をコミカルに演じた。

39. オークワフィナ

吉田　ポストキャメロンをズバッと言えないところが、キャメロン的な存在が時代に必要とされなくなってきているということかもしれないですね。**リース・ウィザースプーン**[*47]などに比べると、キャメロンは、「若くて可愛い女の子」という路線から「大人の女性」への移行がスムーズにできなかった。

『SEXテープ』
DVD & Blu-ray好評発売中、ブルーレイ ¥4,700+税／DVD ¥3,800＋税、発売元：クロックワークス／販売元：ハピネット

降矢　『イン・ハー・シューズ』(05)は、昔は若さで勝負してたけど、もう若くない私、という前イメージからの転換という意味では、とても重要な作品だったと思う。**シャーリー・マクレーン**[*48]というキャメロンと出自が同じような大御所がおばあちゃんで、そこからなにかを学ぶ物語だし、この作品の最後も誰とも一緒にならないキャメロンのバックショットで終わる。けど、たしかにそれ以降うまく転換が果たせたかというと、そうでもないかもしれない。

黒岩　ただそのあとも『バッド・ティーチャー』(11)とか『SEXテープ』(14)というおバカなコメディ作品にも戻れるのもすごいことだという気がする。そういう人はなかなかいないと思うし、そして最終的に『ANNIE／アニー』(14)まで行きつく。自虐すら出てくるっていう。

田中　加工がいくらでもできる時代にあそこまで加工しないのはすごいですよね、自分の若くなさをこそ見せつけるためにやっているくらいのものを感じます。

黒岩　それが全然哀れじゃないんですよね。露悪的じゃないというか。

香川　あとは**ジェニファー・アニストン**[*49]はずっとコメディ第一線を走っていると思う。「フレンズ」も今再ブームになっていますし。あとは**レスリー・マン**[*50]もいる。でもキャメロンに替わるみんなのガールフレンド的な次世代の女優は思いつかないですね……。

田中　00年代のみんなのガールフレンドのひとりに**キルスティン・ダンスト**[*51]がいると思いますけども、『ミッドナイト・スペシャル』(16)ではついに母親を演じていました。家族ドラマとはいえSFを基調とした作品の少し複雑な役柄で、見事でしたね。『ランド・オブ・ウーマン／優しい雨の降る街で』(07)で、**メグ・ライアン**[*52]が**クリステン・スチュワート**[*53]の母親役をやったときと同じような感動がありました。年齢に伴う配役の変化をポジティブに拡げ

1988年、ニューヨーク生まれ。ラッパーであり俳優でもある。『オーシャンズ8』(18)、『クレイジー・リッチ!』(18)などに出演。主演作『フェアウェル』(19)で、アジア系アメリカ人として初めてゴールデングローブ賞主演女優賞（ミュージカル・コメディ部門）を受賞した。

40. エミリア・クラーク
1986年、イギリス生まれ。「ゲーム・オブ・スローンズ」(11-19)のデナーリス役で有名に。『ターミネーター：新起動／ジェニシス』(15)ではサラ・コナーを演じた。その他の出演作に『世界一キライなあなたに』(16)、『ハン・ソロ／スター・ウォーズ・ストーリー』(18)などがある。

41. ヘンリー・ゴールディング
1987年、マレーシア生まれ。7歳からイギリスに暮らす。『クレイジー・リッチ!』(18)で主人公の恋人である大富豪ニック・ヤン役に抜擢。『シンプル・フェイバー』(18)ではブレイク・ライヴリーの夫役を演じた。ガイ・リッチーの新作『ザ・ジェントルメン』(20)でもメインキャストとして出演する。

42. エイミー・シューマー
1981年、ニューヨーク生まれ。冠番組であるコメディーショー「Inside Amy Schumer」(13-16)で人気を博し、脚本も務めた『エイミー、エイミー、エイミー! こじらせシングルライフの抜け出し方』(15)で映画初主演。

43. ギリアン・ジェイコブス
1982年、ペンシルヴァニア生まれ。主な出演作に『オフロでGO!!!!! タイムマシンはジェット式2』(15)、『ヴィジョン／暗闇の来訪者』(15)、『ライフ・オブ・ザ・パーティー』(18)など。

44. ブリー・ラーソン
1989年、カリフォルニア生まれ。主演作『ショート・ターム』(13)はインディペンデント映画ながら全米で拡大公開される大ヒットとなり、『ルーム』(15)でアカデミー主演女優賞受賞。2019年には『キャプテン・マーベル』(19)で主演を務めた。ジェンダーの平等を訴え、性暴力被害者への支援活動にも取り組んでいる。

られた人だと思います。

スター俳優たちの10年代

降矢　ラブコメの人じゃないですが、僕がもう一人気になっている人が**ニコール・キッドマン**[*54]なんです。美人でキャリアもあるんだから落ち着いた役をやっても良さそうなのに、魔女をやったり、人魚みたいなものをやったり、『パーティで女の子に話しかけるには』(17)でも派手で変なコスチュームを着ていて、見てると動揺するんですよね。そういうことがしばしばある人で。あれはどう捉えればいいんでしょう(笑)?

田中　00年代では世界一ギャラの高い女優であり、大作にも普通に出るし、『アイズ・ワイド・シャット』(99)やラース・フォン・トリアーなど作家の作品にも積極的な人という路線は今も変わらないんじゃないかなとざっくり思うんですけど……。『アクアマン』で孤島にひとりで暮らしている母親のキャラクターは、「なんだこりゃ?」って感じの変な役ですごく楽しかったですね。

黒岩　私は**シャロン・ストーン**[*55]に似た印象があったんですよね。とにかく美人でゴージャスなんだけど、たぶん本人は外見だけで判断されるのが嫌で、00年代は名のある作家の映画や硬派な作品にばかり出演していた。その甲斐あってか『めぐりあう時間たち』(02)でオスカーも受賞したんだけど、私はその時期に彼女に対する興味が薄れてしまったんですよね。むしろ90年代の『誘う女』(95)や『アイズ・ワイド・シャット』での仮面を被っているようなある種の薄っぺらさに魅力を感じていたので。でも『アクアマン』が良い例だけど、最近は何気に本当にいろいろな作品に出てきますよね。特に母親役が増えていて、もちろん年齢的な要素はあるんだろうけど、ここにきてキッドマンが母親として求められ始めたのは何故かを考えるのも面白いかもしれない。

降矢　薄っぺらさとどこかで関係するかもしれませんが、サスペンスやホラー作品にも数多く出ているということもあって、彼女が出てくると急に不穏でサスペンスフルな雰囲気が画面に出てくる。それは母親役が多くなった今でも変わらないような気がします。ただ主演じゃなくなったとき、その存在感のありようが歪なものを映画にもたらしているのかも。それが魅力でもある。キッドマンつながりで**トム・クルーズ**[*56]についてはいかがでしょう?

田中　『ミッション:インポッシブル/フォールアウト』(18)で気になったのは、これまでになくイーサン・ハントが失敗するシーンが多かったことです。どれもある種の「老い」を示す場面として構想されているように見える。しかしいざトムが演じている姿を見ると、失敗自体がテキパキしすぎてててぜんぜんそんな感じがしない(笑)。

吉田　CG技術で何でもできちゃう状況に対して、あくまで、生身の肉体を使った、「リアル」にこだわるアクション俳優であり続けるという感じですよね。本当に命を賭けてやっていますという。

田中　一種のプロモーションなんでしょうけど「この撮影で100回スカイダイビングした」とか「アクションシーンの撮影中に骨折した」み

45. テッサ・トンプソン
1983年、カリフォルニア生まれ。「クリード」シリーズでヒロインに抜擢され、『マイティ・ソー/バトルロイヤル』(17)には女戦士ヴァルキリー役で出演。ヴァルキリーはバイセクシュアルであるとされており、マーベル映画最初のセクシュアルマイノリティのキャラクターとなった。

46. ガー君(アンドリュー・ガーフィールド)
1983年、カリフォルニア生まれ。『BOY A』(07)、『わたしを離さないで』(10)、『ソーシャル・ネットワーク』(10)などで注目を集める。『アメイジング・スパイダーマン』シリーズで主演に抜擢されるも、映画業界の政治によってシリーズは2作で打ち切りに。忘れないよ、アメスパのこと!その後も『ハクソー・リッジ』(16)、『沈黙 ーサイレンスー』(16)に主演するなどしっかり活躍中。

47. リース・ウィザースプーン
1976年、ルイジアナ生まれ。玉の輿結婚を夢見る女子大生が、失恋をきっかけに弁護士を目指す『キューティ・ブロンド』(01)で知名度を上げる。ゼロ年代後半に一時低迷期を迎えるが、2010年代は俳優としてだけでなく「ビッグ・リトル・ライズ」(17-)などプロデューサーとしてもヒットを生んだ。Apple TV+のオリジナルシリーズ「ザ・モーニングショー」(19)ではジェニファー・アニストンとW主演を務めた。

48. シャーリー・マクレーン
1934年、バージニア生まれ。『走り来る人々』(58)、『アパートの鍵貸します』(60)、『愛と追憶の日々』(83)、『マグノリアの花たち』(89)、『ココ・シャネル』(08)、『あなたの旅立ち、綴ります』(17)など、1955年のスクリーンデビューから現在に至るまでコンスタントに映画出演を続けており、キュートな笑顔は今も変わらない。

49. ジェニファー・アニストン
1969年、カリフォルニア生まれ。「フレンズ」(94-04)以降は、コメディ映画を中心に活躍。「モンスター上司」シリーズや『なんちゃって家族』(13)など、飾らない吹っ切れた演技でますます世界を魅了する。アダム・サンドラーやジェイソン・ベイトマン

たいな話いっぱいありますよね。でも、この時代じゃその真偽なんかわかんないじゃないですか。実際に危ないことしなくてもいくらでも加工できちゃうわけで。でもトムはたぶん本当にやってる。狂気ですよね。

関澤　僕は10年代ベスト級に『アウトロー』(12)が好きなんですけど、原作ではトムが演じるジャック・リーチャーは大男なんです。でも彼は小さいですよね。それで原作ファンから「トムはミスキャストでは？」と原作者に質問が飛んだんですけど、「小説版におけるリーチャーの巨体は誰にも止められない強さの象徴であって、トムは彼自身のやり方でそれを体現できるから問題ない」って答えてるんですよね。でもドラマ版でリブートされる際のインタビューでは「やっぱり彼は小さかった」と言っている(笑)。とはいえ、トムが発していた身体の充実度は10年代もすごかった。あとクリストファー・マッカリーというアクションが得意な監督を『アウトロー』で見つけて、「M:i」シリーズに引き入れて一緒にやっている。自分のアクションを最大限を引き出せるパートナーを見つけた。

『ミッション：インポッシブル／フォールアウト』
4K ULTRA HD＋ブルーレイセット〈初回限定生産〉（ボーナスブルーレイ付き）／NBCユニバーサル・エンターテイメント／価格：ブルーレイ ¥5,990＋税／発売中

田中　フィルモグラフィーだけ見てるとふつうは若い頃にやるような役を今こそやりまくってる印象です。

黒岩　むしろ歳をとってアクション俳優に完全移行してきた感じがしますね。完全移行前の最後の作品は『トロピック・サンダー／史上最低の作戦』(08)かな？　それ以降はゴリゴリのアクション映画ばかり。

田中　10年代のトムは「M:i」シリーズは別として、作品がちょっと地味目なのかもしれない。マッカリーとのコンビ作だとトムがもう限界を超えてるギリギリの感じがあるんですけど、一方でダグ・リーマンとのコンビ作だともう少し収まりがいい。たとえば『オール・ユー・ニード・イズ・キル』(14)なんかは、事前に予想しうるイメージを越えてこなかったかな。

関澤　僕はゴシップが好きなんですけど(笑)、トムを巡ってはボトックス注射をしたという噂がありました。実際『アウトロー』の続編『ジャック・リーチャー NEVER GO BACK』(16)をすごく期待して見に行ったら、顔がパンパンでがっかりした思い出が。その次の『ザ・マミー／呪われた砂漠の王女』(17)ではプロデューサーからボトックス

とは名コンビであり、『マーダー・ミステリー』(19)は北米圏ではNetflixで2019年に最も再生された映画となった。

50. レスリー・マン
1972年、カリフォルニア生まれ。1997年に『40歳の童貞男』(05)の監督ジャド・アパトーと結婚。『素敵な人生の終り方』(09)、『40歳からの家族ケーカク』(12)などアパトー監督作や、その他多数のコメディ出演。『ダメ男に復讐する方法』(14)では、キャメロン・ディアスとともに浮気夫に復讐を計画する主婦を演じている。

51. キルスティン・ダンスト
1982年、ニュージャージー生まれ。サム・ライミ版「スパイダーマン」シリーズではヒロインのMJ役を務めた他、『ヴァージン・スーサイズ』(99)、『マリー・アントワネット』(06)、『The Beguiled/ビガイルド 欲望のめざめ』(17)などソフィア・コッポラ監督作の出演が多い。俳優のジェシー・プレモンスと2017年に結婚した。

52. メグ・ライアン
1961年、コネチカット生まれ。『トップガン』(86)ではわずかな出演時間ながら忘れがたい輝きを放ち注目を集める。主演作『恋人たちの予感』(89)、『めぐり逢えたら』(93)、『ユー・ガット・メール』(98)を次々ヒットに導き、「ロマコメの女王」に。近年は活躍の場に恵まれないが、『涙のメッセンジャー 14歳の約束』(15)では監督デビューを果たした。

53. クリステン・スチュワート
1990年、カリフォルニア生まれ。「トワイライト」シリーズの主人公ベラ役でブレイク。シャープな顔立ちと、ショートヘア＆エッジーなファッションスタイルの相性は抜群。『アクトレス～女たちの舞台～』(14)ではアメリカ人女優として初めてセザール賞の助演女優賞に輝いた。主な出演作に『カフェ・ソサエティ』(16)、リブート版『チャーリーズ・エンジェル』(19)など。

54. ニコール・キッドマン
1967年、オーストラリア人の両親のもとハワイで生まれる。1990年にトム・クルーズと結婚しハリウッドに進出。当初は「スター

禁止令が出たという話もあります。その甲斐あってか、最近はまた元の顔つきが戻ってきているようですが、そういう観点でも10年代の出演作品にはばらつきがあったような気がします。

田中　『トップガン』(86)のリブート作品『トップガン マーヴェリック』(20)はどうなるんでしょうね。一斉を風靡した映画ではあるのは間違いないとはいえ、トレーニング風景やドラマ部分は別として、一番の見せ場でずっと狭い操縦席に座ってなきゃいけない映画ですから。今のトムなら飛んでる飛行機の上を歩いたりするんじゃないかって勝手に想像してるんですけど(笑)。ちなみに監督は『オブリビオン』(13)のジョセフ・コシンスキーです。

関澤　本当に同じ監督と続けて組んでいるんですね。

吉田　「M:i」シリーズは今まで同じ監督とは組まなかったのに。

田中　あとどれも全部主役ですよね。当然ですけど。

吉田　『ワンハリ』の**ブラピ**(**ブラッド・ピット**)[*57]の役にはトムの名前もあがっていたみたいです。この映画、一応主演は**レオ**(**レオナルド・ディカプリオ**)[*58]じゃないですか。それが理由ではないはずだけど、トムは自分が主演じゃないとやらないかもなって思いました。そう考えると、ブラピの柔軟さって重要かもしれないですね。

田中　ブラピはいわば伝統的なプロデューサー気質の人ですよね、作品の最善を考えるという。

黒岩　トムは他人をプロデュースするときに、自分の俳優仕事との重なりが見えない人ですね。

降矢　良くも悪くも、トムは自分のスター性を維持し続けようとしている人かもしれないですね。自分を良く撮ってくれる人と仕事をして、一番うえに名前がくるようにしてもらうっていう。ずっとスターであることが重要。

香川　私の世代(20代前半)だとトム=アクションのイメージが強くて物心ついたことからずっとスパイなので、他のジャンルしないのかなって思っちゃいますね(笑)。

吉田　一方でブラピは**アンジー**(**アンジェリーナ・ジョリー**)[*59]と付き合っていた頃、良きパパとか、シリアスな役が続く時期があった。でも、『ワンハリ』で『ファイト・クラブ』(99)や『スナッチ』(00)の頃のチンピラ感漂う従来のブラピのイメージを復活させて10年代を締めくくった。とても感慨深いです。

田中　ジェームズ・グレイの『ロスト・シティZ 失われた黄金都市』(17)って製作当初はブラピが主演する予定だったんですよね。スケジュールの問題で降板になってから、**ベネディクト・カンバーバッチ**[*60]と**ロバート・パティンソン**[*61]の名前が上がって、最終的に**チャーリー・ハナム**[*62]が主演になった。経緯はともかく、あの映画はストレートに父親と家族との関係が問われる作品ですから、ブラピは自分にはぴったりすぎるって考えたことが降板理由になった可能性はあると思います。

の妻」というイメージが強かったが、離婚後からめざましい飛躍を見せる。『めぐりあう時間たち』(02)でアカデミー主演女優賞を獲得。ハリウッドのトップスターとなった今も、主役に限定せず、さまざまな作品に出演している。

55. シャロン・ストーン
1958年、ペンシルベニア生まれ。『氷の微笑』(92)で美しきファムファタールを演じ世界的なセックスシンボルとなる。近年の出演作には『ジゴロ・イン・ニューヨーク』(13)や『ディザスター・アーティスト』(17)など。アフリカの貧困支援など、チャリティにも熱心に取り組んでいる。

56. トム・クルーズ
1962年、ニューヨーク州生まれ。有無を言わさぬ世界のトップスター。還暦が間近に迫る今も、アクションスターとして第一線を走り続ける。自身の出世作の34年ぶりの続編である『トップガン マーヴェリック』(20)では、米軍の特別許可が要されたほどの危険な飛行シーンに挑んでいる。「M:i」シリーズは2021年、2022年に新作が公開予定。「トムは次は宇宙に行くかも?」なんて噂もささやかれるが、果たして?

57. ブラピ(ブラッド・ピット)
1963年、オクラホマ生まれ。90年代にブレイクして以降、タフでワイルドでセクシーな、理想の「男らしさ」を象徴する俳優としてハリウッドの第一線で活躍。恋人(当時)のグウィネス・パルトロウを守るため、ワインスタインに直接警告をした男でもある。その時交際している恋人に雰囲気が似ていくという傾向も。自身の制作会社「プランB」では新進の監督にも盛んに活躍の場を与え、プロデューサーとしてヒット作を連発。アンジーとの結婚の破綻や断酒も経た近年は、映画業界もマッチョな男らしさからの解放を考えねばならないと語っている。

58. レオ(レオナルド・ディカプリオ)
1974年、カリフォルニア生まれ。両親は自他共認めるヒッピー。代表作は枚挙にいとまがないけれど、『レヴェナント: 蘇えりし者』(15)でついにアカデミー主演男優賞

吉田　あと、役にふさわしい年齢かっていうことを割と気にしているはず。最近、俳優引退説が流れましたよね。デマだったようですが、その後のインタビューで「今後も俳優をやりたいけど、年齢的に演じられる役が減ってきてしまうんだよ」って言っていて。

関澤　またゴシップ情報言っていいですか？ ブラピは自分の写真や映像をレタッチさせないっていうポリシーがあるそうなんですね。それで2012年に彼が出演したシャネルNo.5の広告があるんですが、ブラピの顔がみんなの想像以上に皺くちゃで。その年のワーストCMに選ばれたり、SNLでパロディの標的にされるなど、シャネルも本人のイメージも微妙になっちゃう悲しい事件があった（笑）。でもそれほど、彼は加齢をまったく隠さない人なんですよね。

吉田　たしかにブラピは絶対にボトックスとかやらないでしょうね。

黒岩　ブラピは一向に老けた感じを受けないんですよね。余計なことをしないから、むしろ若く見えるのかもしれない。

田中　「ベンジャミン・バトン」現象ですね（笑）。

香川　えー。ブラピは『ワンハリ』で**マーガレット・クアリー**[*63]を車で拾うシーンみたいに、ずっと渋い良い年の取り方したおじさまのイメージなので、逆に若い頃の作品観るとめっちゃ若い！ モデル！ って思います（笑）。

関澤　役作りでも太ったり痩せたりしないですよね。

降矢　**チャンベ（クリスチャン・ベール）**[*64]とかと違ってね。

吉田　たしか『アド・アストラ』（19）のとき、ブラピが「自分には真似できない演技をする俳優」として**トムハ（トム・ハーディ）**[*65]とチャンベを挙げていました。彼らって外側も作り込む人ですよね。

関澤　だからそこで勝負しない人だっていうことですよね。

吉田　あとレオ問題というのもあって。彼もなんなんだろうっていう……。

関澤　10年代で念願のアカデミー賞は獲りましたからね。

降矢　今の異様におちゃらけた感じ、とても好きなんですけどね。ちょっと前までは眉間にしわを寄せて何かを刻みこもうしていた人が、『ウルフ・オブ・ウォールストリート』くらいからね。

田中　あれは飛び抜けてましたよね。『ワンハリ』の真ん中で自分の演技の達成に感動する場面がありましたけど、ちょっと比較にならないと思います。『ウルフ〜』のレオは圧倒的。

降矢　あのシーンも今までのキャリアを考えると、胸にきますけど。でも最後は火炎放射器の人なので、肝心のリアルなところはボディ・ダブルのブラピにやってもらって、どフィクションの人として存在している。

田中　レオのファンの方で、90年代からずっとファンを続けている方

を受賞。エコロジストとしても有名。若いモデルと付き合うことが多いため、最近では「相手が25歳になると別れる」なんてジョークにされることも。

59. アンジー（アンジェリーナ・ジョリー）
1975年、カリフォルニア生まれ。「トゥームレイダー」シリーズ、「マレフィセント」シリーズなど。『Mr.&Mrs. スミス』（05）の共演をきっかけに、当時ジェニファー・アニストンと結婚していたブラピと接近。のちに関係を公にするも、2016年に離婚を申請。6人の子供の母でもあり、俳優活動と同じくらい人道支援に尽力している。UNHCR（国連難民高等弁務官事務所）親善大使。

60. ベネディクト・カンバーバッチ
1976年、イギリス生まれ。社会現象を巻き起こしたBBC人気ドラマの「SHERLOCK」（10-）シリーズのシャーロック・ホームズ役で大大大ブレイク。マーティン・フリーマン演じるワトソンとのバディも人気で、Time Out Londonが2014年に発表した「ロンドンのトップ10カップル」ではウィリアム王子＆キャサリン妃を抑えて1位に輝いたこともある。日本の「英国俳優」ブームの中核を担う人物でもあった。

61. ロバート・パティンソン
1986年、イギリス生まれ。当初は映画「ハリー・ポッター」シリーズのセドリック・ディゴリー役、「トワイライト」シリーズの主人公ベラの相手役などで注目を集めるも、いつしかインディペンデント色の強い映画に積極的に出演するようになり、くせの強い役を数こなしている。チャンベに続くブルース・ウェインでもある！

62. チャーリー・ハナム
1980年、イギリス生まれ。主演を務めた「サン・オブ・アナーキー」（08–14）、『パシフィック・リム』（13）、『キング・アーサー』（17）などヤンキースピリットあふれる役が板につくが、正反対の役どころに挑んだ『クリムゾン・ピーク』（15）、『ロスト・シティZ 失われた黄金都市』（16）でも輝きを見せている。

63. マーガレット・クアリー
1994年、モンタナ生まれ。母親は『セッ

ってどれくらいいるんでしょうか。ブラピとは逆にイメージがあまりにも変わった人なので……。

吉田　いやいや、います！ いますよ！

関澤　でも**ティモシー・シャラメ**[*66]とかにいっちゃってるのかな。

吉田　そういう人もいるかもしれないですけど、レオは殿堂入りじゃないでしょうか。彼はハワード・ヒューズやフーヴァーを演じましたが、IMDbを見ると、今度はセオドア・ルーズベルトをやるみたいなんですよ。自分のフィルモグラフィーでアメリカの歴史をなぞっていくかのよう。それにしては人選も独特ですが。

黒岩　歴史上の人物を演じ続ける＝アメリカを象徴するという意識があるのかな？

関澤　そこにはオスカーを獲りたかったという野心もあると思いますね（笑）。

香川　レオはついに結婚するんじゃないかと言われていますよね。**カミラ・モローネ**[*67]と。そしたらまた俳優としても変化するのでは？

脇役たち、相棒たち

関澤　いままで主役級の人たちの話でしたが、脇役たちということでいうと**マイケル・ペーニャ**[*68]が大活躍の10年だったんじゃないかなと思っています。ヒスパニック系で、相棒キャラっていうのがポイントで、結局ハリウッド映画における有色人種にはガラスの天井的な限界があったじゃないですか。でもついに「ナルコス：メキシコ編」（18–）で主演を張った。黒人や女性の活躍が目立った10年ですけど、最後はヒスパニック系のペーニャが相棒役以上のものを演じた。俳優以外では、アルフォンソ・キュアロンやアレハンドロ・ゴンザレス・イニャリトゥなどメキシコ出身監督の躍進も目覚ましかった。

黒岩　その二人の監督が出てきたっていうのは大きいよね。

吉田　**ジョン・レグイザモ**[*69]もいましたね。

黒岩　そうそう。でもペーニャとレグイザモの違いはなんだろう。レグイザモの方がもうちょっと……。

吉田　ペーニャはポップな感じがあるのかも。

降矢　レグイザモは個性的すぎる？

黒岩　そこはかとない小物感がある（笑）。途中で裏切ったり、殺されたりっていう役が多い。

関澤　ペーニャは絶対裏切らない（笑）。00年代の作品ですが、アントワン・フークア監督の『ザ・シューター／極大射程』（07）が相棒俳優としてのブレイクスルーだったのかな。やっぱりフークアはこういうマチズモとかホモソーシャルな関係性への嗅覚が鋭いのか、先見の明があります。

降矢　あと主役も張り、印象的な脇役でもある人として**マシュー・マコノヒー**[*70]という人もいます。

吉田　00年代はあまりパッとしなかったけど、『ダラス・バイヤーズク

クスと嘘とビデオテープ』（89）、『恋はデジャ・ブ』（93）のアンディ・マクダウェル。『ナイスガイズ！』（16）や、ミサを演じたハリウッド版『Death Note/デスノート』（17）などに出演。『ワンス・アポン・ア・タイム・イン・ハリウッド』（19）のプッシーキャット役では、しっかり足の裏も披露。

64. チャンベ（クリスチャン・ベール）
1974年、ウェールズ生まれ。命を削った役作りをしがちなのでストイックなイメージが先行するが、いたずら好きのかわいい一面もある。ジョン・コナーを演じた『ターミネーター4』（09）で、リハ中にセットに入って来た撮影監督を怒鳴り散らしたFワードだらけの音声が流出。しかしかえってそれが彼の真摯なプロ精神の証となり、音声はリミックスも作られるなど広く親しまれた。ブチ切れ姿をさらしても損をしなかった珍しい人。大好き。

65. トムハ（トム・ハーディ）
1977年、イギリス生まれ。キャリアの初期は端正な容貌を活かした役を演じていたが、近年は、美青年路線の真逆をいく一癖ある役柄が増えている。『ダークナイト ライジング』（12）、『マッドマックス 怒りのデス・ロード』（15）、『ダンケルク』（17）など、顔の半分を覆ってしまうことが多く、自分のハンサムさを積極的に隠そうとしているのかなという疑問が浮かぶ。

66. ティモシー・シャラメ
1995年、ニューヨーク生まれ。フランス語がペラペラ。年上の男子大学院生と一夏の恋に落ちる少年を演じた『君の名前で僕を呼んで』（17）で次世代のスターの筆頭に躍り出る。アンニュイでミステリアスな空気をまとい、まるで花の24年組の漫画に出てきそうな稀有な美少年オーラを持つ。

67. カミラ・モローネ
1997年、カリフォルニア生まれ。モデル、女優として活動中。『デス・ウィッシュ』（18）にブルース・ウィリスの娘役で出演した。母親のルチア・ソラは現在アル・パチーノと交際している

68. マイケル・ペーニャ

ラブ』(13)が転機になりましたよね。

黒岩　ただ『バッド・チューニング』(93)の飲んだくれのダメ男みたいな役を今もまだやり続けていたりもする。ハーモニー・コリンの新作『The Beach Bum』(19)でも酔いどれ詩人ですし。

吉田　あとは**ウディ・ハレルソン**[*71]と組んで「TRUE DETECTIVE」(14-)をやったというのも大きいですよね。私は実はシーズン1より2とか3の方が好きなんですけど(笑)。ここで**テイラー・キッチュ**[*72]がなぜスターになれなかったか問題が出てくるんですよね。

降矢　テイラー・キッチュ問題(笑)。

吉田　だって2012年に『ジョン・カーター』やら『バトルシップ』やらそれなりに大きな映画で3本主演をして、絶対にスターになるシナリオが用意されていたはずなのに、それ以降どうも上手くいかなくて。なぜなんだろう？ とにかく、そんな彼が「TRUE DETECTIVE」シーズン2でめちゃくちゃ良い役を渋く演じているんですよ。これからまたキッチュの時代がくるかもしれない。

関澤　マコノヒーに低迷期ってあったんですかね？ まあ逮捕されたりはしているんですよね。ボンゴ事件というのがあって。自宅で裸になってマリファナ吸いながらボンゴ叩いてたら逮捕されたという(笑)。

一同　爆笑

黒岩　でもやっぱりアメリカでは00年代は低迷していて、『ダラス・バイヤーズクラブ』以降マコノヒー・タイムがやってきたっていう認識らしいですよ。『インターステラー』(14)もあったし。私は『ゴールド／金塊の行方』(16)のような、結局一発逆転がかなわず浮かばれないまま終わるような作品のほうが、これぞマコノヒーって感じがするんですけどね。

関澤　彼は10年代前半に積み上げていったイメージを後半でまた崩しちゃおうとしてる感じがしますね。一つ俳優として格が上がったんだけど、それにも囚われないというか。トムやレオ、ブラピとかとも違って。

黒岩　イメージを外し続けようとしているというのは言えるかもしれない。

The Original Man
アダム・ドライバーについて

降矢　では、最後に10年代に出てきた新しい俳優像というお話ができればと思います。

吉田　**アダム・ドライバー**[*73]のような人はこれまでいなかった。10年代になっても、まだ新しい俳優像が出てくるんだっていう驚きがありました。まず外見からしてユニークじゃないですか。

黒岩　でかいんだけど、がっしりしてなくて、低いのに妙に響く声をしている。腹に一物ありそうな感じが常にある。

関澤　「GIRLS/ガールズ」は「男らしさ」とも違うけど、アダム・ドライバーみたいなキュートな男性を子飼いにしている感じがちょっとあるかも。

1976年、イリノイ生まれ。『アントマン』(15)、『バッドガイズ!!』(15)、『チップス 白バイ野郎ジョン＆パンチ再起動!?』(17)では愛すべき相棒キャラを好演。『ペントハウス』(11)、『L.A.ギャングストーリー』(12)、『フューリー』(15)などチーム男子の一員といったポジションの役も多い。

69. ジョン・レグイザモ
1964年、コロンビア生まれ。4歳でニューヨークに移住。90年代から映画出演を始め、犯罪映画からコメディ、アニメの声優まで幅広くこなす。『ジョン・ウィック』(14)とシリーズ第2作目には、ジョンの旧友役で出演。2018年にはNetflixでスタンドアップコメディ「ジョン・レグイザモのサルでもわかる中南米の歴史」が配信された。

70. マシュー・マコノヒー
1969年、テキサス生まれ。2012年、『ペーパーボーイ 真夏の引力』、『マジック・マイク』、『MUD マッド』という3作品で凄まじい演技を披露し、俳優として新たなフェーズに入る。『ダラス・バイヤーズクラブ』(13)でアカデミー主演男優賞を受賞。日本公開は未定のようだが、ハーモニー・コリンの監督作『The Beach Bum』(19)でも主演を務めている。

71. ウディ・ハレルソン
1961年、テキサス生まれ。ワイルドだけどちょっぴり抜けた所もあるる、南部や中西部の田舎のおじさんを演じたらピカイチ。代表作に『ラリー・フリント』(96)、『ゾンビランド』シリーズ、『スリー・ビルボード』(17)など。マコノヒーとは『エドtv』(98)で兄弟役を演じており、「TRUE DETECTIVE」シリーズは二人で製作総指揮を務めている。

72. テイラー・キッチュ
1981年、カナダ生まれ。ハリウッドの市原隼人。ディズニー映画を含む3本の主演映画をもってしてもトップに躍り出ることはできなかったが、その後も堅実にキャリアを築いている。2017年には『アメリカン・アサシン』、『オンリー・ザ・ブレイブ』でメインキャストを演じた。IMDbによると監督・脚本・出演を兼ねた麻薬密輸モノの映画「Pieces」を準備中のようだ。

黒岩　いや、アダム・ドライバーはキュートではないんじゃないかなあ。そこが素晴らしいと思うんだけど。

降矢　僕は特になにもできないくせに余裕だけはあるっていうイメージを持っていて、それが『ブラック・クランズマン』(18)とかだと普通に焦り出したりして、余裕さがなくなってくるとドタバタし始めて良さに気づいた。

吉田　私はあんまり余裕があるっていうイメージはなくて、ぬぼーっとして何考えているかよくわからないっていう印象でしたね。

関澤　心拍数が全然変わらない感じね。

香川　だから『マリッジ・ストーリー』(19)の壁に穴開けた後の口論のシーンはびっくりしましたね。

吉田　そんな彼が、フィルモグラフィーのなかでも異色である「スター・ウォーズ」でカイロ・レンを演じているとうことを、どう捉えられればいいんでしょう？

関澤　社会現象にもなりましたよね。『スター・ウォーズ/フォースの覚醒』(15)では、新しい世代の「エモ」を体現していると話題に。おじいちゃんのダース・ベイダーに憧れていて、真似をしているんですよね。仮面とかライトセーバーとか全部自分で作っているんだけど、『スター・ウォーズ/最後のジェダイ』(17)で上司から「お前いくら仮面かぶってもおじいちゃんみたいにはなれないからな」って言われて、帰りのエレベーターで仮面を壁に叩きつけて破壊。キレやすい若者っていう感じ(笑)。

吉田　中二病ってことですね。でもそう考えると、レンってキャラクター的には全然アダム・ドライバーっぽくないんですよね。それなのにあんなにハマってる。

関澤　本来なら**デイン・デハーン**[*74]とかがやってそうだよね(笑)。

香川　ちょっと年齢的にもカイロ・レン役にしてはアダム・ドライバーは上だなって感じがしますよね。

降矢　アダム・ドライバーは作家に愛されている俳優でもありますよね。もちろんノア・バームバックとやっていて、あとジェフ・ニコルズにコーエン兄弟、ジム・ジャームッシュとは『パターソン』(16)ですね。

関澤　マーティン・スコセッシが激賞してますよね。「最高の俳優の一人。少なくとも彼の世代の中では最高」だって。

黒岩　テリー・ギリアムもありますよね。相当愛されている。そしてだんだん主演作品が増えていますよね。主演を張るスターにはあまりいなかったタイプ。

香川　個人的にはアダム・ドライバーはずっと髪型を変えないのが気になるんですよ。カイロ・レンのときも仮面を脱いだらなにか違うのかなって思ったら、一緒(笑)。

黒岩　演技の面でいうと、スティーブン・ソダーバーグが「彼の身体性と発話のリズムは常に予測がつかない一方で完全に有機的だ」と絶賛していました。

吉田　『マリッジ・ストーリー』で

---

73. アダム・ドライバー
1983年、カリフォルニア生まれ。アメリカ同時多発テロ事件を機に米海兵隊に入隊するも、マウンテンバイクの事故が原因で退役。その後ジュリアード音楽院で演劇を学び、2009年に卒業。ノア・バームバック作品の常連であるほか、マーティン・スコセッシ、ジム・ジャームッシュ、テリー・ギリアム、スパイク・リーといった巨匠たちからも引っ張りだこの現在のハリウッドきっての売れっ子である。

74. デイン・デハーン
1986年、ペンシルヴァニア生まれ。『クロニクル』(12)、『欲望のバージニア』(12)、『プレイス・ビヨンド・ザ・パインズ/宿命』(12)が公開された2013年は日本のデハーン元年であった。ケイレブ・ランドリー・ジョーンズやエズラ・ミラーと共に、「シックボーイ」ブームを牽引した。

75. ライアン・ゴズリング
1980年、カナダ生まれ。『ドライヴ』(11)、『プレイス・ビヨンド・ザ・パインズ/宿命』(12)などアンニュイなハンサムから、『ラースと、その彼女』(07)、『マネー・ショート華麗なる大逆転』(15)のような変わり者、『きみに読む物語』(04)や『ラ・ラ・ランド』(16)の王道のハンサムなど、どんな役でもできてしまう。

76. ジョージ・クルーニー
1961年、ケンタッキー生まれ。意外に下積み時代が長く、1978年にドラマのエキストラとしてキャリアを始めるも、波に乗り始めたのはレギュラー出演したTVシリーズ「ER緊急救命室」が成功を収めた90年代後半に入ってからであった。以降は映画を中心に活動。また、『グッドナイト&グッドラック』(05)、『サバービコン 仮面を被った街』(17)などこれまで6本の長編映画を監督している。

77. ウィル・スミス
1968年、ペンシルヴァニア生まれ。80年代にミュージシャンとしてキャリアを始め、90年代に俳優として映画界に進出。『バッドボーイズ』(95)、『インデペンデンス・デイ』(95)、『メン・イン・ブラック』(97)など

は歌もいけるっていうことがわかりましたよね。

関澤　ベネディクト・カンバーバッチとか**ライアン・ゴズリング**[*75]とかと比べるとどうなんですかね。同じ面長タイプの俳優として。

黒岩　ただ、カンバーバッチほどの紳士感はないよね。

降矢　ゴズリングもアダム・ドライバーもどちらもセクシーと言えるけど、ちょっと質の違うセクシーさで。やっぱり過去に似たような人がパッと思い浮かばないところが特殊な俳優ですよね。

黒岩　「THE NEW YORKER」にアダム・ドライバーのインタビューを交えたモノグラフィーが掲載されていました。その記事中で2013年にLeading Man Crisis、要するに**ジョージ・クルーニー**[*76]とかブラピとか**ウィル・スミス**[*77]とか主役を張っていた人が歳をとってきて、さてこれからどうしましょうっていう問題が囁かれていたのだけれど、結果として2019年までの6年間に次世代の主役候補はたくさん出てきたということが書かれています。その候補として名前が挙がっているのが、「悲しい目」型のライアン・ゴズリングと**ジェイク・ギレンホール**[*78]、「筋肉タイプ」としてチャニングと**ドウェイン・ジョンソン**[*79]、「紳士系」でカンバーバッチと**エディ・レッドメイン**[*80]、「誇り高き負け犬」としてマイケル・B・ジョーダンと**ライアン・レイノルズ**[*81]など。そして「交換可能なたくましい男たち」というちょっとひどい分類名で（笑）4人のクリスたちの名も挙げられているんですが、そうした候補のなかで突如台頭してきたのが、アダム・ドライバーというどんな分類にも適合しない俳優だったと。

『ブラック・クランズマン』
NBCユニバーサル・エンターテイメント、価格：ブルーレイ+DVDセット ¥3,990＋税 発売

吉田　やっぱりカテゴライズできないんですね。

黒岩　ちなみにその記事のタイトルは、そのまますばり「Adam Driver, the Original Man」です（笑）。

主演作は次々メガヒット。ハリウッドの「ドル箱」スターになる。『アラジン』（19）ではジーニーを演じた。

78. ジェイク・ギレンホール
1980年、カリフォルニア生まれ。『ドニー・ダーコ』（01）、『ブロークバック・マウンテン』（05）、『雨の日は会えない、晴れた日は君を想う』（15）など主演作は多数。『ナイトクローラー』（14）では体重を大幅に減量。甘いマスクを頬のこけた不気味な顔に見事に変貌させ、ネジの飛んだパパラッチを怪演した。

79. ドウェイン・ジョンソン
1972年、カリフォルニア生まれ。ザ・ロックなどのリングネームでプロレスラーとしても活躍していた。俳優としては『スコーピオン・キング』（02）で初の主演を飾り、以後『ゲーム・プラン』（07）、『ウィッチマウンテン／地図から消された山』（09）、『妖精ファイター』（10）などに出演。持ち前の美しい筋肉と愛らしくコミカルな演技で人気を博す。2011年に『ワイルド・スピード MEGA MAX』のルーク・ホブス役に抜擢、以後のシリーズ全作品に出演。『ファイティング・ファミリー』（19）では本人役で登場、同作では製作も務めた。

80. エディ・レッドメイン
1982年、イギリス生まれ。銀行の頭取の父を持ち、イートン校で学びケンブリッジ大学で美術史を専攻。スティーブン・ホーキングを演じた『博士と彼女のセオリー』（14）でアカデミー主演男優賞を受賞。「ファンタスティック・ビースト」シリーズで主人公のニュート・スキャマンダーを演じている。

81. ライアン・レイノルズ
1976年、カナダ生まれ。『ブレイド3』（04）、『スモーキン・エース／暗殺者がいっぱい』（07）などゼロ年代から多数の映画に出演。主演を務めたDC映画『グリーン・ランタン』（11）が振るわない結果に終わるも、マーベル映画『デッドプール』（16）が大成功を収め、過去の失敗もネタにするメタ・ヒーローキャラを確立。『名探偵ピカチュウ』（19）ではピカチュウの声を担当した。

座談会

アメリカ映画という迷宮都市へ、ようこそ!

2010年代アメリカ映画の風景

構成:グッチーズ・フリースクール

2010年代アメリカ映画の面白さとは何か!? ……面白いことには疑いはない。しかし一体何が面白いのか、その内実がよくわからない。アメリカ映画の面白さとその謎に魅入られた私たちは、破格の映画研究書『建築映画 マテリアル・サスペンス』(LIXIL出版)を刊行し、七里圭や三宅唱といった映画監督たちとのコラボレーションも織りなしている建築家の鈴木了二氏を迎え、2010年代のアメリカ映画の魅力と謎に迫る。今や巨匠と呼んで差し支えのないタランティーノやノーランといった大御所たちから、ハーモニー・コリンやウェス・アンダーソンなどのやんちゃ者たち、ポール・トーマス・アンダーソンやジェームズ・グレイら独創的なシネアストたち、そしてアリ・アスターやブーツ・ライリーといった新進気鋭の監督たちまで語り尽くす。次第に共通する"なにか"が浮かび上がり、同時に新たな謎が生まれ続けていく。私たちは何かの結論にたどり着くことができるのだろうか?

座談会参加者

建築家。以前は『デス・プルーフ』、今は『ワンハリ』のポスターが仕事場に貼ってある。

国立映画アーカイブ勤務。
マコーレー・カルキンと誕生日が一緒。

本書の主編著者、グッチーズ・フリースクール教頭。座談会にはあがっていないがロン・ハワードが好き。

フィルムアート社編集、映画批評。近年のロバート・ゼメキスが特に欧州で著しく低評価であることに憤っている。

都市なき時代のハリウッド

鈴木 まずクエンティン・タランティーノの『ワンス・アポン・ア・タイム・イン・ハリウッド』(19)の話をしようか。めちゃくちゃよかったよね、超傑作。この映画ってそもそもストーリーらしいストーリーがなくて、個々のエピソードは本当に小さいし、なのに勝手にそれぞれが奇妙に間延びしていて、全編がパッチワーク状態。エピソードの重要性に対応してバランスが取れているとは到底いえない。でも映画そのものの進行は途切れずに最後まで疾走し続ける。それはなぜかといえば、物語や撮影技術じゃないところで映画をひっぱる何かを彼が心得ているから。映画を動かす原因は明らかに今までの映画とは違うところにある。プロットのような映画的な枠組みからむしろハミ出すような事物、物質、色彩、リズム、等々が絡まり合って映画をぐいぐいドライヴさせる下地になっている。この映画ではとくにその後ろ盾の一つとして建築があると思うんだよね。『ワンハリ』はロサンゼルスという街がものすごく重要、この街をどう撮るかがまず一つ。もう一つは車だね。車がなければこの映画は成立していない。

降矢 車はめちゃくちゃ重要ですよね。ブラット・ピットがディカプリオを白いキャデラックで送って、いったん車を乗り換えて帰る。ちゃんと車が2台あるところを撮っていますからね。

鈴木 デカいキャデラックからカルマンギアに！ 2台の走りの質感が全然違うんだよ、アメ車の動きと、それとはまったく違うヨーロッパ車の動き。この2台を並立に使うことによって、映画の運動性能は格段に緻密になり、馬力も飛躍的にアップする。それだけではなくウィンドウや座席シートやインテリアのディテールの対比、そういう細部を積み重ねることによってはじめて映画がゆるみなく疾走することができる。移動に伴う撮影も随所でものすごく考えられているよね。ビバリーヒルズの丘の場面のカメラの上昇移動撮影も最初と最後に2度しっかり出てくるんだけど、最初はカメラが上がりきらない。

降矢 標識のところぐらいまででいったん止まるんですよね。

鈴木 それが最後にもう一度出てくる移動では、俯瞰するカメラがしっかりと上まで上がりきって、そこで今までの世界から外にパッと抜け出た感じになる。カメラの上昇運動が映画の運動全体の溜めになっているので、最後の最後に決め弾で撃たれたなっていうくらいにキマってる。

田中 タランティーノで初めてに近い感覚だと思うんですが、『ワンハリ』って舞台になっているハリウッドがひとつの完結した都市として、そこにきちんとある感じがします。たまたまふらっとカメラが訪れたような。

鈴木 そうそう、これまでのタランティーノだったら、ひとつの部屋から次の部屋に行くかと思いきや、ぜんぜん違う別のところに脈略なくボコッと出ちゃったみたいな感じだったじゃない。でも『ワンハリ』は違うね。この映画の中のハリウッドが、現実のハリウッドとは別につくられた完結した別個の世界ってことが重要だよ。映画がきちんと骨格のある世界を持っている。

稲垣 同じくハリウッドを舞台にしたデヴィッド・ロバート・ミッチェルの『アンダー・ザ・シルバーレイク』(18)で面白かったのは、舞台となる街とアパートの中心地点にそれぞれ貯水池とプールがあって、主人公がその周りの街路や通路を彷徨ってる感じですよね。『ロスト・リバー』(14)なんかも地形的な設定が似ているんですが、謎解きをしつつその中心が浮き上がってこないような物語に対して、その舞台となる都市や建築も似たような構造になっていた。

田中 中原昌也さんは『ワンハリ』のハリウッドはビデオゲームの「グラン・セフト・オート」の街みたいだと指摘されていましたね。フランス映画にジャック・タチの『プレイタイム』(67)という、映画の舞台としてほとんどひとつの街をセットとして作ってしまった規格外の作品がありましたが、『ワンハリ』のハリウッドのスケールはそれに近いかもしれない。

鈴木 大きなことを言えば、人類にとって都市というのはもはや仮想的でゲーム的な、表層みたいなものかもね。空間的にきれいに完結してまとまった都市なんて、もはや存在しないっていう自覚が生まれているかもしれない。人類にとって都市の受容のしかたが、ここ数年のあいだにドラスティックに変わっているんじゃないか。

降矢　ハーモニー・コリンの『スプリング・ブレイカーズ』(13) もそうした視点で象徴的な作品だと思います。映画の主な舞台のフロリダまで主人公の4人の女の子たちはバスでやってくる、そして4人のうちの誰かがそこから消えるときには、またバスに乗って去っていく。都市への乗り物でのアクセスが映画の構造に関わるように描かれている。

鈴木　そう、あれは本当に幽霊的な道行き。最新作の『The Beach Bum』(19) のマイアミも仮想されたものだよね。

稲垣　『The Beach Bum』のマイアミって地理を特定できないように300箇所以上の場所で撮っているらしいですね。

降矢　どこを切ってもマイアミの楽園的イメージに彩られていますが、そんなにたくさんの箇所で撮影されていたんですね。この映画は乗り物の映画といっていいくらい様々な乗り物が出てきて、どれも奇妙に浮遊感がある。プカプカと楽園をたゆたっている感じで、見ているこちらも身体的にマイアミを体感するような幸福感がすごい。

鈴木　地理的に特定できないように『The Beach Bum』が撮られていたというのは面白いね。にもかかわらずマイアミ固有の特徴は見事に捉えられているんだよ。というのも、『The Beach Bum』の海は通俗的に見ても今の楽園の紋切り型ともいえるんだけど、でもその光景はほかのどこの海とも違う。どこが違うのか。それは沖合の水平線上に超高層のタワーがずらっと林立しているところだね。同じ楽園でもそこだけは南太平洋とも地中海ともアドリア海とも違うんだ。見ようによっては超高層に取り囲まれた監獄のようにも見える楽園、それがマイアミ。仮想された世界なんだけど文字通り完結している。だからこそ船やボートなどの乗り物の浮遊感が際立つんじゃないかな。

田中　ロバート・ゼメキスの『マーウェン』(19) はどうでしょう。第二次世界大戦時を時代背景にした架空の街のミニチュアを作る写真家が主人公ですが、映画のなかではミニチュアの街と、それを素材に彼の妄想として存在するCGの街、そして彼自身が生きるカメラで捉えられた現実の街、それらレイヤーが異なる時空がまったくニュートラルに繋がってしまう。00年代のゼメキスはCGアニメーション作品を中心に手がけていて、CGで作られている以上、それらの作品では舞台である世界をどうにか箱庭的に完結させる必然があった。そこから実写に回帰したのちに、そのまんま箱庭を題材にして、その境界をひたすらぶっ壊していく作品を手がけているのは爽快です。そもそも『バック・トゥ・ザ・フューチャー』(85) の時点で、ひとつの限定された街の異なる時代を二層に重ねることで物語を動かしていた作家ですから、当然の帰結かもしれませんけども。

降矢　やっぱりここでも都市と乗り物ですね、デロリアン。

鈴木　箱庭の都市と同時にそこを出たり入ったりする乗り物がいる。すでに完成している都市にカメラが入り込むのと、カメラが場当たり的に都市の空間を探しにいくのとはぜんぜん違う発想だよね。『ワンハリ』は前者で、その場合は都市論的にも建築論的にも完結した場所が頭のなかにできていないといけない。地図が描けるくらいにね。そこにバスなり車なりが入り込んで、また出ていく。そういう体験は映画だからこそできるものだと思うけど、しかしこれまで思っていたほど多くはなかったのかもしれない。たとえば模型を作っておいてその中に入り込むみたいな映画としてティム・バートンの諸作を思い出すけど、でもバートンでさえ建物や庭や公園に入るくらいがギリギリで、都市自体に入るって感触じゃなかったな。

田中　バートンはどんな空間、地理であってもデフォルメしますからね。

鈴木　そうそう、バートンのは空間の一部分がグニャリと変形するように広がりを見せる感じが面白いんだけど、でもあくまで部分的だから都市全体の骨格を描くまでには至らない。その点『ワンハリ』はすごいよね。1960年代のハリウッドという設定なんだけど、この抽象的ないわば神話的な地名をあれほど具体的なものとして示すって並大抵のことではない。いろいろな道路が繋がりあって大河の流れを形成するみたいな最後の方の大通りなんかさ、四車線びっしり車が入っちゃっている。しかも、もうほとんど全力疾走っていう場面だよね、鳥肌立っちゃった。

『ハロウィン 』
NBCユニバーサル・エンターテイメント／価格：ブルーレイ+DVD ¥3,990＋税．発売中

稲垣　ハリウッドのランドマーク的場所がとても自然に移動途中に写り込むんですが、その見え方の気持ち良さもやっぱり自動車という乗り物が持つ速度によって実現している気がします。車自体、ロサンゼルスという都市を表す乗り物だし、どう移動してどう都市をみせるかがぴったりはまっている。ジム・ジャームッシュも『オンリー・ラヴァーズ・レフト・アライブ』(13)で同じく自動車ゆかりの都市デトロイトを、深夜のドライブで廃墟巡りをすることで、まるでダークツーリズムのように見せていて、その後の『パターソン』(16)ではある労働者の街に根ざした暮らしを、彼の運転する市内循環バスの路程に重ねて環状に描いていた。都市を描く乗り物の選び方がとても巧妙でした。

田中　ちょっと小品に見えるかもしれませんが、デヴィッド・ゴードン・グリーンがジョン・カーペンター版の続編として手がけた『ハロウィン』(2018)で、惨劇の舞台となる小さな田舎町の生活感がすごく良かったですね。復讐に燃えるジェイミー・リー・カーティスの住む山小屋の異常な感じとは真逆の普通さがきちんと示されていて。アメリカでもタピオカが流行ってることをこの映画で知りました(笑)。

降矢　都市を作り上げるためには様々な要素が必要です。乗り物が重要というのは間違いないですし、「電飾」という要素もありますよね。キューブリックの『アイズ ワイド シャット』(99)で出現した過剰な電飾都市としてのニューヨークを思い出しますが、今でもときおり「電飾」というものが目立って出てくる映画はありますよね。

鈴木　そう！　電飾映画というジャンルは重要だよね。最近またよく出てくるような気がする。『ワンハリ』でも夕暮れのハリウッドがまさに電飾都市だった。都市についての映画のなかで電飾が際立ってくると、映画が根本から変わることが多い。そこでは都市があっという間もなく変貌する。それこそまさに革命的。『ポンヌフの恋人』(91)『ワン・フロム・ザ・ハート』(82)などもそうだった。『地獄の黙示録』(79)でも電飾の楽園が火薬臭いメコン川の岸辺に出てきたね。そこでもう一度ハーモニー・コリンに戻ると、最近作の『スプリング・ブレイカーズ』と『The Beach Bum』の2作品はどちらも壮大な電飾映画だったことで共通していたでしょ。コリンは21世紀以後の映画の変貌をいち早く感知していた映画作家じゃないかと思うんだ。僕が最初に惹きつけられたのは『ガンモ』(97)で、竜巻に見舞われて世界が崩壊したあとの郊外が舞台になっていたけど、被災後にあたりに充満するヒリヒリするような空気感が新しかった。テロや震災や環境破壊後に到来している現在を僕は「瓦礫の時代」と呼ぶことにしているんだけど、コリンがいち早くそれを体感させてくれた。『ガンモ』の後も『ミスター・ロンリー』(07)や『トラッシュ・ハンパーズ』(09)といった作品のなかで、彼はこの物質的な感覚を先鋭化させてきたんだと思う。ところが、この2010年代以降の『スプリング・ブレイカーズ』と『The Beach Bum』では明らかに「瓦礫の時代」を突き破って「楽園」にまで飛び出してしまったように見える。太陽光の下ではケバケバしい商品文化や超高度資本主義的なタワーマンションやラグジュアリーホテルが、電飾に切り替わった瞬間にいきなりあの世みたいな夢の楽園に変貌しちゃうんだよね。ペギー・リーの歌を合図に始まる黄昏のシーンから最後はヨットの爆発に至るまでの『The Beach Bum』の電飾都市は、すべてが紋切り型の寄せ集めなのにメチャクチャ過剰で美しくて胸が痛くなった。

意味と構造、人物と空間、あるいは壁についたベーコン

鈴木　最近のアメリカ映画が急激に変わってきたという感覚は僕も共有しているんだけど、その前提にどこか過飽和な状態が2000年代にあったと思うんだよね。技術的な部分もそうだし、ドラマ自体も、それから業界もなんとなく飽和し過ぎている感じがあった。たとえば同時代的にコンスタントに作品を発表してきたタランティーノを見れば、彼自身の歴史の蓄積の中にその傾向が見られるんじゃないか。『レザボア・ドックス』(92)以来、いつもB級映画とかカンフー映画を下敷きにして、始まりの時点ですでに別の映画が一本終わっているみたいな、ドラマのピークをぶった切ったところから始まる印象があったじゃない？ あれがタランティーノの過飽和状態で、そこを打開したのが『デス・プルーフ in グラインド・ハウス』(07)だったんじゃないか。『デス・プルーフ』は2度のクルマの全力疾走をピークにして映画がキッカリ2回繰り返す二段構えになっていたけど、今回の『ワンハリ』ではそれがさらに重複し奔放になり、初期の過飽和状態を超え完全にブレイクスルーしてきたね。

降矢　『ワンハリ』がパッチワーク的という指摘がありましたけど、実際の歴史を題材にした『イングロリアス・バスターズ』(09)が、その始まりですよね。今回はシャロン・テートにまつわる史実をグワッと捻じ曲げる。

田中　『パルプ・フィクション』(94)からして、タランティーノはそもそもが「どうでもいい話」を魅力的に撮ろうという発想の持ち主でしょうから、物語や設定がそこまで厳密である必要はなかったと思うんですが、大文字の歴史を正面から改変する『イングロ』では、流石にきちんとしなければいけなくなったのか、やはり肩肘張ってた感じはします。ところが『ワンハリ』は、とにかく全編にわたってだらりとしていて、お話が存在しないところにばかりカメラを向けた映画って感じがある。「語りの巧さ」をひけらかすことになんか興味ないよ、とでも言いたげな。

鈴木　なのに無駄を感じさせないわけだよ、もう早い早い。そういう方向に意識的に舵を切ったのが『デス・プルーフ』だったと思うんだけどさ、タランティーノやコリンって2010年代あたりでそういう分岐点を超えてしまった作家だよね。一方で、たとえばクリストファー・ノーランってどうなんだろう。この人も違った意味で過飽和でしょ。面白い人だと思うんだけど、いろんなことのつじつま合わせにこだわり続けていて、いつまでもタランティーノやコリンみたいにはブレイクできないんじゃないかって印象が個人的にはあるんだけど。

降矢　ノーランの10年代最初の映画は『インセプション』(10)ですが、この映画は登場人物それぞれに明確に役割を与えて、その役割を均等に全うさせる映画です。とても律儀に、ものすごく高度なつじつま合わせにチャレンジしている。

田中　出世作の『メメント』(00)の時間を遡る語りの構造に顕著ですが、本質として逆算の人だと思うんです。だから意味がないと最初からわかっている場面はあまり撮りたがらない。

鈴木　なるほど。逆算だと無意味は使えないんだ。ところがタランティーノは意味のないものを撮るときにそれを物質化できるんだよね。内容にかかわらずポンっと会話のセットをブロックみたいに投げ込んで、そこにカメラの運動を加えれば言葉だって物質化できちゃう。一方でノーランはさ、意味のない物質が画面に現れると、それをそのまま撮るのはよしとせず、どうしても意味に還元したがる。だからマクガフィンが映画の中でいくつも並んでるみたいに映画ができあがる。

田中　ただ、ノーランほどに市場規模が巨大な作品を手がけてい

ると、外からの抑圧や要求も相当にあるんじゃないかなと。ポリティカル・コレクトネス的に、どうしても「意味」に気をつけなければならない。そうした配慮は丁寧な人だと思います。

鈴木　たとえば『ダークナイト』(08)でもAかBかで選択を迷い続けてある一点から話が全然進まないまま尺だけどんどん長くなっちゃうような話だよね。

田中　ほんとうは答えなんか出せない問題でも、扱う以上は一応の意味や正解があると示さねばならない、という抑圧でしょうか。それゆえか、ノーラン映画で扱われるいろんな問題は、たとえば『インターステラー』(14)での五次元トンネルだとか宇宙での時間の経過だとか、知識としてけっこう高度な理解を要求されそうなものでも、作品の構造が前面に浮き上がっているので、それに乗っちゃえば大体わかる。ノーラン映画が大衆性を獲得しているのはそこに理由があるんじゃないでしょうか。

鈴木　そういえば、少し前に『フォース・ディメンション』(12)という、文字通りに「四次元」をテーマにしたオムニバス映画があったよね。参加した監督はそれぞれ「空間のねじれ」みたいなものをなんとか映像的に撮ろうとしているんだけど、そのなかでハーモニー・コリンだけは別格でさ、自転車に乗りながら「四次元がどうだこうだ」と語ったり叫んだりしてるアタマのヘンな予言者みたいなヴァル・キルマーを撮ってた。それを見て「あ、このネタはコリンが一番つかんでる」って思った(笑)。全部喋らせちゃってる。コリンはひとを食っている。これが誠実なノーランだったら「四次元」を壮大に見せようとしちゃうんだろうね。

田中　ハーモニー・コリンはあるトークの場で『ガンモ』について、「この映画でなにが撮りたかったのか」と質問されたときに「壁にくっついたベーコンを撮りたかった」と言ったことがあるんです。実にコリンらしい狂った発言だと思いますが、しかし冷静に考えてみると、なるほど『ガンモ』はまさしくあらゆるものが「壁にくっついたベーコン」と変わらない対象として撮られた映画だと納得せざるを得ない。ノーランなら「なぜ壁にベーコンがくっついているのか」と考えるために映画を撮ったかもしれないし、かつてのタランティーノならそれを材料にまったく別の無意味な話を生み出したかもしれない。ところがいまや、壁にベーコンがついていたら「よし、それを撮ろう」って発想でまったく問題がない。コリンのような特定の天才だけじゃなく、誰であってもストレートにそれを映画の発想として取り込むことができるようになっているような気がしますね。

クウォーキー、あるいは不安定なフィクション

降矢　作品の構造や世界の構築について考えるとなると、やっぱりウェス・アンダーソンについて指摘したくなりますね。ウェスにも完結した世界が確実にあるでしょう。

鈴木　ウェスの場合、世界はまず看板のように現れる。その意味では『ムーンライズ・キングダム』(12)の世界観が最も完成しているような気がするけど、存在するはずもないユートピアが見事に映画の冒頭から存在していて、カメラはその中にただ入っていくだけ。リアル云々というよりも、これはウェス・アンダーソンのアイロニーだと言いたくなるけども。

降矢　アイロニーという表現は重要だと思います。登場人物も観客も完結した世界にまるごとのめり込むのではなく、そこに少しの距離を置いているということですよね。『ムーンライズ〜』なら、男の子と女の子が逃避行の末に浜辺にたどり着き、そこで二人だけの王国を作る。すると大人たちがやってきてテントをすっぽりと外してしまう、この驚くべきショットにウェスのアイロニーが凝縮されている気がします。

『アンソニーのハッピー・モーテル』(96)以来、ウェスの映画は人物の造形が空間造形と同じ水準で作られている印象があります。「クウォーキー」と呼ばれる映画群が90年代から00年代にかけて隆盛していったという言説があるんですけども、この言説で重要なのがアイロニーと感情移入の関係性です。まず主要な登場人物に感情移入をさせてそこから結末まで付き合わせるタイプの古典的な映画があった。それに対するアンチのように、簡単には理解不能な人物

『ミッドサマー』
2020年2月21日(金)より、TOHOシネマズ 日比谷他　全国ロードショー
提供:ファントム・フィルム／TCエンタテインメント／配給:ファントム・フィルム

たちが登場し、物語もほとんどないような映画も現れてくる。その流れの先に、明らかに偽物で人工的なものとして人物も空間も提示されているのに、観客はそれを認識した上で感情を揺さぶられ共感してしまう、そういうアイロニカルな距離を持った新しい感情移入の形態を有した映画が現れた、というのが「クウォーキー」と呼ばれる作品群の概観です。ウェス・アンダーソンはその典型的な作家の一人ですが、ウェスの映画の空間の平面性やシンメトリーといった構築性って、人物を撮るにしても全く変わりませんよね。あたかも建築の立面図であるかのように人物を撮ってしまう。なのに不思議と親密さを帯びている。感情移入をさせる映画の構造、人物の造形がここで決定的に変わった。

田中　2010年代後半のアメリカ映画の作品は、少し前に流行った3Dでの一時的な同一化ではなく、VR的な個人的没入の体験を促している作品が増えている気がします。同じ世界観の下で各々のバラバラの視点を発見させようとしている、と言えばいいでしょうか。たとえばアリ・アスターの『ヘレディタリー／継承』(18)だと、冒頭に主人公の女性が作る模型が出てきて、その模型のツリーハウスによく似たものが窓の外にふっと出てくる。細かなつなぎはともかく、ここで画面に写っているのが模型なのかそれとも実際の家屋なのか、よくわからない状況が意図的に続く。そこでの判別のつかなさが映画を見る体験と相似形を為しているんじゃないかと。一般的にはホラー映画って、なんらかの恐怖をみんなで味わう、つまり恐怖を共有させることに力点があるジャンルですよね。みんなが「怖い!」と言っているところで「何が?」という人がいるのはあまりよろしくない。ところが、アリ・アスターの『ヘレディタリー』や新作の『ミッドサマー』(19)を見ていると、そういう共感の構図では作品のありかたが計測できない。人体発火とか天井を走る人影とか、あるいは残酷な儀式の描写といった恐怖を煽る装置が、どれも物語の流れとはねじれの位置みたいな唐突さで持ち込まれてる感じがする。もちろんそれらを「ホラー」という約束事の範囲で受け止めるのはまったく間違いじゃないんですけど、私はむしろ飛躍しすぎだなと思って笑ってしまった。そんな本来は相反する反応を、どちらも許容するように映画が作られている気がするんですよ。

鈴木　見る側を相対化してくるようなところがあるね、あの映画は。相対化、あるいは二重化していると言ってもいいかもしれない。完全な自己同一とは違うし、没入でもない。現実世界と模型世界とを行ったり来たりさせるような力がある作品だよね。

降矢　アリ・アスターは恐ろしく異様なイメージを突き詰めたことで戯画的なものになっている気がします。ただこれは昔のB級ホラーでむちゃくちゃ変なことをやっているがためにいま見ると逆に笑えてしまうという感覚に似ているようで、やはり少し違う気がしますね。

稲垣　古典的なホラーと比較するのなら、鏡が呼び起こすものに近いのかもしれません。たとえば『シャイニング』(80)では鏡の中の人物にフォーカスしていくことで、間接的な像だと思わせて実はこちら側の出来事だった、みたいな感覚の行き来があったかと思うんです。ところが今やホラー映画の中で鏡を見ると、誰もがそれを察知して身構えられるようになった。たとえば『ゲット・アウト』(17)では鏡が扱われているシーンでは実は何も起きないんです。ただただ緊張を与え続けることに利用されている。模型と現実とのズレはまだ感覚としてそれほど身体に馴染んでいないぶん、『ヘレディタリー』は恐怖が大きかったのかもしれません。

田中　なるほど、観客の表現に対する慣れを、ある意味で演出が利用しているということですね。劇映画ってそもそも「これはフィクションですよ」という決まりごとをゆるく共有しつつ、現実に演技をしている俳優たちの現実性を楽しむような部分もありますけども、そういう観客の生理的なリアリズムを揺るがすことが映画の映画たる面白さの一つだと思います。そうした点を『ヘレディタリー』や『アンダー・ザ・シルバーレイク』は作劇に見事に取り込んでいる。ジェフ・ニコルズの『ミッドナイト・スペシャル』(16)とか、デヴィッド・ロウリーの『A GHOST STORY/ア・ゴースト・ストーリー』(17)などでも、現実に即したリアリズムを基調としつつ、それがふとブレる瞬間の飛躍を見事に掴んでいると思いました。

鈴木　そういう不安定さにこそある種の時代的なリアリティがあるのかもしれないね。アメリカに限らず全世界的な傾向なのかもしれないけど、アメリカ映画でそこが先立って見えてきているのは面白いよね。たとえばレナ・ダナムの『タイニー・ファニチャー』(10)みたいな生活のリアリティのある作品でも、アトリエの場面とか、まるで家具が目を持っているような視点で執拗に撮られている感じがあったじゃない。

稲垣　現実と離れた世界を疑似体験するために映画を見に行ったのに、むしろ身近にいそうな人物の超現実的な部分を面白く感じてしまったりすることがありますよね。たとえば『タイニー・ファニチャー』だと、キッチンでの喧嘩シーンで殴る道具として手に取るのがおたまだったりするところとか。現実とは違う世界を見に行ったはずなのに、結局現実を再確認しにきていたような。

降矢　不安定なリアリティということでいうと、また「クウォーキー」を補助線にしますが、そこには過剰にキャラクター化させられた登場人物がいるわけです。極端な妄執を抱いてる人だったり、デッドパンと呼ばれる無表情な人物がいたり。そんな現実離れした人物たちと連動しているかのような世界を人工的に作り上げる。あらゆるものが作り物なのに、ふいに我々が共感できるような“普通”の感情が登場人物から発せられる。人工的な状況のなかでふと立ち現れるリアリティ、ここにアイロニカルな表現に共感してしまう構造が生まれるわけです。

ただ、「クウォーキー」はおよそ2000年代頃までの映画の傾向について論じられたものですので、10年代のアメリカ映画においては少々違っていて、むしろ“普通”の人物が歪な世界に触れるときのリアリティの方が際立っているのではないでしょうか。たとえば『ヘレディタリー』だと、近親者を失った人々の集団カウンセリングにトニ・コレットが参加するところで、映画の後半で超重要な役を担うジョーン（アン・ダウド）と駐車場で出会うシーンがあるのですが、その初登場がびっくりするくらい平坦な描写で描かれています。普通ならば「こいつは重要だぞ」という気配を少なからず滲ませて然るべきところですが、そういうことはしない。

そうした日常性と隣接した異界を描くために、カルトやある種の陰謀論的な世界観が積極的に導入されていることも一つの傾向ですね。『ヘレディタリー』も『ミッドサマー』も『アンダー・ザ・シルバーレイク』も、アナ・リリー・アミールポアーの『マッドタウン』(16)もそうでしょうし、言ってみれば『ワンハリ』だってそうだと思います。デイミアン・チャゼルの新作もハリウッド・バビロンが舞台だと言われていますね。もちろんキューブリックの『アイズ ワイド シャット』など、カルトの表象はこれまでもアメリカ映画にはたくさん見られましたが、今日ではそれらが登場人物の存在のレイヤーとは一見して連動していないという点が、非常に重要なのではないかと考えています。

トートロジーとしての映画、裏返った映画の骨格

田中　少し近い話になると思うのですが、クリント・イーストウッドの『ヒア アフター』(10)を見たとき、なんでイーストウッドがこんなスピルチュアルな題材を扱うんだろう？　ほとんどシャマランの物語じゃない？　と、素朴に不思議だったんです。ところがいま振り返ってみると、すでにイーストウッドには「いや、これからの世界ってこんな感じだよ」っていう確信があったよう

に思える。

鈴木　『15時17分、パリ行き』(17)も変な映画だよね。実際の事件の登場人物をキャストにして、半分は海外旅行でさ、観光映画(笑)。

田中　そしてインスタグラム映画でもある(笑)。この作品、最後に記録映像が差し込まれますが、これは普通の映画なら実話もののお約束、「ここまで起こってきたことは本当のことですよ」というリアリティを補強する編集です。ところが『15時17分〜』の場合、そもそも出演者たちが実際の事件の当事者たちであるというトチ狂った背景があるので、リアリティの補強にはまったく寄与しない。だってどっちも同じ人なんですから。ただ、それゆえにこそ、ここには非常に複雑な効果が生まれている。記録映像の中の人物とこの映画の登場人物がまるで違う人に見えてしまう、あるいは、記録としてあるはずの映像がむしろフィクションのように見えてしまうというか……。

鈴木　『アメリカン・スナイパー』(14)も『ハドソン川の奇跡』(16)もキャストと記録映像が別人だからわかるんだけどさ、『15時17分〜』はそこである種のトートロジーが二重化する、奇妙な空虚感が広がるよね。そこまでの物語の感情の高まりを冷却されて、急にアンチクライマックスに終わってしまうような。

田中　イーストウッドは2010年代でほとんど史実を基にした作品しか撮っていません。ところがそれら作品は、扱われた個々の史実の歴史における唯一性よりも、作品としての同質性の方が際立っている。乱暴に言えば『ハドソン川の奇跡』も『15時17分〜』も、どこか『ヒア アフター』のバージョン違いの映画のように見える。そのせいなのか、どの映画も話としては最も盛り上がるような場面が、逆にものすごく落ち着いてますよね。『運び屋』(18)でも最後に主人公が散々苦労をかけた妻の死に際に接する場面で、ほとんど時間が止まったようなリズムになる。

稲垣　『ハドソン川の奇跡』は映画がはじまったと同時にすでに川への不時着水が済んでますもんね。実際の事故のシーンと過去の成功したフライトの回想シーンが同じテンションで語られて、本当に淡々とした現場検証を見ている感じでした。映画を見る以前に実際の事故や事件を知っているせいで、その劇的な展開や物語を勝手に期待していたりするんですが、イーストウッドの映画を見ていると史実の意外なそっけなさに気づかされたり。

降矢　そういうリズムの作り方って、たとえばアダム・マッケイも意識的にやってる一人だと思うんです。たとえば『バイス』(18)だと、作品の中盤で偽物のエンドクレジットまで出して、映画を一回終わらせてしまいますよね。前半はディック・チェイニーのイカサマ紛いの手腕をスピーディな演出で見せてポンポンと話が進むんですが、偽物の「ジ・エンド」が挟み込まれてからの後半はチェイニーが影をひそめて、まったく別の形の語りを持った映画になる。

田中　「えっ、そんなハズし方するの?」という飛躍が増えた気がしますね。わざわざ映画を脱臼させるような展開というか、スムーズにはリズムをつながない。『15時17分〜』のラストのテロの場面もそうでした、本当に淡々としている。

降矢　ゼメキスの『ザ・ウォーク』(15)だと、ツインタワーの綱渡りというクライマックス中のクライマックスを2回やってしまう。もっとヒヤヒヤしてもいい場面ですけど、あそこが一番落ち着いていた(笑)。あるいはスピルバーグの『ペンタゴン・ペーパーズ/最高機密文書』(17)でも、機密文書の公開をめぐる決定的な決断は2回なされる。1度目は電話で「公開しよう」という決断を下したはずなのに、やっぱり「どうする?」となって、寝巻きのまま部屋に来たメリル・ストリープが2度目の決断をするわけです。最高潮の場面でストンと達成させずに焦らした上で、同じことを2回やる。サスペンスをあえて冷めさせようとしているようにも見える。

田中　マッケイの『マネー・ショート 華麗なる逆転劇』(16)が重要だと思うのは、トートロジーという主題が突き通されている気配があるからです。2008年の世界金融危機のあと、それを題材にした映画ってそれなりに作られているのですが、多くの作品ではあまり金融自体は問題にならない。作品自体は傑作ですけども『ウルフ・オブ・ウォール・ストリート』(13)を含め、基本的には何かしらのドラマを描くための素材に留まる。ところが『マネー・ショート』では首尾一貫して金融しか問題になっていない。さらに史実を扱っているがゆえに、最初から結果は決まっている。誰にも理解されない空売りをした人物がいて、いろんな人にさんざん罵られてもそれをじっと我慢して続けて、やっぱり勝ったということだけしかない。ちょっと色を出そうと思ったら付け加えられたに違いないサスペンスやドラマは削がれていて、じりじりと時間が続いていくだけに見える。

鈴木　アダム・マッケイだと『俺たちニュースキャスター 史上最低!?の視聴率バトルinニューヨーク』(13)に車の事故の場面があるじゃない。どえらい事故になってるのを途中から急にスローモーションで撮って、車がひっくりかえる弾みで荷物から飛び出したサソリだかザリガニだかが顔面にひっついちゃったりなんかしてるところを超アップで撮っていて面白かったけど、でも、それってなにやってんの？って思っちゃうような、あきらかに盛り下がる場面だよね。マッケイにとっては映画の骨格そのものが、ここではひっくり返る車みたいなものとしてもあるということなのかもしれない。そこには二つの力学があって、横転する車の運動と、その車内で飛び交うものの運動。どっちに注目するかで世界が

『ペンタゴン・ペーパーズ 最高機密文書』
NBCユニバーサル・エンターテイメント／価格：ブルーレイ+DVD ¥3,990＋税．発売中

違う。レンズもピントも異なる。車が横転するという結果は変わらない、でもその間に車中ではいろんなものが飛び交っていて、それがある瞬間に切り替わって映画のメインの描写として見せられている。この二つの状態を支えているのが、『ワンハリ』だとハリウッドの街という骨格なのかもしれないし、マッケイなら「チェイニー」とか「リーマンショック」などの史実なのかもね。変わらない枠組みがまず用意されて、その中で必ずしも枠組みとは連動しない形で生じるアクションをじっと見つめる。突き放すような妙に冷めた感じ。でもここに解放区があるとでもいうような。アダム・マッケイの面白さはそういうところにあるのかもしれない。

降矢　そうした見方ですと、スピルバーグはすごく微妙な位置にいると思うんですよ。『ペンタゴン・ペーパーズ』のトム・ハンクスは報道の自由を守るために戦っていて、映画の最初と最後で「報道の自由を守るための方法は報道をすることだ」ってセリフを2回言う。英語では「publish is to publish」、これも一種のトートロジーですが、要するにこの映画のトム・ハンクスは最初から最後まで全く変わらない人物だということです。

スピルバーグはこれではさすがに映画にならないと思ったんでしょうか、ハンクスに対して変化を体現する人物として女性のメリル・ストリープというもう一つの軸を立てる。もちろん史実だからという理由はあると思いますが、いままで映画に描かれてこなかったけど、本当は存在していた人たちをどう描き出すかという観点を取り込むことで、変化をつける。スーツ姿の男たちのなかにポンと寝巻きのメリル・ストリープを配置し、慌ただしい仕事の現場にフッと食事を運んできたりする演出を持ち込んで、最初から最後までやることの変わらない物語を微妙に複雑化させていく。

鈴木　今までと違うやり方でエネルギーを貯めて、テンションをあげるわけだ。寝間着姿のメリル・ストリープがスーツ姿の男たちの枠組みをひっくり返す。これを相対化とするといってもいいかもしれない。

どこかブレヒト演劇を思わせるね。

降矢　印象的だったのは入手した文書を部屋に広げて、慌ただしくチェックしているシーン。報道映画で典型的な「時間がない」って場面ですよね。そこにランチを運んでくる女性をまず導入して、それに続いて顧問弁護士がやってくる。男たちによる仕事の場面に女性たちが介入し、さらにそこに第三者がやってきて、「なんだこれは……」というシーンにする。まさに我々がいま映画を見て感じているものと同じリアクションを映画内に巻き込んでくるんですね。ここには報道映画の時間と同時にまた別の時間が混在している。こういう演出をさせるとスピルバーグは上手いですよね。つまり、横転することが確定した車のなかで、その車内で何を飛ばして、それによって誰がどうなるかについて、緻密で映画的な演出を駆使して場面を繋ぎとめようとしている感じがする。

「ハズし」なのか、そうじゃないのか？

稲垣　クライマックスの「ハズし」みたいなものを意識させられる作品だと、たとえば黒人ラッパーのブーツ・ライリーが初めて監督した『ホワイト・ボイス』(18)が面白いと思ったんですね。主人公が親友とデモの参加をめぐる喧嘩をするシーンがあって、一応は黒人差別や労働問題が中心的なテーマにあるんですけど、このシーン、いよいよ盛り上がるぞというところでいきなり「あれ、お前今日の香水いい香りだな」みたいな些細な会話が諍いを収束させてしまう。実際に日常で誰かと喧嘩してもそこまで劇的な展開になるって多くないと思うんですけど、この映画でも匂いで気が散ってどうでも良くなってしまうところが妙に現実的で共感しました。

降矢　そうそう、『ホワイト・ボイス』が面白いのはそういうノリがクライマックスにまでつながるところだよね。後半は「えっ？どういうこと？」って言うしかない展開が続くんですけど、謎が解けてスッキリするような場面はなくて、むしろ処理不可能な謎がどんどん積み重なっていく。そのうちに謎が謎としてあればそれでいいって感じで、些細なこと、どうでもいいこととして置いておかれる。

田中　出来事がとにかく表面的に扱われる映画ですよね。主人公のガールフレンドのでっかいイヤリングに顕著ですが、今この場面では何が問われているのかが文字としてイヤリングにそのまま書き込まれている。主人公が間借りしているガレージの部屋で彼女とイチャイチャしてると、とつぜんガレージがパカッと開いて通行人に見られて恥ずかしい！というギャグが序盤にありますけど、『ホワイト・ボイス』の語りのリズムってこのくらいの唐突さと軽さです。金に困っている人間を描く場面も、労働問題がテーマの映画ですからもうちょっと複雑な描写になってもいいのに、たんに「金がなくてつらい」とか「金が突然入ってやったー！」くらいの表現で納得させてしまう。その戯画化の思い切りにジョン・カーペンターの『ゼイリブ』(88)を思い出させられるところもあります。

鈴木　『ゼイリブ』のエコノミーだね（笑）。あっけないほど価値がパッと変わる。黒人差別の問題があるのかと思ったら、謎の「馬人間」が出てきちゃって、彼らの方がもっと差別されている、挙げ句の果てにはその馬人間が「俺はもともと黒人だった」などと言ってくるわけで。

降矢　ぐちゃぐちゃになっていて、しかもそれがどこに帰結するかわからない。『ホワイト・ボイス』と比較すると面白いのが、スパイク・リーの『ブラック・クランズマン』(18)です。どちらも黒人映画で、登場する黒人が白人の声を真似するという演出も同じ。ただ『ブラック・クランズマン』ではKKKに潜入捜査しているアダム・ドライバーが、KKKのメンバーに素性がバレてしまうシーンが終盤にあるんですよね。つまり謎や嘘をめぐる一番サスペンスフルなシーンで、このシーンのために映画がずっとタメを作ってきたとも言える。しかし、そんな決定的な演出が、それよりもっと大きな事件が起きてしまうことで有耶無耶になってクライマックスに突入していく。これはスパイク・リーが単純に下手だったのか、もうそういう盛り上げ方はしないということなのか。タランティーノも『イングロリアス・バスターズ』でとてつもなく巧みな仕方で、潜入がバレるバレないのサスペンスをやっていましたが、続く『ジャンゴ 繋がれざる者』(12)では、そういうサスペンスを放棄する処理をしていました。

答のない謎

鈴木　最近の作品は見れてないんだけど、M・ナイト・シャマランはそういうところどうなったの？ 僕にはどうにも映画的な快感、というか映画的経験っていうのが足りない印象の人なんだけど。

降矢　『ヴィジット』(15)はけっこう怖いですけども、面白かったですね。祖父母の家にやってきた幼い姉弟のお話です。映画的な経験といってしまっていいかわからないですけど、おばあさんの衝撃的な後ろ姿を捉えたりしています。ただただ即物的に、唖然とさせられる。このようなバックショットは見たことがなかった、という意味では映画的な経験といえるかも。

鈴木　そもそもシャマランってどういう作家として認識されていたんだろうか。

降矢　かつてのシャマランの映画って全体を通して至る所に「サイン」があって、それらを登場人物がどうにか見つけて組み合わせることで結末を迎えるような構造でしたね。いろんな要素をばら撒いては回収する、そういう手腕に長けた人。ただ、『ハプニング』(08)以降だと思うのですが、いつしかそういう巧みさで勝負する人ではなくなった気がします。『ヴィジット』でバックショットとともに忘れがたいのがオーブンの使い方。人が入れる大きさのオーブンで、予想通り女の子が入ってしまう。奇をてらった演出ではないのに恐ろしいんですよね。なにかこの祖父母はおかしいぞっていうのが早い段階からわかるんですけど、やっぱりそのまま単におかしかったということが示される。すべてがシンプルかつ即物的に描かれている。『ヴィジット』に続く『スプリット』(16)は、多重人格という属性がストーリーに関わるのですが、しかしその設定がストーリーテリングに深く関わっているかというと微妙な気がして。最終的にその多重人格のうち最も強靭な肉体を持つ人格による物理的な戦闘で映画が終わるんですが、それまでいろんな人格が映画に残していったサインはほとんど役に立たない。え、その設定ってなんだったの？と。

稲垣　シャマランが原案・製作の『デビル』(10)も、エレベーターに閉じ込められた人々の間で犯人探しをする、巧妙に伏線の回収が行われそうな展開なんですが、最終的にはいろんなことがすっぽ抜けて、悪魔的なものとの物質的な対峙に収束していきます。

田中　もし2000年前後に『スプリット』と同じ題材をシャマランが撮っていたら、多重人格の謎を解く話になっていた可能性もあったと思うんです。ところがいまのシャマランは、もし多重人格者がいるとしたら、その存在を解析するのではなく、どう肯定するかに核がある。『アンブレイカブル』(00)『スプリット』と続く三部作を締める『ミスター・ガラス』(19)は、まさにそれを直球で語る作品でした。こういう変化ってデヴィッド・フィンチャーも共有しているかもしれません。90年代末から00年代初頭のフィンチャーっていかにも「謎解き作家」って感じでしたけど、00年代後半以降の作品だと、『ドラゴン・タトゥーの女』(11)を含めて解決されることがあまり焦点になくて、単に謎が謎として存在することを描くことの方に関心がありそうで。

鈴木　僕もフィンチャーは変わった気がする。『ゾディアック』(07)がまさにそうだったよね、あれはめちゃくちゃ好きだった。

田中　『ベンジャミン・バトン 数奇な人生』(08)も設定だけ考えたら年齢を重ねるごとに若返っていくブラピの「数奇な人生」が問題になりそうなのに、映画ではごく普通の青年の恋愛がこれでもかと示される。シナリオから謎解き感が希薄になることで、映像に映し出される対象の物質性がむしろ問題になってきている気がします。

鈴木　それ賛成です、僕は物質派ですから(笑)。

悲劇であることの挫折

鈴木　じゃあさ、その流れで『ジョーカー』(19)ってどうだった？ お話のレベルではわりと古典的だよね。ジョーカーって本当はもっとわけのわからない人物じゃなきゃいけないと思うんだけど、この映画では貧困を生きているかわいそうな人だってことが執拗に説明されるので、なんとなく分かりやすい方向で人格的に理解したつもりになっちゃうじゃない。だから19世紀的な悲劇で終わってしまってもおかしくなかったのに、ホアキン・フェニックスの肉体がそれを許さないわけだ。映画が悲劇に到達しそうになるその手前で、妙にイキイキしてくるというか、彼の身体性の魅力が映画の構造を裏切り続けていく。ものすごく鍛えられた細い身体に妙な色気があって、仕草もどことなく女性的。おそらく彼の身体性だけが映画の意図と違う方向に行っている。

田中　悲劇は緻密な論理の構造がものを言いますけども、喜劇はもっと実存的な感覚が必要とされる形式で、そうするとホアキンはやはり喜劇を生きる俳優ですよね。

鈴木　僕はホアキンをガレキ俳優って呼んでいます（笑）。身体の物質性を発散させている。でも、彼をもってしてもこの映画はバスター・キートンほどにはわけのわからないものになっていない。

田中　『ジョーカー』のホアキンは人でなしに見えないんです。本当はそう見えてくれないといけない存在なのに。

鈴木　まさにそう。「人」性があってはいけない（笑）。通俗的な人間性から離脱している、どこか物質のほうに近づいている、その意味で「人でなし」ね。

降矢　階段を踊りながら降りてくるホアキンの場面がありますよね。あそこをじっくり撮ってそのままシーンを終わらせれば、よりきれいな悲劇になっていたと思いますが、トッド・フィリップスはそこで警官を階段上からちょこって出して、ドタバタの追いかけっこを始めますよね。喜劇的な要素です。あそこに僕はトッド・フィリップスの気概を感じましたが、どこか掻き乱そうとしている狙いの方が際立ってしまっていた。その意味ではやはり構造から抜けきれなかった映画だとは言えるかもしれません。

鈴木　ホアキンの身体性だけが映画の構造に収まらないなにかを我々に残したということだよね。「悲劇VS喜劇」構造を凍りつかせるその先に踏み込めるかどうか。ところが、たとえばさっきも話に出た『ホワイト・ボイス』はそれほど意識せずにアッサリ踏み込んじゃってるんじゃない？

降矢　『ホワイト・ボイス』こそ一見すると構造のようなものがわかりやすい映画なんでですが、その具体的な形を考えてみると奇妙なんですよね。誰かが差別されている構造があって、その原因である巨悪が曝け出されるんですが、しかしその因果はあまり明らかにならない。そんなもの自明でしょ？という感じ。それを掘り下げるんじゃなく、さらにもっと差別されている者たちがそれまでの展開をご破算にするようなインパクトで登場する。こういう展開の物語をしれっとやり始めたのは、『キャビン』(11)などの作品を手がけるドリュー・ゴダードという人かな、と思っています。構造を掻き乱すこと自体は目的ではなく、その先にあるものが面白いでしょっていうナチュラルな欲求を作品化できる人だなと。

田中　先ほどからたびたび話題になっているデヴィッド・ロバート・ミッチェルの『アンダー・ザ・シルバーレイク』ですが、これは人でなしの映画だと思われますか？　私は主人公の道徳的な判断の欠如と、そういう性質を映画として特に気にもかけていないような全体の語りの構造からそう感じさせられる部分があるのですが。

鈴木　どうかな。あれは微妙。ミッチェルなら僕が好きなのはむしろ『アメリカン・スリープオーバー』(11)のほうかな。何気ない普通の場所をホラー化してしまえるところが彼の天才的な才能なんだけど、でも『アンダー・ザ・シルバーレイク』は固有の場所に行かないとミステリーにならないわけでしょ。だから枠組みは「お伽噺」。ところが『アメリカン・スリープオーバー』のほうは場所を限定せず、夜であればどこでも、そしてだれにでも起こりうるサスペンスになっている。そこが新しいんじゃないか。

田中　そう考えると『イット・フォローズ』(14)はちょうどその中間でしょうか。タイトル通りに「それ(it)」という代名詞が映画を動かしているわけで、具体性をいったん放棄するところに立った、ある種の仮説を物語として織りなすような作品ではないかと。『アンダー・ザ・シルバーレイク』はもっと固有名に敏感な映画ですけども、その名残はある気がしています。

鈴木　仮説としての物語については、映画監督の三宅唱くんからちょっとまえに聞いたことなんだけど、映画を作っている側からしても、物語ってけっこう面倒でウザったいものなんだって。では物語がまったくいらなかというと、そうじゃない。物語がウザいのは分かった上で、やはり物語は必要だというんだよ。ではどうするか。むしろ物語を固定せず、そこでいろいろ起こる可能性のうちの一つを、たまたま仮説として採用するくらいの感じで物語をあてるんだそうです。最近スコット・フィッツジェラルドの小説を集中的に読んで気付いたことなんだって。三宅くんの感想ではフィッツジェラルドの小説はそれほど緻密にプロットが書き込まれているわけではなくて、物語は考え抜かれたというよりも、応急的にあてがわれた仮設＝仮説のようなものらしい。物語は究極の目的ではなくて、エモーションをそのつど受け止める仮の器のようなもの。または物語が萌芽しようとする前段階なのかな、どの方向にもまだ伸びていけるような。僕のこんな説明でちゃんと伝わっているか心配だけど。

降矢　いまのお話を聞いてふと思ったのは、群像劇というもののあり方です。街や都市を発見するのではなく、まずそれ自体として仮に設置してできたような都市を用意して、そこで様々な人物たちがバラバラの物語を展開する。その街角で折りに触れて仮説めいた物語が断続的に生まれるという感じ。おそらくはミッチェルが影響下にあるポール・トーマス・アンダーソンやタランティーノ、それにリチャード・リンクレイターも群像劇を出自とする作家ですけども、『アメリカン・スリープオーバー』はまさに大人のいない街を仮構して作られた群像劇でした。

現代における古典性、ジャンル

鈴木　そういう作家たちの一方でさ、2010年代にもそれこそポール・トーマス・アンダーソン（PTA）やジェームズ・グレイみたいに、古典性の極致でとんでもないことをやる人たちもいるよね。PTAが古典的な映画術を異常なほどまでに心得ていることは、『ファントム・スレッド』（17）の朝食に至るまでのオープニングシーンだけでわかってしまう。

降矢　あの短いシーンで映画の重要な舞台をすべて撮っちゃうわけですから、とてつもない演出力ですよね。でも映画全体を見終わってみると、これは一体なんだったんだって思ってしまうところもあるんです。

鈴木　古典的な舞台劇みたいに作っていながら、隅々があまりに緻密すぎてものすごく表面的。枠組み自体はとても古典的なのに、本来なら当然それに加えられてしかるべき深みのようなものが削ぎ取られている。古典が連想する鈍重さはまったくないね。ムチャクチャ性能のいいすべすべのマシンみたいに手の加えられた古典性、そこに新しさがある。

稲垣　螺旋階段の行き来がすごく頻繁で、カメラの動きも相まって独特の浮遊感を生んでいますよね。天井が映るシーンがほどんどなくて、狭くて壁高のある部屋が上に抜けて続いているような垂直性が強調されていたり、古典的な造りながら家自体には重みが感じられない。

降矢　この映画で「あまり動かないでくれ」と女性に言い続けるダニエル・デイ＝ルイスは、最終的に女の人に毒を盛られて動けなくさせられるわけですね。男も女も、双方がどれくらい動かなくなるか、極端に動きを制限させてミニマルな動きだけを見せる映画になる。ところが、そこに精神的な深みは持たせない。

鈴木　そこに重みを出してしまったらどうだったんだろうね。

降矢　いわゆる古いタイプの名作になる気がしますね。つまり悲劇になっていたと思います。ところがPTAはそれをせずに作品を安易に悲劇には固定しない。

鈴木　骨格をイジらず、古い形式のまま表面を極限まで薄くしていったらああなったと。妙な透明感がある。現実離れするほど美しい。じゃあ、ジェームズ・グレイは

『アド・アストラ』
ブルーレイ発売中／20世紀フォックス ホーム エンターテイメント ジャパン

どう？　PTAと比較すると、古典的なものへの計測や分析の精度は似ている気がするけども。初期の『リトル・オデッサ』(95)とかまるでドフトエフスキーみたいだったな。

田中　PTAは自身の感性を主題や対象に合わせてチューニングできる人だと思うんですね。時代背景とか主題によって方法を調整できる。一方でジェームズ・グレイは題材を問わず、自身の培った感性をそのまま軸として持ち込んで映画を組み立てる人だという印象があります。要するに自分の姿勢を、対象や主題であまり崩さない、常に同じ映画が出来上がっているように見えるというか。

たとえばSF作品である『アド・アストラ』(19)は、もちろんキューブリック以後のSFというジャンルも背負っているけれども、基本的には西部劇とロードムービーの歴史が背後にある作品ですよね。地球という大都会から旅に出て、まずは近郊の月に向かい、そこから郊外としての火星を経由し、放浪の末に宇宙の果てのど田舎で誰とも連絡を取らずに生きる親父を尋ねるという物語も非常に古典的です。この映画の重要な小道具の一つがタブレット端末で、地球で使われているものは透明なパネルでできている最新式ですが、火星あたりではアルミボディの旧式が使われている。つまり火星は地球や月から離れた田舎であって、技術的に遅れているという表現ですね。これはかつての映画なら、たとえばレストランの内装とか衣服とか音楽の流行などで示されたもので、それをタブレットに置き換えただけ。グレイは古典的な演出を使って古典的な語り方で、近未来の宇宙の旅も過去の南米の探検(『ロスト・シティZ 失われた黄金都市』[16])も同じように描く、そこに迷いがない。

鈴木　もうほかのSF映画とは全然違う時空だよね。僕がこの映画で成功していると思ったのは、カメラの被写体深度がめちゃくちゃ浅いこと。人物でも顔の一部分だけにしかピントが合っていない。はじめのほうにブラッド・ピットにピントが合っているだけで背景がぼけているショットがあるんだけど、かれが立ち去ってもピントはそのままなのでどこにもピントが合わず、次のショットまでスクリーン全体がボケッ放しのまま放置されてる(笑)。映画の最後には宇宙の遠方から帰還した主人公ブラピが「自分は身近にいる愛する人と事柄にしか関心がない」って言い切るんだけど、律儀にピントまでそうなってるんだよね、確信犯的に。

田中　普通、宇宙ってみんな滑らかに綺麗に撮りたがりますよね。ところが『アド・アストラ』の宇宙はすごいザラっとしている。

鈴木　そう。つるつるしていない。しかも宇宙の果てに行くほどガサガサしている。あれだけピントの浅い映画ってほかにもあるのかな。

降矢　エマニュエル・ルベツキが撮影の作品ですが、『レヴェナント：蘇えりし者』(15)もピントが浅かったですね。とくにレオ様の顔面を撮る極端なアップのとき。その痛めつけっぷりはかなりすごくて、アップでレオ様の顔だけを映した場面の情報量がすごい。レオ様が水を飲むとピューっと首元に開いた傷から水が出てしまうシーンがあって。苦痛の演技も含めてめちゃくちゃ面白いんですけど、小さい画面だと画が騒がしすぎて水が出てるのに気づけなかったりする。厳しく美しい自然を悠然と撮る以上に、汚れて痛んだレオ様の顔面の撮りまくる映画でした。

田中　『アド・アストラ』が面白いのは『インターステラー』(14)と同じホイテ・ヴァン・ホイテマが撮

影監督ってことですよね。同じ撮影監督が同じような題材を撮っているのに、監督が違うだけでここまで質感が変わるのかと。『インターステラー』は舞台となる宇宙をできるだけ綺麗に撮りましょうという発想が先立っていたと思うんです。そのためには宇宙の果てに五次元トンネルを置いてみたり、とりあえず全体を把握できるようにする必要もある。そうじゃなければロングショットは撮れない。ところが『アド・アストラ』は、宇宙の全体像なんかそもそも撮れないって判断から出発して、だったら宇宙にいる人物たちにまずは焦点を合わせて、細部から宇宙を部分的に発見しようとしているように見える。

鈴木　やっぱり発見型の人だよね。最初の方での空から地上への落下場面、手前から宇宙空間の果てまで水平移動する場面、宇宙飛行士がふたり絡み合って移動する場面、宇宙船内部の移動場面、等々。宇宙空間における落下問題はこの際に全部撮る。そこが新しいなと思った。

稲垣　ここそんなに時間割くの？みたいなピンポイントな運動をすごくねちっこく撮ってるんですよね。時間の感覚がめちゃくちゃで酔いそうになりました。

田中　この落下の場面、満遍なく全てが見えるわけではなくて、見えないもの、カメラが捉え損ねたものが存在することを計算して構築された場面だと思うんです。

『オデッセイ』
ブルーレイ発売中／20世紀フォックス ホーム エンターテイメント ジャパン

見えないものもちゃんと作り込むという態度って前作の『ロスト・シティZ』にもあった気がします。登場人物がジャングルの中で「あそこに何かある！」って叫ぶとカメラが一応そこを捉えるんですけど、画面が暗すぎて我々は全くわからないという（笑）。でも、そういう不一致な結果が最初からわかっていてもグレイは撮る。なぜなら彼は発見の人だから。

『オデッセイ』、あるいは二人のスコット

降矢　ところで、宇宙ものとして『オデッセイ』(15)ってどうなんでしょうか。

田中　すごく好きなんですよ。

鈴木　僕もそう。

降矢　僕もです（笑）。

田中　なぜ『オデッセイ』ってこんなに良いんでしょうね。『ゼロ・グラビティ』が2013年で、この映画が2015年ですけども、いやいや、あの宇宙での孤独の恐怖をもう忘れちゃったのか？と言いたくなるくらいに牧歌的。前半はほぼ農業コメディで、後半は脱出劇になるけど、そのカギになるのがただのビニールシート（笑）。いや、本当にいい映画で。

稲垣　あの船長のサントラが素晴らしくダサくて愛おしいですよね。宇宙ものの緊張感が全部持って行かれてしまいました。

鈴木　リドリー・スコットとトニー・スコットの兄弟関係って独特だよね。リドリーは大家だけど、弟のトニーは一般的にあんまり世評が高くなかった。でもトニーは時間をかけて確実に、自分のポジティブなスタイルを映像的に立ち上げることができたわけだ。具体的に言えば、映画の中で何かの仕事をする人物が出てくると、そうした裏方に対してトニーは無条件に楽天的な共感を示してきた。遺作の『アンストッパブル』(10)が典型的だよね。そういう弟がいたからこそ、リドリーは好きなようにひねくれていられたのかもしれない（笑）。ま

あ勝手な想像だけど、スコット兄弟はそんな具合に仲良く役割分担しながらそれぞれの映画を作ってきたんじゃないかな。ところがトニーが2012年に亡くなってしまってから、リドリーはトニーの分まで何かをやらないといけないと思った。そのチャンスが『オデッセイ』だったわけ。だからこそ気持ちよくリドリーらしさを捨てた映画になり得た。

田中　本来のリドリーだったらもっと機械の設定とかにもっと凝っちゃうんじゃないかなと思いましたね。この映画はその辺は結構ざっくりしていて、機械の印象よりもマット・デイモンの仕事の姿の方がはるかに記憶に残っています。

鈴木　あれがいいよね。トニーだったら手を抜かないよなっていうところでやっぱり手を抜いていない。人間関係もリドリーだったら本来は『悪の法則』に成りかねないじゃない（笑）。2013年だから同じ時期だよね。『アンストッパブル』で立ち消えてしまったトニーの魂をリドリーがこの作品で引き受けたかなって思うところはあるよね。

田中　ああ、確かにこの映画で描かれる地球のチームの感じって、トニー・スコット的なものかもしれません。

降矢　『オデッセイ』の脚本って先ほども話に出たドリュー・ゴダードで、『クローバーフィールド』(08)の脚本が出世作になるのですが、この人が重要な気がしています。というのは彼の映画っていつも二重構造なんです。『キャビン』と『ホテル・エルロワイヤル』(18)という自身の監督作に顕著なんですが、途中から映画のジャンルがガラッと変わる。たとえば地下に施設があるみたいな空間的な装置とか、鏡がマジックミラーになっていてその裏に部屋がありますっていうような映像的トリックが使われるときに、それをバラすタイミングが従来の映画と比べてものすごく早いんですよ。そんなふうに空間的な構造を早々と説明することで、映画の途中から別のジャンルの映画が始まるんです。チャーリー・カウフマンっぽいところもあるんですが、かといってメタ・フィクションになるわけでもなく、人を食ったように平然と次の話を進めてしまう。『オデッセイ』の宇宙ものから農業コメディ、そして脱出劇みたいな切り替えもまさにゴダードっぽい展開で。先ほど話題に上げていたある種のハズしを積極的に導入するような新しい感覚が、『オデッセイ』にも確実に潜んでいるような気がします。

おわりに

降矢　さて、そろそろまとめに入ろうと思いますが、先ほどのPTAとジェームズ・グレイの対比は面白いですね。古典的な映画の素養を現代の作劇のなかでどう位置づけるか。これは先立って議論になっていたトートロジーや二重性の議論、あるいは悲劇と喜劇の関係にも通じる問題だと思います。

田中　たとえばマーティン・スコセッシの『アイリッシュマン』(19)のような、一見して語りこそ古典的な犯罪映画の伝統にあるようでいて、映像の水準ではMCUとほとんど遜色のない膨大な加工をなされている作品を考えるにあたっても（もちろんMCUを考えるにも）、その補助線は重要な気がします。アメリカ映画の歴史が、その技術的な先端において、どのような意味を持ちうるのかは、私たちが思っている以上に作り手も意識しているはずです。

鈴木　今日話に上がった作品はどれもそうした問いを共有している感じはするよね。それがなんなのか、そしてなぜこんなことが起きているのか。アメリカ映画がそんな状況にあることと、現代が目下遭遇している破格の混沌とは無関係ではありえないよ。その点、映画は、いまのところまだ、きわめて敏感に現代的な問題を取り込んでいて、それらに対して何かを発している。とはいえ、それはいつまで続くのか。アメリカ映画に限ったことなのか。問いはまだまだなくならないね。

CHAPTER 06

ムービーズ・ディテール——より深くアメリカ映画を知るための雑学

最終章では、2010年代アメリカ映画に登場する実在の「音楽」「本」「映画」、つまりは現実世界と紐づいた細部を特集。映画のディテールにそっと秘められた"イースターエッグ"たち。そこから現実世界へのリンクを紐解いてみれば、アメリカ映画はもっともっと広がっていく。
加えて、本書を制作する上でも大いに役立ったアメリカ映画を考えるための編集部＋α作成のブックガイドもお楽しみあれ。

2010年代アメリカ映画

雑学集

構成：グッチーズ・フリースクール

書籍 BOOK

ウディ・アレン『羽むしられて―ウディ・アレン短篇集』……『タイニー・ファニチャー』(10)

コメディアンでYouTuberのジェド(アレックス・カルボウスキー)が居候先のベッドでふてぶてしく読んでいる。ニューヨークを舞台に20代女性の生き様を活写した『タイニー・ファニチャー』の監督・主演を務めたレナ・ダナムは、公開当時にノーラ・エフロンから「あなたは女性版ウディ・アレンのようだ」と評された。一方でレナはアレンの養女虐待疑惑を批判しつつ、監督作品は切り離して観られるべきとのコメントを寄せている。

アルベール・カミュ『異邦人』……『最低で最高のサリー』(11)

「どうせいつかは死ぬのだから何をやっても意味がない」と思っている高校生のジョージ(フレディ・ハイモア)は、宿題のサボリ魔として学内で有名。先生の話はまったく聞いていないが、トマス・ハーディの「カスターブリッジの市長」におけるロマン主義的な部分についての説明を求められて、町を移動する部分のハチの視点の良さをとっさに指摘できるほどには読書家。『異邦人』は食堂にて一人で読んでいた。

ジェフリー・ユージェニデス『ミドルセックス』……『人生はノー・リターン　～僕とオカン、涙の3000マイル～』(12)

『ヴァージン・スーサイズ』(99)の原作者(『ヘビトンボの季節に自殺した五人姉妹』)としても知られるジェフリー・ユージェニデスがピューリッツァー賞を受賞した作品で、ギリシャ系アメリカ移民一族の歴史が描かれている。初めは母親(バーブラ・ストライサンド)が車に持ち込んだオーディオブックをイヤイヤ聴いていたアンディ(セス・ローゲン)だったが、大陸横断の旅を続けていくうちに最後は一緒に感動しているのがほほえましい。

ウィリアム・ゴールディング『蝿の王』……『世界にひとつのプレイブック』(12)

パット(ブラッドリー・クーパー)がティファニー(ジェニファー・ローレンス)とのダンスレッスンの際に持ってきた本。ダンスに関係ないという理由でティファニーに投げ捨てられる。ティファニー曰く、孤島で見つけたホラ貝を持った者にしか発言を許されない少年たちが、太った子供を虐め殺す、人間の救いようのなさを綴っている作品だとのこと。人間不信に陥っているパットはその要約を聞き「いい話だ」と言う。本当にそうなのか、本書を読んで確かめてみよう。

ハーマン・メルヴィル『白鯨』……『アフター・アース』(13)

世界有数の読破困難書の一冊。レンジャーの総司令官である父サイファ(ウィル・スミス)と姉センシ(ゾーイ・クラヴィッツ)の愛読書であり、父に追いつきたいと願うキタイ(ジェイデン・スミス)が挑戦中だが、いまだ読破には至っていない。もちろん巨大生物アーサを捕獲した宇宙船の墜落、アーサの恐怖に立ち向かうキタイには、捕鯨船の沈没やモビィ・ディックに対峙するエイハブ船長の姿が重なって見える。

フョードル・ドストエフスキー『白痴』……『イット・フォローズ』(14)

眼鏡っ娘のヤラ(オリヴィア・ルッカルディ)が貝殻型の電子書籍端末で読んでいる本。劇中ではヤラがポール(キーア・ギルクリスト)に対し、「『白痴』のムイシュキンのようだ」と言ってみたり、終盤では本文が朗読されたりもするわけだが、それ以上に貝殻型の端末の可愛さに購入希望者が続出した。

トンマーゾ・ランドルフィ『ゴーゴリの妻』……『ヤング・アダルト・ニューヨーク』(14)

ジェイミー(アダム・ドライバー)の妻ダービー(アマンダ・セイフライド)が読み耽っていたイタリア幻想文学。小説家のゴーゴリが妻と呼んでいたのは、肛門部から空気をいれて膨らませるタイプのゴム人形だったというユーモア譚。しかもそのゴム人形は自慰をし、浮気症で梅毒にも罹っているという。夫との関係をこじらせたときに読みそうな本、なのか。

ゾーイ・モス「女にとっての加齢」……『20センチュリー・ウーマン』(16)

主人公の少年が20代の代理母(グレタ・ガーウィグ)から手渡される70年代のフェミニズム・アンソロジー、『連帯する女性たち』に収められたエッセイ。中年女性として生きながら時代遅れになるのはイタいと語られている。のちに中年期の実母(アネット・ベニング)に悪気なくその一節を読み聞かせてしまい、大いに空気がヒリつくことになる。

近藤麻理恵(コンマリ)『人生を変える片付けの魔法』……「ギルモア・ガールズ：イヤー・イン・ライフ」(16)

エミリー・ギルモア(ケリー・ビショップ)が自宅を"コンマリ"しようとするエピソードで登場。"コンマリ"の名は「片付け」を意味する動詞となり、ときめき(=spark joy)によって物を捨てるかどうかを判断する片付け方が、Netflixのリアリティ番組「KonMari 人生がときめく片づけの魔法」とともにアメリカに社会現象をもたらした。感銘を受けたUberのCEOがspark joyによってリストラを決行したことも話題に。

J.D.サリンジャー『フラニーとズーイ』……『マイ・プレシャス・リスト』(16)

主人公のキャリーが亡き母からもらった大事な本(初版)だったが、恋仲だった大学の先生に貸したまま手元に返ってこずに根に持っている。J.D.サリンジャーが「ザ・ニューヨーカー」に発表した2本の小説をまとめた青春小説。

ジャック・ケルアック『荒涼天使たち』……『エブリバディ・ウォンツ・サム!! 世界はボクらの手の中に』(16)

ビートニクの象徴、ケルアックの半自伝的小説。劇中では主人公の先輩フィン(グレン・パウエル)が本書を読みながら終わりなき雑談に興じている。青春のさなかにあって刹那的な狂騒と瞑想的チルアウトを繰り返す野球部員たちの日常は、まさにビート・ジェネレーションのそれを思い起こさせる。

フランク・オハラ『Lunch Poems』……『パターソン』(16)

パターソン(アダム・ドライバー)が午前中の仕事を終えて昼食時に読んでいる詩集。フランク・オハラはニューヨーク派の詩人で、MoMAで学芸員としても働いていた。彼が美術館勤務の昼休みに書いていたと言われる、お昼時のニューヨークの街を淡々と描写した日記のようなこの詩集は、仕事と創作活動の日常生活における密なあり方を示している。

ウラジミール・ナボコフ『青白い炎』……『ブレードランナー 2049』(17)

架空の詩人によって書かれた長篇詩に、架空の文学者による膨大な注釈が付いた奇天烈な文学作品。劇中では主人公K(ライアン・ゴズリング)にヴァーチャル恋人のジョイ(アナ・デ・アルマス)が「読むと落ち着く本」として推薦。またKが任務後に受ける検査においても引用されるなど、本作ではそこかしこに本書の影が見え隠れする。オリジナル版『ブレードランナー』(82)と本作の関係性を暗喩しているという解釈も。

アーサー・ミラー『るつぼ』……『モリーズ・ゲーム』(17)

モリー(ジェシカ・チャステイン)の弁護士チャーリー(イドリス・エルバ)の娘が、父親からの指示で読まされている戯曲。第二次大戦後に吹き荒れた赤狩りとマッカーシズムに対する警鐘を、17世紀のセイラム魔女裁判で民衆がパニックのるつぼと化した事件に託して鳴らした。はたしてモリーはセイラムの魔女なのか。ちなみに魔女＝火刑というイメージは未だ根強いが、この戯曲では誰も火あぶりにされていない、とモリー。そうだったっけ?

サマセット・モーム『人間の絆』……『スパイダーマン:ホームカミング』(17)

体育館で「キャプテン・アメリカのフィットネスチャレンジ」が行われている最中に、MJことミシェル・ジョーンズ(ゼンデイヤ)が読んでいる本。1915年に発表されたイギリス人作家サマセット・モームの自伝的作品。幼少期に両親を亡くし、叔父叔母に育てられた少年の物語。つまりピーター・パーカーとまったく同じバックグラウンドを有した物語である。

スタンダール『アルマンス』……『君の名前で僕を呼んで』(17)

オリヴァー(アーミー・ハマー)が朝食のときに手にしていた本。1827年に出版されたスタンダールの初期作品にして恋愛小説。主人公の秘密が最後まで明言されないことから、出版当時には様々な解釈がなされた。

スコット・フィッツジェラルド『美しく呪われし人たち』……『ビューティフル・ボーイ』(18)

行方不明になった薬物依存症の息子ニック(ティモシー・シャラメ)の手がかりを探すため、デヴィッド(スティーブ・カレル)が机を漁った際に見つけた本。フィッツジェラルドの長編2作目(『華麗なるギャツビー』の前作)、恋人から夫婦になった二人の関係の変化と転落の物語。

「ニンテンドー・パワー 第1号」……『アンダー・ザ・シルバーレイク』(18)

1988年8月から2012年12月まで発行されていた米任天堂の公式月刊誌。主人公サム(アンドリュー・ガーフィールド)が、ブレスレットに掘られた暗号の謎を解く鍵としていたのは第1号の『ゼルダの伝説』の見開き地図(35〜37ページ)。ちなみに第1号の特集はシリーズ歴代最上級の難易度を誇る『スーパーマリオブラザーズ2』。

ミニョン・G・エバハート『R.S.V.P. Murder』……『マーダー・ミステリー』(19)

ヨーロッパ旅行へ向かう機内でオードリー(ジェニファー・アニストン)が読んでいる本。エバハートは世界でもっとも高給の女性犯罪小説家の一人で「アメリカのアガサ・クリスティ」とも呼ばれた。本書のタイトルであるR.S.V.P.とは「(招待状の)ご返答お願いいたします(フランス語「Repondez s'il vous plait」の頭文字)」の意味で、オードリーらは、機内で出会った貴族のチャールズ(ルーク・エヴァンス)にヨット・クルーズへ招待されたことから、殺人事件へと巻き込まれていく。

J・G・バラード『終末の浜辺』……『アベンジャーズ/エンドゲーム』(19)

アントマン/スコット・ラング(ポール・ラッド)が量子世界から帰還したとき、実験用自動車が収容されていたトランクルームの管理人が机に足を乗せて読んでいたJ・G・バラードの短編集。本作にはその名もズバリ「エンドゲーム」と題された作品が収録されている。高い塀に囲まれた別荘の中で最後の日々を過ごす死刑囚と監督官(囚人は彼を死刑執行人とみなしている)が、いつ訪れるかわからない"その日"を待ち、チェスを介して終わりなき対話を紡ぎ続ける、奇妙に静謐な短編。

※参考文献:Saori Kato『BOOKS IN MOVIES』(Lost girls books)

音楽 Music

レイ・クイン feat. ウルトラ・ラブ「New York, New York(FWB Remix)」……『ステイ・フレンズ』(11)

ジェイミー(ミラ・クニス)が、LAから面接に来たディランにニューヨークの魅力を伝えるためにタイムズ・スクエアへ連れてきた場面で始まったフラッシュモブで使われていた曲。77年の『ニューヨーク・ニューヨーク』のために作られた楽曲で、オリジナルのライザ・ミネリ以来、フランク・シナトラを始め多くの歌手にカバーされてきた。

ブリトニー・スピアーズ「Everytime」……『スプリング・ブレイカーズ』(12)

プールサイドでエイリアン(ジェームズ・フランコ)が、ネオンピンクのマスクを被り銃を抱えた女子大生キャンディ(ヴァネッサ・ハジェンズ)、ブリット(アシュレイ・ベンソン)、コティ(レイチェル・コリン)に囲まれたままピアノで弾き語りをする楽曲。ブリちゃんの元彼ジャスティン・ティンバーレイクへの謝罪ソングとして有名。

レッド・ツェッペリン「Ramble On」……『オブリビオン』(13)

近未来、地球の哨戒任務に就いているジャック(トム・クルーズ)が仕事をサボって寄り道した秘密の隠れ家。旧世紀の遺物が蒐集されたその廃屋で、古びたLPレコードの一枚に針を落とすと聞こえてくるのがこの曲(アルバムではB面3曲目なのに1曲目に流れるのはおかしいが……きっとレア盤なのだろう)。理想の女性を求めて放浪する決意を誓う歌詞は、その後のジャックの運命に呼応する。

デューク・エリントン「Jeep's Blues」……『アメリカン・ハッスル』(13)

1974年、デューク・エリントンが亡くなったという理由で顔写真付きのブレスレットというとんでもない代物を身につけたシドニー(エイミー・アダムス)。『Ellington At Newport』収録の「Jeep's Blues」を聴きながら、その曲の始まりを「魔法」と評する。この曲を聴いていると、ブヨブヨな身体で痛々しい一九分けの髪の男(クリスチャン・ベール)になぜか惹かれてしまう。これぞエリントン・マジックの真骨頂!

ザ・バンド「The Weight」……『猿の惑星:新世紀(ライジング)』(14)

電力を失いかけている人間たち。やっとの思いで電力を復旧させたガソリンスタンドで、まずはじめにすることがザ・バンドのCDを流すこと。「電気は明かりを照らすだけではない　外の世界と我々を結ぶ手段だ」とこの映画は宣言するが、「The Weight」を聴いて猿たちは人間を信頼するのだった。ヒトとサルの垣根を超える、なんと偉大なザ・バンド!

セロニアス・モンク・カルテット＋ジョン・コルトレーン『Thelonious Monk Quartet with John Coltrane at Carnegie Hall』……『ミッション:インポッシブル/ローグ・ネイション』(15)

無茶も甚だしい飛行機飛び乗りミッションを颯爽と終えたイーサン・ハント(トム・クルーズ)が、ロンドンで立ち寄ったレコードショップで店員と問答する……「レアな作品でね」「当ててみましょう、クラシック?」「ジャズだ」「サックスは?」「コルトレーン」「ピアノは?」「モンク」「シャドウ・ウィルソンがベースね?」「シャドウはドラムだ」…といった会話の先に「初回盤」として一枚のレコードが試聴台に置かれるわけだが、もちろん聴こえてくるのはお馴染みの依頼音声というオチ。それゆえ音楽自体は流れないのだけど、注文通りのレコードが選ばれるとすればおそらくこちらの作品。2005年にアメリカ議会図書館の技師によって偶然発見された1957年録音の貴重音源で、当時も大きな話題を集めた。

ボブ・ディラン「Like a Rolling Stone」……『パッセンジャー』(16)

本来はあと90年は眠っている予定だった男ジム(クリス・プラット)が、宇宙船のトラブルによって1人だけ早く目覚めてしまったことに気づく直前、シャワーを浴びながら聴く目覚めの一曲。このあとに90年もの時間を宇宙船内で孤独に過ごす運命にあることを知るトムに語りかけてあげたい言葉は、まさに歌詞のとおり「How does it feel? To be on your own. With no direction home」である。

シュガーヒル・ギャング「Rapper's Delight」……『エブリバディ・ウォンツ・サム!! 世界はボクらの手の中に』(16)

1979年発表のシュガーヒル・ギャングの言わずと知れた名曲。当時まだアンダーグラウンドに留まっていたラップソングが、初の全米トップ40に食い込んだことは業界に衝撃をもたらした。『エブリバディ・ウォンツ・サム!!』のおバカ野球部の面々はナンパ目的のドライブ中、ノリノリでこのヒットソングをリレー合唱しているわけだが、そんなカンタンに鼻歌気分で歌える曲ではなかろう。でも、あまりにも見事なミュージカル・シーンなのでまったく気にならない。

マストドン「Blood and Thunder」……『マネー・ショート 華麗なる大逆転』(16)

主人公の一人、マイケル・バーリ(クリスチャン・ベイル)が新人面接の終わりきらないタイミングで、スティックを手に持ちエアドラムをしつつイヤホンから爆音で聴き始める音楽。00年代を代表するエクストリーム・メタルバンド、マストドン の名盤『Leviathan』(メルヴィル『白鯨』を題材にしたコンセプト作)の1曲目。ちなみに実在のマイケル・バーリは楽器演奏ができないとのこと。

ビリー・ジョエル「You Maybe Right」……『スウィート17モンスター』(16)

父親との最期の思い出として回想される、バーガーチェーンにドライブスルーをした帰りの場面で車に流れていた曲。ネイディーン(ヘイリー・スタインフェルド)は一度曲を飛ばすのだが、父親は「That was Billy Joel(ビリー・ジョエルだぞ)」と言いながら再生し直す。彼氏が恋人の気を引くために馬鹿げた行動を取るも、結局は振り向いてもらえないことについての歌。

エレクトリック・ライト・オーケストラ「Mr. Blue Sky」……『ガーディアンズ・オブ・ギャラクシー:リミックス』(17)

爆炎やら触手やらに大苦戦のメンバーの姿を背後に、即席コンポから流れる美しくノリノリなこの楽曲で彩られるグルートのダンスに、誰もがほんわかせざるを得ない素晴らしいオープニング。けれども、この名曲の歌詞にもちょっとだけ耳を澄ませてみよう。「Mr.青空」との逢瀬は素晴らしいことだ。でも、そこにはどうもお別れの予感がすでに潜んでいる。「where did we go wrong(どこで私たちは間違っちゃったんだろう)」と考えることになるのは、いつも自分だけになってからだ。「Mr.青空」っていったい誰のことか。答えがわからなければ、ぜひ本作を改めて見直すべきだ。

リヒャルト・ワーグナー「ヴァルハラ城への神々の入城」……『エイリアン:コヴェナント』(17)

映画の冒頭と終わりに流れるアンドロイドのウォルター(マイケル・ファスベンダー)お気に入りの楽曲。ワーグナー楽劇『ニーベルングの指環』四部作の「序夜」にあたる『ラインの黄金』の終わり、神々の終焉が予告される第4場の幕切れを飾る音楽であり、もちろん自分(アンドロイド)を創造した人間=神の終わりと重なって聴こえてくる。なお、移住先の星を目指しているコヴェナント号は途中でとある星からジョン・デンバーの『カントリー・ロード(故郷へかえりたい)』の電波をキャッチしたりもする。

ナイン・インチ・ネイルズ「She's Gone Away」…『ツイン・ピークス The Return』第8話(17)

監督から「ファッキン不快になるようなものを作って欲しい」と注文を受けて制作されたEP3部作の第1弾『ノット・ザ・アクチュアル・イベンツ』の収録曲。劇中のバン・バン・バーでのNINの長い演奏の後、TVが壊れたんじゃないかと思うような意味不明の展開に突入。放送時には大論争が巻き起こり"TV史上最も野心的なエピソード"とまで評された。

ニルヴァーナ「スメルズ・ライク・ティーン・スピリット」…『アンダー・ザ・シルバーレイク』(18)

人々に影響を与えた音楽は全て自分が作ったと語る豪邸住まいの謎のソングライターが、自身の生活の片手間に作ったものであるとして弾き語りする曲の一つ。カート・コバーンのポスターを部屋に貼っている主人公が激昂。冒頭のカフェの窓を拭いている女の子が着ているのがジム・モリソンのTシャツだったり、27クラブ(27歳で死んだスター達)のモチーフがちらほら登場する。

2PAC「Only God Can Judge Me(feat. Rappin 4-Tay)」……『ヘイト・ユー・ギブ』(18)

主人公の少女スター(アマンドラ・ステンバーグ)とパーティーから帰るカリル(アルジー・スミス)が車のなかで流す曲。カリル曰く、2PACは「子供たちに与える憎しみが全てを蝕む」と歌った。1996年、25歳の若さで銃殺された2PAC。「Perhaps, I was blind to the facts,〜(俺には真実が見えていなかったかもしれないけれど〜)」と歌い出す「Only God Can Judge Me」だが、20年以上経った今でも彼の歌は真実で、いつも正しい。

カーリー・レイ・ジェプセン「Call Me Maybe」……『タリーと私の秘密の時間』(18)

子育てに疲れた主婦マーロ(シャーリーズ・セロン)が、子供と一緒にカラオケではじけた一曲。シンプルな歌詞とキャッチーなメロディによって世界中で大ヒットし、日本でもシャンプーのCMなどに使われた。セロンは『ロング・ショット 僕と彼女のありえない恋』(19)でもカラオケのシーンを撮影したそうだが、あえなくカットされてしまった。

ポスト・マローン&スウェイ・リー「Sunflower」……『スパイダーマン:スパイダーバース』(18)

『スパイダーバース』のために書き下ろされた本曲だが、冒頭のマイルス少年がヘッドホンをしてうろ覚えで口ずさむワンシーンだけで、ポップソングとしての風格は誰の耳にも明らか。当然のように第62回グラミー賞最優秀レコード賞と最優秀ポップ・パフォーマンス賞にノミネートされ、この曲を収録したポスト・マローンの『Hollywood's Bleeding』は全米で3週連続セールス1位を獲得。マローンは様々な音楽からの影響を公言しているが、その絶対的なヒーローの一人はボブ・ディランであるという。

マドンナ「Rain」……『アンカット・ダイヤモンド』(19)

宝石商ハワード(アダム・サンドラー)の浮気相手ジュリア(ジュリア・フォックス)がアパートを出て行ったあと、誰もいない部屋のステレオから流れている曲。1992年にリリースされた『エロティカ』収録。さすがに雨は降っていないが、別れの歌として「Rain」をチョイスするのはかなり雰囲気が出ている。

AC/DC「Back in Black」……『スパイダーマン:ファー・フロム・ホーム』(19)

一度はミステリオに完敗したスパイダーマン=ピーター・パーカー(トム・ホランド)が新たなスーツを作り上げる際、ハッピー・ホーガン(ジョン・ファヴロー)が「BGMは任せろ」とこの曲をセレクト。MCU第1作『アイアンマン』(08)冒頭でトニー・スターク(R・ダウニー・Jr)の乗る軍用トラックに流れていた曲としてお馴染みで、ファンにとっては感涙必至の粋な演出である。

しかしピーターは「ツェッペリン最高だよね!」と勘違い。

リマール「The Neverending Story」……「ストレンジャー・シングス 未知の世界」シーズン3第8章(19)

80年代カルチャー盛りだくさんの本作でもきわめつけの大ネタがこれ。最終話で絶体絶命のピンチに陥った仲間を救うため、ダスティン(ゲイテン・マタラッツォ)がガールフレンドのスージー(ガブリエラ・ピッツォーロ)とアマチュア無線越しにフルコーラスのデュエットを披露した。ちなみに作曲は巨匠ジョルジオ・モロダー。

《映画・ドラマ》

『超大脱走』(架空)……『特攻野郎Aチーム THE MOVIE』(10)

冤罪で退役軍人病院の精神科病棟に収監されているマードック(シャートル・コプリー)を脱走させるためにハンニバル(リーアム・ニーソン)が送った3D映画。『大脱走』(63)のパロディだと思われるが、映像は新しく撮影されており、主演はレジナルド・バークレー(ドラマ「特攻野郎Aチーム」でマードックを演じたドワイト・シュルツが「スタートレック」シリーズで演じた役柄)。『超大脱走』のオープニングで車が近づいてくると、投射された病棟の壁を突き破って装甲車が現れ、その車に乗ってマードックは脱走する。

ポール・グリーングラス監督『ボーン・スプレマシー』(04)……『ホール・パス/帰ってきた夢の独身生活〈1週間限定〉』(11)

1週間の浮気許可をもらったリック(オーウェン・ウィルソン)とフレッド(ジョン・サダイキス)が、モーテルで作戦を練りながら観ていた……というか、流していた作品。マット・デイモンが記憶を失った暗殺者ジェイソン・ボーンを演じた、言わずと知れた「ボーン」三部作の第2作。16年に続編として『ジェイソン・ボーン』がつくられている。

エミール・アルドリーノ監督『ダーティ・ダンシング』(87)……『恋愛だけじゃダメかしら?』(12)

ピートモンド公園の広場に設置された野外スクリーンで上映されるのが、ダンス映画の名作として知られるこの映画。人々はワインやチーズ、クラッカーなどを持ち寄り、ピクニックしながら映画を楽しむ。園内にはフードカーも出店していてとてもいい感じ。客層的にもちょうど思春期に見たであろう『ダーティ・ダンシング』はぴったりのナイスチョイス。

デヴィッド・リーン監督『アラビアのロレンス』(63)……『プロメテウス』(12)

アンドロイドのデヴィッド(マイケル・ファスベンダー)が宇宙船内で見ているお気に入りの作品。デヴィッドは、マッチの火をどうして指で消せるのかと問われるシーンで「痛みを気にしないからさ」と答えるロレンスのセリフを真似したり、ロレンスのように金髪に髪を染めたりする。痛みを感じないアンドロイドだからこそシンパシーを覚えたのだろうか。ちなみにプロメテウスとは人類に「火」をもたらしたギリシア神話の神の名前である。

マイク・ホッジス監督『フラッシュ・ゴードン』(80)……『テッド』(13)

テッドとジョン(マーク・ウォールバーグ)お気に入りの一本。フェリーニ、ヴィスコンティといったイタリア映画の巨匠や『ハンニバル』(01)のプロデューサーとしても知られるディノ・デ・ラウレンティスが製作を担い、あのルーカスも映画化を熱望したアメリカン・コミックを原作に(ちなみに本作の特殊効果はルーカス経営の特撮工房ILMが担当)、劇伴はクイーンが担当して制作された渾身の一作……だが、結果は主演のサム・J・ジョーンズの第1回ゴールデンラズベリー賞最低主演男優賞ノミネートに甘んじた。しかし現在に至るまでカルト的な人気を維持しており、2016年にはリメイク版の製作が発表された。当初はマシュー・ボーンが監督としてアナウンスされたが降板。その後、タイカ・ワイティティが監督を務めると発表された。本当に完成するのかしら。

北村龍平監督『ミッドナイト・ミート・トレイン』(08)……『ファーナス/訣別の朝』(13)

犯罪集団の親分デグロート(ウディ・ハレルソン)が女と一緒にドライブイン・シアターで見ている、否、ほとんど見ていない映画。北村監督のハリウッドデビュー作で、凄惨なシーンも多いが、映画そっちのけで女に暴力を振るい、止めに入った隣の男性客をボコボコにするデグロートが『ミッドナイト・ミート・トレイン』より圧倒的にヤバい。

ハーシェル・ゴードン・ルイス監督『ゴア・ゴア・ガールズ』(71)……『ゾンビ・ガール』(14)

ホラーショップで働くマックス(アントン・イェルチン)が主人公の『ゾンビ・ガール』は、自宅でも職場でも映画館でも、とにかくスプラッターやホラー映画が画面に映りまくる。『ゴア・ゴア・ガールズ』のほかには、エド・ウッドの『プラン9・フロム・アウタースペース』(59)、リチャード・E・クーニャ『Missile to the Moon』(58)、ジャック・ターナーの『キャットピープル』(42)『私はゾンビと歩いた!』(43)などなど。ジョー・ダンテ監督のこの手のジャンルへの偏愛っぷりがよくわかる。

サム・メンデス監督『007 スカイフォール』(12)……『クリード チャンプを継ぐ男』(15)

デビュー戦を勝利で飾ったドニー(マイケル・B・ジョーダン)がロッキー(シルベスタ・スタローン)、ビアンカ(テッサ・トンプソン)とともにお祝いをしているシーンでわざわざ一瞬映し出される。ただし、彼らは寝てしまってほぼ見ていない。ちなみに本作にはドニーがYouTubeで実在する試合の一つとしてアポロVSロッキーの一戦を見ている描写がある。

フレッド・ニブロ監督『奇傑ゾロ』(1920)……『バットマン vs スーパーマン ジャスティスの誕生』(16)

コミックヒーローとしてのバットマンの着想元の一つであり、公式にコミックでもバットマンのオリジンに関わる作品。父トーマス、母マーサとゴッサムの映画館で『奇傑ゾロ』を見た帰り道、幼きブルース・ウェインは自身の目の前で強盗のジョー・チルに両親を殺害され、バットマンとして生きる運命を選ぶことになった。『バットマン vs スーパーマン』ではその描写が冒頭で極めて正確に再現されている。一方、『バットマン・ビギンズ』(05)では本作がオペラに変更されていた。

「ウォーキング・デッド」……『カジノ・ハウス』(17)

娘(ライアン・シンプキンス)がバックネル大学に見事合格。祝賀パーティーを開いた夜、友達の家に行こうとする娘を引きとめんとして繰り出すのが「ウォーキング・デッド」鑑賞の誘い。母(エイミー・ポーラー)曰く、「友達といるより両親とゾンビが人を食うところを見た方が楽しい!」

アイヴァン・ライトマン監督『夜霧のマンハッタン』(86)……『マイヤーウィッツ家の人々(改訂版)』(17)

マイヤーウィッツ家のビデオライブラリーでダニー(アダム・サンドラー)が発見し、父親ハロルド(ダスティン・ホフマン)とソファーで笑いながら観ている作品。『ゴーストバスターズ』(84)のアイヴァン・ライトマンが監督を務め、ロバート・レッドフォードが検事補、デブラ・ウィンガーが弁護士を演じた。親子の様子からもわかるように、サスペンスではあるがコメディ色が強め。

ジョージ・スティーヴンス監督『シェーン』(53)……『LOGAN/ローガン』(17)

モーテルのTVでプロフェッサーXとローラが見ている西部劇の超有名作品。監督のマンゴールドもこの映画からの影響を証言しているが、一方でその神話的なヒーロー像だけが『ローガン』の着想元ではないことは、直前のコミック版「X-MEN」の真実性をめぐるローガンとローラとの会話からも明らかだ。アメリカ映画の黄金時代への届かない憧れを「物語の不可能性」として受け入れ、それでもなお「アメリカの友人」であり続けようとしたドイツ人監督ヴィム・ヴェンダースの諸作(『都会のアリス』(74)、あるいは『ニックス・ムーヴィー/水上の稲妻』(80))への返答という側面も、本作には透けて見える。

デヴィッド・ロバート・ミッチェル監督『アメリカン・スリープオーバー』(パチモノ)』(10)……『アンダー・ザ・シルバーレイク』(18)

公園での野外上映シーンで流されるのが、ミッチェル監督自身の過去作である『アメリカン・スリープオーバー』で、構図も衣装もまったく同じなのだが、なぜだかキャストだけが違う。この劇中劇のために『アメリカン・スリープオーバー』をリメイクしたというわけだが、そのことによって『アンダー・ザ・シルバーレイク』が描くロスの街やハリウッド業界の迷宮感が一層深まっている。

D.W.グリフィス監督『國民の創生』(1915)……『ブラック・クランズマン』(18)

様々な技法による映画ならではのナラティブ(語り方)を生み出した映画史上の傑作であるが、KKK(クー・クラックス・クラン)を英雄的に描いたことで、しばしば歴史的な功罪を問われる一作。劇中ではまさにKKKの集会で本作を鑑賞するシーンがあるが、そこでは『國民の創生』において用いられたクロスカッティング(二つの場面を交互に映し出す編集技法)によって、対する黒人側の会合の様子も映し出される。

モンテ・ヘルマン監督『断絶』(71)……『さらば愛しきアウトロー』(18)

フォレスト・タッカー(ロバート・レッドフォード)がジュエル(シシー・スペイセク)と映画館デートで見た映画。アメリカン・ロードムービーの記念碑的傑作だが、時代設定を考えると決して同時代の作品ではない。スペイセクは『断絶』の2年後の73年に、こちらも70年代を代表する傑作の一つ『地獄の逃避行』に出演している、この時代を代表するヒロインの一人だ。監督のヘルマンは2010年に21年ぶりの監督作『果てなき路』を発表している。

ペニー・マーシャル監督『ビッグ』(88)……『アイ・フィール・プリティ! 人生最高のハプニング』(18)

大きくなりたいという願いが叶う少年のコメディ映画『ビッグ』を寝転んで視聴しているレネー(エイミー・シューマー)。彼女の願いは美貌を手にすることだが、実際に大人になり容姿が変わるが意識は変わらない『ビッグ』と、容姿は変わらないが意識が変わる『アイ・フィール・プリティ!』の違いに、アメリカ映画の変革が垣間見える。

ビリー・ワイルダー監督『フロント・ページ』(74)……『ルディ・レイ・ムーア』(19)

コメディレコードでヒットを出したルディ(エディ・マーフィー)が、今度は映画を作ろうと決意するきっかけとなった、ビリー・ワイルダー監督の映画。白人の鑑賞客には大ウケだがルディたちにはまったくハマらず、自分の笑いを世界中に届けるためには映画というメディアが適していると思い立つ。もしルディが見たのが『フロント・ページ』と同じ原作の『ヒズ・ガール・フライデー』(40)だったとしたら、はたしてハマらなかったのかが気になるところ。

シャロン・テート『サイレンサー第4弾/破壊部隊』(68)……『ワンス・アポン・ア・タイム・イン・ハリウッド』(19)

ディーン・マーティン主演のスパイコメディシリーズの第4弾。「007」映画の成功を受け製作された便乗作品であることは言うまでもない……が、これはこれでアメリカ的な大らかさが今見ると魅力的。『ワンハリ』でシャロン・テート(マーゴット・ロビー)が映画館に赴き本作を鑑賞するシーンで、再び脚光を浴びることになった。テートは英国スパイのヒロインを演じ、ブルース・リー直伝の飛び蹴りも披露している。

チャールズ・チャップリン『モダン・タイムス』(36)……『ジョーカー』(19)

アーサー(ホアキン・フェニックス)が忍び込んだ劇場で、金持ちの客たちが鑑賞して大いにウケている喜劇映画。資本主義社会が労働者の人間性を剝奪する様を鋭く風刺した本作でさえ、搾取する側である富裕層によって享受されてしまうという、あまりにも痛烈な皮肉の効いた名シーンである。銀幕のチャップリンとアーサーの視線が一瞬交錯したのち、アーサーはジョーカーへと変貌を遂げていく。

クリス・コロンバス監督『ホームアローン』(90)内の『汚れた心の天使』……『名探偵ピカチュウ』(19)

ティム(ジャスティス・スミス)が探偵として働いていた父親の家にやってきたときにテレビに映っている映画。ティムはこの映画を「探偵映画」と勘違いするが、実はこの映画は『ホームアローン』の劇中劇である『汚れた心の天使』(マイケル・カーティス監督『汚れた顔の天使』(38)のパロディ映画)なので、本当は「コメディ映画」。真の名探偵ならば、このくらいわからなければならない。

2010年代アメリカ映画のための

ブックガイド

アメリカ映画を見に行ったなら、ぜひその帰りに本屋も覗いてみよう。見たばかりの映画に関わる一冊が偶然見つかるかもしれない。ちょっと背伸びして洋書の棚を覗いてみるのもいいだろう。ここでは本書を制作するにあたって直接的・間接的に役立った書籍を少しだけご紹介。どれも絶好の副読本になるかもしれないし、ならないかもしれない。

Slice Harvester: A Memoir in Pizza（Simon & Schuster）

BY コリン・アトロフィー・ハゲンドルフ（Colin Atrophy Hagendorf）

テーマ：食、ライフスタイル

アメリカを代表する食といえばピザを連想する人も多いのではないでしょうか。著者はニューヨーク在住のパンクロッカーです。ピザに一家言ある彼は2009年から2011年まで、マンハッタンのすべてのピッツェリアでピザを食べるというミッションを実行。おいしいピザは惜しみなく褒め、まずいピザはばっさり切り捨てる（でも残すのは主義じゃないらしい）彼の、星取り表ならぬピザ取り表もガイドブックとしてためになる（?）のですが、そのミッションの過程でニューヨークの歴史や私生活（友人との気取らないやりとり、ガールフレンドとの関係、ユダヤ系である自分、父親とのピザにまつわる思い出など）にも触れていて、読み物としても楽しめます。なぜか女優フィービー・ケイツ（!）とその娘がミッションに参加する日があったりするのも、ある意味アメリカンドリームかなと思ったりしました。（あんころもち）

Everything I Ate: A Year in the Life of My Mouth（Chronicle Books）

BY　タッカー・ショウ（Tucker Shaw）

テーマ：食、ライフスタイル

人は食べたもので出来ているといいますが、確かに食べているものには人となりが表れているような気がします。この本はニューヨーク在住のヤングアダルトノベル作家タッカー・ショウが、2004年の1年間、毎日食べたもの（それこそレストランでの食事からキスチョコまで）を日記のように撮影してまとめたもの。市井のアメリカ人が毎日どんなものを食べているのか気になってはいたものの、まだインスタグラムもないあの頃、必死に映画などを見て想像するしかなかったわけですが、そんなときにこの本を見つけた喜びがわかってもらえるでしょうか。とはいえ保守的な地域では見かけないような和菓子や、日本人には考えもつかない揚げチョコバーまで登場するのは、さすがなんでもありのニューヨーク。食べものだけでなく、バックに映り込んだテレビ画面（オリンピックイヤーなので観戦してたり）や雑誌なども、生活が垣間見えて興味深いです。（あんころもち）

Anna Magazine vol.9（Mo-Green）

テーマ：旅、ライフスタイル、ランドスケープ

アメリカのルート何番線かの、何もない一本道を大きなバンで走って各所を巡り、映画では見られないアメリカを知って、大自然の豊かさを感じてみたい……。そんな夢をいつかは叶えたいと思っているあなたにおすすめなのが「Anna Magazine Vol.9」。2014年4月から不定期で出版されている、アメリカのビーチ好き女性に向けたファッション・ライフスタイル誌だ。2016年9月に発売されたVol.9は「the Explores Road Trip USA」と題され、アメリカ横断の旅の記録が写真メインで紹介されている。出発地点はニューヨークのマンハッタンで、旅のゴールはロサンゼルスのベニスビーチ。都市ごとの観光名所やご飯どころ、ショップ、泊まったホテルの情報などが載っているガイドブック的な役割がある。「日本」を知らない人のいる街に行ったことや、ロードトリップの大半はミニバンの中だという短めのエッセイも書かれており、横断旅の夢と妄想がいっそう掻き立てられる。とにかくアメリカに行ってみたい、ローカルな旅をしてみたいという人にとっておきのロマンある一冊である。（香川優子）

American Surfaces (PHAIDON)

BY スティーブン・ショア(Stephen Shore)
テーマ:写真、ランドスケープ、ライフスタイル

カラー写真が芸術表現として認められるようになった潮流、ニューカラー。その筆頭として挙げられる写真家スティーブン・ショアが、1972年から1973年にかけてアメリカ各地を旅して撮影した写真集が本書である。映されているのは住宅や商店などの風景から、行く先々で出会った人たちの顔、その日の食事や時には便器まで。旅先で気ままに撮りためた写真が一定のリズムで編纂されている。使用機材はローライ35。一般的な一眼レフより小型でスナップ撮影にうってつけのカメラである。ショアは後に大判カメラで同様の被写体を写した写真集『Uncommon Places』を発表するが、肉眼では捉えきれないほど高解像度の風景写真がどこか無機質な印象を与えるのに対し、35mmフィルムで撮られた本書の写真からはヒューマンスケールな親密さやノスタルジーが感じられる。それはやや乱暴に要約すれば"映画的"と言えるかもしれない。SNSに"ストーリー"写真が溢れる現代にこそ手に取って欲しい一冊。(関澤朗)

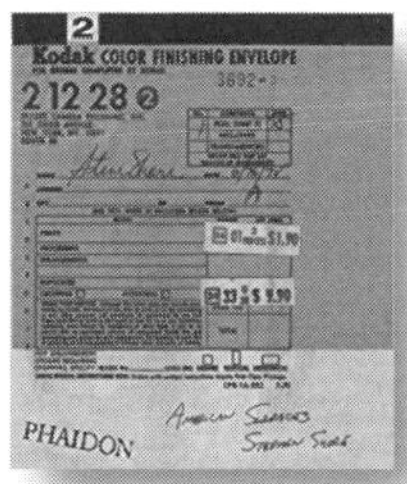

『ザ・フィフティーズ:1950年代アメリカの光と影』(ちくま文庫)　※書影はちくま文庫版第1巻

BY デイヴィッド・ハルバースタム
テーマ:建築、歴史、社会

郊外の庭付き一戸建てはなぜアメリカンドリームの象徴ともいえるライフスタイルなのか。本書が論じるのはこうした漠然とした「アメリカ的な事物」のほとんどが1950年代(フィフティーズ)に誕生していたということだ。マクドナルドやテレビ、郊外建売住宅など、アメリカ的豊かな生活はこの時代に大衆化する。本書はこれら消費社会をつくるためのゴールとして設定された巨大なるまやかしを膨大な資料とともに暴き出す。H・フォードの発明とともに現実味をおびた郊外生活に対して、ウィリアム・J・レヴィットが計画したレヴィットタウンがいかにしてその理想形を作り出し、都市部から郊外への大移動の火付け役となったかをを描いた第9章「一戸建てを大量生産する」はかつてのアメリカが見ていた夢から覚めようとする映画『サバービコン 仮面を被った街』(17)とともに必見。より本書が現代へと接続される越智道雄・町山智浩の解説対談付きのちくま文庫版をおすすめしたい。(稲垣晴夏)

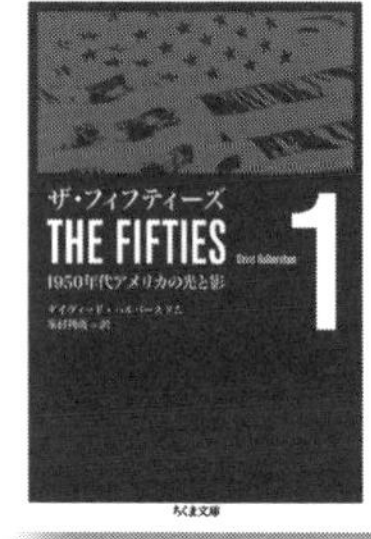

『建築新大陸アメリカの百年』(鹿島出版会)

BY 三沢浩
テーマ:建築、歴史

本書はアメリカが非ヨーロッパ的な独自の建築文化に至るまでとその広がりを描いた百年史であり、ありそうでなかったアメリカ建築史の格好の入門書である。土地に新たな歴史を建設しようとしたアメリカでは、20世紀に入ってもなお「文化は西洋から」という新大陸的な考えが建築の根本にあった。そこに第二次世界大戦時にナチスから逃れてきた亡命建築家たちが新たな視点を加え、その弟子たちが50年代に入ってからアメリカ独自の「モダニズム」建築を発信するにいたるまでが本書の見どころだ。中西部の小さな街インディアナ州コロンバスは50年代に当時を代表する建築家によって多数の公共建築が建てられ、エーロ・サーリネンをはじめ、I.M.ペイ、R・マイヤーらの代表作がひしめき合っている。映画『コロンバス』(17)はこの街で建築を通じて出会うくすぶった男女の物語を描きつつ、本書がアメリカ建築の一つの到達点として掲げる、ある幸福な世界感に浸ることが出来る。(稲垣晴夏)

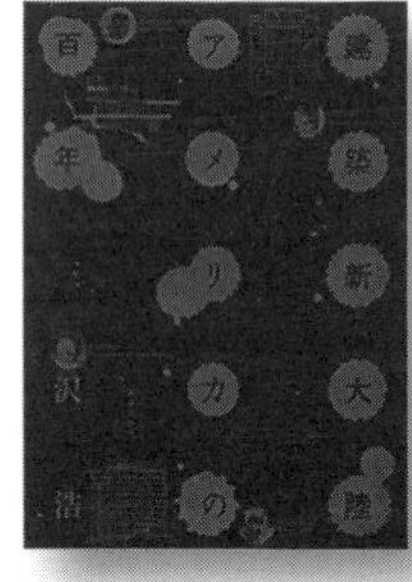

『WATCHMEN ウォッチメン』(小学館集英社プロダクション)

BY　アラン・ムーア(作)、デイブ・ギボンズ(画)
テーマ:コミック、歴史、社会

"金曜の夜、ニューヨークで一人のコメディアンが死んだ——"あるヒーローの死によって幕を開ける、アメリカン・コミックの金字塔。1986年から1987年にかけてDCコミックスから刊行された。イギリス人であるライターのアラン・ムーアは、アメコミのスーパーヒーローの原型を数人のオリジナルキャラクターに結晶させ、本質的に彼らやアメリカ社会が孕む矛盾や滑稽さを鋭く指し示した。ヒーローの存在によって世界が終末に向かっていく暗澹たる世界観でありながら、彼らの尊厳が完全に捨象されているわけではなく、ムーアのヒーローに対する深い洞察と愛情が感じられる本書。マーベルの明るいヒーローたちが覇をとなえた2010年代を経て、今また読み直されるべき一冊ではないだろうか。(関澤朗)

『LAヴァイス』(新潮社)
BY トマス・ピンチョン
テーマ:文学、ドラッグカルチャー

ポール・トーマス・アンダーソン監督による『インヒアレント・ヴァイス』(14)の原作にあたるのが本書。難読、難解で知られるピンチョン作品の中にあって、1969〜70年のアメリカはLAを舞台に、ドラッグ、賭博、殺人などのヴァイオレントなモチーフで次々と場面が描かれた、音楽……とりわけロック音楽のファンには比較的読みやすい一作だ。当時のLAは女優シャロン・テート惨殺事件が起こった直後。実際に小説の中でも主犯のチャールズ・マンソンとその一派の逮捕と裁判についての話題がこの時代のシンボルのように再三登場する。この事件についてはタランティーノ監督による最新作『ワンス・アポン・ア・タイム・イン・ハリウッド』(19)でも扱われたが、ヒッピー思想による理想主義の崩壊を意味するものとして本書においても重要な伏線だ。そういう意味では社会的異端児の目線から切り取られた『イージー・ライダー』『真夜中のカーボーイ』といったアメリカン・ニューシネマの作品(いずれも本書の時代と同じ1969年公開)とはコインの裏表のような一冊とも言える。(岡村詩野)

『ヤング・アダルトU.S.A.(ポップカルチャーが描く「アメリカの思春期」)**』**(DU BOOKS)
BY 山崎まどか、長谷川町蔵
テーマ:映画、ポップカルチャー

映画好き、アメリカン・ポップカルチャー好き、アメリカのティーンライフに憧れる人たちの課題図書にしてバイブルである本書。ジョン・ヒューズの偉業、社会現象化したドラマ、ヤングアダルト小説、音楽まで、アメリカのミレニアルズ世代にとって欠かせないポップカルチャーにかかわる膨大な情報を整理し、川原瑞丸氏のイラストとともにポップかつクールに解説している。第1章の「アメリカの学校内階級制度」でのスクールカーストのそれぞれの立ち回り方の詳細な解説は青春映画を読み解くヒントに繋がるし、ティーン映画におけるセリフの意味を理解したければ第9章の「アメリカ大学進路相談」を片手に映画鑑賞もおすすめ。2000年代と2010年代の前半を映画や海外セレブの情報収集に明け暮れていたような人たちには、ノスタルジックな青春が詰まった一冊でもあるだろう。(香川優子)

『ロスト・イン・アメリカ』(デジタルハリウッド出版局)
BY 稲川方人+樋口泰人(編)
テーマ:映画

『USムービー・ホットサンド』制作の上で、まず何よりも念頭にあった一冊。『ロスト・イン・アメリカ』を突き通す問いは一つ、現代アメリカ映画とは何か、である。あまりに壮大で広大なこの問いに対し、『ロスト・イン・アメリカ』はキャメロンやスピルバーグ、キューブリック、あるいはゼメキスといったごく限られた固有名とごく限られた作品群を語ることに500頁のほとんどを費やす。そこに生じる膨大な欠落のすべてを、この本に登場する限られた作家、限られた作品たちは背負っているのだと、おそらくこの書籍で議論を紡いだ方々は信じていたはずだ。この書籍に端を発したアメリカ映画をめぐる議論が、どれほど以後の日本に生まれたのだろう。『USムービー・ホットサンド』もまた、この本に出会ってくれた皆さんが、2010年代アメリカ映画についての議論やアイディアを新たに紡いでくれることを願っている。ちなみに終わりに加えられているアメリカ映画俳優をめぐる座談会のテンションは、前半に比べると明らかにまったりしていて、とても楽しい。もし映画をめぐるハードな議論に尻込みしているのであれば、ここから読み始めるのも一つの手。(編集部)

著者略歴

［Chapter 01］

aggiiiiiii（アギー）
ジン「KAZAK」編集・発行人。「GINZA」でカルチャーコラムを連載中。翻訳書に『プッシー・ライオットの革命』（DU BOOKS）ほか、バンクシーについての共訳本も発売予定。昔は落ち込むと安い赤ワインを一本買い、飲みながら『17歳のカルテ』（99）を観てさらに落ち込むというのを習慣にしていた（さすがに今はやらない）。gは2つでiが7つ。

ペップ（べっぷ）
1967年生まれ。ツイシネ（#twcn）主宰＆cinemactifメンバー。ツイシネでは毎月お題映画のネタばれなしの感想を #twcn で募るイベントとポッドキャストを。cinemactifではお題映画鑑賞で参加OKのマンスリー・シネマ・トークとポッドキャストを。「猿の惑星」5部作でアメリカ映画の虜に。その熱が高じて猿のマスク（パチモン）をお年玉で購入し父親に激怒された理不尽な過去も併せ持つ。

ronpe（ろんぺ）
1977年生まれ。「映画は映画館で」をモットーに神戸を拠点に活動しているユニットcinemactif の東京支部メンバー。月一でお題映画の感想を語りあうイベント MONTHLY CINEMA TALK TOKYO を開催中。10代の頃に観た『フォレスト・ガンプ/一期一会』（94）から映画にハマったのでアメリカ映画は大好きです。ババ・ガンプ・シュリンプも好きです。

映画チア部（えいがちあぶ）
2015年、神戸にて元町映画館を拠点に、ミニシアターの魅力を学生に伝えるべく、学生による学生のための宣伝隊として結成。2018年には、それぞれ出町座、シネヌーヴォを拠点に京都支部、大阪支部も発足。20XX年、NY支部の増設を計画中。（本書に参加したメンバー｜神戸：大矢哲紀／京都：藤原萌、水並美嶋、田渕璃久／大阪：玉城海人、ちこ）

Cinema Club（しねまくらぶ）
群馬県高崎市にて2ヶ月に1度開催している映画トークイベント。2017年8月結成。80年代を代表するアメリカ学園映画『ブレックファスト・クラブ』（85）から命名した為、第一回目のイベントは「青春映画」をテーマに扱った過去があるとかないとか。現在一旦の活動休止中。（本書に参加したメンバー｜Yuki Niitani／長澤一生／相川直希）

鈴木透（すずき・とおる）
1964年生まれ。慶應義塾大学法学部教授。専門は、アメリカ文化研究・現代アメリカ論。アメリカで独特な形に発展した文化領域（スポーツ、食、映画など）からアメリカ的想像力・創造力の特質を解明するとともに、公共の空間や媒体における記憶表現の変化から現代アメリカ社会の動向を分析。著書に、『スポーツ国家アメリカ』、『食の実験場アメリカ』、『性と暴力のアメリカ』、（以上、中公新書）、『実験国家アメリカの履歴書』（慶應義塾大学出版会）、『現代アメリカを観る』（丸善ライブラリー）など。

山形育弘（やまがた・いくひろ）
1984年生まれ。ハードコア・パンクバンドcore of bellsのメンバー。脚本家。脚本作に映画『ヴィレッジ・オン・ザ・ヴィレッジ』（16／黒川幸則監督）、『Necktie』（19／七里圭監督）など。美術家・小林耕平の映像作品など出演も多数。中学時代に『スタンド・バイ・ミー』（86）の影響で少年たちが線路を歩いて死体を埋めに行く小説を書いた。逆スタンド・バイ・ミー（ダークファンタジー）。

［Chapter 02］

山崎まどか（やまさき・まどか）
コラムニスト。著書に『映画の感傷』、共著に『ヤング・アダルトU.S.A.（ポップカルチャーが描く「アメリカの思春期」）』（共にDUブックス）など。青春映画とロマンティック・コメディが好き。

篠儀直子（しのぎ・なおこ）
翻訳者。「キネマ旬報」や「GQ JAPAN」ウェブ版などで映画評も執筆。翻訳書は『フレッド・アステア自伝』、『エドワード・ヤン』（以上、青土社）、『ウェス・アンダーソンの世界 グランド・ブダペスト・ホテル』（DU BOOKS）、『BOND ON BOND』（SPACE SHOWER BOOKS）など。ハンバーガーチェーン店はバーガーキング一択。

結城秀勇（ゆうき・ひでたけ）
映画批評。共編著に『映画空間400選』（INAX出版）、共著に『エドワード・ヤン 再考/再見』（フィルムアート社）、『ジョン・カーペンター読本』（boid）など。『アンダー・ザ・シルバーレイク』（18）を見た後すぐにハイカットのチャックテイラーを買った。でも『スパイダーマン：スパイダーバース』（18）見た後けっこう経つのになかなかエアジョーダン1は買えない。35周年記念シカゴカラーもさっぱり抽選当たんなかった。

村山章（むらやま・あきら）
1971年生まれ。映画ライターとして新聞、雑誌、ウェブ等に記事を執筆。動画配信系の作品をレビューするサイト「ShortCuts」では代表を務める。アメリカの高校生になって告白した女子と一緒にプロムパーティーをボイコットしてグレイハウンドの長距離バスに飛び乗りたいという歪んだ願望を持つ。

鍵和田啓介（かぎわだ・けいすけ）
1988年生まれ。「POPEYE」、「BRUTUS」、「STUDIO VOICE」など雑誌を中心に、ポップカルチャーについて執筆している。著書に『みんなの映画100選』（オークラ出版）。ムシャクシャする日は、自宅のソファの上で業務用アイスクリームを頬張りながらラブコメを観るに限る。

村上拓也（むらかみ・たくや）
1986年生まれ。撮影助手/撮影。クリストファー・ブローヴェルト氏のフィルムローダーを務め、その後ケリー・ライヒャルト監督作『ファースト・カウ』（19）のテスト撮影に少しだけ参加。その機会をくれた友人Josh Marrに感謝。

中西香南子（なかにし・かなこ）
川崎市市民ミュージアム学芸員。映画担当として上映会の企画運営に携わる。『ジェリー』（04）の舞台であるデスヴァレーに憧れて運転免許をとりましたが、一瞬でペーパードライバーになりました。

高木佑介（たかぎ・ゆうすけ）
1986年生まれ。映画批評、編集。元NOBODY編集部員。共著に『映画空間400選』（INAX出版）。新旧ジャンル問わないアメリカ映画の光を浴び続けた結果、トム・クルーズとディカプリオが出演する作品にはいつなんどきでも駆けつけざるを得ない身体となった。最近のお気に入りは『ワンス・アポン・ア・タイム・イン・ハリウッド』（19）。

上條葉月（かみじょう・はづき）
1992年生まれ。字幕翻訳者。主な翻訳に『タイニー・ファニチャー』（10）、『Rolling Stone: Stories From The Edge』（17）など。「Filmground」というウェブマガジンをやっています。小さい頃は『アダムス・ファミリー』（91）のウェンズデーに似てるって言われてました……はとが好きなので春から「Pigeon films」という上映イベントを始める予定です。

Jimmie Soul（ジミー ソウル）
1978年生まれ。選曲家。「Jimmie Soul Radio」毎週木曜日、絶賛放送中。『ウェインズ・ワールド』（92）に憧れ続けていたら自分のラジオ番組が持て映画本で執筆も出来ました！選曲家を勝手に名乗ってた中学の頃のジミーくんに伝えたいです。いいことあるよって。

樋口泰人（ひぐち・やすひと）
1957年生まれ。映画評論家、レーベル「boid」主宰、爆音映画祭ディレクター。著書に『映画とロックンロールにおいてアメリカと合衆国はいかに闘ったか』（青土社）、『映画は爆音でささやく 99-09』（boid）、共編著に『ロスト・イン・アメリカ』（デジタルハリウッド出版局）など。

真魚八重子（まな・やえこ）
映画評論家。愛知県出身。著書に『映画系女子がゆく！』（青土社）、『映画なしでは生きられない』、『バッドエンドの誘惑』（洋泉社）、『血とエロスはいとこ同士　エモーショナル・ムーヴィ宣言』（Pヴァイン）。好きな監督はニコラス・レイ。ビル・ヘイダーびいき。

川口敦子（かわぐち・あつこ）
1955年生まれ。映画評論家。80年代半ばから映画評、インタビュー原稿を寄稿。著書『映画の森―その魅惑の鬱蒼に分け入って』（芳賀書店）、訳書『ロバート・アルトマン わが映画、わが人生』（キネマ旬報社）など。米軍基地正門前で育ったせいか独立記念日の花火が他人事に思えず映画に出てくると妙に反応、涙腺を刺激されてしまう。

西田博至（にしだ・ひろし）
1976年生まれ。批評家。批評誌「アラザル」同人。「キネマ旬報」、「ART CRITIQUE」、「ユリイカ」などに寄稿。子供のころ北野劇場で父親と見たのは『アンタッチャブル』（87）、妻と映画館で最初に見たスピルバーグは『ミュンヘン』（05）、フィンチャーは『ゾディアック』（07）、須田亜香里（SKE48）さんと握手会で話したのは『ブラック・スワン』（10）と、アメリカ映画のない人生などありえないのである。

長谷川町蔵（はせがわ・まちぞう）
1968年生まれ。アメリカでは大人気だけど日本ではマイナーなものについて喋るのが何より好きな文筆家。著書に『インナー・シティ・ブルース』（スペースシャワーブックス）、共著に『文化系のためのヒップホップ入門1〜3』（アルテスパブリッシング）。『ヤング・アダルトU.S.A.（ポップカルチャーが描く「アメリカの思春期」）』（DU BOOKS）など。

土田環（つちだ・たまき）
1976年生まれ。早稲田大学理工学術院講師（専任）。専門は映画史・映画美学、映画上映マネジメント。編著書に『ペドロ・コスタ 世界へのまなざし』（せんだいメディアテーク）、『こども映画教室のすすめ』（春秋社）、共編著に『映画の言葉を聞く 早稲田大学「マスターズ・オブ・シネマ」講義録』（フィルムアート社）など。アラン・ドワン監督の特集上映を模索中。

入江哲朗（いりえ・てつろう）
1988年生まれ。東京大学大学院総合文化研究科博士後期課程。専門はアメリカ思想史、映画批評。著書に『火星の旅人――パーシヴァル・ローエルと世紀転換期アメリカ思想史』（青土社）、『オーバー・ザ・シネマ 映画「超」討議』（共著、石岡良治＋三浦哲哉編、フィルムアート社）など。2冊目の単著はシュワルツェネッガー論になりそうな機運……！

〔Chapter 03〕

Jacky Goldberg（ジャッキー・ゴルベール）
映画批評家、映画監督、プロデューサー。フランスのカルチャー誌「レ・ザンロキュプティーブル」を中心に文筆、同誌きってのアメリカ映画主義者。2019年、アメリカのラニヨン・キャニオン・パークにて、"マルホランド・ウェディング"を挙げた。

須藤健太郎（すどう・けんたろう）
1980年生まれ。映画批評家。著書に『評伝ジャン・ユスターシュ』（共和国）、訳書にニコル・ブルネーズ『映画の前衛とは何か』（現代思潮新社）、『エリー・フォール映画論集 1920―1937』（ソリレス書店）など。青春の1本というなら、やっぱり『チアーズ！』（00）か。だからマーベルもアントマン派？

松井宏（まつい・ひろし）
1980年生まれ。映画プロデューサー、批評、翻訳。主なプロデュース作品に『きみの鳥はうたえる』（18／三宅唱監督）、『ムーンライト下落合』（19／柄本佑監督）など。主な訳書に『モンテ・ヘルマン語る〜悪魔を憐れむ詩』（河出書房新社）など。ハンバーガーが好き。

〔Chapter 04〕

金原瑞人（かねはら・みずひと）
1954年岡山市生まれ。映画、TVドラマの原作になった本の翻訳に『さよならを待つふたりのために』（岩波書店）、『ユゴーの不思議な発明』（アスペクト）、『グッド・オーメンズ』、『アメリカン・ゴッズ』（以上、KADOKAWA）、『ミス・ペレグリンと奇妙な子どもたち』（潮出版社）、『ツォツィ』（青山出版社）、『プリンセス・ダイアリー』（河出書房新社）などなど、かなりあるのだが、なぜか、まだ大ヒットした映画はない。

岡村詩野（おかむら・しの）
音楽評論家。京都精華大学非常勤講師。音楽メディア「TURN」（turntokyo.dom）編集長。「ミュージックマガジン」「VOGUE NIPPON」「AERA.dot」等にて評論を執筆しつつ、東京・京都で音楽ライター講座の講師を務めている。エフエム京都（α-STATION）にて毎週日曜21時より放送中の「IMAGINARY LINE」でメインMCも担当。

中川大地（なかがわ・だいち）
1974年生まれ。評論家／編集者。批評誌「PLANETS」副編集長。ゲーム、アニメ、ドラマ等のカルチャー全般をホームに、現代思想や情報技術等を渉猟して現実と虚構を架橋する各種評論等を執筆。著書に『東京スカイツリー論』（光文社）、『現代ゲーム全史』（早川書房）等。昨年春に『アベンジャーズ／エンドゲーム』（19）に向けてMCU全21作を後追いマラソンしたのに続き、本誌脱稿後の正月休みで「男はつらいよ」全48作を意識朦朧になりながら完走して『男はつらいよ お帰り 寅さん』（19）に到達。トニー・スタークと車寅次郎なき世界の荒涼にむせぶ。

吉川悠（よしかわ・ゆう）
1977年生まれ。コミックス翻訳家。中学生の頃に出会った「X-MEN」のコミックスにハマって以来のオタクとなり、現在では英語圏のコミックスの翻訳、紹介などを手がける。主な訳書に『バットマン：ダークナイト／マスター・レイス』(Shopro Books)など。共訳書に『ジャック・カービー アメコミの“キング”と呼ばれた男』(フィルムアート社)、『マーベル・エンサイクロペディア』(Shopro Books)。

三浦哲哉（みうら・てつや）
1976年生まれ。映画研究。「群像」に「LA・フード・ダイアリー」連載中。アメリカ文化のイニシエーションは落合信彦による。渡米してアメフト選手を前蹴りKOする武勇伝などに彩られた熱い自伝『アメリカよ！あめりかよ！』(集英社)に啓発され、氏が映画愛を綴った『葛飾発アメリカ行き』(集英社)を熱読。巻末に載ったベスト100を高校時代にVHSであたうかぎり見た。いまLAに来ているのも元をたどれば氏の影響か。ただ、エレベーターでアメフト選手と乗り合わせる機会があり、前蹴りKOは無理だと思った。

［Chapter 05］

吉田夏生（よしだ・なつみ）
国立映画アーカイブ特定研究員。立教大学現代心理学部映像身体学科卒、早稲田大学大学院文学研究科修士課程修了。映画配給会社等勤務を経て、2018年より現職。2020年代に期待することは、ジェイムズ・エルロイ著『アンダーワールドUSA』(文藝春秋)三部作の本気の映像化。ウォード役はクリスチャン・ベールでお願いします。

黒岩幹子（くろいわ・みきこ）
1979年生まれ。編集者、ライター。スポーツ紙「東京中日スポーツ」やWEBマガジン「boidマガジン」他の編集に従事。雑誌「NOBODY」「シネ砦」、WEBサイト「IndieTokyo」などで映画関連の記事を執筆。スピルバーグの『フック』(91)が唯一のトラウマ映画。13歳の時に見て、ひどい脂汗と吐き気に襲われた。それから一度も再見できないまま今に至る。

鈴木了二（すずき・りょうじ）
1944年生まれ。建築家。早稲田大学栄誉フェロー・名誉教授。自身の作品を「物質試行」としてナンバリングし、建築、映画、インスタレーション、書籍、写真などを横断するジャンルにとらわれない創作活動を展開。主著に『建築映画 マテリアル サスペンス』(LIXIL出版)、『寝そべる建築』(みすず書房)、『ユートピアへのシークエンス』(LIXIL出版)など。小学生のとき親に内緒で見に行った『拾った女』(53)に興奮したのがアメリカ映画体験の始まり。

［本書編集メンバー］

あんころもち
元少女まんが家のイラストレーター（もどき）。現在は会社員として働きつつ、コメディ映画のフリーペーパーやジンを不定期で発行。当時『ゾンビランド』(09)を観てトゥインキーがど〜しても食べたくなり、輸入までして食べたところ味はひどく普通でした！

稲垣晴夏（いながき・はるか）
1992年北海道生まれ。国立映画アーカイブ勤務。大学では建築史専攻。小学生のときは化石が好きだったので『赤ちゃん教育』(39)のケーリー・グラント演じる古代生物学者に憧れていた。

香川優子（かがわ・ゆうこ）
1996年生まれ。イラストクリエイター。海外カルチャー系ウェブ媒体のライター・編集、ファッション誌のアニメーション制作等を経験。SNSを中心に海外カルチャーを発信中。「ムービーマヨネーズ」1、2の制作に参加。フィルムアート社のある恵比寿で声をかけられてジャスティン・ロングと友達になった。

関澤朗（せきざわ・あきら）
1985年生まれ。映像制作の傍ら、映画について書いたり語ったりする。初めて映画館で観たアメリカ映画は『ジュラシック・パーク』(93)で、厨房シーンの恐怖に耐えきれずポップコーンのカップを頭からかぶった思い出が。月日は流れ、本書執筆にあたり2010年代のアメリカ映画を回顧するも、「結局この10年間もスピルバーグが最重要人物だったのでは？」と身も蓋もない結論に至ってしまう瞬間が多々あった。監督、2020年代もよろしくお願いします！

佐川まりの（さがわ・まりの）
［Zealous Co., Ltd.］
1989年生まれ。デザイナー。桑沢デザイン研究所卒。広告やグラフィック制作を生業にして5〜6年が経過。きっとまだ伸び盛りである。グッチーズ・フリースクールでは『アメリカン・スリープオーバー』(10)のアートワークや「ムービーマヨネーズ」創刊号の全デザインを担当。誕生日に友人からもらったホットサンドメーカーを今年はちゃんと使おうと思います。

宮一紀（みや・かずのり）
デザイナー。主な仕事に『ウィ・キャント・ゴー・ホーム・アゲイン　ニコラス・レイ読本』(boid)、『シネマの大義　廣瀬純映画論集』(フィルムアート社)、『歩く、見る、待つ　ペドロ・コスタ映画論講義』(ソリレス書店)、『Double Shadows/二重の影2　映画と生の交差する場所』(山形国際ドキュメンタリー映画祭)、「NOBODY」、「シネ砦」など。小学生の頃にテレビでクローネンバーグ版『ザ・フライ』(86)を見て戦慄を覚えたのがアメリカ映画との出会いです。

降矢聡（ふるや・さとし）
映画上映団体グッチーズ・フリースクール主宰、「ムービーマヨネーズ」企画・編集。「DVD＆動画配信でーた」や「QJweb」にて、コラムを連載中。共著に『映画を撮った35の言葉たち』、『映画監督、北野武。』(ともにフィルムアート社)、『映画空間400選』(INAX出版)。そのほか、映画雑誌やプログラム等に映画評を執筆している。小学生のとき、家にあったビデオカメラで兄や友達と『ホーム・アローン』(90)を真似して撮っていた（未完）。

Gucchi's Free School（グッチーズ・フリースクール）
2012年頃から活動し始めた日本未公開の映画を紹介する偽の学校。上映・配給・ソフト化、ときおり映画雑誌「ムービーマヨネーズ」を作ったりする。配給作品に『アメリカン・スリープオーバー』(10)、『タイニー・ファニチャー』(10)、『キングス・オブ・サマー』(13)などがある。HPにて最初に紹介した映画はノア・バームバックの『ベン・スティラー 人生は最悪だ！』(10／紹介した当時は未公開・未ソフト化だった)。
オフィシャル・サイト：https://gucchis-free-school.com/
公式Twitter：@gucchi_school

USムービー・ホットサンド
2010年代アメリカ映画ガイド

2020年3月7日 初版発行

グッチーズ・フリースクール 編

デザイン 佐川まりの［Zealous Co., Ltd.］（カバーデザイン、P1, 10–70）
宮一紀（P2–9, 71–234）
カバーイラスト あんころもち
表紙イラスト 香川優子
編集 田中竜輔

協力 アメイジングD.C.　ギャガ　ソニー・インタラクティブエンタテインメント
ソニー・ピクチャーズ エンタテインメント　東宝東和　トランスフォーマー　バップ　ハピネットピクチャーズ
ハピネット・メディアマーケティング　ファントム・フィルム　ポニーキャニオン　メゾン
ワーナー・ブラザース・ホームエンターテイメント　Kプレス　NBCユニバーサルエンタテインメント
TCエンタテインメント　20世紀フォックス・ホーム・エンターテイメント・ジャパン

発行者 上原哲郎
発行所 株式会社フィルムアート社
〒150-0022 東京都渋谷区恵比寿南1-20-6 第21荒井ビル
Tel. 03-5725-2001　Fax. 03-5725-2626　http://filmart.co.jp

印刷・製本 シナノ印刷株式会社

Printed in Japan　ISBN978-4-8459-1907-9　C0074